es 1537

edition suhrkamp

Neue Folge Band 537

*Neue Historische Bibliothek*
*Herausgegeben von Hans-Ulrich Wehler*

Dieses Buch behandelt die fünfziger und sechziger Jahre des 19. Jahrhunderts, eine wichtige, aber kaum bekannte Epoche der deutschen Geschichte: die eigentliche Formationsperiode Deutschlands im Übergang von der Agrar- zur Industriegesellschaft. Staat, Verfassung, Wirtschaft, Gesellschaft und Kultur werden unter dem Horizont prägender Entwicklungs- und Emanzipationskrisen als zusammenhängende Bereiche wechselseitig beleuchtet.

Die Epoche ist gekennzeichnet durch politische Repression, fortwirkendes Verfassungsleben, Kampf um Pressefreiheit, um Partei- und Klassenbildung, industriellen Durchbruch (den »Take-off«) im Gefolge der ersten modernen Konjunktur- und Wachstumszyklen, große Wanderungsbewegungen innerhalb Deutschlands ebenso wie in die Emigration, wachsende Urbanisierung und Kommunikationsdichte. Alle diese vielfach widersprüchlichen Prozesse vereinigen sich zu dem Bild einer »Gesellschaft im Aufbruch«. Die Vorgänge, die gemeinhin mit dem nicht unbestrittenen, aber kaum entbehrlichen Begriff der »Modernisierung« erfaßt werden, verdanken entscheidende Impulse dieser Epoche. Deren eigenständigen Charakter im Gegensatz zu den beliebten Deutungen als einem Durchgangszeitalter will dieser Band begründen.

Wolfram Siemann ist Professor für Neuere Geschichte an der Ludwig-Maximilian-Universität München. In der *Neuen Historischen Bibliothek* ist bereits von ihm erschienen: *Die deutsche Revolution von 1848/49* (es 1266), Frankfurt/M., 1985.

Wolfram Siemann

# Gesellschaft im Aufbruch
## Deutschland 1849–1871

Suhrkamp

edition suhrkamp 1537
Neue Folge Band 537
Erste Auflage 1990

Erstausgabe

Satz: Hümmer, Waldbüttelbrunn
Druck: Nomos, Verlagsgesellschaft, Baden-Baden
Umschlagentwurf: Willy Fleckhaus
Printed in Germany

1 2 3 4 5 6 – 95 94 93 92 91 90

# *Inhalt*

## *I. Einleitung*



## *II. Das politische System der Reaktion*



## *III. Gesellschaft im Aufbruch*

## *IV. Die Paralysierung des Deutschen Bundes und die Gründung des Nationalstaats*



## *V. Rückschau und Ausblick*

*Hedwig Siemann*
*(* 2. 11. 1909)*
*zum 2. November 1989*

# I. Einleitung

## Die Jahre von 1849 bis 1871: Ein Übergangszeitalter oder die Formationsepoche der deutschen »Gesellschaft im Aufbruch«?

Dieses Buch behandelt eine wichtige, aber wenig bekannte Epoche der deutschen Geschichte. Eine Umschau unter den gängigen Etiketten, welche für diese Zeitperiode von 1849 bis 1871 in Handbüchern, Standardwerken und anerkannten historischen Synthesen bereitgehalten werden, läßt sogar daran zweifeln, ob hier von einer eigenständigen Epoche zu reden ist.

In *Gebhardts Handbuch der deutschen Geschichte* fügt sich dieser Zeitabschnitt in den Rahmen »Vom Deutschen Bund zum Deutschen Reich«. Der Blick konzentriert sich dort auf die nationale staatliche Einheit als Fluchtpunkt einer Entwicklung. Ebenso verfährt das jüngere *Handbuch der Europäischen Geschichte*, das in seinen Länderdarstellungen für die deutsche Geschichte die Überschrift bereithält: »Vom Hl. Römischen Reich deutscher Nation zur Gründung des Deutschen Reiches«. Eine solide Quellensammlung führt den lapidaren Titel: *Der Weg zur Reichsgründung. 1850–1870*, und ein einschlägiger Sammelband meint mit seiner Überschrift *Probleme der Reichsgründungszeit* nicht etwa das Jahrzehnt vor 1870, sondern die Jahre von 1848 bis 1879. Die Reaktionsdekade, die sich schwerlich als prägend für die Reichsgründung bewerten läßt, fällt damit vollständig aus dem Raster.[1]

Betrachtet man die schärferen zeitlichen Eingrenzungen, wird der Name Bismarck übermächtig, mit gewissem Recht, wie zuzugestehen ist, etwa in der Charakterisierung: »Zwischen Reaktion und Liberalismus: Bismarck und das Problem der deutschen Einheit (1849–1866).«[2] Besonders die Politik der Großmächte wird hervorgehoben, nachdem die Zeit der Volksbewegungen vorbei war, etwa in der Überschrift: »Nach der Wiederherstellung der alten Mächte der Kampf um die Macht: Preußen und Österreich 1850 bis 1866«.[3]

Allen diesen Kennzeichnungen ist gemeinsam, daß sie die Epoche von 1848 bis 1871 als eine Durchzugszeit betrachten, die keiner eigenen Charakterisierung standhält, wie sie etwa bei anderen Epochenbezeichnungen begegnet in Wendungen nach der Art: »Das Zeitalter der Restauration und Metternichs«, »Das Bismarckreich«, »Das Wilhelminische Zeitalter«, »Die Weimarer Republik«, »Das Dritte Reich«. Zweifellos sind solche groben Etikettierungen sehr problematisch, gleichwohl scheinen sie im Hinblick auf eine historische Synthese kaum entbehrlich zu sein. Fraglos unterliegen sie jeweils besonderen Geschichtsperspektiven; sie orientieren sich an Bezugspunkten, und diese zu erkennen ist wichtig. Es bleibt aber festzuhalten, daß in der Regel kein eigenständiges Merkmal oder Signum für die Epoche von 1849 bis 1871 gefunden wird.

Auch eine kurze Erinnerung an den eigenen Geschichtsunterricht der Schulzeit wird vermutlich bestätigen können, daß sich für die Zeit nach der Revolution von 1848/49 eine eigentümliche Leere in den historischen Kenntnissen einstellt. Vor allem die erste Dekade, das Jahrzehnt von 1849 bis 1859, wird gewissermaßen als Niemandsland erscheinen. Folgt man der Bibel des Faktenwissens und dem Tod jeder Geschichtsschreibung: dem neuesten *Ploetz* von 1986, erübrigt er auf seinen 1721 Seiten für dieses Jahrzehnt kaum eine halbe Seite, für die Innenpolitik der Reaktion nur wenige lapidare Zeilen.[4] Hier spiegelt sich ein Tatbestand der Forschungslage: Das Jahrzehnt nach 1848 ist als das am wenigsten erforschte in der Geschichte des 19. Jahrhunderts anzusehen.

Die bisherigen Bemerkungen rückten die Dimensionen dieses Bandes mehr von außen her, aus der Sicht anerkannter Handbücher, in das Blickfeld. In einem zweiten Anlauf wird nun die entgegengesetzte Ebene gewählt: die dokumentarische der historischen Augenzeugen. Drei Gewährsleute sollen, jeder für sich, typische Wahrnehmungsweisen der Epoche veranschaulichen.

1. Das erste Beispiel führt nach München und betrifft das *Klagelied des Schulmeisters Jeremias Birkenstecken um den hingegangenen Freund.*[5]

> O Spektakel, welch ein Schrecken!
> Das ist Trauersiegellack.
> Jeremias Birkenstecken,
> Bürste deinen schwarzen Frack!

Welche Botschaft! Biedermaier,
Dieser Edle, lebt nicht mehr!
Bindet Flor an meine Leier,
Denn der Vorgang schmerzt mich sehr.

Bindet Flor an Hut und Hauben,
Daß die Träne besser fließt,
Niemand wird die Nachricht glauben,
Bis er's in dem Blättle liest.

Gott! hätt' ich das können ahnen,
Daß der große Mann verschied,
Als wir eben in dem Schwanen
Sangen sein Kartoffellied!

Morgen wird man ihn begraben,
Schlag halb zehn Uhr, denn genau
Will es das Gesetz so haben:
Unsere weise Leichenschau.

O muß alles dann von hinnen,
Was da schön und edel ist,
Dieses bringt mich schier von Sinnen,
Solch ein Dichter, Mensch und Christ!

Nein, wer wird sich da nicht grämen,
Wenn er einen Freund verliert?
Namentlich, muß er vernehmen,
Daß man ihn halt falsch kuriert.

Darf der Bürger denn nicht klagen,
Wo selbst die Regierung klagt,
Die ihm erst vor wenig Tagen
Die Medaille angesagt?

Klaget, klaget, liebe Leute,
Denn das Klagen ist erlaubt,
Wenn der Tod als seine Beute
Einen Biedermaier raubt.

Dieses *Klagelied* erschien in München im Jahr 1855 innerhalb der berühmten satirischen *Fliegenden Blätter* und gehörte zu einer Serie mit dem Titel: *Auserlesene Gedichte von Weiland Gottlieb Biedermaier, Schulmeister in Schwaben, und Erzählungen des alten Schartenmaier.* Es ist bekannt, daß Biedermaier und Schartenmeier Pseudonyme sind. Dahinter verbargen sich der 28jährige Dichter und Amtsrichter Ludwig Eichrodt und der 33jährige Medizinprofessor Adolf Kußmaul. Ihr Werk wäre wohl längst vergessen, hätte es nicht der vormärzlichen Epoche das Etikett des »Biedermeier« verliehen. Aber es ist zunächst festzuhalten, daß diese satirische Lyrik, bereichert um Karikaturen, während der Jahre von 1855 bis 1857 erschien. Sie ist also viel mehr ein kritischer Reflex der politischen Reaktion nach 1848 als ein Spiegelbild des Vormärz. Darauf deutet auch die Tatsache hin, daß die Autoren es für nötig hielten, ihre wahre Identität hinter dem schützenden Mantel eines Pseudonyms zu verbergen. Sie dokumentierten das Zeit- und Lebensgefühl einer zweiten Biedermeierära, nämlich das ihrer eigenen Zeit, in welcher Familienzeitschriften erschienen unter dem Titel *Unterhaltungen am häuslichen Herd* (erstmals 1852) oder *Die Gartenlaube* (erstmals 1853).

Die Autoren selber verwiesen in ironisch verpackter Form die Leser auf die Tendenz ihrer Zeitsatire. Sie schrieben im Vorwort des ersten Abdrucks – in der Oktobernummer 1855 der *Fliegenden Blätter:*

Gemüthliche Biederkeit ist der Grundton, der durch diese Lieder zieht, eine naive Betrachtung der einfachsten Verhältnisse des Lebens, welche der raffinierte moderne Weltmensch gar nicht mehr zu erkennen vermag, eine Verehrung der Autorität und Ordnung, wie sie uns leider in den Wirrsalen der letzten Jahre ganz abhanden gekommen ist.

An Gottlieb Biedermaier wird hervorgehoben, daß ihm »seine kleine Stube, sein enger Garten, sein unanschaulicher Flecken [gemeint ist sein Wohnort] und das dürftige Loos eines verachteten Dorfschulmeisters zur irdischen Glückseligkeit bescheiden genügen«.[6]

Bescheidenheit, Rückzug ins Private, Verehrung der Autorität und Ordnung, die Entpolitisierung nach den »Wirrsalen der letzten Jahre« – womit die 1848er Revolution gemeint war – erfassen treffsicher Komponenten eines Lebensgefühls, das sich in der ersten Hälfte der hier behandelten Epoche ausbreitete. Schier unvereinbar stieß sich diese Erfahrung an der Wahrnehmung eines neuen Menschentyps: des »raffinierten modernen Weltmenschen«.

2. Die letzten Darlegungen führen zum Bericht eines zweiten Gewährsmanns, der ein passionierter Reisender war, einer der ersten, die nicht reisten, um an einen anderen Ort zu gelangen, sondern um des Reisens selbst willen. Aus Dänemark kommend,

benutzte er im Jahre 1850 zum erstenmal auf der anhaltinischen Strecke das neue Verkehrsmittel. Er sah das Neue noch ganz durch die ihm vertraute Brille der Postkutschenzeit mit folgenden Maßstäben und Anhaltspunkten:

Es war das erste Mal, daß ich eine solche [Eisenbahn] sehen sollte. Ich leugne es nicht, ich hatte eine Empfindung, die ich das Eisenbahnfieber nennen möchte, als ich in das großartige Gebäude trat, aus dem die Wagenreihe abfährt. Hier war ein Gedränge von Reisenden, ein Umherlaufen mit Koffern und Nachtsäcken, ein Sausen und Brausen von Maschinen, aus welchen sich Dampf herauswälzte. [...] Ich starrte sie an, diese Wagen, diese Lokomotiven, die losen Karren, die wandernden Schornsteine und Gott weiß was alles hier wie in einer Zauberwelt durcheinanderlief. [...] Die Wagenreihe bestand aus drei Abteilungen: die beiden ersten Wagen waren bequem und geschlossen, ganz wie unsere Postkutsche, nur viel breiter; der dritte offen und unglaublich wohlfeil, daß sogar der ärmste Bauer mitfahren kann, da es ihn weniger teuer kommt, als den langen Weg zu gehen und sich im Wirtshause zu stärken oder auf der Reise zu übernachten [...].

Man setzt sich in die gemächliche Kutsche und der Kondukteur macht die Türe hinter uns zu und steckt den Schlüssel zu sich. [...] Die erste Empfindung ist eine ganz leise Erschütterung der Wagen, nun sind die Ketten gespannt, die dieselben zusammenhalten; die Signalpfeife ertönt wieder und die Fahrt beginnt. Erst langsam, die ersten Schritte geht es sanft, als ob eine Kinderhand einen kleinen Wagen zöge. Die Schnelligkeit nimmt allmählich zu; du aber bist mit deinem Buche beschäftigt, oder du studierst deine Karte, und du weißt noch nicht recht, ob die Fahrt schon angefangen hat, denn der Wagen gleitet wie ein Schlitten auf dem ebenen Schneefelde. Du siehst zum Fenster hinaus und entdeckst, daß du einherjagst wie mit galoppierenden Pferden; es geht noch schneller, du scheinst zu fliegen. [...] Als wir an einem Planwerk, welches ich zu einer Stange verkürzt sah, vorbeifuhren, sagte ein Mann, der neben mir saß: ›Jetzt sind wir im Fürstenthum Köthen.‹ Der Mann nahm alsdann eine Prise und bot mir auch die Dose, ich verbeugte mich, prüfte den Tabak, nieste, und fragte dann: ›Wie lange sind wir noch in Köthen?‹ – ›Oh‹, antwortete der Mann, ›da waren wir schon heraus, als Sie niesten.‹

[...] Oh, welche Großtat des Geistes ist doch diese Erfindung! [...] Ich erinnere mich, daß ich nur selten in meinem Leben so wie hier ergriffen war, so mit meinen ganzen Gedanken gleichsam Gott von Angesicht zu Angesicht geschaut habe.

Das schrieb der dänische Dichter Hans Christian Andersen im Jahre 1850.[7] Sein pathetischer Vergleich am Schluß mag übertrieben erscheinen; immerhin dokumentiert er, daß die neue Erfahrung der Mobilität als umwälzend, im übertragenen Sinne auch als »revolutionär« begriffen wurde. Was konzentriert sich in Andersens Bericht an neuen Zeitphänomenen? Gedränge, Menschenmassen, Urbanität, das Zusammenwachsen der Nation, ein Verkehrsverbund, welcher erstmals den nationalen Markt möglich werden ließ, schließlich auch eine andere soziale Dimension, die die Möglichkeit der Mobilität selbst des gemeinen Mannes, des Bauern vom Land, erfaßte. Andersens Bericht spiegelt Veränderungen wider, für die sich das Schlagwort von der »Industriellen Revolution« eingebürgert hat. Das trifft aber nur begrenzt den Wandel, der die gesamte Gesellschaft erfaßt hatte. Die Postkutschenzeit war jedoch endgültig zu Ende.

3. Schließlich soll als letzter Gewährsmann der Naturwissenschaftler Justus von Liebig zu Wort kommen. Im Jahre 1860 hielt er anläßlich des Geburtstags König Maximilians II. in München eine Rede, worin sich die Worte finden:

> Die Wissenschaften [...] haben die Geistesrichtungen der Menschen verändert und dem wahrhaft Bessern zugelenkt. Unser Culturzustand ist ein anderer und höherer als der des Alterthums [...]. Das Wissen ist zwar nicht die Weisheit, aber nichts kann sicherer sein, als daß richtige Schlüsse und fruchtbare Verstandesoperationen nur möglich durch das rechte Wissen sind. Die größten Übel, welche die Menschen bedrängten und die menschliche Gesellschaft erniedrigten, entsprangen aus der Unwissenheit.[8]

Aus Liebigs Worten sprach die Überzeugung, es lasse sich durch die Anwendung rationaler Wissenschaft auf Gesellschaft und Natur der Fortschritt der Menschheit herbeiführen. Was im trivialen Schlagwort vom »Fortschrittsoptimismus« seinen Ausdruck gefunden hat, beruht auf einem Phänomen, das in dieser Epoche seine Wurzeln hat: die Verbindung von Wissenschaft, Industrie und Technik, ja die Verwissenschaftlichung der Technik. Auf dieser Verbindung beruht die geradezu explosive Entfaltung industrieller Potenzen, die sich in Tabellen der Statistiker durch steil ansteigende Wachstumskurven niedergeschlagen haben.

Das Grundmuster, das sich seitdem sowohl im Bewußtsein der Forscher als auch der Allgemeinheit verankert hat, läßt sich folgendermaßen umreißen: Die Wissenschaft wird in Zukunft immer neue Erfindungen hervorbringen, die zum Wohle der Menschen und zur Steigerung der Lebensfreude beitragen. Die aus dem Boden wachsenden Industrien werden den Menschen Arbeit und Brot geben, und das gilt besonders für die zukunftsorientierte chemische und elektrotechnische Industrie, welche aus der Verbindung von Wissenschaft, Technik und Industrie hervorgegangen waren und ihre Anfänge in eben der Epoche nach der Revolution von 1848 haben. Die Armut – so heißt es weiter in diesem Grundmuster – werde ein für allemal besiegt wie die Pest und Cholera. Arbeitslosigkeit und Hungersnöte würden verschwinden und mit ihnen die Kriminalität. Im kommenden naturwissenschaftlichen Zeitalter werde jeder materiell und geistig reicher, insgesamt glücklicher leben. Wie zwiespältig dieser Erwartungshorizont eigentlich war, welche wohltuenden und zugleich bedrohlichen Folgen die ökonomisch verwertete Herrschaft der Wissenschaft über die Natur in sich barg, das lehren Erfahrungen der Gegenwart und Analysen der Wissenschaftshistoriker, welche ihren Publikationen Titel verleihen: *Wie die Wissenschaft ihre Unschuld verlor – Macht und Mißbrauch der Forscher.*[9]

Die Aussagen der drei Gewährsleute verdeutlichen historische Wahrnehmungsweisen, die zur Charakterisierung der Spannweite dieser Ära beitragen können: Zweites Biedermeier, Regression der politischen Kultur, Beschleunigung aller Lebensverhältnisse als Zeiterfahrung, Industrielle Revolution, Herrschaft der Wissenschaft über die Natur durch ihre Anwendung auf die Technik – alles Teilaspekte, welche über die eingangs genannten Etiketten bereits hinausreichen.

In einem dritten Gedankenschritt soll thesenhaft eine Übersicht gegeben werden, welche Eigenheiten, Merkmale und Neuerungen der fünfziger und sechziger Jahre es rechtfertigen können, der Zeitspanne zwischen 1849 und 1871 das Gewicht einer eigenen Epoche beizulegen, die mehr an Aufmerksamkeit verdient, als daß sie ausschließlich als Durchzugszeitalter im Gedächtnis haften bleibt. Die Thesen greifen gewissermaßen voraus: Sie bereiten auf Ergebnisse vor, die in der Darstellung zu entwickeln und begründen sind.

Als Ausgangspunkt dient hierfür die Revolution von 1848; sie war die Basis. Die nachfolgenden Generationen konnten nicht mehr so vorgehen, als hätte es diese bedeutende gesamteuropäische Umwälzung nicht gegeben. Nicht langwierige Erörterungen über das Scheitern oder die Erfolglosigkeit der Revolution weiten den Blick für die übergreifenden historischen Problemlagen, sondern die Entwicklungs- und Emanzipationskrisen, welche im Revolutionsjahr offen zutage traten – Krisen, welche sich auch nicht durch eine vorübergehende politische Repression bewältigen ließen. Parlamentarismus, nationale Einheit, verkündete und verwirklichte Grundrechte, Parteibildung, praktizierte Pressefreiheit, Bildung gesellschaftlicher Pressure Groups, Bauernrevolten, Maschinenstürmerei, Nationalitätenkonflikte, Klassenbildung: diese Themen beherrschten die folgenden zwei Jahrzehnte. Das geschah zunächst allerdings mehr durch Verdrängung, in Negation kraft Repression, dann stärker durch Bewältigung oder Verformung.

Jede historische Darstellung trifft Vorentscheidungen, welche bewegenden und prägenden »Kräfte« sie unterstellt, auch wenn es nicht offen ausgesprochen wird. Oft verraten die Gliederungen der Bücher schon das Wesentliche. Deshalb ist an diesem Punkt, wo eine Vorausschau auf das Gesamte gegeben werden soll, auch in dieser Frage Rechenschaft abzulegen. Ein Augenzeuge der Epoche, Jacob Burckhardt, beschäftigte sich mit eben diesem Problem, indem er die drei »Potenzen« Staat, Religion und Kultur unterschied, und das bezeichnenderweise erstmals im Jahre 1851, an der Schwelle der hier behandelten Epoche, welche den Durchbruch des Historismus als eines wissenschaftlichen Prinzips erlebte: Der junge Basler Privatdozent trat mit einer Vorlesung »über das Studium der Geschichte« (den bekannten *Weltgeschichtlichen Betrachtungen*) vor seine akademischen Zuhörer.[10]

Noch heute, nach mehr als einem Jahrhundert, bewegt sich die wissenschaftstheoretische Diskussion in einem dreigegliederten Feld, wenn sich auch die »konstitutiven Basisdimensionen« hin zu »Herrschaft, Wirtschaft und Kultur« präzisiert haben (H.-U. Wehler). Auch eine um Integration von Perspektiven bemühte Geschichtsschreibung vermag nicht gleichzeitig jedem Punkt der Darstellung gerecht zu werden: Sie muß Entscheidungen treffen; die Gesamtschau Nipperdeys, Wehlers und Rürups haben das übereinstimmend und konsequent für die Geschichte des 19. Jahrhunderts vorgeführt. Sie legen zunächst mit den Dimensionen »Leben, Arbeiten, Wirtschaften« (Nipperdey) die Grundlagen, auf denen die Entwicklung staatlichen Handelns aufgebaut wird, wenn auch bei Nipperdey eingeschränkt, indem er sein Diktum »Am Anfang war Napoleon« und den damit verbundenen machtpolitisch geleiteten Umbruch im Deutschland noch vor 1815 datiert. Damit ist freilich hier wie in den anderen genannten Darstellungen keine zwingende Rangordnung ausgesprochen. Diese ließe sich abstrakt-deduktiv auch nicht begründen.[11] Jede Darstellung muß die Gliederungsakzente so setzen, wie es der in ihr behandelten Epoche am ehesten angemessen ist.

Für das hier vorliegende Buch heißt das: Es muß in seinem ersten Hauptabschnitt mit dem *politischen System der Reaktion* einsetzen, der Dimension der Herrschaft also den Vorrang geben, da die Eingriffe und Steuerungen der staatlichen Bürokratien maßgeblich, wenn auch keineswegs stets gleichgerichtet, die Entwicklungen in Wirtschaft und Gesellschaft prägten. Es mag paradox anmuten: Obwohl die ältere Geschichtsschreibung die Dominanz des Staates voraussetzte, hat selbst sie dessen Wirkungsmächtigkeit in eben jener Phase deutscher Geschichte des 19. Jahrhunderts am wenigsten berücksichtigt und sogar nicht erkannt, als die Macht bürokratischer exekutiver Staatstätigkeit nach innen am durchdringendsten war: in der Dekade nach der Revolution von 1848/49. Darüber hinausgehend hat die jüngste sozialhistorische Forschung gezeigt, daß auch in der nachfolgenden Phase begrenzter politischer Liberalisierung während der sechziger Jahre der Staat eine dominierende Rolle beanspruchte, als sich die Parteien der Bürger, der Handwerks-Arbeiter und die Gewerkschaften in einer für die deutsche Geschichte prägenden Weise aus einer diffusen politischen Öffentlichkeit aus- und gegeneinander abgrenzten: »Es war der Staat gewesen, der im wesentlichen binnen eines guten Jahrfünfts [gemeint: 1863–1869] die politischen ›terms of trade‹ gesetzt, der das Gefüge der Schichten nach seinen Vorstellungen politisch geordnet und damit das Reformpotential konstitutionell eingedämmt hatte.« (K. Tenfelde)[12]

Etwas von dem Dunkel über der Innenpolitik des Reaktionsjahrzehnts wird sich lichten. Der Deutsche Bund erwachte zu neuer Aktivität. Dabei zeigt sich, daß es irreführend ist, den Deutschen Bund allein mit dem Namen Metternichs zu verbinden; seine Wirksamkeit reichte über die des österreichischen Staatskanzlers beträchtlich hinaus. Gewöhnlich schaut man auf den österreichisch-preußischen Dualismus nach der Revolution von 1848; am Deutschen Bund wird ersichtlich, daß es einen erheblichen Radius gleichgerichteter preußisch-österreichischer Interessenpolitik gab: auf dem Feld der Reaktion. Was unter diesem zeitgenössischen Schlagwort genau zu verstehen ist, wird sich noch zeigen.

Außerhalb der Institutionen des Deutschen Bundes existierte

eine geheimpolizeiliche Verständigung zwischen den sieben größten deutschen Bundesstaaten, der sog. Polizeiverein. Seine Organisation und Arbeitsweise spiegeln das Bild einer real existierenden, voll funktionsfähigen politischen Geheimpolizei, die bisher so gut wie übersehen wurde. Sie verhalf der Reaktion überhaupt erst zum Durchbruch. Parteien, Presse, Parlamente, prominente Politiker von 1848 gehörten zu ihrem Arbeitsgebiet. Am Fall der Presse ist genau das zu überprüfen, da bisher in diesem Bereich überwiegend die Meinung gilt, nach der Gesetzgebung von 1848 habe sich die Pressefreiheit als Grundrecht behaupten können, und zwar deshalb, weil in den nachfolgenden Gesetzen die Zensur nicht mehr eingeführt worden war.

Ein wenig beachtetes Feld liegt gleichermaßen mit dem Verfassungsleben der Einzelstaaten vor. Was wurde aus den vielen Verfassungen, die 1848 auf die Basis eines demokratischen Wahlrechts gestellt worden waren? Wieweit konnten die einzelstaatlichen Landtage überhaupt noch Politik machen, da gerade hier die Reaktionspolitik besonders scharf eingriff? Neueste Forschungen zeigen genauer, wie sich das im einzelnen auswirkte, beispielhaft in Preußen, Württemberg und Kurhessen.

Die hier behandelte Epoche erlaubt keine einfachen Schlußfolgerungen. Eine besonders frappierende Beobachtung ist die folgende: In dem Jahrzehnt größter politischer Repression vollzog sich in Deutschland der industrielle Durchbruch. Politische Kontrolle und wirtschaftlicher Liberalismus liefen offenbar parallel und schlossen einander nicht aus – das ist unter anderem ein Thema des zweiten, größten Hauptabschnitts dieser Darstellung. Er behandelt die *Gesellschaft im Aufbruch*. Hier kommen die Veränderungen zur Sprache, die brennpunktartig bei Andersen anklangen und welche die Behauptung rechtfertigen, daß in den fünfziger und sechziger Jahren wesentliche Wurzeln unserer gegenwärtigen materiellen und gesellschaftlichen Lebensbedingungen liegen.

Das soeben Beschriebene läßt sich im wirtschaftlichen Bereich nachvollziehen. Erstmals sind moderne, industriell bedingte Konjunkturverläufe nachweisbar – Konjunkturverläufe mit Einbrüchen, so daß für das Jahr 1857 sogar eine »Weltwirtschaftskrise« von der Forschung diskutiert wird. Was es vor 1848 nur ansatzweise gab, entwickelte danach eine eigene Dynamik: der national verflochtene Markt, und das geschah, bevor in Deutschland der geeinte Nationalstaat existierte.

Erstmals wird in der deutschen Wirtschaft das Phänomen des Wachstums isolierbar, weil es sich nun auf dauerhaft hohem Niveau vollzog. »Wachstum« ist zum Schlüsselbegriff für die neuere und neueste Wirtschaftsgeschichte geworden. Nach der Revolution von 1848 liegen die Anfänge einer Entwicklung, deren Verlauf heute kritische Überlegungen über »Grenzen des Wachstums« aufnötigt – so lautete der Titel eines Berichts aus dem Jahre 1972 an den »Club of Rome«, wodurch das Problem erstmals einer breiten Öffentlichkeit nahekam. Der Wirtschaftshistoriker Knut Borchardt umriß bereits wenig später die Ambivalenz dieses globalen Wachstumstrends; dessen Auftreten in Deutschland seit der Mitte des 19. Jahrhunderts nannte er »die grundstürzende Veränderung im historischen Ablauf«, dessen Grenzen markierte er mit der Erwägung, »das Wachstum des 19. und 20. Jahrhunderts als eine vorübergehende Periode der Menschheitsgeschichte zu sehen«.[13]

Solche übergreifenden Orientierungen lassen sich nicht abweisen vor dem Hintergrund jener zwei Jahrzehnte nach 1848, seitdem sich in Deutschland wirtschaftliche, technische, verkehrsgeographische und kommunikative Prozesse wechselseitig zu beeinflussen und verstärken begannen. Das hat zu der These von dem »Take-off« der Wirtschaft geführt, um den Übergang von der Agrargesellschaft zur Industriegesellschaft anschaulich zu machen. Die hier behandelte Zeitperiode ist die des volkswirtschaftlichen »Take-off«. Die Landwirtschaft geriet danach erstmals in das Schlepptau der Industriewirtschaft.

Das mag sich alles sehr theoretisch anhören; die Tragweite wird sich zeigen, wenn die Zusammenhänge zwischen ökonomischem und sozialem Wandel aufgedeckt werden. Das gesamte *soziale System* geriet in Bewegung. Einige Hinweise und Fragen mögen das erläutern:

– Die neu entstehenden Arbeitsplätze machten die Industrieregionen für Arbeitssuchende attraktiv. In der neueren Forschung wurde die Binnenwanderung dieser zwei Jahrzehnte innerhalb Deutschlands entdeckt. Die Wanderungsströme gingen von Ost nach West.

– Die Hungerkrisen des vormärzlichen Pauperismus gehörten der Vergangenheit an; Not und Elend proletarischer Wohnsiedlungen in den schnell wachsenden Städten schufen neue Probleme.

– Fragen über Fragen tun sich auf: Was wurde nach der Revolution aus der »Bauernbefreiung«? Wie bewältigte das Handwerk die Herausforderung durch die Industrie? Wurde es verdrängt oder konnte es sich behaupten? Was wurde aus den überkommenen Heimarbeitern?

– Wie ging der Adel aus der Revolution hervor, wie der landsässige, wie der Hofadel?

– Welche Rückwirkungen hatte die Industrialisierung auf die traditionellen Funktionen der Familie, auf die Rollenverteilung zwischen Mann, Frau und Kind?

– Wie arrangierte sich das Bürgertum, nachdem es ihm 1848 nicht gelungen war, sich dauerhaft eine Beteiligung an der politischen Macht zu erkämpfen? Wie steht es mit der These, es habe nach der Revolution eine Flucht des Bürgertums aus der Politik gegeben?

Wie im wirtschaftlichen und sozialen Sektor, geriet die deutsche Bevölkerung in den sechziger Jahren auch im politischen und kulturellen Bereich erneut in Bewegung; die Mobilität auf der einen Seite stimulierte die auf der anderen, und das um so mehr, je mehr der Druck der politischen Reaktion nachließ, also seit dem Jahr 1858. Die Themen der Revolutionszeit lebten auf neuer Ebene wieder auf, denn nun zehrte man von ihren Erfahrungen:

– Die nationale Frage empfing neue Impulse durch den italienischen Einigungskrieg 1859.

– Der Verfassungskonflikt in Preußen warf abermals die Machtfrage nach dem Verhältnis von Krone, Militär und Parlament auf.

– Die ehedem verbotenen politischen Parteien formierten sich neu; der Pluralismus gesellschaftlicher Interessen organisierte sich in allen politischen Färbungen von den Konservativen bis zur Arbeiterbewegung; in allen sozialen Schattierungen vom Lehrer bis zum Großunternehmer.

– Die Presse vermochte sich wieder als Sprachrohr dieser Interessen und allgemeiner nationaler Politik zu betätigen. Neu ist, daß sich die Regierungen ausgiebig eigener Preßbüros bedienten, um selber manipulierend in den Prozeß öffentlicher Meinungsbildung einzugreifen. Pressepolitik statt Pressezensur wurde die Losung.

– Die Universitäten wandelten sich – auch schon in den Augen der Zeitgenossen – von einer Korporation zum Großbetrieb.

– Der Wechsel der Zeittendenzen wurde greifbar in Literatur, Architektur, Musik und religiösen Laienbewegungen.

Alle hier zusammengeführten Beobachtungen fügen sich unter die Überschrift von der *Gesellschaft im Aufbruch*. Die Bewegungen, welche diesem Aufbruch widerstrebten, dürfen dabei keineswegs vergessen bleiben. Ein dritter Hauptabschnitt dieser Darstellung steht deswegen unter der Überschrift: *Die Paralysierung des Deutschen Bundes und die Gründung des Nationalstaats.* Hier steht die Entwicklung des politischen Systems während der sechziger Jahre im Mittelpunkt. Der machtpolitische Dualismus zwischen Preußen und Österreich wurde begleitet vom Kampf um deutschlandpolitische Konzeptionen. Es konkurrierten Versuche zur Reform des Deutschen Bundes mit der Konstituierung eines »Dritten Deutschland« der Mittelstaaten und der von Preußen beherrschten kleindeutschen Lösung unter Verdrängung Österreichs. Die Kriege von 1864 und 1866, die Bildung des Norddeutschen Bundes, des Zollparlaments, der Krieg 1870/71 gegen Frankreich und schließlich die Bildung des Deutschen Reiches bilden die Stationen der Darstellung.

Diese sechziger Jahre nehmen eine Schlüsselstellung in der geschichtswissenschaftlichen Diskussion um Kontinuität und die Person Bismarcks ein. Deshalb werden kontroverse Fragen zu entwickeln sein: Wie steht es um Bismarcks Herrschaftstechnik? Was ist an der These vom Bonapartismus? Wie ist der Ausgang des Verfassungskonflikts zu beurteilen? Was ist von dem angeblichen Sündenfall der Liberalen und der Krise des Liberalismus zu halten, nachdem sie Bismarck im Verfassungskonflikt die Indemnität ausgesprochen hatten? Welches Gewicht hatte das föderative Element im Prozeß der Reichsbildung?

Sind dieser Zeitspanne Bedeutung und Signum einer Epoche zuzuschreiben? Es drängt sich eine Formel auf, die Thomas Nipperdey für die ersten zwei Drittel des 19. Jahrhunderts benutzt hat: »Bürgertum und starker Staat«. Reinhard Rürup hat sie noch stärker eingegrenzt auf die Epoche zwischen Revolution und Reichsgründung; er nennt sie »Bürgerliche Gesellschaft und nationaler Staat« und qualifiziert sie damit als ambivalente Formationsphase, indem er urteilt, »daß die Zeit zwischen 1850 und 1871 in wirtschaftlicher, gesellschaftlicher und auch politischer Hinsicht zu den bewegtesten und folgenreichsten Abschnitten der neueren deutschen Geschichte zählt [...]. Wirtschaftlich und gesellschaftlich gehören die fünfziger und sechziger Jahre zu den wichtigsten Umbruchperioden der deutschen Geschichte.«[14]

Wenn für dieses Buch die Überschrift *Gesellschaft im Aufbruch* gewählt wurde, geschah das mit einer offenkundigen Absicht: Das Zeitalter sollte nicht als Durchgangsperiode bewertet werden. Aber Aufbruch ist mehrdeutig: Er kann bedeuten Aufbruch im Sinne von Wegzug aus Deutschland – das erfaßt den wesentlichen Vorgang der Auswanderung breiter Bevölkerungskreise aus sozialer, wirtschaftlicher und politischer Not. Aufbruch kann aber auch heißen, Aufbruch zu neuen Ufern im eigenen Land, zu neuen Taten und Entwicklungen, welche das bisher Dagewesene qualitativ hinter sich lassen. Schließlich ist noch an eine dritte Bedeutung zu denken: Aufbruch im Sinne eines gewalthaften Sich-öffnens, einem aufspringenden Kern vergleichbar; eine Gesellschaft bricht auf und bietet Grundstrukturen dar, die bisher erst ansatzweise und im Verborgenen angelegt waren. Von allem schwingt etwas mit bei längerem Nachdenken über den Titel dieses Bandes, und alles ist gleichermaßen dazu angetan, dieser Epoche in einem gewissen Maße zu ihrem eigenen Recht zu verhelfen.

# II. Das politische System der Reaktion

## 1. Der Übergang zur Reaktion

Die Revolution war mit der Kapitulation der Festung Rastatt am 23. Juli 1849 durch die Macht des Militärs endgültig niedergerungen worden. Die deutschen Staaten befanden sich nun in einer Situation, wie sie der europäische Kontinent seit 1789 mehrfach erlebt hatte: Nach dem erfolgreichen militärischen Schlag gegen revolutionäre Bestrebungen folgte eine anhaltende Periode politischer Säuberungen und gesellschaftlicher Umorientierung. Die Namen für derartige Versuche eines »Roll-back« variieren zwischen »Weißem Terror«, »Restauration« oder »Reaktion«. Für das Jahrzehnt nach 1848/49 hat sich schon bei den Zeitgenossen der Begriff der Reaktion eingebürgert, und diese hatte gleichermaßen wie die Revolution zuvor europäische Dimensionen.

Wie vollzog sich der Übergang zur Reaktion? Welche Formen nahm sie an? Wer trug sie? Wie war sie institutionell im Herrschaftsgefüge verankert? Wie lange dauerte sie? Durch welche langfristigen Prozesse wurde sie überformt oder unterlaufen? Das sind Fragen, denen die historische Forschung bisher kaum nähere Beachtung geschenkt hat. Im folgenden sollen sie näher verfolgt werden, wobei die Wahrnehmung der Zeitgenossen den Ausgangspunkt bilden wird. Eine zeitgenössische satirische Zeichnung mag zur Veranschaulichung dienen. Im Jahrgang 1849 der *Düsseldorfer Monatshefte* findet sich eine Karikatur mit der Unterschrift »Rundgemälde von Europa im August 1849«[1]; es bezieht sich auf die Tage unmittelbar nach Rastatt. Man könnte es als die bildgewordene Reaktion bezeichnen. Die Karikatur zeigt eine Landkarte von Europa. Auf ihr sind drei übergroße Gestalten zu erblicken. Zwei halten einen Besen in der Hand und symbolisieren die Reaktion als den großen Kehraus. Der eine ist Napoleon, der Neffe des Empereur, der sein Land schon gesäubert hat, mit der ausgestreckten Hand zum Atlantik hin auf die ablegenden Schiffe der Flüchtlinge weisend. Der andere ist der Preuße; er ist noch im Fegen begriffen. Sein Besen weist in den deutschen Südwesten, von wo aus die Revolutionäre aus Deutschland hinausgekehrt werden. Sie versammeln sich unter einer großen Mütze, einem Jakobinerhut gleich, mit der Aufschrift »Helvetia«. Gerade am Rand der

Mütze – im Badischen – ist noch ein Galgen mit einem Gehenkten sichtbar, an die Standgerichte gemahnend. In Frankfurt weht nur noch eine Vogelscheuche; man wird sie als die Reste des Reichsverwesers und des Parlaments deuten können. Zwischen den Beinen des Preußen wuselt es von kleinen aufgeregten Gestalten; es sind gekrönte Häupter. Zwei sind besonders hervorgehoben; sie stehen etwas abseits von dem Haufen der ganz Kleinen, der eine bei Stuttgart mit dem württembergischen Hirschgeweih; der andere bei München, in einen Maßkrug gekleidet. Im Osten sieht man den Österreicher noch im Kampf begriffen gegen den Ungarn. Bei Warschau steht nur noch ein gelöschtes Kerzenlicht für das Ende der polnischen Revolution. In Dänemark tanzt gleich einem Harlekin der Däne und dreht, wohl mit Blick auf Schleswig-Holstein, eine Nase. Bei genauem Hinsehen ist darüber hinaus die deutsche Flotte zu entdecken, aber nur als Buchstaben im Gewässer der Ostsee; von Schiffen ist keine Spur. Jenseits des Kanals schließlich erblickt der Betrachter in einer Kutsche Königin Victoria, die sich das europäische Großreinemachen durch ihre Brillengläser ziemlich teilnahmslos anschaut.

Dieses Panorama könnte statt »Rund-« auch »Reaktionsgemälde« heißen. Karikaturen haben es an sich, ein Merkmal überdeutlich zu zeichnen und dadurch zu wirken. Die Form der kontinentaleuropäischen Konterrevolution, ausgetragen durch militärische Macht, war ein Faktum. Aber dieses »Rundgemälde« suggeriert eine einheitliche Front der Fürsten gegen die Revolutionsbewegung; in Wirklichkeit war der Übergang zur Reaktion erheblich verwickelter, und im August 1849 schien er nicht einmal zwingend. Das zeitgenössische Panorama blendete eine wichtige Phase im Revolutionsausgang aus, den es noch nicht überschauen konnte.

Mit dem Ende der Revolution verlagerte sich das politische Geschehen wieder einseitig auf die Ebene der Regierungen. Es begann erneut die Zeit der diplomatischen Korrespondenzen, der Konferenzen, Verträge und Bündnisse. Es mochte paradox anmuten: Die Revolution war zwar zu Ende, nicht aber die nationaldeutsche Verfassungspolitik. Noch während der Revolution, genauer gesagt im Frühjahr 1849, zeitlich parallel zur Reichsverfassungskampagne, entwickelten viele Regierungen eigene Initiativen, die nicht allein auf Herstellung von Ruhe und Ordnung ausgerichtet waren, sondern die auch Verfassungspolitik sein wollten, hatten doch am

14. April 1849 28 deutsche Staaten in einer Kollektivnote, also in einem gemeinsam verantworteten amtlichen Schriftstück, die Reichsverfassung bedingungslos anerkannt, auch die Wahl Friedrich Wilhelms IV. zum deutschen Kaiser. 28 Staaten waren viel,[2] aber wieviel, wenn die gewichtigen fehlten? Zu verschmerzen war noch, daß Luxemburg, Liechtenstein, Lippe-Detmold, Schaumburg-Lippe und Hessen-Homburg sich fernhielten. Preußen war der Adressat der Note, Österreich stand abseits – es fehlten mithin die vier Königreiche Bayern, Württemberg, Sachsen und Hannover. Kein Herrscher dieser deutschen Mittelstaaten war ungezwungen willig zu einem konstitutionellen Kompromiß auf der demokratischen Basis von 1848. Hier ist es daher geboten, die Rolle der Fürsten zu präzisieren.

Was lehrt die Unterstützung der 28 deutschen Staaten, Preußens König möge Reichsverfassung und Kaiserwahl annehmen? Sie lehrt: Es gab eine breite Bereitschaft bei den deutschen Kleinstaaten, den Kompromiß aus Erbmonarchie, Verfassungsstaat und demokratischem Wahlrecht zu akzeptieren. Und sie lehrt ein Zweites: den hinhaltenden Widerstand der Mittelstaaten; es waren die bedeutendsten Staaten des »Dritten Deutschland«, wie man damals auch sagte. Hatten sie zur napoleonischen Zeit die lang erstrebte Souveränität und Königswürde errungen, waren sie eineinhalb Generationen später nicht bereit, auf ihre Souveränität zu verzichten. Das konnte zwar durch äußeren Zwang geschehen, wie in der Dresdner Mairevolution des Jahres 1849, als eine Provisorische Landesregierung die Reichsverfassung annahm, oder auch wie in Württemberg, wo der König zustimmte, um den drohenden Aufstand im Innern zu vermeiden. Aber diese erzwungenen Zusagen waren nicht von Dauer. Die Revolution wurde mithin nicht allein durch die inneren gesellschaftlichen Schwächen und die Ablehnung des preußischen Königs paralysiert: Nicht weniger erheblich war der Widerstand der Mittelstaaten, das Eigengewicht der modernen bürokratisch-monarchischen Verwaltungsstaaten.

Diese Tatsache darf aber nicht über eine scheinbare Paradoxie des Revolutionsausgangs hinwegtäuschen, eine Paradoxie, die in der Regel nicht genügend ernstgenommen wird: Preußens fortdauernde nationale Verfassungspolitik. Am 28. April 1849 hatte Friedrich Wilhelm IV. offiziell und endgültig die Kaiserwürde abgelehnt; er hatte sich also auch von der Zirkularnote der 28 nicht beeindrucken und umstimmen lassen. An diesem gleichen Tag aber ließ der König durch seinen Ministerpräsidenten, Graf Brandenburg, erklären, die preußische Regierung fordere alle deutschen Regierungen auf, gemeinsam einen deutschen Bundesstaat zu vereinbaren. Der Ministerpräsident schlug dazu Konferenzen in Berlin vor. Das hieß nichts anderes, als daß Preußen am Konzept eines geeinten nationalen Verfassungsstaates festhielt.[3]

Diese Tatsache verhindert, den Übergang in die Reaktion als einen abrupten Bruch aufzufassen. Im Gegenteil hieß es zeitweilig aus Preußens Sicht: Revolution nein, nationaler Verfassungsstaat ja. Die treibende Kraft hinter diesem Konzept war der aus einer ungarischen, katholischen Familie stammende Joseph Maria v. Radowitz. Er hatte im Dienst des Königreichs Westfalen zur Rheinbundzeit auf französischer Seite gestanden, ging dann in preußische Dienste und war seit 1836 Preußens Militärbeauftragter am Bundestag. Er machte bereits 1847, ein Jahr vor Revolutionsausbruch, durch einen Plan zur Reform des Deutschen Bundes von sich reden, und 1848 saß er auf den Bänken der Frankfurter Nationalversammlung, im Café Milani, also bei der konstitutionellen Rechten. Er griff im April/Mai 1849 den Plan eines Doppelbundes auf, mit dem Heinrich v. Gagern als Reichsministerpräsident kurz zuvor gründlich gescheitert war. Im engeren Bund sollten Preußen und alle deutschen Bundesstaaten außer Österreich vereinigt sein; Österreich sollte in Gestalt eines weiteren Bundes in lockerer Weise einbezogen werden.

Worauf konnte sich überhaupt die Hoffnung stützen, damit erfolgreicher als das Frankfurter Parlament zu sein? Die andere Qualität schien aus der Sicht des Vordenkers im Verfahren zu liegen: Es war als Vereinbarung mit den Fürsten gedacht; das hieß Revision des bisher vorliegenden Verfassungskonzepts der Paulskirche. Auch diese Politik war in Teilen der Öffentlichkeit populär, weil sie das Nationale immer noch im Blickfeld hatte.

Radowitz setzte an demjenigen Punkt an, wo sich eine Schwäche der Reichsverfassungskampagne gezeigt hatte: bei den widerstrebenden Mittelstaaten. War ihre Zustimmung gewonnen, würden die übrigen 28 wie ehedem nicht zögern. Die preußische Regierung lud also die Vertreter der übrigen vier Königreiche drei Wochen nach Ablehnung der Kaiserkrone auf den 17. Mai 1849 zu einer Konferenz nach Berlin.

Hier zeigte sich alsbald die innere Brüchigkeit des Einigungskonzepts. Die zwei süddeutschen Staaten, Bayern und Württemberg, verweigerten sich von vornherein, so daß nur Sachsen und Hannover übrigblieben; letztere schlossen ihrerseits mit Preußen am 26. Mai 1849 das sogenannte *Dreikönigsbündnis.* Darin verpflichteten sich die drei Staaten, an der Errichtung eines deutschen Bundesstaates ohne Österreich mitzuwirken.[4]

Aber auch Sachsen und Hannover gaben sich nicht vollständig diesem Plan hin, sondern erhoben einen schwerwiegenden Vorbehalt. Sie wollten sich auf eine künftige gemeinsame Reichsverfassung nur verpflichten, wenn sich ihr *alle* deutschen Staaten außer Österreich anschlössen. Das war bereits eine schwere Hypothek. Die drei Verbündeten verständigten sich immerhin am 28. Mai 1849 auf ein Staatsgrundgesetz, das auch »Reichsverfassung« hieß und der Frankfurter vom März 1849 teilweise wörtlich glich.

Die neue geplante Reichsverfassung enthielt drei wichtige Änderungen:

1. Neben die Reichsorgane des Oberhaupts, des Staaten- und des Volkshauses sollte als viertes Organ ein Fürstenkollegium treten: Das hatte die erbkaiserliche Fraktion in der Paulskirche in ähnlicher Weise gefordert, aber erfolglos. Der Sinn war, den Föderalismus noch mehr zu stärken.

2. Das Reichsoberhaupt sollte ein absolutes Veto gegenüber Parlamentsbeschlüssen bekommen. Auch dafür hatten in der Paulskirche die Erbkaiserlichen erbittert gestritten. Friedrich Christoph Dahlmann hatte dieses absolute Vetorecht als fürstliches »Recht der rettenden Tat« bezeichnet, falls das Parlament unbändig werden sollte.

3. Das Wahlrecht wurde geändert. Es gab nun ein Dreiklassenwahlrecht; es bemaß das politische Gewicht der Wahlbürger nach ihrer Steuerkraft. Dieses Wahlrecht kam den Wünschen der Erbkaiserlichen nach einem Zensuswahlrecht näher als das allgemeine Wahlrecht.[5]

Summa summarum: Die neue Reichsverfassung erschien auf autoritäre Weise so nachgebessert, wie es die erbkaiserliche Fraktion in der Paulskirche ursprünglich weitgehend gewünscht hatte.

Obwohl Radowitz und Preußen die Reichseinigung von oben anstrebten, machten sie den Erfolg des Projekts von Dritten abhängig, weil sie die Union nur im Einvernehmen mit den übrigen Regierungen wollten. Der preußischen Politik erging es kaum anders als zuvor dem Frankfurter Parlament. Auch das widerlegt das immer noch verbreitete Urteil vom unpraktischen Tun idealer Träumer in Frankfurt, wenn der nunmehr mit herkömmlichen Mitteln der Staatspolitik betriebene Kurs Preußens, der zweiten Großmacht in Deutschland, gleichermaßen scheiterte. Die überwältigende Mehrheit der Kleinstaaten schloß sich an; Ende 1849 zählte die »Union«, wie sie sich nannte, 26 Mitglieder. Es lohnt nicht, sie im einzelnen aufzuzählen.[6] Wichtiger ist der Blick auf diejenigen, welche fehlten. Bayern und Württemberg hatten sich von vornherein der Basis, dem Dreikönigsbündnis, nicht angeschlossen; aber auch Sachsen und Hannover entfielen schließlich, denn es hatten sich ja nicht alle deutschen Staaten – Österreich ausgenommen – beteiligt. Also hielten sich auch die zwei Gründungsmitglieder des Unionsprojekts fern.

Den auseinanderstrebenden Charakter des fürstlichen Teilnehmerkreises eigens zu betonen ist deshalb so wichtig, weil er das besondere Gewicht des deutschen Föderalismus um die Jahrhundertmitte verdeutlicht; er hemmte eine von Preußen beherrschte kleindeutsche Union. Daß die Politik der Mittelstaaten tatsächlich föderaler, nicht lediglich eigennützig partikularer Art war, bekundete besonders die großdeutsche Politik des sächsischen Ministerpräsidenten, des Grafen Beust.[7] In der damaligen Situation aber blockierte der Widerstand der Mittelstaaten das kleindeutsche Unionsprojekt, und er nahm noch handfestere Gestalt an, denn am 27. Februar 1850 vereinigten sich die vier mehrfach genannten Königreiche - Bayern, Sachsen, Hannover und Württemberg – zu einem *Vierkönigsbündnis.* Sie bekannten sich zwar zur deutschen Einheit, aber das waren nur noch leere Worte, denn sie verlangten den Einschluß der gesamten Habsburgermonarchie samt deren nichtdeutschen Teilen.[8]

Worin lag der tiefere Sinn dieser Politik? Die Mittelstaaten lehnten sich an Österreich an, um sich so vor einer preußischen Übermacht, einer preußischen Hegemonie zu schützen. Sie eröffneten den Spielraum, den alten Deutschen Bund wieder zu restaurieren.

Aber soweit war es noch nicht. Denn Preußen setzte seinen Weg beharrlich fort, die deutsche Einheit nach seinem Muster voranzutreiben, und das hieß zugleich auch den nationalen Verfassungsstaat. Zu diesem Weg gehörten wiederum deutsche Wahlen. Sie fanden am 31. Januar 1850 in denjenigen Staaten statt, die der preußischen Union treu geblieben waren. Preußen verfolgte also durchaus noch den Weg, seine Politik demokratisch zu legitimieren. Auch das ist erstaunlich, bedenkt man, wie derselbe Staat der Reichsverfassungskampagne ein Ende bereitet hatte. Trotzdem beharrte er noch – inspiriert durch die Radowitzsche Politik – auf deutscher Einheit und Verfassung, und das auf der Grundlage von Wahlen!

Diese konstituierende Versammlung trat tatsächlich – am 20. März 1850 – in Erfurt als *Erfurter Parlament* zusammen. Vergegenwärtigt man sich den Kreis der politisch angesprochenen Zeitgenossen, war daran auffallend: Anhänger der demokratischen Richtung und der Arbeitervereine hatten sich aus Protest vor dem praktizierten, die Traditionen von 1848/49 verleugnenden Dreiklassenwahlrecht den Wahlen ferngehalten, soweit sie nicht Deutschland wegen drohender Verfolgung fluchtartig verlassen hatten. Im Parlament versammelte sich dagegen der Kern der erbkaiserlichen Fraktion der Paulskirche – der Casinopartei –, darunter alle Prominenten: Heinrich v. Gagern, Bassermann, Beseler, Simson, Dahlmann, und diese Liberalen hatten die Mehrheit; der später berühmteste ins Parlament gewählte Gegner des Unionsplans hieß Otto v. Bismarck. Die Konstitutionellen glaubten zu diesem Zeitpunkt noch an eine deutsche Einigung unter Preußens Vorhut; um keine Zeit zu verlieren, nahmen sie den Verfassungsentwurf en bloc an.

Jetzt mußte es sich zeigen, welchen Handlungsspielraum die preußische Politik noch hatte – gegen die Mittelstaaten, gegen das Vierkönigsbündnis, gegen Österreich. Die Politik Österreichs gab im Herbst 1850 den Ausschlag, als beide Großmächte, die Habsburgermonarchie und Preußen, unmittelbar vor dem Ausbruch eines Krieges standen, in dem das gesamte Dritte Deutschland hätte Partei ergreifen müssen.

Die Politik der Einigung auf der Basis einer nationalen Verfassung scheiterte angesichts der Drohung eines großen innerdeutschen Krieges. Diese Drohung führte zu einem entscheidenden Kurswechsel in Preußen, man kann sogar sagen: zu einem Systemwechsel. Die Zeitgenossen sprachen vom »System Manteuffel« und nannten es so nach seinem führenden Kopf, dem neuen Ministerpräsidenten Preußens.

Der Kurswechsel in Preußen bedeutete ein Ende der nationalen Verfassungspolitik. Der Bundestag in Frankfurt wurde wiederhergestellt, ebenso das innenpolitische Einvernehmen mit Österreich. Erst jetzt kam die Politik der Reaktion vollständig und in nationaler Weite zum Durchbruch. Aber der Übergang zur Reaktion vollzog sich nicht so bruchlos, wie die Karikatur des europäischen Rundgemäldes suggerierte. Die preußische Politik hatte den demokratischen Weg von 1848 verschmäht, wollte aber zeitweilig ernsthaft den konstitutionellen Weg als Einigung von oben.

## 2. »Reaktion« als Begriff und Bundespolitik (1850–1854)

Preußens nachrevolutionäre nationale Politik, verknüpft mit dem Namen des v. Radowitz, scheiterte, weil ihr der vereinte Widerstand der Mittelstaaten und Österreichs entgegenstand. Damit war der konstitutionelle Weg einer Reichseinigung von oben versperrt, ein Weg, wie er unter anderen Bedingungen zwischen 1866 und 1871 gelang, allerdings um den Preis eines innerdeutschen Krieges, der im Jahre 1850 vermieden wurde. Unzweifelhaft drohte im Jahre 1850 ein vergleichbarer »Bruderkrieg«, als sich die preußische Verfassungspolitik und Österreichs Bestreben, den Bundestag zu restituieren, unversöhnlich gegenüberstanden.

### *a) Die politische Bedeutung des Vertrags von Olmütz (29. 11. 1850)*

Am 8. November 1850 standen sich im kurhessischen Gebiet bei Bronnzell österreichische, bayerische und preußische Truppen in Schußnähe gegenüber. Diese bedrohliche Situation war deswegen besonders angespannt, weil der russische Zar Nikolaus I. seine Bereitschaft hatte erkennen lassen, er werde sich im Fall eines Krieges an der Seite Österreichs einschalten.

In dieser Novemberkrise entstand eine allgemeine Kriegsstimmung in der deutschen Öffentlichkeit, eine Erregung, die an die Schleswig-Holstein-Begeisterung im Revolutionsjahr 1848 erinnerte. Nationalgesinnte konstitutionelle, liberale und demokratische Gruppen machten sich für die »Ehre« Preußens stark, wie man sagte, für die Rettung der Erfurter Union – auch die Demokraten stimmten ein, obwohl sie sich an den Wahlen nicht beteiligt hatten. Plötzlich erschien auch ihnen das gegenüber 1848 reduzierte Verfassungsprojekt in neuem Licht. Alle öffentlich Beteiligten propagierten und stilisierten nun den Kampf Preußens als einen gegen die Mächte der Reaktion, und Rußland sowie Österreich galten als deren Exponenten.

Das war die Situation, während der es im preußischen Kabinett zu einer schweren inneren Krise kam, die zur Ablösung v. Radowitz' vom Posten des Außenministers führte. Ein engerer Kreis der Berater des Königs, »Kamarilla« genannt, setzte sich zugunsten einer Verständigung mit Österreich durch, wogegen Radowitz durchaus zum Krieg bereit gewesen wäre, wenn er noch den nötigen Rückhalt gefunden hätte.

Die ältere deutsche Geschichtswissenschaft, in diesem Fall verkörpert durch Friedrich Meineckes gründliches Buch über Radowitz, deutete das Zurückweichen Preußens in dieser Lage als elementare Schwäche.[1] Dabei maß Meinecke die preußischen Politiker von 1850 an der Risikopolitik Friedrichs II.; dieser hatte gegen eine europäische Übermacht – gegen Österreich und Rußland – den Krieg um Schlesien (1756–1763), den Siebenjährigen Krieg, riskiert und erfolgreich bestanden. Zugleich maß er die Politik der fünfziger Jahre an derjenigen Bismarcks 16 Jahre später. Meinecke urteilte aus der Sicht vollzogener Reichseinigung; sein Buch über Radowitz erschien 1913.

Alles in allem war das aber eine an die historische Konstellation herangetragene Perspektive, die die Sachlage verzeichnet, was stets das Problematische an solchen historischen Vergleichen ist. Worin unterschied sich 1850 von 1866? Womit rechneten die innerpreußischen Gegner – auf der einen Seite v. Radowitz, auf der anderen Seite Otto v. Manteuffel und auch der junge Bismarck? Was war das Kalkül des österreichischen Ministerpräsidenten Felix Fürst zu Schwarzenberg?

Der heutige Betrachter darf nicht vergessen: Die Revolution, welche die Habsburgermonarchie in den Grundfesten erschüttert hatte, lag erst zwei Jahre zurück. Nur durch die Macht der Heere, durch die Erfolge der Feldmarschälle Windischgrätz und Radetzky, konnte der Zusammenhalt der Monarchie gesichert, die Revolution niedergekämpft werden. Preußens Lage bot sich kaum stabiler dar: Nur durch das Militär unter der Leitung General v. Wrangels, durch Belagerungszustand und Kriegsrecht hatte der preußische König im eigenen Land wieder die Oberhand gewonnen.

Sollten die Heere für eine Auseinandersetzung zwischen den deutschen Regierungen eingesetzt werden? Sollte ihr soeben wiedergewonnener Rückhalt abermals geschwächt werden? Die Erregung in der Öffentlichkeit, die Parteinahme für Preußens »Ehre« schien ein Wiederaufleben der Revolution anzukündigen. Das war die Befürchtung Manteuffels. Ständig gingen ihm durch die Kanäle der preußischen geheimen Polizei, die auch über Agenten im Ausland verfügte, Nachrichten zu, die besagten, die Revolutionäre im Exil, namentlich das sogenannte, gewaltig überschätzte revolutionäre Zentralkomitee in London, plane die »große Schilderhebung«. »Wann geht es wieder los?« hieß die bange Frage.

In diesem Punkt ist eine merkwürdige, zeitbedingte Einmütigkeit zwischen den schärfsten Kritikern der kontinentaleuropäischen Reaktion und ihren Exponenten zu beobachten. Ein kurzer Vorgriff auf ein spektakuläres Ereignis des Jahres 1853 vermag diese Übereinstimmung erbitterter politischer Gegner in Zeitdiagnose und Revolutionsprognose zu dokumentieren.

Am 6. Februar 1853 war in Mailand ein Aufstand ausgebrochen, der im Angriff auf die dortige österreichische Hauptwache kulminierte. Es handelte sich um einen Revolutionsversuch, nicht um ein isoliertes Attentat, wie der amtliche Sprachgebrauch nach außen hin nahelegen wollte. Der Revolutionsversuch war von Giuseppe Mazzini – dem Führer der italienischen revolutionären Opposition – und seinen Parteigängern »von langer Hand vorbereitet und auf das genaueste geplant und organisiert« worden.[2] Mailand sollte als »centro d'azione« – als Aktionszentrale – den Anstoß für Aufstände in den übrigen Provinzen geben. Der österreichischen Polizei enthüllte sich über Agentenberichte und polizeiliche Fahndungen ein ganzes Geflecht der Verschwörung.[3]

Worin bestand jene Übereinstimmung? Die österreichische Regierung deutete intern den Aufstand als Teil eines europäischen Revolutionsversuchs mit Zielrichtung gegen Wien und Paris, wobei Attentate auf die Monarchen das Zeichen zum Umsturz geben würden. Zufälligerweise ereignete sich überdies knapp zwei Wochen später, am 18. Februar 1853, ein Attentat auf Franz Joseph. Es stand nachweislich in keinem Zusammenhang mit Mazzinis Aktion. Damals schien eine solche Verbindung jedoch unabweislich auf der Hand zu liegen.

Man kann die Deutung der Aktion Mazzinis als Teil eines europäischen Revolutionsversuchs folglich nicht lediglich als propagandistische Regierungsphobie abtun, was ein Urteil aus dem politisch und geographisch entgegengesetzten Lager bestätigt.

Karl Marx kommentierte am 8. März 1853 in der *New York Daily Tribune:* »Die Mailänder Erhebung ist bedeutsam als Symptom der nahenden revolutionären Krise auf dem ganzen europäischen Kontinent.«[4]

Die österreichische Regierung und Marx irrten, denn eine revolutionäre Situation bestand in Europa nach 1849 nicht mehr; auch ließen sich Revolutionen nicht von einem kleinen Kreis von Eingeweihten gewissermaßen inszenieren. Das beweisen die heutigen Kenntnisse der Vorgeschichte der Revolution von 1848. Aber wenn die Diagnose falsch war, ändert das nichts daran, daß sie als eine handlungsorientierende Tatsache im Bewußtsein führender Politiker der Gegenrevolution wirkte.

War die Furcht vor dem Wiederausbruch der Revolution im Frühjahr 1853 noch so lebendig, galt das auf amtlicher Seite um so mehr im Jahre 1850. Hinzu kam: Am 22. Mai 1850 hatte ein preußischer Leutnant namens Sefeloge ein Pistolen-Attentat auf Friedrich Wilhelm IV. versucht und den König dabei am Arm getroffen. Angeblich hatte der Täter im Moment der Ausführung ausgerufen: »Es lebe die Freiheit«.[5] Auch in diesem Fall ließ sich kein Umfeld ermitteln; der Vorfall wurde der Handlung eines Einzeltäters zugeschrieben, nährte aber die beständig vorhandene Revolutionsfurcht.

Hier lagen Rücksichten, an denen die Verfassungspolitik von Radowitz scheiterte, nachdem sie die Öffentlichkeit in Erregung versetzte und einen Krieg zu provozieren schien. Hier lag der Schlüssel für die Interessenidentität zwischen Manteuffel und Schwarzenberg. Darauf beruhte die tiefere politische Ratio des Vertrags von Olmütz vom 29. November 1850. Preußen verzichtete darin auf die Erfurter Union, erklärte sich zum Rückzug aus Kurhessen bereit und konzedierte überdies die Preisgabe Schleswig-Holsteins.[6]

Mochten auch die Nationalgesinnten damals und später von der »Schmach von Olmütz« sprechen – diese preußische Verständigungspolitik beendete für ein Jahrzehnt die offene innenpolitische Rivalität beider Großmächte. Die Olmützer Punktation war zu einem wesentlichen Teil Revolutionsprophylaxe. Seitdem datierte die gemeinsame, koordiniert betriebene antirevolutionäre Innenpolitik Österreichs und Preußens. Ministerpräsident v. Manteuffel sprach genau das offen aus, als es im preußischen Abgeordnetenhaus zu einer Debatte über die Erfurter Union und die deutsche Frage gekommen war; er erklärte am 8. Januar 1851 zur Rechtfertigung von Olmütz: »Ja, es ist dies ein Wendepunkt in unserer Politik: es soll entschieden mit der Revolution gebrochen werden!«[7]

In einer früheren Debatte hatte sich auch der Abgeordnete Otto v. Bismarck zu Wort gemeldet. Er stellte gleichfalls den möglichen Zusammenhang von Krieg und wiederauflebender Revolution heraus; deshalb plädierte er *für* Olmütz; deshalb bot sich ihm 1850 eine andere Ausgangslage, als sie sich 1866 darbieten sollte:

Die preußische Ehre besteht nach meiner Überzeugung nicht darin, daß Preußen überall in Deutschland den Don Quixote spiele für gekränkte Kammerzelebritäten, welche ihre lokale Verfassung für gefährdet halten. [Das war eine Anspielung auf den Hilferuf des kurhessischen, von seinen Ständen bedrängten Kurfürsten.] Ich suche die preußische Ehre darin, daß Preußen vor allem sich *von jeder schmachvollen Verbindung mit der Demokratie entfernt halte,* daß Preußen in der vorliegenden wie in allen Fragen nicht zugebe, daß in Deutschland etwas geschehe ohne Preußens Einwilligung. [...]

Ich habe vor Jahr und Tag von dieser selben Stelle aus meine Überzeugung ausgesprochen, daß die Union an sich nicht lebensfähig sei, daß sie mir stets erschienen als ein zwitterhaftes Produkt furchtsamer Herrschaft und zahmer Revolution. [...]

Sollten wir trotzdem dahin getrieben werden, für die Idee der Union Krieg zu führen, meine Herren, es würde nicht lange dauern, daß den Unionsmännern von kräftigen Fäusten die letzten Fetzen des Unionsmantels heruntergerissen würden, und es würde nichts bleiben als das rote Unterfutter dieses sehr leichten Kleidungsstückes. Am wenigsten kann ich glauben, daß die Staatsmänner, die im Sommer 1848 der Freundschaftsbezeugungen einer Handvoll Berliner Proletarier sich nicht erwehren konnten, stark genug sein würden, wenn einmal der Brand entzündet ist, im Kampfe mit der Übermacht die dargebotene Hand der polnischen, italienischen, ungarischen und deutschen Demokraten zurückzuweisen.[8]

Nicht »System Radowitz« – Bismarck sprach von System! –, nicht Erfurter Union, nicht Krieg und implizite Revolution hieß die Marschroute des ostelbischen Abgeordneten, sondern »System Manteuffel«, Rückkehr zum Bundestag, Einvernehmen mit Österreich (wenn bei Bismarck auch nur unter taktischen Rücksichten), für konsequente antirevolutionäre Politik, letztlich also für Olmütz. Mit dem Vertrag von Olmütz aber waren zwischen Österreich und Preußen die Grundlagen für das System der Reaktion gelegt.

### *b) Die Entwicklung des Schlagworts »Reaktion« zum Epochenbegriff*

Das Schlagwort von der »Reaktion« diente ursprünglich als politischer Kampfbegriff, der emotional aufgeladen war und zur Parteinahme herausforderte, bevor er sich schließlich auch als neutralisierte Epochenbezeichnung etablierte. Das war kein seltener Vorgang. Zur napoleonischen Zeit in Deutschland meinte beispielsweise »Demokrat« so viel wie »Demagoge« oder »Jakobiner«, »Restauration« war als Leitbegriff hervorgegangen aus einer konservativ-patriarchalischen Staatswissenschaft; der Beispiele ließen sich viele weitere anführen. In methodischer Hinsicht ist es generell wichtig für den Historiker, den zeitgenössischen Aufladungen historischer Begriffe nicht unüberlegt aufzusitzen, sie gleichsam unreflektiert weiterzutransportieren.

Eine Politisierung des Wortes »Reaktion« und seine Ummünzung zu einem Kampfbegriff erfolgte bereits in Auseinandersetzung mit der Französischen Revolution von 1789. In der breiten politischen Bewegung in Deutschland vermochte er sich aber erst in den vierziger Jahren durchzusetzen. Er diente dabei stets als Gegenpol zu einer Entwicklung, die unter dem Zeichen des Fortschritts interpretiert wurde.[9] Die öffentliche Auseinandersetzung mit dem Begriff des »Reactionären« erreichte ihren Höhepunkt im Revolutionsjahr 1848/49. Drei Beispiele sollen die unterschiedlichen Dimensionen verdeutlichen.

1. In der Berliner Nationalversammlung hatte der Oberlehrer Dr. Julius Stein am 9. August 1848 einen Antrag gestellt, vom Kriegsminister einen Erlaß zu fordern; dieser sollte vorschreiben,

> daß die Offiziere allen reaktionären Bestrebungen fernbleiben, nicht nur Konflikte jeglicher Art mit dem Zivil vermeiden, sondern durch Annäherung an die Bürger und Vereinigung mit denselben zeigen, daß sie mit Aufrichtigkeit und Hingebung an der Verwirklichung eines konstitutionellen Rechtszustandes mitarbeiten wollen.[10]

Dieser Antrag traf den Nerv eines Machtproblems im Jahre 1848: die innere, loyale Bejahung der neuen Staatsorganisation durch das Militär. »Reaktionär« kennzeichnete hier eine Haltung, die vor den März 1848, vor die Märzerrungenschaften zurückwollte; es stigmatisierte eine Gesinnung, die im strengen Sinne royalistisch und antikonstitutionell war.

2. Eine zweite Dimension offenbart sich in der politischen Lyrik des Revolutionsjahrs und signalisiert die gesteigerte Ansprechbarkeit eines breiteren öffentlichen Publikums. Das zeigt ein *Nachtwächterlied* mit dem Untertitel »Aus den Papieren eines anonymen Ober-Nachtwächters. 1848«.[11] Die ersten Strophen beklagen die Last der neugewonnenen Freiheit, die geschäftsschädigende Wirkung der Pressefreiheit, rühmen die Gemütlichkeit der alten Zensur, die bürgerliche Friedsamkeit, die »schöne Zeit in vergangnen Jahren, wo wir rasiert und bezopft noch waren«. Die letzte Strophe stellt die Nachtwächterperspektive plötzlich auf den Kopf. Es heißt in ihr:

Der Tag vertreibt die finstre Nacht,
Ihr Krebse und Reactionaire, habt Acht,
Habt Acht und laßt verbrüdert uns halten
An unsrer Parole: »'s bleibt Alles beim Alten!«

Krebse und Zopf standen als Symbole für die Rückwärtsgehenden; »Reactionäre« galten als Finsterlinge – das signalisierte den politischen Kampf. Die Parole heißt zwar »'s bleibt Alles beim Alten«: das Alte war aber plötzlich das Neue, nämlich der seit dem März neugewonnene Rechtsboden.

3. Der Begriff konnte sich darüber hinaus auch gesellschaftspolitisch aufladen. Das dokumentiert eine Karikatur der bereits erwähnten *Düsseldorfer Monatshefte* aus dem Jahre 1849. Sie zeigt einen Amtsschreiber vor seinem Schreibtisch; hinter ihm auf seinen Stuhl gestützt steht ein junger Bursche, und zwischen beiden entspinnt sich folgender Dialog:

Net wahr, Herr Amtscopist, des sind de Krebs und de Zöpf', was mer Reactionäre nennt?
Larifari! Reactionär kömmt her von »re«, des heißt »wieder«, und Actionär! es sind also reiche und verständige Leute, denen ihre Actien wieder gut stehen.[12]

Hier wird der Begriff einer bestimmten Schicht zugeschrieben. Dieser politische Umgang mit dem Begriff »Reaktion« und seinen Ableitungen fand unter der verschärften Meinungskontrolle nach 1849 bald ein Ende. Auch löste er sich aus der Bindung an bestimmte Parteirichtungen. Das zeigt der Ausspruch des preußischen Ministerpräsidenten v. Manteuffel, dem nach der Niederlage der Revolution klar war: Wer den »Feudalismus« wieder einführen wolle, müsse »namentlich auf dem Lande die Ablösungsgesetze wieder rückgängig machen und die Erbuntertänigkeit wieder einführen sowie in den Städten die Zünfte restituieren und dabei gleichzeitig ein Patriziat in Aussicht nehmen – kurz, man müßte zu einer Reihe von Maßregeln greifen, die man gemeinhin Reaktion nennt«; es sei nachgewiesen, »daß eine solche Reaktion, wenn man sie auch mit allen Mitteln versuchen wollte, an dem Widerstand der Tatsachen scheitert, da die gesammte neuere Zivilisation mit einer unabwendbaren Nothwendigkeit zur Auflösung des Feudalismus führt«.[13] In diesem Zusammenhang meinte »Reaktion« Wiederherstellung vorrevolutionärer Zustände guts- und grundherrschaftlicher Abhängigkeit, also sozioökonomischer Verhältnisse.

Um 1870 schwächte sich der Reaktionsbegriff ab, er wurde zum Terminus technicus für eine Epoche. Ein erster Beleg in dieser Richtung ist der Titel eines Buches von Bernhard Becker aus dem Jahre 1869: *Die Reaktion in Deutschland gegen die Revolution von 1848, beleuchtet in sozialer, nationaler und staatlicher Beziehung.* Es handelt sich zu Dreiviertel um eine Revolutionsgeschichte über 1848, aber das letzte Viertel widmet sich dann noch dem Jahrzehnt zwischen 1849 und 1859 und betrachtet es im Horizont eines politischen Systems.[14]

In diesem Sinne, als Herrschaft eines politischen, epocheprägenden Systems, wurde das Jahrzehnt zwischen 1849 und 1859 erstmals grundsätzlich und mit vielen Einzelheiten in der Verfassungsgeschichte Ernst Rudolf Hubers gedeutet. In den neueren allgemeinen Darstellungen zur deutschen Geschichte erscheint demgegenüber die Phase der innenpolitischen Reaktion nach 1849 auf eine Etappe von zwei, drei Jahren reduziert, wenn sie überhaupt ernsthaft registriert wird.[15] Unter den großen Synthesen würdigt lediglich die *Deutsche Geschichte* Thomas Nipperdeys den Charakter dieses Jahrzehnts als System der Reaktion. Unter der Überschrift *Die Reaktion in Deutschland 1849–1859* erfaßt sie deren volle zeitliche und inhaltliche Weite. Und sie deutet sie als Ergebnis eines *Systems* von Maßnahmen, nicht als eine Abfolge disparater Einzelaktionen.[16] Kennzeichen jener Politik waren Verfassungsrevision und Staatsstreichmaßnahmen, polizeiliche Überwachung und Verfolgung, die Etablierung eines Polizei- und Militärsystems, eine reaktionäre Verfassungspraxis, wo Verfassungen fortbestanden, massive Wahlbeeinflussungen, insgesamt der Triumph des »konservativ-bürokratischen Obrigkeits- und

Ordnungsstaats« (Nipperdey). Dieser entfaltete seine steuernde Verwaltungstätigkeit in allen öffentlichen, politisch empfindlichen Lebensbereichen: in der Verwaltung, bei Beamten, Lehrern, in den Schulen und Hochschulen, gegenüber den Kirchen.

Bei alledem muß aber gegenwärtig bleiben, daß politische Maßnahmen Wirkungen erzeugen können, die den ursprünglichen Absichten zuwiderlaufen. Unter der Glocke politischer Repression setzte sich der Prozeß der Modernisierung hin zur bürgerlichen Gesellschaft fort. Das zeigt im Extrem die Entwicklung in der Habsburgermonarchie. Sie beseitigte alle Ansätze zur Verfassungsgebung – Preußen war immerhin ein konstitutioneller Staat geworden. Trotzdem betrieben die österreichischen Politiker Modernisierung über Verwaltungsmaßnahmen.[17] Die in der Revolution verfügte Bauernbefreiung wurde zu den für die Bauern günstigen Bedingungen durchgeführt; Versuche des Adels, auf ständisch-regionaler Ebene mitzusprechen, wurden abgewiesen. Eine aktive Wirtschaftspolitik schuf Voraussetzungen, von denen aus das Bürgertum in Österreich nach 1859 auch eine aktive Verfassungspolitik wiederaufnehmen konnte.[18]

### *c) Der wiederhergestellte Bundestag im System der Reaktion*

Als im Sommer 1851 der Bundestag wieder vollständig in Frankfurt zusammengetreten war, sah er sich mit dem Problem konfrontiert, daß die Revolution von 1848 frühzeitig in die Bahnen der Legalität und Rechtskontinuität gelenkt worden war. Die ersten Maßnahmen der Reaktion vollzogen sich folgerichtig auf dem Weg der Rechtsrevision, wobei die Bundesakte von 1815 wieder als maßgebliche Norm gelten sollte. Rechtlich gesehen war das eine irrige Ansicht, denn am 12. Juli 1848 hatte sich der Bundestag einstimmig aufgelöst. Man versuchte »Geschichte zu bewältigen, indem man sie als ungeschehene behandelte«.[19]

Entsprechend der neuen Politik seit Olmütz traten Österreich und Preußen gemeinsam im Bundestag als Antragsteller auf. Daraus ging gleich zu Beginn ein Antrag hervor, sämtliche aus der Revolution herrührenden Rechtsveränderungen wieder auf das bundesrechtlich zulässige Maß zurechtzustutzen. Wegweisend wurde der Bundesbeschluß vom 23. August 1851, der sog. »Bundesreaktionsbeschluß«. Er machte den Bundestag zur obersten Kontrollbehörde für alle einzelstaatlichen Verfassungszustände.

Das richtete sich selbstverständlich gegen die Mittel- und vor allem gegen die Kleinstaaten. Der Beschluß behandelte alle Reaktionsangelegenheiten als Fragen der »inneren Ruhe und Ordnung« des Bundes. Er verfügte,

> die in den einzelnen Bundesstaaten namentlich seit dem Jahre 1848 getroffenen staatlichen Einrichtungen und erlassenen gesetzlichen Bestimmungen einer sorgfältigen Prüfung zu unterwerfen und dann, wenn sie mit den Grundgesetzen des Bundes nicht in Einklang stehen, diese nothwendige Übereinstimmung ohne Verzug wieder zu bewirken.[20]

Diese Worte definierten mit amtlicher Verbindlichkeit die beabsichtigte Rechts-Reaktion. Als revolutionär galten im Recht der einzelnen Bundesländer vor allem fünf Punkte: 1. der Verfassungseid des Heeres, 2. die demokratische Gestaltung des Wahlrechts in den Länderverfassungen, 3. die umfassende Budgetgewalt der einzelstaatlichen Landtage, 4. das Vereinsrecht, welches die Bildung politischer Parteien zuließ, und 5. das Presserecht mit der Garantie der Pressefreiheit.

Die freie öffentliche Meinung galt als besondere Gefahr und erhielt in dem Bundesbeschluß besondere Aufmerksamkeit. Die Regierungen wurden aufgefordert, »durch alle gesetzlichen Mittel die Unterdrückung der Zeitungen und Zeitschriften unter Bestrafung der Schuldigen herbeizuführen, welche atheistische, socialistische oder communistische, oder auf den Umsturz der Monarchie gerichtete Zwecke verfolgen«.[21]

Der Bundesreaktionsbeschluß stiftete zugleich eine überwachende Behörde, den sog. Reaktionsausschuß. Er nahm im Oktober 1851 seine Arbeit auf und überprüfte nacheinander die Verfassungen, Wahl-, Preß- und Vereinsgesetze der Einzelstaaten. Seine Recherchen ermöglichten dem Bund konkrete Weisungen an die säumigen Regierungen, wo es mit der Reaktion nicht zügig genug ging. Dieser zentralistischen Zwangsgewalt mußten sich unterwerfen: Sachsen-Coburg, Anhalt, Liechtenstein, Waldeck, Lippe, Hessen-Homburg sowie die Freien Städte Frankfurt, Bremen und Hamburg, allesamt Kleinstaaten. Von den Mittelstaaten hatte allein das Königreich Hannover Eingriffe zu gewärtigen. Der Bund schreckte auch vor militärischer Gewalt nicht zurück, um seinen Forderungen Nachdruck zu verleihen. In Bremen und Kurhessen kam es zu einer regelrechten militärischen Intervention.[22]

In das System der Rechtsrevision gehörte folgerichtig auch der Bundesbeschluß vom 23. August 1851, welcher die im Dezember 1848 vorab verkündeten und dann in der Reichsverfassung vom 28. März 1849 erneuerten Grundrechte für ungültig erklärte.

Wieviel Konsequenz der vom Bund ausgehenden Reaktionspolitik innewohnte, beweisen auch zwei Bundesbeschlüsse gegen Presse und Vereinswesen aus dem Jahre 1854, also aus einer Zeit, in der für viele Autoren die Reaktion schon vorbei war. Das Bundespressegesetz vom 6. Juli 1854 führte alle diejenigen Pressebeschränkungen ein, welche die Paulskirche durch einen Negativkatalog im Grundrechtsartikel über die Meinungs- und Pressefreiheit ausgeschlossen wissen wollte; Konzessionsentzug, Kautionen und Gesamthaftung aller in Erzeugung und Vertrieb von Druckerzeugnissen Beteiligten zählten darunter zu den wirkungsvollsten Instrumenten.

Das Bundesvereinsgesetz vom 13. Juli 1854 nahm als Regelfall an, daß politische Vereine verboten waren. Zwar konnten nach dem Landesrecht doch noch politische Vereine fortbestehen. Aber in diesem Fall schrieb das Bundesvereinsgesetz vor: »Jede Verbindung mit anderen Vereinen ist unstatthaft«.[23]

Was sich so harmlos liest, kam einem allgemeinen Parteienverbot nahe. Man nennt diese Vorschrift auch das Affiliationsverbot: Es untersagte, Filialen zu bilden. Ohne Zweigvereine blieb aber jeder politische Verein ein isoliertes, regionales, zusammenhangsloses Einzelereignis. Unter dem Verzweigungsverbot konnten sich im Reaktionsjahrzehnt keine überregionalen Parteien bilden. Das Fünfparteiensystem, das sich während der Revolution in nationaler Weite abgezeichnet hatte, wurde rechtlich zerschlagen, kriminalisiert und in den Untergrund verdrängt.

Alle Bundesmaßnahmen zusammengesehen dokumentieren die beträchtliche Potenz des reaktivierten Deutschen Bundes. Faktisch unternahm er zahlreiche Eingriffe in die innere Souveränität seiner Mitglieder. Das widersprach dem Wesen eines föderativen Staatenverbands, als welcher der Bund 1815 ins Leben getreten war. Er entwickelte, wie bereits zu Zeiten Metternichs, in der Innenpolitik zentralstaatliche Tendenzen; eben diese Tatsache erlaubt es, von einem System zu sprechen. Nimmt man die überwiegend gleichläufige Politik der Einzelstaaten hinzu, erfaßte die Reaktion sämtliche Bereiche des öffentlichen Lebens: Presse, Parteien, Parlamente, Schulen, Universitäten, Kirchen, Verwaltung,

Justiz. Sie stieß aber auch auf Grenzen, was sich zeigte, als die Mittelstaaten das Projekt einer Bundeszentralpolizei zu Fall brachten.

### *d) Das gescheiterte Projekt einer Bundeszentralpolizei*

Die Protokolle der deutschen Bundesversammlung verzeichneten am 11. Oktober 1851 einen gemeinsamen Antrag Österreichs und Preußens auf Einrichtung einer Bundeszentralpolizei. Was es damit auf sich hatte, lag bisher im Dunkeln, denn in den Bundestagsprotokollen erfährt man nichts Näheres über den Inhalt dieses Projekts. Auch in der Forschung blieb der Hintergrund dieses Plans, eine Bundespolizei einzurichten, lange unbekannt.[24] Dabei vermag gerade dieses Vorhaben neues Licht auf die gemeinsame Innenpolitik Österreichs und Preußens zu werfen. Von dem vielbeschworenen Dualismus ist *hier* nichts zu merken. Im Gegenteil: Beide Großmächte hatten sich auf einen zunächst geheimen Entwurf geeinigt, der eine Zentralbundespolizei mit Sitz in Leipzig vorsah. Die Zentralstelle sollte die Polizeiorganisation der Einzelstaaten überprüfen, Mängel vermerken und der Bundesversammlung mitteilen. Sie sollte alle »polizeilichen Daten von allgemeinem Interesse« sammeln, kombinieren und nach »gleichartigen oder zusammenhängenden revolutionären Erscheinungen« suchen. Sie sollte die planmäßige, ineinandergreifende Tätigkeit der Polizeibehörden anregen, leiten und überwachen. Die Kosten sollte der Bund tragen.[25]

Das Projekt scheiterte schließlich am vierten seiner sieben Vertragsartikel; dieser wollte der Zentralstelle das Recht zuschreiben, sich in Anfragen und Mitteilungen auch über die zentralen Instanzen eines Landes hinweg an die unteren Landesbehörden zu wenden. Kommissare der Zentralbehörde sollten Nachforschungen an Ort und Stelle vornehmen und notfalls »selbständig einschreiten« dürfen.

Der bayerische Ministerpräsident Freiherr von der Pfordten entwickelte seinem König Maximilian II. Joseph gegenüber die Problematik des Projekts mit den Worten, daß es »eine theilweise Mediatisirung der einzelnen Staaten bedeutete«. Wörtlich erkannte er den heikelsten Punkt in dem Zugriff der Zentralstelle auf die einzelstaatlichen Unterbehörden:

Es würde offenbar als ein Eingriff in die Souveränitätsrechte erscheinen müssen, wenn z. B. ohne Vorwissen der bayerischen Regierung fragliche Centralbehörde einen Commißär nach Nürnberg oder Würzburg schickte, und durch diesen daselbst Verhaftungen, Haussuchungen und polizeiliche Akte jeder Art vornehmen ließe.[26]

Eben dies hatten die Großmächte beabsichtigt. Alles zusammengenommen konnte von der Pfordten die bayerische Politik nur dahin lenken, das Projekt zu Fall zu bringen, was in geheimen Absprachen mit anderen mittelstaatlichen Bundesmitgliedern geschah. Bayern vermochte als Vorhut des »Dritten Deutschland« Hannover, Württemberg, Baden und beide Hessen in die Abwehrfront hinüberzuziehen. Mit Erfolg: Die Großmächte verzichteten von sich aus darauf, den Plan weiter zu verfolgen. Er verlief im Sande.

## 3. Der geheime »Polizeiverein« im System der Reaktion 1851–1859

Das Scheitern jener Bundeszentralpolizei darf jedoch nicht zu dem Fehlschluß verleiten, die führenden mittelstaatlichen Regierungen des Bundes einschließlich Bayerns seien auf diese Weise von ihrer postrevolutionären Reaktionspolitik abgerückt. Verteidigung der Selbständigkeit des *Staates* nach außen und dessen Schutz durch Unterdrückung der politischen Opposition im Innern schlossen einander nicht aus. Denn Österreich, die fünf Königreiche und das Großherzogtum Baden fanden einen wirkungsvollen Ersatz, indem sie den Bundestag umgingen und in völlig geheimer Form einen sog. Polizeiverein begründeten.

Der einflußreiche Berliner Polizeipräsident und spätere Generalpolizeidirektor Karl Ludwig Friedrich v. Hinckeldey war in der Anfangsphase die eigentlich treibende Kraft. Er hatte nach dem Attentat auf Friedrich Wilhelm IV. im Mai 1850 das unbedingte Vertrauen seines Königs gewonnen, erhielt jederzeit persönlichen Zutritt zum Monarchen und vereinigte schließlich die Fäden der gesamten preußischen politischen Polizei in seiner Hand.

Im März 1851 wies Hinckeldey in einem Gespräch den österreichischen Gesandten in Berlin auf die fortwirkende politische Opposition hin; er rügte die unzulänglichen Mittel der Regierungen im Gegensatz zum umfangreichen organisierten Treiben der »demokratischen Partei«. Die Tätigkeit der Presse, der Liberalen, Demokraten und Arbeitervereine in Deutschland ebenso wie der Einfluß der Emigranten in London auf die innerdeutschen Verhältnisse halte die nachrevolutionäre politische Opposition lebendig. Hamburg und Frankfurt galten ihm als ganz unzuverlässig, Bremen als Schwerpunkt der demokratischen Agitation mit nachweisbaren Verbindungen nach Paris und London. Aufgrund seiner Situationsanalyse entwarf Hinckeldey das Konzept eines planmäßigen geheimen Nachrichtenaustausches zwischen vertrauenswürdigen Staaten, um »die Überwachung von ganz Deutschland unter sich zu theilen und schnellen Verkehr verabreden« zu können.[1]

Dieser preußische Plan zur Konzentration der Reaktionspolitik mündete in eine Initiative auf höchster Ebene. Manteuffel für Preußen und Schwarzenberg für Österreich vereinbarten eine geheime erste Polizeikonferenz zwischen besonders beauftragten Polizeibeamten in Dresden. Sie fand am 9. April 1851 in Dresden statt, noch vor der Neueröffnung des vollständig wiederhergestellten Bundestags. Auf der Konferenz waren zunächst nur die Kommissare Österreichs, Preußens, Sachsens und Hannovers vertreten.

Es folgten auf höchster diplomatischer Ebene Verhandlungen dieser vier Kernmitglieder mit Bayern, Württemberg und Baden. Und in dieser Reihenfolge schlossen sich die genannten zu einem Siebenerverein zusammen. Wie vollzog sich der Beitritt konkret? Das sei am Beispiel Bayerns veranschaulicht. Ende Mai 1851 erfuhr Ministerpräsident von der Pfordten durch den österreichischen Gesandten in München erstmals genau und umfassend von der Existenz des Polizeivereins, worüber er den Innenminister v. Zwehl unterrichtete. Dieser formulierte unverzüglich einen Bericht an König Max II. Der König war also persönlich in das Unternehmen eingeweiht und befand in eigenhändigem Bescheid: »Vortrefflich finde ich diese Idee, und genehmige anmit das absichtlich die Ausführung derselben hier Beantragte.«[2] In ähnlicher Weise vollzog sich der Beitritt Württembergs, nämlich indem König Wilhelm sich unmittelbar einschaltete, und der Beitritt Badens erfolgte durch die Einwilligung des Großherzogs.

Aus dieser Geheimdiplomatie erwuchs also eine höchst merkwürdige Einrichtung. Alles vollzog sich ohne formale Rechtsgrundlage, ohne offenen Vertrag zwischen den Regierungen, ohne offen erkennbare Änderungen in der Organisation der einzelstaatlichen Zentralbehörden, ohne Bekanntgabe in Regierungs-, Gesetzes-, Ministerial- und Verordnungsblättern oder wie dergleichen amtliche Organe noch hießen. Nein, alles vollzog sich nach den Worten des geistigen Urhebers, v. Hinckeldeys, auf »völlig form- und geräuschlose Weise«. Deshalb ist diese Organisation, die in der Amtssprache bald intern Polizeiverein oder Polizeikartell genannt wurde, den Rechts- und Verfassungshistorikern unbekannt geblieben. War sie nur ein Phantom?

Sicherlich nicht; sie war ein typisches Erzeugnis früher staatlicher Geheimpolizei, und ganz so formlos, wie es schien, arbeitete sie keineswegs. Der Polizeiverein entwickelte eine eigene Struktur, arbeitete als System und verhalf dadurch überhaupt erst der innerdeutschen Reaktion auf allen Ebenen zum Durchbruch. Zunächst einmal: Die reale Arbeitsweise hat sich in Gestalt vieler bisher ungedruckter Aktenkonvolute niedergeschlagen; das ist die geronnene Geschäftstätigkeit des Polizeivereins.

Wie arbeitete dieses System? Sein Lebenselement war wirkungsvoller, schneller Nachrichtenaustausch. Das geschah einesteils durch kontinuierliche sog. Polizeikonferenzen mit turnusmäßig wechselndem Tagungsort. Man wählte jeweils die Residenzstadt eines der beteiligten Mitgliedsstaaten, also abwechselnd Dresden, Berlin, Wien, München, Hannover, Stuttgart oder Karlsruhe. Während zweier Krisenjahre wich man nach Eisenach aus. 1851 fanden zwei, 1852 fanden drei, 1853 und 1855 erneut zwei Konferenzen statt, in den übrigen Jahren jeweils eine, und das bis in das Jahr 1866 hinein! Insgesamt brachte es der Polizeiverein in den 15 Jahren seines Bestehens auf 20 Tagungen.[3] Auch der 1859 aufbrechende österreichisch-preußische Dualismus setzte den Polizeikonferenzen kein Ende!

Auf den Zusammenkünften wurden unzählige politisch-polizeiliche Notizen ausgetauscht, worüber umfangreiche Protokolle und Materialien überliefert sind.[4] Man übermittelte Nachrichten zur Ausweisung politisch Verdächtiger, zu Bücherverboten, zur Beschlagnahmung revolutionärer Schriften, Aufhebung staatsgefährlicher Vereine, Agitation einzelner »Emissäre der Propaganda«, wie man sagte, also Boten der Flüchtlinge im Exil. Die Akten enthalten aber nicht nur polizeiliche Schriftstücke, sondern auch die beschlagnahmten Materialien selbst, etwa Originalzeugnisse wie Briefe, Tagebuchnotizen Hoffmanns v. Fallersleben,

Broschüren, Lieder, Vereinsstatuten, Zeitungsexzerpte, Namenslisten, Stimmungsberichte über die Lage in Presse und Parteien, darüber hinaus Agentenberichte, Polizeiverordnungen, Landesgesetze zur Handhabung der Paß- und Fremdenkontrolle. Jeder Kommissar teilte den übrigen Mitgliedern regelmäßig die neuesten Wahrnehmungen aus seinem Bereich mit.

Wie insbesondere die von Österreich auf der Polizeikonferenz von 1856 vorgelegten Namenslisten politischer Flüchtlinge ausweisen, verfügte man über Agenten in New York, Paris, Brüssel und London und behielt die Lage des europäischen Exils ständig im Auge. Man verfolgte nicht allein die Handlungen der deutschen, sondern auch der französischen, italienischen, polnischen und ungarischen Exilanten, der »Häupter der Revolutionspartei«, wie man sich ausdrückte. Dazu zählten Giuseppe Mazzini, Victor Hugo, Louis Blanc, Karl Vogt, Arnold Ruge und Gottfried Kinkel; die beiden letzteren hielten die Staatsschutzbeamten für erheblich gefährlicher als etwa den gleichfalls observierten Karl Marx. Die überwachende Polizei gewann eine internationale Perspektive. Sie beobachtete die Rückwirkungen außenpolitischer Vorgänge, etwa den Krieg auf der Krim in den Jahren zwischen 1854 und 1856 oder die italienische Einigungsbewegung seit 1859. Mit größter Wachsamkeit versuchte man die Rückwirkungen solcher Vorgänge auf die politische Vereinsbildung und auf die öffentliche Stimmung überhaupt in Deutschland zu kalkulieren. Man war unterrichtet über die Tätigkeit von Flüchtlingen, die etwa als Dozenten an der Universität Zürich lehrten. So umspannte ein straff geflochtenes, geheimes polizeiliches Nachrichtennetz das gesamte Gebiet des Deutschen Bundes einschließlich der Habsburgermonarchie. Die Regierungen waren über nahezu alle Vorgänge auf dem Feld der Presse, Vereine und Versammlungen informiert.

Die Polizeikonferenzen blieben nicht der einzige Ort des Nachrichtenaustauschs. Der Polizeiverein entwickelte ein noch weit effektiveres System in Gestalt sog. Wochenberichte. Die Idee war folgende: Schnelle, geheime Kommunikation hatte sich als wichtigstes Werkzeug für die politische Polizei der sieben beteiligten Mitgliedsstaaten herausgebildet. Diesen Verkehr zu beschleunigen und zu verstetigen, erfand man den Austausch über Wochenberichte, das heißt jeder für einen Staat betraute Polizeikommissar sammelte zentral für das eigene Territorium die staatspolizeilich erheblichen Notizen und gab sie in Gestalt eines nach Rubriken geordneten Berichts weiter. Eine vom Berliner Polizeipräsidium angefertigte Statistik über die Zahl der Wochenberichte und die in ihnen behandelten Gegenstände (»Positionen«) offenbart das Ausmaß dieser Tätigkeit.

*Tabelle 1:* Statistik der in den Jahren 1853/54 ausgetauschten Wochenberichte des Polizeivereins

Statistik für 1853/54 von Polizeiassessor Caspar im Berliner Polizeipräsidium

Wochenberichtliche Mittheilungen haben gegeben:

| | Wochenberichte | | Positionen | Wochenberichte | | Positionen | Summe |
|---|---|---|---|---|---|---|---|
| | | 1853 | | | 1854 | | |
| Berlin | 30 | mit | 558 | 15 | mit | 180 | 738 |
| Dresden | 17 | mit | 234 | 16 | mit | 193 | 427 |
| München | 9 | mit | 74 | 9 | mit | 59 | 133 |
| Stuttgart | 3 | mit | 43 | 2 | mit | 24 | 67 |
| Carlsruhe | 4 | mit | 12 | 3 | mit | 12 | 24 |
| Hannover | | | | 9 | mit | 70 | |

Berlin, den 5. Februar 1855
Caspar

*Quelle:* W. Siemann, *»Deutschlands Ruhe, Sicherheit und Ordnung«. Die Anfänge der politischen Polizei 1806–1866*, Tübingen 1985, 260.

So waren die anderen sechs Beteiligten stets über die besonderen Vorkommnisse in einem einzelnen Staat informiert. Es gab solche Berichte aus Berlin, Hannover, Karlsruhe, Dresden, Stuttgart, München oder Wien, wenn auch in unterschiedlicher Frequenz, weshalb der Ausdruck »Wochenbericht« nicht unbedingt wörtlich zu nehmen ist: Ein Bericht konnte in Abständen von 14 Tagen, einem Monat oder gar einem Vierteljahr erfolgen. Das hing davon ab, wieviel an Informationen anfiel; und die Menge nahm verständlicherweise im Laufe der Jahre ab. Die größte Wochenberichtsdichte lag in den Jahren 1851 bis 1853.

Die Wochenberichte waren in Nachrichtenblöcke (»Positionen«) eingeteilt. Den Stoff der Überwachungstätigkeit fanden die Verfolgungsbehörden im gesamten Themenbereich der inneren Sicherheit; zu diesem waren zu rechnen politisch verdächtige Einzelpersonen, Vereine und Presseerzeugnisse oder deren Redakteure sowie oppositionelle Landtage. Zum Beobachtungshorizont gehörten die erbkaiserlichen konstitutionellen Liberalen, kirchlich orientierte sog. Ultramontane wegen ihrer Kritik am Staate, der Volkswirtschaftliche Kongreß in Gotha im Jahre 1858, der 1859 in Frankfurt begründete »Deutsche Nationalverein«, die freien und deutschkatholischen Gemeinden, die Sekten der Johannesbrüder und Nazarener in Österreich, die Freimaurerlogen in Belgrad, Brüssel, Berlin und Leipzig, die ehemals politisch besonders regen Handwerker-, Arbeiter- und Gesellenvereinigungen der Maurer, Zigarrenarbeiter, Hutmacher, Buchdrucker, dann aber auch Schauspielergesellschaften, Schützen-, Gesangsvereine und wie ehedem vor 1848 Turnvereine, dazu Arbeiterbildungs-, Konsum- und Schweizer Grütlivereine, Studentenverbindungen wie auch die neubelebten Burschenschaften.

Dies ist eine lange und noch keineswegs vollständige Liste. Ihr gemeinsamer Nenner liegt darin, daß den Betroffenen das Bestreben zu politischem Zusammenschluß oder Wirken unterstellt werden konnte, auch wenn das faktisch nicht der Fall war. Diese Front absoluter Negation politischer Parteibildung war erstmals mit einem Bundesbeschluß im Jahre 1832 grundsätzlich befestigt worden. Die Revolution hatte sie durchbrochen. Nun wurde sie wieder konsequent aufgerichtet und verlieh der Ära der Reaktion eine gewisse Einheitlichkeit; diese endete in jenem Moment, als die Regierungen die politische Vereinsbildung duldeten und versuchten, sich ihrer für eigene Zwecke zu bedienen, kurzum: als die Regierungen in der öffentlichen Meinung nach Bündnispartnern suchten und selber Partei ergriffen. Das war seit dem Jahr 1859 der Fall, nachdem Preußen die Ausdehnung des »Deutschen Nationalvereins« zu tolerieren begann, wie noch zu zeigen sein wird. Für die Phase der Reaktion dagegen war charakteristisch, daß die Regierungen den 1848 angebahnten Parteibildungsprozeß prinzipiell als staatsgefährlich betrachteten und unterdrückten. Es ist deshalb nichts über eine dauerhafte Parteibildung in den fünfziger Jahren im Anschluß an die Revolution bekannt, weil es sie nicht mehr geben durfte und auch nicht mehr gegeben hat. Es existierte außerparlamentarisch keine *organisatorische* Brücke, welche die politischen Vereine von 1848 und die seit 1859 einsetzende Parteibildung hätte verbinden können. Die Reaktionspolitik hatte – aus der Sicht der Revolutionsbewältigung – ganze Arbeit geleistet, wenn auch nicht im Denken der Betroffenen, so doch in deren gesellschaftlichen Brückenköpfen.

Der Ausdruck »politische Polizei« bedarf in diesem Zusammenhang einer Präzisierung, um bei dieser Staatstätigkeit zu unterscheiden, wieviel an ihr spätabsolutistischer Prägung und wieviel einer modernen proto-totalitären Tendenz entsprach. Der gesamte Gegenstandsbereich der Wochenberichte wurde in den nachrevolutionären amtlichen Akten durchgängig als »Handhabung der politischen Polizei« bezeichnet; im Österreichischen findet man auch häufig die Wendung von der »Staatspolizei«. Diese Begriffe grenzten einen neuartigen polizeilichen Arbeitsbereich ab, der sich in staatlicher Abwehr von bürgerlicher politischer Vergesellschaftung im Aufgeklärten Absolutismus und im Umfeld der Französischen Revolution von 1789 entfaltete. Die Begriffe und die ihnen nachfolgenden Institutionen hoben sich ab vom überkommenen Verbrechen und Vergehen wie Raub, Mord, Diebstahl, Münzfälschung, Landstreicherei und dergleichen. Diese »gewöhnliche Kriminalität« blieb auch aus den Wochenberichten vollkommen ausgeschlossen. Das hätte wegen der ungleich höheren Materialmenge dieses Medium total überfordern müssen. Es ist zu bedenken, daß ja alles mit der Hand geschrieben werden mußte. Man beschränkte den Stoff der Wochenberichte stets und ausschließlich auf das Politische und belegte diese Tätigkeit mit dem Namen »politische Polizei«. In diesem Sinne begegnete er, soweit bisher nachweisbar, erstmals in einer Instruktion Metternichs aus dem Jahre 1815. Seine Hochkonjunktur fand er im Amtsdeutsch nach 1848.

Die Materialien der Polizeikonferenzen enthielten wie auch die Wochenberichte eine große Anzahl beschlagnahmter Schriften. Die Aktenhinterlassenschaft bietet für den heutigen Historiker eine kaum zu überschätzende Fundgrube an Informationen zur versuchten Vereinsbildung, zur Presse und Kulturgeschichte dieses noch so wenig beleuchteten Jahrzehnts nach der Revolution. Zwei Arten solcher Zeugnisse sollen das illustrieren.

Die Regierungen fürchteten nichts so sehr wie revolutionäre Flugschriften, die sich an Soldaten richteten. Eine solche, durch einen Wochenbericht den Behörden mitgeteilte Propagandaschrift appellierte an das Militär mit den Worten:

Wie vor dem Ausbruche des Kampfes in den Jahren 1848 und 49 versuchen auch gegenwärtig wieder Viele, und zwar die schlechten unsrer Officiere, uns Soldaten gegen das deutsche Volk wie gegen andere Völker aufzureizen. Gleichzeitig versichern uns achtbare und stets gut unterrichtete Männer:

Ein großer blutiger Kampf zwischen den Völkern einerseits und den Fürsten mit ihren Dienern andrerseits stehe uns nahe bevor.

In dieser für Euch, für uns, für alle Menschen entscheidenden Zeit rufen Euch, deutsche Brüder, drei nicht unterzeichnete aber unter sich und mit anderen engverbundene preußische Soldaten zu: Habt Acht!

Was thaten wir Soldaten und besonders wir Preußen in den verflossnen drei Jahren?[5]

Der letzte Satz bietet einen Anhaltspunkt zur Datierung. Die drei verstrichenen Jahre verweisen auf das Jahr 1851/52. Zugleich ist diese Flugschrift ein schlagendes Zeugnis von der Erwartung eines bevorstehenden erneuten Revolutionsausbruchs, also jener erwähnten, in allen politischen Lagern geteilten Prognose. Die Tendenz der Flugschrift gipfelte in den fettgedruckten Schlagworten: »Ein deutsches republikanisches Volksheer!«, »Die deutsche sociale Republik!«, »Hoch, den Völkern und der deutschen untheilbaren socialen Republik!«, »Zum Nachdruck wird eingeladen«.

Mit politischer Symbolik suchte die Schrift ihre Wirkung zu verstärken. Sie beschwor bildlich die stehende Germania; in der erhobenen Rechten hält sie den deutschen Eichenzweig; die hohen Berge im Hintergrund und das verschworene Zusammentreffen der drei Offiziere mit dem anzuwerbenden Bundesgenossen suggerieren fast die Situation des schweizerischen Rütlischwurs. Und in der Tat gab es derlei Flugschriften, die sich in ihren fürstenfeindlichen Tendenzen auf eben diese Traditionen zu berufen versuchten.

Eine andere Form beschlagnahmter Propaganda verkörperten politische Lieder des Typs, wie sie der Berliner Wochenbericht vom 25. Dezember 1852 abschriftlich übermittelte. Er enthielt einen »Hochgesang. Melodie der Marseillaise«. Auch hier sollte sich also wieder die Assoziation regen: Wann geht es nach französischem Vorbild und Vorausgang wieder los? Die martialische erste Strophe lautet:

> Auf! für das Vaterland zu sterben,
> Auf wer den Schwur der Freiheit schwor,
> Die Herrschsucht hebt uns zu verderben
> Ihr blutiges Panier empor.

Hört ihr im Thal die fremden Horden?
Blutdürstend naht der wilde Schwarm,
Er naht, um selbst in eurem Arm
Den Sohn, die Gattin euch zu morden.
Auf Bürger, auf, stellt Euch in Glied und Reih',
Zum Kampf und kämpft! Das Land der Freiheit dünge
Das Blut der Tyrannei.[6]

Was heute wie hohles papiernes, gleichwohl grausiges Pathos anmuten mag, wirkte damals als bedrohliche Realität, waren doch Attentate auf die Fürsten vorgekommen. Die Furcht vor persönlicher Bedrohung war ebenso eine historische Tatsache wie die Sorge vor dem allgemeinen europäischen Revolutionsausbruch. Die Materialien der Wochenberichte erlauben Einblicke in Bereiche amtlicher Wirklichkeitswahrnehmung, die als historischer Faktor ernstzunehmen ist, einer Wirklichkeitswahrnehmung, die jahrelang die Sicht führender Politiker beherrschte, so daß sie in die Tragweite der nachrevolutionären innenpolitischen Reaktion einging.

In den Augen der Behörden war die Bilanz des Polizeivereins bereits zu Ende des Jahres 1851 nicht zu verachten. Der sächsische Vertreter in dieser Verbindung konstatierte:

Der Zügellosigkeit der Presse und dem Vereinsunwesen ist in den meisten deutschen Bundesstaaten Einhalt getan, die Fremdenpolizei wieder in ihr Recht eingesetzt und die Militärdisziplin befestiget. Nur in einigen norddeutschen Staaten regen sich noch so manche Überbleibsel aus der Revolutionszeit und geben Anlaß zur sorgfältigsten Überwachung; durch die Umstände gedrängt, werden die betreffenden Regierungen bald genug dem Beispiele anderer benachbarten Staaten folgen und Mittel zur Anwendung bringen müssen, welche geeignet sind, die staatsverbrecherischen Pläne der dort rastlos fortwühlenden Umsturzpartei zu vereiteln und die Wühler selbst unschädlich zu machen.[7]

Diese Arbeit vollzog sich im Verborgenen, so daß den Zeitgenossen das gesamte Polizeivereinssystem unbekannt blieb. Sie erfuhren seine Wirkungen, konnten sie aber nicht auf den dahinterstehenden Apparat zurückführen.

## 4. Das binnenstaatliche System der Polizeivereinsstaaten

Das Polizeivereinssystem wirkte in das jeweilige Landesinnere hinein. Zunächst einmal mußten zuständige Polizeibeauftragte von den Regierungen ernannt sein, dabei gab es zwei Wege. Entweder waren es die Polizeidirektoren der Residenzstädte wie in Berlin, Hannover, München, Stuttgart und am Anfang auch in Wien; oder es handelte sich um hohe Ministerialbeamte, deren Geschäftsgebiet die politische Polizei war. So geschah es in Dresden, Karlsruhe und seit 1852 auch in Wien. Das ganze Aufgabengebiet gehörte zum Bereich der Innenverwaltung und lag im Zuständigkeitsbereich der Innenministerien, wenn nicht die Polizeifunktionen überhaupt in einer eigenen Obersten Polizeibehörde ausgegliedert waren, wie das in Österreich seit 1852 der Fall war.

Allgemein gesprochen standen vier Residenzpolizeidirektoren und drei Ministerialbeamte in unmittelbarem Nachrichtenaustausch. Daran scheint auf den ersten Blick nichts Besonderes zu sein. Vergegenwärtigt man sich jedoch den Zustand der damaligen Behördenstrukturen, muß man feststellen: Das nunmehr praktizierte Verfahren war in der deutschen Geschichte ohne Beispiel. Denn jetzt konnte etwa der Polizeidirektor von Hannover unmittelbar mit dem in Berlin, Stuttgart oder München korrespondieren. Wie aber lief der traditionelle Weg zwischen Unterbehörden verschiedener souveräner Staaten, die ja die Mitglieder des Deutschen Bundes im Prinzip darstellten? Wollte der Polizeidirektor in Hannover eine Auskunft über einen Vorfall in Stuttgart haben, ging die Nachricht folgenden Weg: von der Polizeidirektion Hannover zum hannoverschen Innenministerium, von dort zum Außenministerium, von dort zur hannoverschen Gesandtschaft in Stuttgart, von dieser dann zum württembergischen Außenminister, von diesem zum württembergischen Innenminister, von diesem dann an den Stadtdirektor in Stuttgart. Hatte dieser schließlich seine Recherche fertig, lief sie denselben Weg zurück.

Die Polizeivereinskorrespondenz hatte demgegenüber die Nachrichtenverbindung zwischen den Polizeibehörden direkt geschlossen. Das hieß, die vorgesetzten Zwischenbehörden wurden übersprungen. Das bedeutete aber zugleich: Das Gewicht der ursprünglich lokal begrenzten Behörden wurde verstärkt, sie wurden teilweise beträchtlich aufgewertet. Das mag sich zunächst alles ziemlich trocken anhören, aber man muß diese Verhältnisse genauer betrachten, um die Wirkungsweise dieses innenpolitischen Überwachungssystems zutreffend zu begreifen. Letztlich erklärt die lange unbekannte Direktverbindung zwischen den leitenden Polizeibehörden die Vehemenz und Durchschlagskraft der Reaktionspolitik.

Das System des periodischen staatspolizeilichen Nachrichtenaustauschs zeigte zur Überraschung der beteiligten Beamten, daß die Landesbehörden der angeschlossenen sieben Staaten dieser Arbeit zunächst gar nicht gewachsen waren. Mit anderen Worten: Die Vereinbarung auf zwischenstaatlicher Ebene zog eine Konzentration der Polizei im jeweiligen Landesinnern nach sich. Es mußten neue Zuständigkeiten geschaffen werden, wie in einem Überblick an den beteiligten sieben Staaten gezeigt werden soll.

In *Preußen* war seit Herbst 1849 der Generalpolizeidirektor v. Hinckeldey im Polizeipräsidium Berlin das Zentrum der antirevolutionären Recherchen. Durch außergewöhnliche Geldzuweisungen aus dem geheimen Dispositionsfonds des Innenministeriums konnte er das Berliner Polizeipräsidium beträchtlich ausbauen, vor allem: Er konnte Spezialbüros einrichten, die sich mit den Hauptüberwachungsfeldern zu beschäftigen hatten, mit Presse und Vereinswesen. Ein eigenes Druckschriftenbüro und ein Vereinsbüro sammelten die einschlägigen Materialien. Im Vereinsbüro wurden die Wochenberichte für den Polizeiverein geschrieben.

Am Beginn dieser Arbeit stellte sich – wie in allen anderen Mitgliedsstaaten auch – ein Problem: Auf welchem Wege ließen sich die einschlägigen Informationen aus dem Landesinnern gewinnen? Ein wegweisender Erlaß des preußischen Innenministers löste für Preußen am 5. Dezember 1851 dieses Problem:[1] Er begründete ein innerpreußisches Wochenberichtssystem. Das heißt: 17 Städte der Monarchie mit Polizeidirektionen hatten regelmäßig in Wochenberichten ihre Beobachtungen nach Berlin an Hinckeldey zu schicken. Königsberg, Elbing, Danzig, Posen, Stettin, Frankfurt an der Oder, Breslau, Magdeburg, Minden, Düsseldorf, Köln, Koblenz, Trier, Aachen, Elberfeld/Barmen und Halle sendeten zwischen 1852 und 1858 sog. Wochenberichte Inland in die Hauptstadt, und aus ihren Materialien wurde der Berliner Wochenbericht für den Polizeivereinsaustausch erstellt. Das Polizeivereinssystem reduplizierte sich gewissermaßen im Landesinneren. Noch heute lagern im Staatsarchiv Potsdam dicke

Aktenbündel mit den »Wochenberichten Inland«; in ihnen finden sich zahlreiche Informationen über das innenpolitische Leben Preußens in diesen Jahren.

Der erwähnte Erlaß des preußischen Innenministers regelte, was die inländischen Wochenberichte aufzunehmen hatten. Die für Berlin zu verfertigenden »Wochenberichte Inland« sollten sich nach den authentischen Formulierungen dieser Quelle streng »auf das politische Gebiet« beschränken; dieses sollte aber »in ausgedehntester Weise« erfaßt werden, und zwar nicht nur mit vollendeten Tatsachen, sondern auch durch laufende Wahrnehmungen. Als erwähnenswert galten:

- besondere Regsamkeit innerhalb einer »regierungsfeindlichen Partei«,
- Reisetätigkeit ihrer Führer,
- lebhafterer Verkehr »innerhalb der reisenden Agenten der Propaganda«,
- Verhaftungen, Haussuchungen, deren Ergebnisse,
- das Erscheinen »verbrecherischer Schriften«, aber auch schon die Publikationsabsicht;
- Auskünfte über Persönlichkeiten oder sonstige Umstände bei anderen Behörden. Die Polizeidirektion in Frankfurt an der Oder bezeichnete dieses System als eine verbesserte »Organisation der politischen Polizei«.[2]

Das Ausmaß dieser Informationen läßt sich quantitativ erfassen. Die Amtsschreiber legten Jahresnamensverzeichnisse an, und für 1852 verzeichneten sie zu neun der beteiligten 17 Polizeidirektionen in den inländischen Wochenberichten insgesamt rund 4600 Namen; der inländische Berliner Wochenbericht bot dabei rund 2000 Namen. Nach den Akten läßt sich schätzen, daß in Preußen in der schärfsten Phase der Reaktion jedes Jahr rund 6000 Personen in die Wochenberichtsverzeichnisse kamen. Ein interessanter Hinweis nebenbei: Es wurde der Versuch unternommen, eine jeweils aktualisierte Gesamtverdächtigenliste anzufertigen. Man kapitulierte vor dem technischen Problem. Die Liste war ja handschriftlich zu verfertigen. Anders als bei den Verfahren moderner elektronischer Datenverwaltung verlor man aber immer wieder bei der Notierung neuer und der Streichung erledigter Personaldaten die Übersicht, so daß dieses System daran seine Grenzen fand und sich stets auf die jährlich aktuellen Namensnennungen konzentrierte.

*Tabelle 2:* Frequenz Berliner polizeilicher Wochenberichte für das Inland in den Jahren 1853–1860

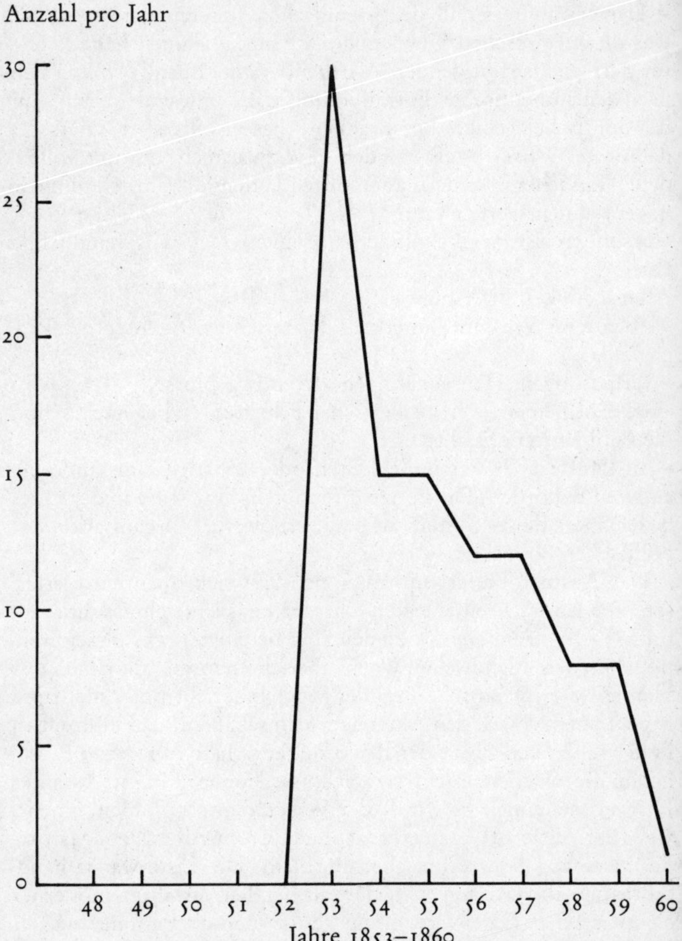


*Quelle:* Neuangefertigt aus Daten in: W. Siemann, *Deutschlands Ruhe, Sicherheit und Ordnung*, 397.

Die Intensität dieser Recherchen läßt sich durch zwei Zahlenreihen demonstrieren; die eine ist zu bilden aus der Frequenz der inländischen Wochenberichte – herausgegriffen sei das Beispiel des aktivsten und maßgeblichen aus Berlin.

Die zweite Zahlenreihe ist herzuleiten aus der Häufigkeit politisch-polizeilicher Aktionen, die jedes Jahr vom Berliner Polizeipräsidium ausgingen. Die Angelegenheiten der politischen Polizei wurden in einem speziellen Aktenbestand von zwei besonderen Sekretären verwaltet. Sie trugen jedes Geschäft in ein Tagebuch ein. Daraus läßt sich eine Übersicht gewinnen, wie viele Fälle der politischen Polizei pro Jahr im Berliner Präsidialbüro bearbeitet wurden.

Das Schwellenjahr 1851 als Zeitpunkt schärfster Reaktionspolitik ist unverkennbar. In diesem Jahr begann (seit April) zugleich die Polizeivereinskooperation. Ebenso unverkennbar ist der Einschnitt mit dem Tode Hinckeldeys am 10. März 1856 und dem nachfolgenden Amtswechsel im Berliner Polizeipräsidium. Außerdem kündigt sich ersichtlich in den Zahlen die »Neue Ära« im Jahre 1859 mit ihrer Neubewertung der politischen Polizei an. In diesem Jahr wurde der geheime Dispositionsfonds empfindlich gekürzt und nach einer Geschäftsrevision im Polizeipräsidium im Jahre 1860 wurde der gesamte bürokratische Apparat einschneidend reduziert. Aus der übermächtigen Behörde wurde wieder das für Berlin und die Provinz Brandenburg zuständige regionale Polizeiamt.

Kürzungsmaßnahmen bereiteten der zurückliegenden Praxis ein Ende. Das Vereinsbüro wurde ersatzlos gestrichen, weil es »lediglich politisch polizeiliche Angelegenheiten zu betreiben« habe, wie der Revisionsbericht sich ausdrückte. Die Revisoren begründeten ihre vorgeschlagenen Kürzungen im Jahre 1860 mit folgenden Worten:

> Die politische Polizei hat in den letzten Jahren an sich an Terrain verloren [das dokumentierten ja auch die Kurven], und sie wird künftig in noch engern Kreise sich einzuschränken haben, jemehr die principielle Auffassung der jetzigen Staatsregierung zur praktischen Anwendung gelangt.[3]

Ein neuer politischer Wille führte zu einer qualitativen Veränderung des Systems. Das in Preußen installierte polizeiliche Überwachungssystem war die Erscheinung einer bestimmten Ära, nicht aber des Staates schlechthin. Mit der »Neuen Ära« begannen

*Tabelle 3:* Zahl bearbeiteter Fälle aus dem Arbeitsbereich der politischen Polizei in Berlin und Dresden 1848–1862

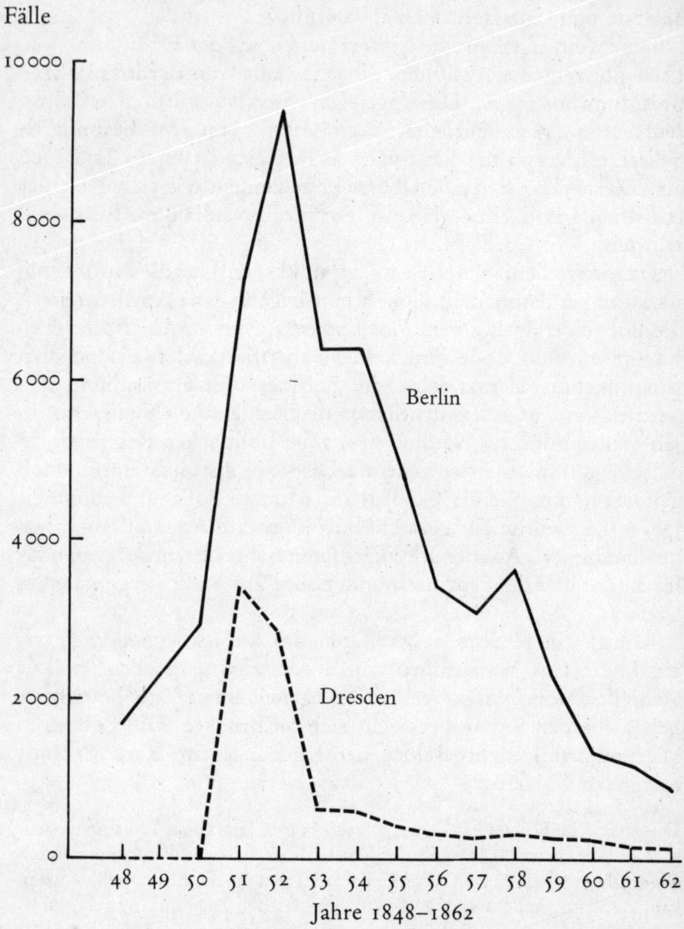


*Quelle:* Neuangefertigt aus Daten in: W. Siemann, *Deutschlands Ruhe, Sicherheit und Ordnung*, 357, 417.

sich die rechtsstaatlichen Prinzipien, wie sie im Konstitutionalismus angelegt waren, wieder durchzusetzen.

In den übrigen Polizeivereinsstaaten stellten sich die gleichen Probleme der Konzentration von Kompetenz und Kommunikation im Landesinnern.

In *Österreich* wurden für 1851/52 unter dem Innenminister Bach sog. Polizei-Wochen-Rapporte eingerichtet. Diese Berichte erschienen tatsächlich wöchentlich. Sämtliche 31 Polizeidirektionen der Monarchie von Prag bis Mailand, von Graz bis Budapest hatten Berichte einzuschicken, deren Gliederung streng vorgeschrieben war. Darin wurde unter anderem gefragt nach Emissären, politisch bedenklichen Personen, politischen Vergehen, Angelegenheiten der Presse und der Volksstimmung, also wieder nach den bereits bekannten Arbeitsbereichen einer politischen Polizei.

In *Sachsen* wurde das Polizeivereinssystem im Landesinnern am perfektesten redupliziert. Der zuständige Regierungsrat im Innenministerium, Friedrich Eberhardt, baute wie in Preußen einen inländischen Wochenberichtsverkehr auf. Hier hießen die periodischen Notizen »Vertrauliche polizeiliche Mitteilungen«. Sie richteten sich an die Landesbehörden.

Der Regierungsrat schickte diese »Vertraulichen polizeilichen Mitteilungen« aber auch an ihm bekannte Beamte in anderen deutschen Staaten und brachte dadurch ein zusätzliches Element in den Nachrichtenaustausch; er bearbeitete gewissermaßen flächendeckend einen Bereich, der erheblich über Sachsen hinausging. Er begründete ein Subsystem unterhalb des Polizeivereins: den sog. Mitteldeutschen Polizeiverein. Daran beteiligten sich Beamte aus den sächsischen und thüringischen Kleinstaaten, überdies aus Mecklenburg, Hessen-Kassel, Hessen-Darmstadt, Braunschweig und Nassau. Man traf sich sogar zu eigenen Polizeikonferenzen und tauschte gleichermaßen Material aus, 1852 in Weimar und Biebrich, 1853 in Kassel, 1854 in Frankfurt am Main, 1855 in Wiesbaden und 1856 in Darmstadt.

Auch hier handelt es sich um kein Phantom, denn wer heute die Staatsarchive dieser kleineren Staaten aufsucht und Vereinswesen und Presse der fünfziger Jahre behandeln will, stößt allenthalben auf jene Dresdner »Vertraulichen polizeilichen Mitteilungen«. Die angeschlossenen außersächsischen Behörden erhielten sie nur, wenn sie ihrerseits politische Nachrichten aus ihren Territorien nach Dresden schickten. So war ein untergeordneter Nachrichtenverbund geschlossen.

Für Sachsen läßt sich gleichfalls eine Übersicht der staatspolizeilich bearbeiteten Gegenstände herstellen (vgl. *Tabelle 3*). Sie bietet ein analoges Bild zu der preußischen. Auch in Sachsen bedeutet der Amtswechsel mit dem Tode des Regierungsrats (Dezember 1852) einen entscheidenden Einschnitt. Aus der abnehmenden Zahl der bearbeiteten Gegenstände darf man aber nicht zu kurzschlüssig ein Nachlassen der Reaktionspolitik folgern. Eine andere Deutung ist zwingender: Die fortdauernde Wirkung der Überwachung und die einhergehenden Maßnahmen ließen das politische Leben erlahmen, so daß sich weniger staatspolizeiliche Gegenstände zur Bearbeitung boten. Die Dauer der Reaktion ist zugleich daran zu messen, wie lange das 1851 begründete Kommunikations-, Korrespondenz- und Konferenzsystem fortdauerte. Die mitteldeutschen Polizeikonferenzen endeten 1856, der Austausch der »Vertraulichen polizeilichen Mitteilungen« erfolgte bis in das Jahr 1859 hinein.

Im Königreich *Hannover* konzentrierte der dortige Generalpolizeidirektor den Nachrichtenaustausch durch das gezielt versendete »Hannoversche Polizeiblatt«. Zu eigentlichen Wochenberichten kam es nicht, wohl aber für die Jahre 1859 bis 1865 zur Abhaltung periodischer Landespolizeikonferenzen, die von den acht größten Städten beschickt wurden. Auch hier ist teilweise eine Reduplizierung des übergeordneten Polizeivereinssystems zu beobachten.

So weit kam es in den beteiligten süddeutschen Staaten nicht. In *Baden* hatte ein Ministerialdirektor alle Fäden in der Hand und war befugt, bei jeder Landesbehörde Recherchen einzuholen. Die überregional erheblichen Notizen vermerkte er dann in dem Karlsruher Wochenbericht für den Polizeiverein.

In *Württemberg* wurde gleichfalls ein System periodischer Nachrichtenermittlung installiert. Hier waren die Kreisdirektoren die Sammelstelle, das heißt die vier Mittelinstanzen des Landes: in Ulm die Kreisdirektion für den Donaukreis, in Ludwigsburg diejenige des Neckarkreises, in Ellwangen für den Jagstkreis und in Reutlingen schließlich für den Schwarzwaldkreis. Das Innenministerium forderte ihnen sog. Monatsberichte über das Verhalten der demokratischen Partei ab. Die Mittelinstanzen reichten die Aufgabe weiter an die Unterbehörden, die Oberämter, und diese mußten monatlich über die politischen Regungen innerhalb ihres Amtsbezirks berichten, insbesondere über »das Treiben der Democraten und Ultramontanen«; den Überwachungsmotiven war also auch ein wenig Furcht vor einem Kirchen- und Kulturkampf beigemischt. Anfangs fielen diese Berichte sehr differenziert aus. Sie vermerkten – für die heutige Forschung höchst bedeutsam – Beobachtungen über Versammlungen, Gemeindewahlen, Presse, Treffen politisch kompromittierter Personen, die Volksstimmung, das Verhalten von Kammerabgeordneten.

Interessant für die Periodisierung und Wirkung dieser Politik ist der Wunsch der Kreisdirektoren, die Monatsberichte abzuschaffen, weil sich nicht mehr genügend Stoff biete. Der Reutlinger Kreisdirektor schrieb im März 1857, es habe die demokratische Partei ihre Tätigkeit gänzlich eingestellt, »wie sie [die demokratische Partei] dann auch in einer Zeit, wo die Gewerbe vollauf beschäftigt und die Hoffnungen auf den Bau einer Eisenbahn verwirklicht seien, nur schwer Boden für ihre Thätigkeit finden würde«.[4] Der Ulmer Kreisdirektor schrieb im Mai 1857: »Die jetzige ruhige und glückliche Zeit ist nicht gemacht für democratische Experimente und Unternehmungen«.[5] Beide Beamte stellten einen Zusammenhang her zwischen wirtschaftlicher Prosperität und nachlassender politischer Opposition. Diese bemerkenswerte These wird später im Zusammenhang mit dem Themenkomplex »industrieller Aufbruch« zu prüfen sein. Im Sommer 1857 war jedenfalls für Württemberg noch politische Lähmung zu konstatieren.

Auch in *Bayern* kam es zu einer Verlängerung des Polizeivereinssystems in das Innere hinein, hervorgerufen durch die Notwendigkeit, Informationen für den Austausch zu beschaffen und die aus den übrigen sechs Staaten eingehenden Mitteilungen für Bayern zu verwerten. Hier regelte ein zentraler Erlaß des Innenministeriums die Konzentration der Kompetenzen. Innenminister v. Zwehl wies am 16. September 1851 die acht Regierungspräsidenten – also die Mittelbehörden – folgendermaßen an:

1. Die Polizeidirektion München sei zum unmittelbaren Austausch mit Polizeidirektoren des Auslands ermächtigt. Hier lag übrigens die einschneidendste Neuerung, bedenkt man den traditionell schwerfälligen diplomatischen Weg, Recherchen anzustellen.

2. Die Regierungspräsidenten hätten sämtlichen untergebenen

Distriktspolizeibehörden und Stadtkommissariaten zu befehlen, politisch-polizeiliche Beobachtungen unmittelbar nach München zu richten. Dadurch wurde der traditionelle Weg der Verwaltungsinstanzen durchbrochen. Höhere Instanzen erschienen nun sogar nachgeordnet.

3. Es wurden »periodische Zusammenstellungen« angekündigt, die im Innenministerium angefertig wurden. Das Material wurde aus den laufenden Mitteilungen der verschiedenen bayerischen Lokalbehörden sowie aus den auswärtigen Nachrichten des Polizeivereins gezogen. Das zwischenstaatliche Nachrichtennetz im Polizeiverein wurde in den binnenstaatlichen Bereich hinein verlängert.[6]

Aus der Übersicht zur Nachrichtentätigkeit der einzelnen Mitgliedsstaaten des Polizeivereins geht hervor, daß die Modernisierung im Staatsapparat nach der Methode erfolgte, die Datenerhebung und -verwertung zu optimieren; die Teilnahme zog dabei für jeden Staat innerorganisatorische Konsequenzen nach sich, und diese setzten sich über die etablierten Instanzengrenzen hinweg. Wer ein wenig von dem Eigengewicht bürokratischer Einheiten weiß, wird sofort schwerwiegende institutionelle Konflikte, Kompetenzrivalitäten erwarten. Diese traten in der Tat ein, aber erst in der Phase nachlassender Reaktionsintensität, Ende der fünfziger Jahre.

Im Jahr 1858 war das gesamte Polizeivereinssystem samt Wochenberichtsverkehr und Polizeikonferenz noch voll funktionsfähig. Das ist für die Periodisierung wichtig. An der Aktivität des Berliner Polizeipräsidiums ist für das Jahr 1858 noch einmal eine gewisse Belebung zu erkennen (vgl. *Tabelle 3*). Dahinter verbirgt sich ein Bündel staatspolizeilicher Abwehrmaßnahmen, das näher erläutert werden muß.

Am 14. Januar 1858 hatte der Italiener Felice Orsini auf den französischen Kaiser Napoleon III. ein Bombenattentat verübt, das außerordentlich blutig verlaufen war; der Kaiser war verschont geblieben, aber die Tatsache des Anschlags allein alarmierte die deutschen Fürsten in hohem Grade. Die alte Furcht vor einer neuen gesamteuropäischen Revolution lebte zu Ausgang der Reaktionsära noch einmal heftig auf.

Der bayerische Innenminister Graf Reigersberg, Nachfolger v. Zwehls, erwirkte bei König Max II. eine geheime Instruktion für eine Anzahl vorbeugender Maßnahmen, um nicht, wenn der Rückschlag der unausbleiblichen Umwälzung in Frankreich sich in Deutschland fühlbar mache, wie es leider im Jahr 1848 so vielfach geschehen, überrascht zu werden und den Wühlern abermals zu zeigen, daß die Regierungen den Kopf verloren haben.[7]

Das betraf nur das Inland. Für Juni 1858 war aber auch eine Konferenz der Polizeivereinsmitglieder in München vorgesehen. Der einladende Münchner Polizeidirektor regte deshalb im April 1858 bei jedem Mitglied gezielte Recherchen im Zusammenhang mit dem Attentat an, nämlich

eine Darstellung der in den einzelnen Staaten bestehenden regierungsfeindlichen Partheien, ihrer Tendenzen, ihrer Stärke, ihres Einflußes und der äußerlichen Vorwände, unter denen sie agitiren, dann ihrer Verbindungen unter sich.

Die Existenz dieser Partheien ist ebenso thatsächlich, als die verschiedenartigen Masken, unter denen sie ihre Bestrebungen verbergen. Durch die neuesten Vorgänge in Frankreich sind dieselben ermuthigt und zur größeren Thätigkeit veranlaßt. Es wird daher unsere gemeinschaftliche Aufgabe sein, vorerst die thatsächlichen Verhältnisse in dem bezeichneten Umfange kennen zu lernen und hieran die Berathung über die Mittel zu knüpfen, welche zur Bekämpfung derselben die entsprechendsten sein werden.[8]

Dieser Anregung des Münchner Polizeidirektors zur bevorstehenden Polizeikonferenz zwei Monate später kamen die Mitglieder nach. Ihre geheimen Dossiers sind überliefert; sie beschreiben aus staatspolizeilicher Sicht die »Parteien« oder genauer dasjenige, was im Frühjahr 1858 nach nahezu einem Jahrzehnt der Repression noch von ihnen übriggeblieben war. Preußen, Hannover, Sachsen, Bayern, Württemberg und Baden legten das Ergebnis ihrer Recherchen auf der Münchner Polizeikonferenz vor[9], Österreich lieferte Spezialberichte. Kurzum: *Alle* Polizeivereinsstaaten beteiligten sich lebhaft an dieser revolutionsprophylaktischen Bestandsaufnahme. Diese Aktivität und die mit dem Attentat zusammenhängenden Einzelrecherchen schlugen sich auch in der vorgestellten preußischen Statistik nieder.

Es ist daher geboten, die Phase der Reaktion durchaus bis zum Jahre 1858 zu datieren. Erst im Jahre 1859 zerfiel auch unter den Polizeivereinsstaaten die gemeinsame Strategie, obwohl die Konferenzen bis 1866 fortdauerten. Der Wandel ist zu erklären mit dem Systemwechsel in Preußen, mit der Regentschaft des Prinzen Wilhelm und der Ablösung des Ministeriums Manteuffel. Ein tieferliegender Grund für eine qualitative Veränderung der Politik lag in dem gewandelten Verhalten Preußens und dann auch Österreichs zu Parteibildungen in der Gesellschaft: nicht mehr generelle Parteienverhinderung, wie seit einem knappen halben Jahrhundert praktiziert, sondern Duldung oder Förderung der jeweils genehmen Richtung wurde Maßstab der Innenpolitik. Das kam erstmals 1859 in der preußischen Tolerierung des »Deutschen Nationalvereins« zum Ausdruck.

1859 bezeichnet mithin einen epochalen Einschnitt in der inneren Sicherheitspolitik der deutschen Staaten. Das verdeutlichen nicht allein die Akten – die papiergewordenen Staatshandlungen; der Einschnitt kommt auch in den Rückerinnerungen von Zeitgenossen zum Ausdruck. Zwei Äußerungen mögen das dokumentieren: eine emotional betroffene und eine sachlich abgeklärte. Der Nationalliberale Karl Biedermann schrieb 1886 in seinen Memoiren, daß

> durch ganz Deutschland eine Reaktion ging, so planmäßig, so schonungslos, so alle edelsten Gefühle der Nation mit Füßen tretend, wie es weder in den 20er, noch in den 30er oder 40er Jahren etwas Ähnliches gegeben hatte, eine Reaktion, deren Ausflüsse der sonst so milde Dahlmann mit den vernichtenden Worten brandmarkte: ›Das Unrecht hat jede Scham verloren.‹[10]

Er meinte die fünfziger Jahre, sprach von »ganz Deutschland« und gebrauchte den Namen »Reaktion« als Epochenkennzeichnung, aber noch im emotional hoch aufgeladenen Sinn. Daraus sprach die persönliche Betroffenheit. Biedermann hatte 1852 in einem Presseprozeß seine Leipziger Professur verloren, war zu zweimonatiger Haft verurteilt worden, und das um eines Artikels in seiner Zeitschrift willen, den nicht er, sondern anonym der spätere Propagandist der Realpolitik, v. Rochau, verfaßt hatte.

Der zweite Gewährsmann dokumentiert, daß der Charakter dieser Zeit als »Reaktion« mit dem Instrument einer politischen Polizei verbunden war: Der ehemalige liberale Paulskirchenabgeordnete Wilhelm Adolph Lette setzte sich 1864 in der 3. Auflage des *Staatslexikons* von Rotteck und Welcker mit der Institution einer geheimen politischen Polizei auseinander:

> Die Bedenken gegen eine geheime politische Polizei stellen sich am überzeugendsten durch die Betrachtung heraus, daß in Deutschland vor kaum einem Menschenalter [das sind 50 Jahre, also 1814], ja vor kaum noch einem Dezennium politische Bestrebungen als staatsgefährliche behandelt

und als Verbrechen gestempelt waren, die gegenwärtig zu den verfassungsmäßig verbürgten Rechten des Volks und seiner Bürger gehören.[11]

Vor einem Dezennium, im Jahre 1854, galt als staatsgefährlich, was 1864 als verfassungsmäßig verbürgt zu betrachten war. Das spiegelte den überwundenen Epochencharakter wider, warf aber zugleich die Rechtsfrage auf: War die Polizeivereinskooperation nicht »verfassungswidrig«?, wobei das Problem ist: Was war nach 1848/49 die Verfassung? Die vom 28. März 1849? Rechtsnachfolger des 1848 aufgelösten Bundestages waren eigentlich die Frankfurter Provisorische Zentralgewalt und das Parlament in der Paulskirche. Auf rechtlich zweifelhafte, wenn nicht rechtsbrecherische Weise hatte sich der wiederhergestellte Deutsche Bund 1850/51 über diese Rechtslage hinweggesetzt. Fortab galten als Staatsgrundgesetze wieder die Bundesakte von 1815 und die ergänzende Wiener Schlußakte von 1820. Das herrschende System war – wo es eine Verfassung gab – das des Konstitutionalismus. Seine Verfassungen kannten zwar auch Bürgerrechte, aber es war eben das Kennzeichen jenes Konstitutionalismus, daß seine Landtage von drei Bereichen staatlichen Handelns ausgeschlossen blieben: Die Abgeordnetenkammern hatten keine Kompetenz mitzusprechen in Fragen der Diplomatie und Außenpolitik, der Verwaltung und des Militärs. Die Begründung des Polizeivereins war ein zwischenstaatlicher Akt, er ging die Kammern nichts an. Die Aktionen der Polizei fielen in den Bereich der Verwaltung: Ernennung, Entlassung von Beamten waren Sache des Monarchen. Es gab keine Verwaltungsgerichtsbarkeit, keine Mittel, um zu kontrollieren, ob die Verwaltung gesetzeskonform handelte. Das System des Konstitutionalismus gewährte Rechte und vermochte zugleich sie zurückzunehmen, wenn der Monarch seine exekutive Gewalt extensiv zur Geltung brachte.

## 5. Staat, Presse und Buchmarkt in den fünfziger Jahren

Die nachrevolutionäre Spannung zwischen Verfassungsrecht und Verwaltungspraxis äußerte sich besonders augenfällig in der Lage der Presse und des Buchhandels während der fünfziger Jahre. Dieses Teilgebiet rückt daher zugleich ein Grundproblem der Reaktionsdekade ins Licht. Zwei Zeitgenossen aus dem Jahre 1850 brachten es auf eine pointierte Formel: »Jetzt bei Preßfreiheit sind wir viel schlimmer daran als früher unter der Censur«, klagte im Herbst 1850 ein preußischer Buchhändler im *Börsenblatt für den Deutschen Buchhandel*, und ein sächsischer Verleger kommentierte den preußischen Pressegesetzentwurf vom März 1850 mit der Bemerkung: »Nein, da war es doch unter der Herrschaft der alten Censur viel tausendmal besser«.[1] In diesem Kontext hat man sich zu vergegenwärtigen, daß 1849 bis 1851 Jahre genereller Gesetzesrevisionen beim Presse- und Vereinswesen in den Einzelstaaten waren. Und der erwähnte Bundesreaktionsausschuß wachte darüber, daß diese Revisionen mit dem Bundesrecht konform liefen.

So stellte sich die aktuelle Situation dar, als der preußische Buchhändler und der sächsische Verleger sich nach der vormärzlichen Zensur zurücksehnten, obwohl ihre Gegenwart ihnen gesetzlich verbürgte Pressefreiheit verhieß. Klang das nicht paradox? Diese zeitgenössischen Urteile widerstreiten auffallend modernen Bewertungen, nach denen sich das Grundrecht der Meinungs- bzw. Pressefreiheit als eine der wenigen freiheitlichen Errungenschaften erwiesen habe, die nach 1848 trotz der gescheiterten Revolution Bestand gehabt hätten. Ein Problem möglicher »Preßkontrolle« wird angesichts aufgehobener Vorzensur für die Reaktionsdekade nicht mehr erwogen.

Bei genauerem Hinsehen zeigt sich hier wie in vielen anderen Fällen, daß der Blick von späteren Zuständen geprägt ist und die inneren Verhältnisse des nachrevolutionären Jahrzehnts unbekannt sind. Wie war es denn um die Substanz dieser Pressefreiheit bestellt? Besaßen Presse und Buchhandel tatsächlich einen größeren Handlungsspielraum als in den Zeiten Metternichscher Vorzensur? Hatte die Vorzensur wirklich keinen Boden mehr in den Rechtssystemen nach 1848? Ruhte die literarische Produktion angesichts der Pressegesetze der Jahre 1849 bis 1852 auf einer zuverlässigeren, fortschrittlicheren, weil liberaleren Basis? Zwischen dem heutigen und dem zeitgenössischen Urteil scheint ein tatsächlicher Widerspruch zu liegen. Es lohnt sich, ihm nachzugehen, denn der Charakter der nachrevolutionären Pressefreiheit enthüllt zugleich viel von der zugehörigen Innenpolitik.

Mit der Revolution von 1848/49 herrschte erstmals in Deutschland uneingeschränkte Pressefreiheit. Die Regierungen machten so reichliche Erfahrungen damit, daß sie in der nachfolgenden Ära bei den Pressegesetzen Sicherungen gegen den Mißbrauch, gegen die »Pressefrechheit« einzubauen bestrebt waren. Die neuen Gesetze der Einzelstaaten verhießen in der Regel: Die Zensur bleibt aufgehoben. Aber erst der Blick in die Praxis zeigt, wie weit diese allgemeine Norm auch Geltung erhielt.

Im folgenden sollen die Grundzüge jenes Presserechts skizziert werden, wie sie sich aus den Gesetzgebungen Österreichs, Preußens, Sachsens, Bayerns, Württembergs und Badens herleiten lassen. Konkrete Anwendungsfälle werden die jeweilige Tragweite verdeutlichen können. Braunschweig wird als ein Sonderfall zu Wort kommen. Eines gilt generell im Unterschied zur vorrevolutionären Zeit: Wo zuvor der Zensor der kompetente Mann war, übernahmen nun vorwiegend die Polizei- und Verwaltungsbehörden die Pressekontrolle erster Hand, wenn auch die abschließende Entscheidung über Verbot meist bei den Gerichten lag.

Insgesamt lassen sich acht Instrumente hervorheben, die im neuen nachrevolutionären Presserecht verankert waren oder die es begleiteten, Instrumente, welche dem Mißbrauch der Pressefreiheit entgegenwirken sollten oder – im Klartext – welche die Pressefreiheit einschränkten. Ob diese Instrumente letztlich ihre Substanz aushöhlten, bleibt zu fragen.

*1. Solidar-(Kollektiv)haftung.* Der Zugriff des Staates galt nicht mehr nur der Druckschrift, sondern der Person, und zwar allen an der Herstellung und am Vertrieb Beteiligten. Die Formulierung des sächsischen Pressegesetzes vom 14. März 1851 kann hier als Beispiel dienen; Sachsen war besonders wichtig, weil sein Gesetz größte Tragweite für den in Leipzig konzentrierten Kommissionsbuchhandel hatte. Leipzig war durch seine jährlichen Messen der Zentralort des deutschen Buchhandels. Im Pressegesetz des Landes lautete der entscheidende Passus im Paragraphen 27:

b) Auch ohne Nachweis der Wissenschaft von der Veröffentlichung oder dem Inhalte einer Schrift der unter a bezeichneten Art [Tatbestand des Verbrechens oder Vergehens] tritt gegen die nachgenannten, bei der Abfassung, Herstellung oder Verbreitung eines Preßerzeugnisses betheiligten Personen Geldstrafen von 10 bis 300 Thalern ein. Diese Strafe trifft

1. den Verfasser,
2. den Herausgeber,
3. den Verleger, oder überhaupt Jeden, welcher, ohne Namhaftmachung eines Verlegers, auf der Schrift als derjenige benannt ist, durch welchen der Vertrieb besorgt wird (Commissionär im engern Sinne),
4. den Drucker,
5. den Verbreiter

der Schrift dergestalt, daß jede der genannten Personen diese Geldstrafe von sich abwenden kann, wenn sie eine der *vor* ihr genannten Personen auf eine solche Weise bezeichnet, daß dieselbe nach der Bestimmung unter a und b vor dem Gerichte eines zum deutschen Bunde gehörigen Staats zur Verantwortung und Bestrafung gezogen werden kann.[2]

Das war nichts anderes als die gesetzlich fixierte Aufforderung zur Denunziation. Man nannte es sukzessive Solidarhaftung, d.h. Haftung der Reihenfolge nach. Sie rief unter Verlegern, Buchhändlern, Kommissionären und Sortimentern einen Sturm der Empörung hervor, und das bereits in der Beratungsphase des Gesetzes und überall dort, wo solche Entwürfe bekannt wurden: in Sachsen, Preußen und Bayern etwa. Der Börsenverein öffnete die Spalten des *Börsenblatts* für Überlegungen, Leipzig als Zentrum des deutschen Buchhandels aufzugeben und unter Umständen in das liberale Braunschweig überzuwechseln.

Mit Eingaben wandten sich die Betroffenen an die Regierungen und Ständekammern. Berliner Buchhändler und Buchdrucker sahen voraus, »daß der literarische Unternehmungsgeist im Inlande erlahmte«.[3] Eine Graphik zur Entwicklung der Buchproduktion veranschaulicht für die fünfziger Jahre eindrücklich eine Phase dauerhafter Stagnation, wobei kommerzielle Faktoren die Krise des Buchgewerbes noch verschärften *(Tabelle 4)*.

Immer wieder begegnet man der Frage aus der Praxis: Wie kann man von einem Sortimenter erwarten, daß er alle Bücher inhaltlich kennt, wo in der Woche in Deutschland durchschnittlich 175, mithin im Jahr 9100 Bücher erschienen. So klagten sie z.B. auf der Grundlage von Daten des Jahres 1849.[4]

Mit Rücksicht auf die Frage, ob Zensur herrsche, urteilte ein bayerischer Buchhändler im *Börsenblatt* zum heimischen Recht:

Mit diesem Drakonischen Gesetze ist die Freiheit der Presse so viel wie vernichtet und so wären wir denn zu einem Zeitabschnitte angelangt, der sogar uns die vormärzlichen Zustände, sammt aller Censur und Confiscationen, zurückwünschen lassen muß [...]. Die Verleger können sich helfen, denn diese werden von nun an die *Censoren* und müssen es werden, um sich vor Schaden zu sichern; allein die armen *Sortiments*händler können diese Censur nur in wenigen, in den seltensten Fällen ausüben, und diesem stünde mit diesem Gesetze entweder allmähliger Ruin seines Geschäftes oder fortwährende Häkelei und Untersuchungs-Chicanen mit Polizei und Untersuchungsrichter (Staatsanwalt) in sicherer Aussicht.[5]

*Tabelle 4:* Deutsche Buchproduktion 1840–1880

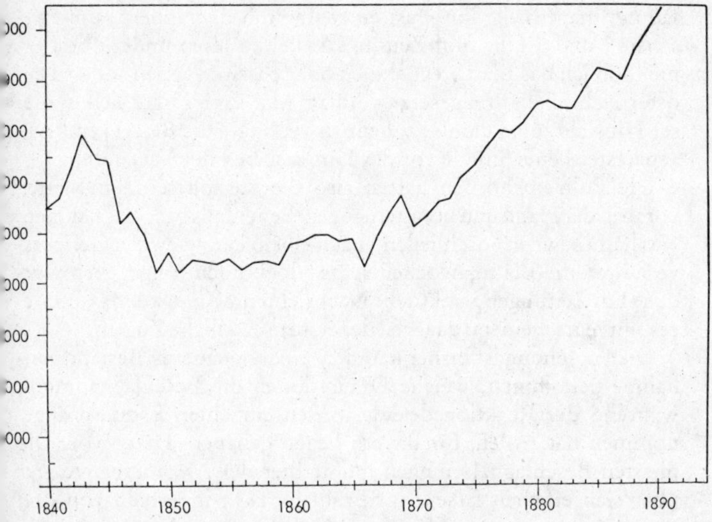


*Quelle:* R. Wittmann, *Buchmarkt und Lektüre im 18. und 19. Jahrhundert*, Tübingen 1982, 116.

Klarer läßt es sich nicht sagen: Die Solidarhaftung führte zur Verinnerlichung der Zensur und generell zur Verunsicherung des Gewerbes.

2. *Belegexemplare und praktizierte Vorzensur (ausgedehnte polizeiliche Beschlagnahmungspraxis).* Nahezu alle Gesetze schrieben vor, von Druckschriften Belegexemplare der örtlichen Polizeibehörde einzureichen. Bei Periodika – Zeitungen und Zeitschriften – sollte das geschehen, »sobald die Austheilung oder Versendung beginnt«, wie etwa das preußische Gesetz vom 12. Mai 1851 bestimmte: »Die Austheilung und Versendung der Zeitung oder Zeitschrift soll durch die Hinterlegung nicht aufgehalten werden.«[6]

Dieser fromme Wunsch stand nur auf dem Papier. In Berlin arbeitete jenes erwähnte Druckschriftenbüro beim Polizeipräsidium. Hier prüften eigens bestallte Lektoren in Windeseile die Druckerzeugnisse – Zeitungen sofort, Bücher binnen 24 Stunden.

Die Lektoren übten praktisch eine Vorzensur. Generalpolizeidirektor v. Hinckeldey bestätigte das in seiner Klage gegenüber dem König, man wecke ihn »fast einen Tag um den andern, um zwischen 3 und 4 Uhr fünf Zeitungsartikel zu lesen und zu bestimmen, ob ich das Blatt wegnehmen oder passiren lassen soll«.[7] Das österreichische »Preßgesetz« vom 27. Mai 1852 zeigte sich in dieser Hinsicht ungeschminkt, denn es verlangte die Belegexemplare »spätestens eine Stunde vor der Hinausgabe oder Versendung«.[8]

Die Polizeibehörden hatten also die auszuliefernden Blätter vorab in der Hand und konnten sie gegebenenfalls beschlagnahmen. Was half es, wenn anschließend nach einem langwierigen Gerichtsverfahren die Blätter Wochen später doch noch freigegeben wurden? Für Zeitungen als aktuelle Nachrichtenmedien war das uninteressant, entscheidend dagegen der erste polizeiliche Zugriff.

Die Forschung ist bisher kaum zu einer genaueren Bestandsaufnahme gekommen, welche Dimensionen die Beschlagnahmung während der Reaktionsdekade in den einzelnen Ländern angenommen hat. Allein für Bayern liegen genauere Daten vor. Die meisten Beschlagnahmungen mußte hier der *Nürnberger Kurier* über sich ergehen lassen: im Frühjahr 1853 innerhalb von drei Monaten 53mal. Der Münchner *Volksbote* wurde von 1850 bis 1857 insgesamt 88mal beschlagnahmt, der *Fränkische Kurier* und die *Augsburger Postzeitung* ebensooft. In Mittelfranken lag die Zahl der Beschlagnahmen etwas höher, in Schwaben war sie etwas geringer; wo die oppositionelle Presse fehlte, war sie minimal. Man schätzt die Zahl der Beschlagnahmungen in Bayern zwischen 1850 und 1858 auf 2520.[9]

Das konnte geschehen, weil das bayerische Pressegesetz ähnlich wie die Gesetze anderer Bundesländer einen »Kautschukparagraphen« enthielt, der sogar absurde Eingriffe möglich machte; der Münchner *Volksbote* z. B. hatte wahrheitsgemäß gemeldet, der Ministerpräsident sei auf der vereisten Straße ausgerutscht. Daraufhin wurde die ganze Ausgabe der Zeitung beschlagnahmt. Zu Recht hat man für die Ära von 1848 bis 1871 ein »gestörtes Verhältnis von Staat und Presse« konstatiert[10]; für die Reaktionsdekade scheint das noch zu milde und Knebelung der Presse als Bewertung eher angemessen.

*3. Konzessionsentzug.* Über die Beschlagnahme eines im Inland erschienenen Druckerzeugnisses hatte in der Regel abschließend ein Gericht zu befinden. Wie wenig Trost für Tageszeitungen darin lag, dürfte bereits klargeworden sein. Immerhin bestand hier der Rechtsweg, aber er ließ sich auch umgehen, wenn man die Presseangelegenheit als eine Frage des Gewerberechts behandelte. Es lag in der Hand der Verwaltungsbehörden, eine Gewerbekonzession zu entziehen. Davon stand aber selten etwas im Pressegesetz. Ein Fall mag diesen Sachverhalt illustrieren.

Der renommierte Berliner Buchhändler Moritz Veit, zeitweilig Vorsteher des Börsenvereins, Mitglied der Frankfurter Nationalversammlung 1848/49 und der Ersten Preußischen Kammer, wurde im Jahre 1851 auf das Berliner Polizeipräsidium zitiert. Er sollte den Namen des Verfassers einer von ihm verlegten Schrift preisgeben. Veit erwiderte, das sei Sache einer gerichtlichen Untersuchung, nicht der Polizei, worauf man ihm mit Blick auf sein Unternehmen drohte, »daß es sich eventualiter um die Entziehung der Gewerbeconcession handle«.[11] Hierbei hatte das Gericht nicht mitzusprechen.

In Württemberg war die Praxis selbst noch im Jahr 1858 gleich, wie dem Bericht des württembergischen Kommissars auf der Polizeikonferenz von 1858 zu entnehmen ist. Er kommentierte den Geist, in welchem der oppositionelle Stuttgarter *Beobachter* redigiert wurde, und formulierte, das Blatt

> fährt in seinem destructiven und nicht selten allem Anstand Hohn sprechenden Treiben fort. Uebrigens geht man demselben ernstlich zu Leib, und gerade in den letzten Tagen hat es, nachdem seit der ersten, vor einem Jahr erfolgten amtlichen Verwarnung wieder 9 gerichtlich bestätigte Confiscationen ausgesprochen worden sind, die zweite Verwarnung erhalten, wonach in Gemäßheit unserer neuen dießfallsigen gesetzlichen Bestimmungen die Concessions-Entziehung für den Fall der Fortsetzung dieses Treibens wohl nicht lange auf sich warten lassen wird.[12]

*4. Kaution und Debitentzug.* Diese Eingriffsmöglichkeiten betrafen die periodischen Schriften politischen Inhalts. Für sie mußten Kautionen hinterlegt werden. Je häufiger sie erschienen oder je größer die Einwohnerzahl des Erscheinungsortes war, desto höher lag die Kautionssumme. Eine Kaution bot gewissermaßen »schon im voraus ein Unterpfand für zu zahlende Strafgelder bei Pressevergehen«.[13] Das zerstörte so mancher Zeitung die Existenzgrundlage, wenn der Verleger das nötige Geld nicht aufbringen konnte.

Durch das Bundespreßgesetz von 1854 erhielt die Kautionspflicht bundesweite Geltung. Sie erreichte auch die letzte Nische der Pressefreiheit: das Herzogtum Braunschweig. Dieses Land hatte als einziger Staat im Deutschen Bund den Grundrechtsartikel der Paulskirche von 1848, der die Pressefreiheit garantierte, ausdrücklich unangetastet gelassen. Nun mußte das Herzogtum gleichfalls die Kaution verhängen, die zuvor grundrechtlich aufgehoben war. Darüber ging eines der letzten demokratischen Organe, die Braunschweiger *Blätter der Zeit,* zugrunde. In einem Abschiedswort *An die Leser* erklärte der Redakteur Gustav Diezel:

Wir müssen Abschied nehmen; nicht daß wir diesen Posten, einen der wenigen, die von der einst so zahlreichen Schaar der demokratischen Organe übrig geblieben, leichtsinnig und ohne Noth verließen. Das würde ja schon in Widerspruch stehen mit dem von uns selbst so eifrig vertretenen Grundsatze, daß die Volkspartei von dem Terrain, das sie noch inne hat, so unbedeutend dessen augenblicklicher Vortheil auch sei, keines Fußes Breite freiwillig aufgeben soll. Wir können unseren Lesern versichern – vielen von ihnen, sowohl hier wie auswärts, ist es aus eigener Betheiligung bekannt, – daß zur Erhaltung dieses Blattes vielfache und ausdauernde Anstrengungen gemacht worden sind und daß Einzelne gethan haben, so viel die Kräfte Einzelner vermögen. Aber alle ihre Opfer und Mühen konnten nicht die fehlende Zugkraft des öffentlichen Geistes ersetzen, und noch weniger den immer stärkeren Andrang von Seiten der herrschenden Macht abwehren.[14]

Der abschiednehmende Redakteur nannte ausdrücklich die neueingeführte Kautionspflicht, wie sie das Bundespreßgesetz auch für Braunschweig nötig machte. Er erklärte sich die tiefere Absicht damit, daß die »offenbare Tendenz die ist, jede Opposition, die den Namen verdient, überhaupt unmöglich zu machen«.

Wenn es nicht die Kaution vermochte, konnte der Entzug des Postdebits, also des staatlich vermittelten postalischen Vertriebs, einem Blatt Abonnentenkreise anderer Staaten abspenstig machen und so den Todesstoß versetzen. Verhängte ein Bundesland für sein Gebiet den Debitentzug, war das Blatt dort nicht mehr erhältlich und damit praktisch verboten. Auch der Debitentzug war in der Regel ein bloßer Verwaltungsakt.

*5. Verbot auswärtiger Schriften.* Zum Verbot auswärtiger, d. h. aus andern Bundesländern eingehender Schriften, bedurfte es in der Regel gleichfalls keines Gerichtsverfahrens; dazu reichte ein Beschluß des Innenministeriums. Schon allein auf diese Weise ließ sich ein beträchtlicher Teil unerwünschter Literatur vom heimischen Markt fernhalten. Die badische Verbotsliste von 1850 z. B. umfaßte 65 Titel, die preußische des gleichen Jahres verzeichnete 32 Druckwerke. Hierbei handelte es sich um Bücher und Broschüren, nicht um einzelne Zeitungsnummern.

Welche Schriften es jeweils waren, darüber informierte man sich über die Wochenberichte des Polizeivereins. Dort kursierte auch die badische Verbotsliste. Aus den Wochenberichten läßt sich ablesen, wie sich die Verbote von der abnehmenden revolutionsbezogenen Literatur auf ein kryptopolitisches religiöses Feld verlagerten. Die meistverfolgten Schriften des Jahres 1852 waren die des Bremer evangelischen Theologen und Anhängers der Freien Gemeinden Rudolph Dulon. An seiner sozialkritischen Schrift *Der Tag ist angebrochen* praktizierten die staatlichen Behörden das folgende Disziplinierungsmittel.

*6. Die flächenweite, grenzüberschreitende Fahndung nach besonders verpönten Druckschriften.* Diesmal war Hannover Schwerpunkt von Aktionen zur Einschränkung der Pressefreiheit. Es gelang der hannoverschen Polizei, sich des originalen Versendungsverzeichnisses zu bemächtigen, das sich der Verleger Dulons angefertigt hatte. Damit ließ sich dem Weg der 2030 ausgegangenen Exemplare Buchhandlung für Buchhandlung im Gebiet des Deutschen Bundes nachforschen. Kopien des Versendungsverzeichnisses mit den Namen der belieferten Buchhandlungen darin gingen im Frühjahr 1852 an die leitenden Polizeibehörden des Polizeivereins. Überall erschienen Polizeibeamte in den Buchhandlungen und fragten nach dem Verbleib der Exemplare – ob verkauft, remittiert oder noch vorrätig. Vorhandene Exemplare wurden beschlagnahmt. Gerade diese großangelegte Razzia bestätigte die erwähnten Befürchtungen der Sortimenter vor »Polizeihäkeleien«. Der Erfolg nahm sich aus polizeilicher Sicht kolossal aus: Der Verleger Dulons war empfindlich materiell geschädigt, andere Verleger waren gewarnt und eingeschüchtert; die Buchhändler zeigten sich um so mehr geneigt, künftig derartige Druckschriften von vornherein zu remittieren, also zurückzuschicken.

Aus der Sicht des hannoverschen Polizeidirektors klang das so: Er berichtete im hannoverschen Wochenbericht an die übrigen Mitglieder des Polizeivereins, die Aktion scheine

in der Buchhändlerwelt einige Sensation gemacht zu haben, namentlich ließen mehrere Buchhändler in Leipzig den Buchhändlern anderer Orte gegenüber ihren großen Ärger wegen dieser Maßregel aus, trugen sich mit

Gerüchten darüber, daß das Original-Versendungs-Verzeichnis dem A. D. Geisler zu Bremen durch einen Agenten gestohlen sei usw. Dieser – gerade von Leipzig aus, wo man die Verhältnisse und Folgen wohl am besten übersieht – geschlagene Alarm scheint darauf hinzudeuten, daß auf dem eingeschlagenen Wege der wunde Fleck des Buchhandels getroffen ist und man Hoffnung hat, wenigstens der Mehrzahl der Buchhändler die Mitwirkung bei Verbreitung perverser Schriften, ja wohl gar den Verlag derselben abzugewöhnen.[15]

Doch was verhießen die Gesetze? Etwa im Zentrum des deutschen Buchhandels: »Im Königreiche Sachsen bleibt die Censur aufgehoben.« Der Aktion gegen Dulons Schrift folgten weitere gegen andere Verleger, so daß man sie keineswegs als vorübergehende Einzel- und Ausnahmeerscheinung bewerten kann. Im Oktober 1852 beschlagnahmte die Stuttgarter Polizei bei dem Verleger Karl Göpel die Schrift des liberaldemokratischen Publizisten Gustav Diezel *Deutschland und die abendländische Civilisation.* Göpel weigerte sich, die Versendungsliste auszuhändigen; daraufhin wurde er für drei Tage verhaftet. Man nahm eine Hausdurchsuchung bei ihm vor. Dabei fand sich die Versendungsliste, die eine gleichartige Fahndungsaktion in andern Bundesstaaten auslöste wie zuvor im Falle Dulons. Die Liste ging über den Polizeivereins-Verkehr an die übrigen Mitglieder. Im Polizeivereins-Wochenbericht aus München las sich die Erfolgsbilanz folgendermaßen:

Für Stuttgart: Gegen Gustav Diezels (Verlag Carl Göpel 1852) Schrift »Deutschland und die abendländische Civilisation« wurde aufgrund der mitgetheilten Versendungsliste die provisorische Beschlagnahme verfügt und eingeleitet, in München – Lentnersche Buchhandlung 2 Exemplare, Fleischmannsche – 2 Exemplare, Lindauersche – 1 Exemplar, Palmsche – 3 Exemplare, in Ingolstadt Attenkoversche Buchhandlung – 1 Exemplar; es sind noch nicht zu allen Versendungsorten Mittheilungen eingegangen.[16]

Diese Notiz ist zugleich ein konkretes Beispiel für die Funktionsweise des Polizeivereins, d. h., für die Art und Weise der Verwendung der dort ausgetauschten Nachrichten. Die Notiz von der Verhaftungsaktion gegen Göpel ging über die Stuttgarter Zeitung *Der Beobachter* in das *Börsenblatt* ein und führte dadurch allen Buchhändlern das Risiko der »Preßfreiheit« drastisch vor Augen. Ironisierend stand da dem Wortlaut des württembergischen *Beobachters* zufolge zu lesen:

Die Württembergische Preßfreiheit gestattet uns nicht, über dieses Verfahren unser Urtheil auszusprechen; aber wir fragen Jeden, der noch Werth auf gesetzlichen Schutz der Person und des Hauses legt, wohin es führen muß, wenn die Polizeibehörde das Recht hat, *vor* Entscheidung über die gegen ihre Verfügung eingelegte Beschwerde zu solchen Maßregeln zu greifen?[17]

*7. Die Strafverfolgung auswärtiger Schriftsteller und Redakteure.* Dieses Mittel betraf Angehörige anderer deutscher Staaten und fiel in die Kompetenz der Gerichte. Das Verfahren wurde – soweit bisher absehbar – vor allem in Baden und Bayern praktiziert. Dazu ein Fall: Der Schwurgerichtshof Oberbayern verurteilte am 23. Oktober 1852 den Redakteur der in Bremen erscheinenden *Weserzeitung* wegen eines Artikels vom 5. April 1852. Er wurde mit Blick auf Bayern für strafwürdig angesehen. Das Urteil lautete auf einen Monat Gefängnis und erging in Abwesenheit des Angeklagten. Dieser bequemte sich freilich nicht, zum Vollzug nach Bayern zu kommen. Das Gericht verfügte deshalb, die *Weserzeitung* im Lande auf so lange zu verbieten, bis der Redakteur seine Strafe abgesessen habe. So zu verfahren gestattete das Preßgesetz vom 17. März 1850.[18]

*8. Kontrolle des Hausierhandels.* Sämtliche Gesetze versuchten, so weit wie irgend möglich den Hausierhandel mit Druckerzeugnissen, das Kolportagewesen, zu verhindern oder nur auf ausdrückliche Genehmigung der Ortspolizeibehörde hin zuzulassen. Auf diesem Feld ließ sich der Informationsstrom am wenigsten kontrollieren. Jahrmärkte, Straßen, Stuben waren Umschlagplätze auch oppositionellen Schriftguts, was an einem anderen Vorgang gezeigt werden soll.[19]

Ein Handlungsreisender der Buchhandlung Sacco in Berlin war zuerst im Juli 1852 in Biebrich in Nassau gesichtet worden. Darüber war man amtlicherseits durch den Wochenberichtsverkehr unterrichtet, wie auch alle weiteren Nachrichten in dem Fall durch diesen Kanal liefen. Der Handlungsreisende versuchte dort, von Adolf Streckfuß das Buch *Freiheitskampf der Ungarn* und die Schrift *Fata Morgana* mit revolutionären Novellen aus der Neuzeit unter Zigarrenarbeitern zu verkaufen. Kurz zuvor war eine Reihe ihrer Kameraden ausgewiesen worden; dadurch eingeschüchtert, erstatteten die Zigarrenarbeiter Anzeige. Der Handlungsreisende ergriff ohne seine Literatur die Flucht, tauchte aber wenig später mit neuen Schriften in Bayern auf. Dort war man durch den Wochenberichtsverkehr vorgewarnt. Am 11. August 1852 wurde er in Aschaffenburg angehalten. Dort nahm man ihn wegen Kolportierens von Druckschriften in Haft, leitete eine Untersuchung ein und reichte die beschlagnahmten Schriften an den Richter weiter. Der Handlungsreisende wurde wegen Übertretung des bayerischen Preßstrafgesetzes zu einer Strafe von 3 Gulden und 30 Kreuzern oder ersatzweise 24 Stunden Polizeiarrest verurteilt und hatte die Untersuchungskosten zu tragen. Obwohl dies alles ziemlich glimpflich aussah, dokumentiert der Vorfall doch insgesamt die Wirksamkeit der Wochenberichts-Verständigung.

Was bedeutete die »Preßfreiheit« also als angebliche Errungenschaft der Revolution von 1848/49? Die Ergebnisse legen die These nahe, die nachrevolutionären Regierungen seien vom Präventivsystem – von der Vorzensur – abgegangen, weil die mittelbare Form der Meinungskontrolle die effektivere war. Nicht mehr jedes Druckwerk wurde unterschiedslos der Kontrolle unterworfen; das war angesichts der steigenden Publikationsflut besonders auf dem Feld des Kleinschrifttums ein aussichtsloses Unterfangen geworden: Es war wirkungsvoller und kostete weniger Aufwand, nur die schwarzen Schafe im Blätterwald zu isolieren und kriminalisieren. Dazu waren die neuartigen Eingriffsmittel besser geeignet als die schwerfällige Vorzensur in der Hand eines hauptamtlichen Zensors. Nun standen zu Gebote: Kollektivhaftung, gezielte Vorzensur an Belegexemplaren, extensiv gehandhabte polizeiliche Beschlagnahmepraxis, Kautionspflicht, Debitentzug, Drohung mit Widerruf der Konzession, administratives, nicht gerichtliches Verbot auswärtiger Schriften, flächendeckende Fahndungskoordination, die Strafverfolgung über die Landesgrenzen hinweg – alles das verweist auf ein beträchtliches Maß an Eingriffsmitteln. Das alles lehrt zugleich, daß die Pressefreiheit nach der Ära der Vorzensur und nach der Revolution von 1848 nicht lediglich daran zu messen ist, was die Pressegesetze normierten. Vielmehr ist sie danach zu beurteilen, wie die Bestimmungen in der politischen Wirklichkeit angewendet wurden. Das öffnet den Blick für einen extensiv wahrgenommenen Ermessungsspielraum der Verwaltungs- und Polizeibehörden.

Die nachrevolutionären Pressegesetze wollten den Mißbrauch der Presse verhindern. Was aber Mißbrauch sei, das definierten sie in äußerst dehnbaren Formen, die gerade offen waren für den Mißbrauch der Behörden. Diese Praxis wurde in Bayern durch einen Ministerialerlaß vom 14. Juni 1859 unterbunden. Er verhinderte eine solche willkürliche Auslegung des Pressegesetzes und beanstandete die mißbräuchliche Auslegung der Polizeibehörden. Der spätere bayerische Innenminister v. Hörmann kommentierte dazu im Jahre 1869: »Die Pressefreiheit in Bayern besteht erst seit dem Jahre 1859.«[20]

Damit war freilich noch nicht der Gesetzeswortlaut geändert. Auch in Zukunft klafften dehnbarer Gesetzeswortlaut und liberalisierende Praxis auseinander und begünstigten ein Klima der Verunsicherung. Württemberg und Baden gingen 1863/64 daran, ihr Presserecht im rechtsstaatlichen Sinne zu revidieren. Erst das Reichspressegesetz vom 1. Juli 1874 löste jedoch die 27 einzelnen Landespressegesetze ab; es hob die früheren Beschränkungen weitgehend auf, darunter namentlich den Konzessions- und Kautionszwang. Polizei- und Verwaltungsbehörden traten zugunsten der Gerichte zurück. Das Reichspressegesetz enthielt aber auch noch Einbruchsstellen für Meinungskontrolle, wie das 1878 erlassene Sozialistengesetz mit seinen Folgen zeigte.

## 6. Das Verfassungsleben in deutschen Einzelstaaten während der fünfziger Jahre

Was im Umgang mit dem Grundrecht der Pressefreiheit in der Praxis zutage trat, wurde weitaus grundsätzlicher offenbar im Verfassungsleben der fünfziger Jahre insgesamt: die Aushöhlung und auch Deformierung eines ursprünglich angelegten Rechtsgehalts in den Verfassungen. Die nachrevolutionären Verfassungsrevisionen wollten Geist und Gehalt der Revolution aus dem Staatsrecht tilgen. Im Zusammenhang mit der Rolle des Bundes im Reaktionsjahrzehnt wurden bereits jene fünf »Essentials« genannt, denen nun auch im Hinblick auf das Verfassungsleben der Einzelstaaten besondere Aufmerksamkeit geschenkt wurde: 1. dem Verfassungseid des Heeres, 2. der demokratischen Gestaltung des Wahlrechts, 3. der umfassenden Budgetgewalt der Kammern, 4. dem Vereinsrecht, wenn es die Bildung politischer Parteien zuließ, und schließlich 5. dem Presserecht und der Einschränkung der Pressefreiheit.

Tragweite und Anwendung dieser Essentials sollen an drei Staaten verdeutlicht werden, an Preußen, Kurhessen und Württemberg; Österreich kann in diesem Zusammenhang nicht beachtet werden, weil hier sämtliches Verfassungsrecht beseitigt worden war. Kurhessen verdient besondere Berücksichtigung, denn sein Fall zeigt, welcher Spielraum in dem Verfassungsleben nach 1850 im Deutschen Bund noch vorhanden war. Kurhessen erlebte eine schwere Verfassungskrise, in die sich der Bund in der Form einer autoritären Schlichtung einschaltete. Alle drei Staaten bieten sich an, weil bei ihnen die neueste Forschung endlich auch das Verfassungsleben im Reaktionsjahrzehnt als Gegenstand ernstgenommen hat.[1]

### *a) Preußen*

An Preußen sollen vier Gesichtspunkte hervorgehoben werden: die modernen rechtsstaatlichen und demokratischen Verfassungselemente, die in der Verfassung verankerten monarchischen Vorbehalte, das Dreiklassenwahlrecht und schließlich die Verfassungspraxis, speziell die Wahlmanipulationen.

*Rechtsstaatlich-demokratische Verfassungselemente.* Friedrich Wilhelm IV. hatte bereits während der Revolution, am 5. Dezember 1848, eine Verfassung oktroyiert, d. h., er hatte sie einseitig ohne Vereinbarung mit der damals tagenden Berliner Nationalversammlung verfügt. Eine dauerhafte Verfassung erhielt Preußen erst 1850 nach einer grundlegenden Revision der ursprünglich oktroyierten. Diese Verfassung von 1850 ließ Preußen anders als den zweiten deutschen Großstaat, der einen Rückfall in den Neoabsolutismus erlebte, am System des Konstitutionalismus ungebrochen festhalten.

Man merkte auch dem revidierten Staatsgrundgesetz immer noch die Spuren der Revolution an, im modernen wie im defensiven Sinne.[2] Zunächst: Es enthielt nicht die Formel des sog. monarchischen Prinzips, der König sei das Oberhaupt des Staates in dem Sinne, daß sich in ihm alle Rechte der Staatsgewalt vereinigten und er nur in ihrer Ausübung durch die Verfassung beschränkt werde.

Die Verfassung folgte für die Zusammensetzung der Zweiten Kammer dem strengen Repräsentativprinzip; hier war nicht mehr von der Vertretung der Stände die Rede. Das Gewaltenteilungsprinzip war fixiert, denn die Gesetzgebung mußte durch beide Kammern, Herrenhaus und Abgeordnetenhaus, gemeinsam mit dem Monarchen ausgeübt werden. Die Kammern erhielten das Recht der Gesetzesinitiative; das war bisher in den allermeisten

Fällen bei den vormärzlichen Verfassungen nicht der Fall gewesen. Die Kammern hatten jährlich den Staatshaushalt zu bewilligen. Sie konnten fordern, daß Minister erschienen und Auskünfte gaben, konnten Untersuchungsausschüsse einsetzen. Der König mußte mindestens einmal im Jahr das Parlament einberufen. Das waren alles wichtige Rechte einer Körperschaft, die es in Preußen vor 1848 nicht gegeben hatte.

Die Rechtsprechung erhielt eine neue Grundlage. Dazu gehörten Geschworenengerichte, Unabhängigkeit der richterlichen Gewalt und Öffentlichkeit des Gerichtsverfahrens: All das hielten die Zeitgenossen für ein Mehr an rechtsstaatlicher Sicherung. Diese wurde noch bekräftigt durch einen Grundrechtskatalog. Er hieß »Von den Rechten der Preußen« und rangierte noch vor dem Abschnitt über den König. Die Grundrechte verhießen Gleichheit vor dem Gesetz, persönliche Freiheit, Auswanderungs-, Religions-, Versammlungsfreiheit. Es stand da zu lesen: »Niemand darf seinem gesetzlichen Richter entzogen werden. Ausnahmegerichte und außerordentliche Kommissionen sind unstatthaft«, »Die Wissenschaft und ihre Lehre ist frei«, »Die Censur darf nicht eingeführt werden; jede andere Beschränkung der Preßfreiheit nur im Wege der Gesetzgebung«.[3]

*Monarchische Vorbehalte.* Diese Elemente schienen die preußische Verfassung in die westeuropäische Verfassungstradition zu stellen; das belgische Vorbild hatte dafür Pate gestanden. Doch eine solche Betrachtungsweise ist oberflächlich. Denn wesentliche Züge fehlten: das Bekenntnis zur Volkssouveränität, die strikte Beschränkung des Monarchen im Rahmen der Verfassung. Im Gegenteil waren in die preußische Verfassung monarchische Vorbehalte eingebaut, welche alle zuvor genannten Rechte von der Substanz her in Frage stellen konnten. Solche Vorbehalte waren vor allem das Notverordnungsrecht und der Ausnahmezustand.

Das Notverordnungsrecht im Artikel 63 erlaubte dem König und seinen Ministern, Verordnungen mit Gesetzeskraft auch ohne Mitwirkung der Kammern zu erlassen. Das galt »in dem Falle, wenn die Aufrechthaltung der öffentlichen Sicherheit, oder die Beseitigung eines ungewöhnlichen Nothstandes es dringend erfordert«. Dieses Notverordnungsrecht wurde während des Verfassungskonflikts angewendet.

Der Artikel 111 über den Ausnahmezustand verfügte: »Für den Fall eines Krieges oder Aufruhrs können bei dringender Gefahr für die öffentliche Sicherheit die Artikel 5, 6, 7, 27, 28, 29, 30 und 36 der Verfassungs-Urkunde zeit- und distriktweise außer Kraft gesetzt werden.« Wann der Ausnahmezustand verhängt werden müsse, lag allein im Ermessen des Staatsministeriums. Die Kammern hatten dabei nicht mitzusprechen. Und es bedurfte lediglich einer entsprechenden Verordnung, um dann die Verfassungsartikel außer Kraft zu setzen. Betroffen waren die Artikel zu persönlicher Freiheit (5), Unverletzlichkeit der Wohnung (6), Zusicherung des gesetzlichen Richters (7), Pressefreiheit (27, 28), Vereinsfreiheit (30, 31) sowie Beschränkungen, die erlaubten, das Militär »zur Unterdrückung innerer Unruhen« (36) einzusetzen.

Zu den zentralen monarchischen Vorbehalten gehörte, daß der König alleiniger Herr auf drei Gebieten blieb: 1. Ihm allein oblag die auswärtige Gewalt, die Entscheidung über Bündnisse, Krieg und Frieden: Die Diplomatie war allein seinem Willen unterworfen. 2. Er blieb Herr des Militärs: Alle Fragen der militärischen Personalpolitik, Ausbildung, Ausrüstung und des Einsatzes waren dem König vorbehalten. 3. Er allein befehligte die innere Verwaltung: Das Beamtentum war im Hinblick auf Ernennung, Amtsführung und Entlassung dem unbedingten Willen des Königs unterworfen.

Diese Vorbehalte minderten fundamental die schwachen Kontrollmöglichkeiten der Landtage im System des Konstitutionalismus. »Verwaltung, Diplomatie und Heer, das war institutionell das Machtgefüge des alten absoluten Staates schlechthin. [...] Der konstitutionelle Staat war immer noch wesentlich Militär- und Beamtenstaat, nicht Parteienstaat« (E. R. Huber).[4] Im Zusammenhang mit der Reaktionsepoche erklären gerade die starken Gewichte der Krone im exekutiven Bereich die Spannweite des konstitutionellen Systems; sie erstreckte sich zwischen Polizeistaatlichkeit und Verfassungsstaat. Die fünfziger Jahre stellten für die Exekutive gewissermaßen den Ausnahmezustand dar. Man kann daher nicht von verfassungswidrigem Handeln sprechen auf Gebieten, wo von der Verfassung her kein Zugang gegeben war; angemessener scheint, unter rechtsstaatlicher Perspektive Defizite und Defekte im Konstitutionalismus zu diagnostizieren.

*Das Dreiklassenwahlrecht.* Auf dem Gebiet der Wahlen konnte die Exekutive besonders mächtig werden. Dazu ist zunächst zu erläutern, was es mit dem vielzitierten Dreiklassenwahlrecht in Preußen auf sich hatte. Es war ein *allgemeines* Wahlrecht, was auf den ersten Blick verblüffen mag. Es kannte keine Beschränkungen, wie sie für das vormärzliche Wahlrecht typisch waren, also auch Besitzlose, Einkommenslose, Unselbständige, Tagelöhner und Dienstboten waren wahlberechtigt. Das Wahlrecht war angelegt auf Repräsentation des ganzen Volkes.

Das bedeutete politisch aber nicht viel; denn das Dreiklassenwahlrecht war ein *ungleiches* Wahlrecht: Es teilte die Urwähler nach ihrem Steueraufkommen ein, und das ganz schematisch. Berechnet wurde auf der Basis des Urwahlbezirks. Zur Klasse I gehörten die Urwähler, welche die höchsten Steuerleistungen zahlten bis zum Betrag eines Drittels des gesamten Steueraufkommens im Wahlkreis. In die Klasse II kamen diejenigen Wähler, welche die nächst niedrigeren Steuerleistungen bis zur Grenze des zweiten Drittels erbrachten. In die Klasse III waren alle übrigen verwiesen, auch solche, die keine Steuern zahlten. Jede Klasse wählte im Wahlbezirk ein Drittel der Wahlmänner, und diese wählten dann den Abgeordneten. Das Wahlrecht war also zugleich ein *indirektes.*

Hinter diesem Dreiklassenwahlrecht stand die Annahme, es gebe eine naturgegebene Einteilung der Gesellschaft, 1. in die Klasse der Reichen; hier dachte man vornehmlich an den ländlichen Grundbesitz, von dem man dauerhaft konservative Voten erwartete; 2. in die Klasse des Mittelstands; hierher rechnete man die höheren Beamten, die Ärzte und Anwälte, selbständigen Kaufleute und Fabrikherren sowie das mittlere Bauern- und Handwerkertum; 3. in die Klasse der niedrigen Stände. Das Wahlrecht bevorzugte mithin ganz wesentlich den großen Besitz, gemessen am Steueraufkommen. Für 1850 liegen Zahlen vor, wie sich die Urwähler auf die Steuerklassen verteilten: 153 000 oder 4,7% entfielen auf Steuerklasse I, 409 000 oder 12,6% entfielen auf Klasse II, 2 691 000 oder 82,7% verblieben für die Restwählerschaft. Anders ausgedrückt: Ein Wähler der Klasse I hatte das 17,5fache Stimmgewicht im Vergleich zu einem Wähler der Klasse III, ein Wähler der Klasse II hatte immerhin noch ein um das 6,5fache größeres Stimmgewicht als ein Wähler der Klasse I.

*Wahlmanipulationen, Verfassungspraxis.* Das Kalkül, durch diese Manipulation konservative Wahlen zu bewirken, fand die Regierung unter Manteuffel in der Zusammensetzung der Kammern eindrucksvoll bestätigt. Aber die Berechnung baute auf den vorwiegend noch agrarischen Charakter des Landes. Das anwachsende Industrie- und Finanzkapital während der fünfziger Jahre und die daraus hervorgehenden Steuern erweiterten den Kreis der Bevorrechteten. Das bürgerliche Unternehmertum wuchs in den Kreis der Klasse I hinein, und das wiederum verschob die Gewichte bei den Wahlen. Das Dreiklassenwahlrecht entwickelte sich zu einer Waffe gegen die Regierung, weil es den liberalen Wortführern in der Abgeordnetenkammer zur Mehrheit verhalf. Das kam bereits in dem 1862 gewählten sog. Konfliktslandtag zur Geltung. Rund 80% der Abgeordneten gehörten hier zur liberalen Opposition.[5] Für das Jahr 1852 hatte die liberale Opposition lediglich einen Anteil von 22%, einschließlich der Katholiken 25%; 1855 erreichte die liberale Opposition gar nur 12%, mit Katholiken 27%.[6]

Aber nicht allein sozialer und wirtschaftlicher Wandel beeinflußten den Ausgang von Wahlen; mehr noch vermochten in den fünfziger Jahren Wahlmanipulationen auszurichten. In den sechziger Jahren konnten sie nicht mehr so viel bewirken. Das Einfallstor für diese Manipulationen lag bei einer weiteren Bestimmung des Wahlrechts: die Wahlen hatten *öffentlich* vor sich zu gehen. Öffentliche Wahl galt ursprünglich als Mittel des revolutionären Terrorismus. Die französischen Revolutionsverfassungen hatten sie vorgeschrieben, um Royalisten, Klerikale und Föderalisten daran zu hindern, ihre Stimme nach freier Überzeugung abzugeben. Die vormärzlichen Wahlgesetze, vorbildlich etwa das badische von 1818, schrieben deshalb auch geheime Wahl vor. In Preußen sollte die Öffentlichkeit der Wahl bewußt den einzelnen der Kontrolle der herrschenden sozialen Gewalten unterwerfen. Die vorgesetzten Behörden wiesen die Beamten an, für die Regierungskandidaten zu stimmen. Wer für die Opposition votierte, sah sich mancherlei Maßregelungen ausgesetzt: Entlassung, Strafversetzung, Nichtbeförderung. Kaufleute und Handwerker mußten befürchten, von Staatsaufträgen ausgeschlossen zu werden. Die gesamte Gutsarbeiterschaft war der Aufsicht des Gutsherren unterworfen; Gleiches galt bei Industriearbeitern gegenüber ihren Fabrikherren.[7] Der innerpreußische geheime Wochenberichtsverkehr macht begreiflich, wie die Landräte, Regierungspräsidenten, Oberpräsidenten und der Innenminister jederzeit unterrichtet waren über die Problemfälle, wo es unter Umständen einzugreifen galt. Der Magdeburger Wochenbericht vom 26. Oktober 1852 veranschaulicht das gut:

Die morgen bevorstehenden Wahlen nehmen das Interesse der besser gesinnten Kreise mehr in Anspruch, als sich bei der Lauheit der politischen Stimmung in der letzten Zeit erwarten ließ. Die Demokratie wird nicht wählen, und scheint von außen hier das Signal empfangen zu haben, wenigstens läßt sich nicht verkennen, daß durch Korrespondenzen irgend welcher Art ein gemeinschaftliches und gleichartiges Verfahren verabredet ist.[8]

Bilanzierend bleibt festzuhalten: Die preußische revidierte Verfassung von 1850 enthielt moderne rechtsstaatliche und demokratische Elemente; diese ließen sich aber durch die in der Verfassung verankerten monarchischen Vorbehalte bis in die Substanz hinein aufweichen. Das Dreiklassenwahlrecht und seine Möglichkeiten, Wahlen zu manipulieren, wirkten in den fünfziger Jahren in die gleiche Richtung.

### *b) Württemberg*

Der Vergleich mit den Verfassungsverhältnissen in Württemberg ist besonders interessant, weil auch hier das Wahlrecht einen Angelpunkt in der Verfassungsentwicklung darstellte. In fünf Etappen vollzog sich der zähe Prozeß von der Revolution bis zur Reaktion, d. h. hier konkret: zur Wiederherstellung der alten Verfassung von 1819.

1. Stufe: Noch unter dem Zwang der Revolution hatte König Wilhelm I. dem Wahlgesetz vom 1. Juli 1849 zugestimmt. Auf dessen Grundlage trat eine Landesversammlung zusammen, welche die württembergische Verfassung den Märzerrungenschaften anpassen sollte. Weil eine Verständigung mit dem Ministerium nicht gelang, löste der König sie auf.

2. Stufe: Am 15. März 1850 trat eine neue Landesversammlung zusammen. Diese hielt unverändert an der Reichsverfassung vom März 1849 fest, also zu einem Zeitpunkt, als sich bereits die Wiederherstellung des Deutschen Bundes abzeichnete. Den Beitritt Württembergs zum Vierkönigsbündnis betrachtete diese zweite Landesversammlung als Verfassungsbruch; denn sie hielt daran fest, daß die im April 1849 ausgesprochene Anerkennung der Reichsverfassung weiterhin verbindlich sei. Am 27. Februar 1850 hatten sich in Widerspruch dazu, wie gezeigt, Bayern, Sachsen, Hannover und Württemberg zu einem Bündnis gegen die Erfurter Union vereinigt. Das hatte für Württemberg unmittelbare innen-

politische Folgen; denn die Landesversammlung erhob gegen den Außenminister vor dem Staatsgerichtshof Ministeranklage wegen Verfassungsverletzung. Die Klage wurde abgewiesen; außerdem löste König Wilhelm die Versammlung unverzüglich auf, nachdem sie die Klage erhoben hatte.

3. Stufe: Am 4. Oktober 1850 trat die dritte Landesversammlung zusammen, die wiederum nach dem allgemeinen Wahlrecht gebildet worden war. Die Regierung war damit beschäftigt, ihre Rüstungspolitik vorzubereiten, um im Konflikt um die Erfurter Union in Kurhessen einzugreifen. Wiederum stellte sich die Landesversammlung dagegen. Und der König löste auch sie auf. Vom Ergebnis her hatte sich gezeigt, daß mit keiner der drei nach demokratischem Wahlrecht gebildeten Landesversammlungen eine Einigung mit der Regierung möglich war. Das führte zur

4. Stufe: dem unverhüllten Staatsstreich.[9] König Wilhelm erklärte das Wahlgesetz vom 1. Juli 1849 für unanwendbar. Sein neuer Minister v. Linden hob es auf dem Verordnungswege auf; er vollzog »den chirurgischen Schnitt« (H. Brandt), wobei er zugleich eine Überarbeitung der Verfassung im Sinne der Märzerrungenschaften kategorisch ausschloß. Er dekretierte die Rückkehr auf den Boden der Verfassung von 1819 und ordnete zugleich Wahlen nach altem vormärzlichen Recht zu einer Ständeversammlung an. Inzwischen regierte das Ministerium mit Notverordnungen, und zwar auf der

5. Stufe: Sie zeigte Herrschaft in erzwungener Botmäßigkeit des Landtags und nach vormärzlichem Recht. Dieser Landtag hatte von 1851 bis 1855 Bestand. Der führende Minister v. Linden vermochte vollständig seinen Kurs durchzusetzen, indem er bei entscheidenden Fragen Mehrheiten für sich verbuchen konnte. Die Regierung bekam ihren Etat trotz vorausgegangener Notverordnungspraxis bewilligt. Gegen den Willen der demokratischen Opposition wurde ein neues Polizeistrafgesetz verabschiedet. Todesstrafe und körperliche Züchtigung wurden wieder eingeführt. Von prinzipieller Bedeutung war die Entscheidung über die 1848er Grundrechte. In einer »denkwürdigen Sitzung« (H. Brandt) am 15. März 1852 lehnte die Kammer einen Antrag der Demokraten ab, die Grundrechte als geltendes Recht für Württemberg zu bestätigen, mit 68 zu 18 Stimmen! Ein eigener Beschluß erklärte die Grundrechte für ungültig. Das war der Meilenstein für die Reaktion in Württemberg. Es folgte eine lange »Chronik der Gesetzes-

korrekturen«.[10] Maßnahmen gegen die Presse standen an vorderster Stelle.

Wie umstritten die neue Politik war, zeigten die Äußerungen ihres Verfechters und eines ihrer Kritiker aus der Rückschau von zehn Jahren. Staatsminister v. Linden erklärte 1861 in einer Etatdebatte:

Allein, wenn ich auf jene Zeiten zurückblicke, so gewährt es mir eine besondere Beruhigung, daß Niemand, kann ich sagen, ein wirkliches, ernstliches Leid zugefügt worden ist. Nennen Sie es nun einen Staatsstreich, meinethalben! ich will darüber nicht rechten; dieser Staatsstreich war aber nothwendig. Ich habe zwar für meine Person nicht geglaubt, mich an einem Staatsstreiche zu betheiligen, sondern an einer durch Gesetz und Verfassung gebotenen Handlungsweise; aber wenn Sie es durchaus einen Staatsstreich nennen wollen, so wollen Sie wenigstens einräumen, daß er so glimpflich wie möglich vor sich gegangen ist.[11]

Moritz Mohl, schon in der Paulskirche als energischer liberaldemokratischer Abgeordneter hervorgetreten, kommentierte das seinerseits so:

Daß ein Mann, der im Jahr 1850 einen Staatsstreich begangen hat, und dies öffentlich anerkennt, im Jahr 1861 noch Minister ist und sein kann, daß er es vor Deutschland sein kann, ist ein tiefer Schmerz aller derjenigen, die ein Gefühl für Recht und Verfassung haben.[12]

Der Konflikt war auch im Jahre 1861 noch nicht beigelegt, wenn auch vorderhand entschieden. Wie bald er wieder offen aufbrechen konnte, zeigte der preußische Verfassungskonflikt. Das württembergische Beispiel bewies allemal, daß sich eine Landesvertretung nach dem Recht von 1848 nicht halten konnte, auch wenn der Deutsche Bund nicht unmittelbar eingriff. Voraussetzung war, daß die Exekutive über genügend Rückhalt verfügte, um von sich aus die Rechtsrestauration durchzusetzen.

### *c) Kurhessen*

Als wichtige Variante ist schließlich der kurhessische Verfassungskampf von 1851/52 zu beurteilen. Hier demonstrierte der Bund an einem Einzelstaat, wo er die Grenzen der Verfassungsentwicklung nach der Revolution setzte. Der Konflikt war mehr als ein nebensächliches Lokalereignis: Er war ein Präzedenzfall von prinzipieller Tragweite.[13]

In Kurhessen ereignete sich zunächst einmal das allerorten zu

Beobachtende: Der Monarch, Kurfürst Friedrich Wilhelm von Hessen-Kassel, hatte im Februar 1850 sein liberales Märzministerium entlassen. Er griff auf den ultrakonservativen Justizbeamten Ludwig Hassenpflug als Staatsminister zurück, der bereits wegen seiner vormärzlichen Amtsperiode als »Reaktionär« und »Mystiker« in der Öffentlichkeit etikettiert wurde. Seine Wiederberufung wurde als Affront gegen die Landstände gedeutet. Der preußische Unionsplan bildete alsbald wie auch in Württemberg das Zentrum des Konflikts. Kurhessen hatte sich unter seinem Märzministerium noch der preußischen Union angeschlossen. Hassenpflug betrieb das Ausscheiden und die Anlehnung an Österreich. Er stieß dabei auf den entschiedenen Widerstand der Kammer. Es bahnte sich ein Konflikt an; ausgetragen wurde er am Vehikel des Staatshaushalts. Die Landstände verweigerten der Regierung die Bewilligung des Etats.

Nach der kurhessischen Verfassung durfte die Regierung aber »ohne landständische Bewilligung weder in Kriegs- noch in Friedenszeiten« Steuern erheben. Verweigerten die Landstände die Steuern, bot sich der Regierung eine ausweglose Situation. Hassenflug berief sich in seiner Verordnung vom 4. September 1850 auf ein Steuernotverordnungsrecht, über das er nach der Verfassung gar nicht verfügte. Er machte sich des offenen Verfassungsbruchs schuldig.[14]

Die kurhessischen Landstände, die Gerichte und die Beamtenschaft wandten sich einmütig gegen die verfassungswidrige Verordnung. Der Kurfürst versuchte den Widerstand mit Gewalt zu brechen. Er verhängte drei Tage später, am 7. September, den Kriegszustand.

Was nun folgte, war in der deutschen Geschichte des 19. Jahrhunderts ein einmaliger Vorgang: Die Armee verweigerte den Gehorsam. Sie berief sich auf den Verfassungseid des Heeres, den alle kurhessischen Offiziere auf die Landesverfassung geleistet hatten. Der Oberbefehlshaber verweigerte gleichfalls den Gehorsam und bat um seine Entlassung.

Der Kurfürst verfügte über keine eigenen Mittel mehr, seinen Willen durchzusetzen. Er floh mit seinen Ministern nach Wilhelmsbad und wandte sich hilfesuchend an den Bundestag, der sich als Rumpfbundestag unter Österreichs Führung bereits versammelt hatte. Der Kurfürst verlangte von ihm eine Bundesintervention. Der Bundestag sprach den Landständen ein Recht zur

Steuerverweigerung ab. Es bestand hier eine analoge Situation wie ein Jahrzehnt später in Preußen.

Kurhessen bot das Beispiel eines deutschen Einzelstaates, in dem das Parlament im Begriff stand, sich gegenüber dem Anspruch des Monarchen erfolgreich durchzusetzen. Wären der Kurfürst und seine Regierung auf sich allein gestellt gewesen: die Landstände hätten die Oberhand gewonnen. Der Staat wäre in der Tat parlamentarisiert worden. Dazu war aber die Zeit vorbei.

Der Bund antwortete militärisch mit Exekutionstruppen. Ganz Kurhessen wurde mit bayerischen Interventionstruppen belegt. In der Hauptstadt Kassel standen österreichische und preußische Truppen. Wieso auch preußische Truppen? Preußen beanspruchte seinerseits, dem bedrängten Staat als Mitglied seiner Union zu Hilfe kommen zu können. Das hatte jene erwähnte Gefahr eines innerdeutschen Krieges zwischen Österreich und Preußen provoziert.

Ende 1850 konnte die kurhessische Regierung es wagen, ihren Sitz von Wilhelmsbad nach Kassel zurückzuverlegen. Nach der Olmützer Punktation beteiligten sich auch die preußischen Truppen an der Bundesintervention. Österreichische und bayerische Kriegsgerichte nahmen ihre Arbeit auf. Es folgten Verhaftungen und Verurteilungen, Strafversetzungen und Entlassungen. Die widersetzlichen Mitglieder des Landtages wurden festgenommen, soweit sie nicht bereits geflüchtet waren.

Das Obergericht wurde zur Revision seines Spruches gedrängt. Die Offiziere – 241 hatten ihren Abschied erbeten – bewog man zur Rücknahme ihrer Gesuche. Auch bereits Entlassene wurden wieder eingestellt. Der Kurfürst klärte die Sachlage vollends, indem er am 26. Juni 1851 durch eine Verordnung den Verfassungseid der Offiziere einseitig aufhob. Das war nicht Rechtens, denn um die Verfassung zu ändern, hätte es der Zustimmung der Landstände bedurft.

Der ganze Konflikt um Kurhessen fand einen Abschluß, der höchst bezeichnend für die Reaktion im Deutschen Bund war. Die Bundeskommissare entwarfen für das Land eine neue Verfassung; die Bundesversammlung billigte sie in Gestalt eines Bundesbeschlusses. Der Kurfürst oktroyierte sie am 13. April 1852, und das in Begleitung eines neuen Wahlgesetzes, das an die Stelle des allgemeinen, gleichen Wahlrechts ein beschränktes einführte; es privilegierte den Grundbesitz.

Das Vorgehen des Bundes war in keiner Weise durch das Bundesrecht gedeckt, sondern bedeutete dessen eklatanten Bruch, da die Bundesakte den Einzelstaaten Verfassungsautonomie gewährte. Das Bundesrecht erlaubte keineswegs, eine Landesverfassung insgesamt aufzuheben und durch eine neue zu ersetzen. Mochte man noch so sehr mit der »Wiederherstellung der öffentlichen Sicherheit und Ordnung« argumentieren – der Bundestag war zu einer so grundlegenden Maßnahme nicht berechtigt. Er handelte offen gegen seine eigenen Grundgesetze.

Wie generell bei der Rücknahme der Märzerrungenschaften trat auch im Falle Kurhessens zutage, daß die Regierungen dem Recht nur einen instrumentellen Charakter zumaßen. Es wurde politischen Zwecken unterworfen oder im Extremfall nicht einmal umgebogen, sondern schlichtweg ignoriert. Dieser Umgang mit dem Recht, provoziert durch machtpolitisches Kalkül, war ein wesentliches Merkmal des Reaktionsjahrzehnts. Mehrfach sprengte es auch die Grenzen des konstitutionellen Systems, da es durch das vorhandene positive Staatsrecht nicht mehr gedeckt war. Das politische System der Reaktion ruhte dabei auf mehreren Säulen, als da waren: die anfängliche bilaterale Kollision und nachfolgende Verständigung der deutschen Großmächte als entscheidender Faktor, die Verschränkung außenpolitischer Maßnahmen mit innenpolitischen Zwecken, die Wirkungsmacht des Deutschen Bundes, die geheimpolizeiliche Organisation des Polizeivereins und seine Auswirkungen auf das Landesinnere der beteiligten Staaten, der konkrete Ablauf von Einzelmaßnahmen auf dem Gebiet der Presse, Vereine und Landtage, schließlich die Deformierung des Konstitutionalismus überhaupt.

# III. Gesellschaft im Aufbruch

## 1. Wachstum, Industrialisierung und »Take-off«

Nachdem das Kapitel über das politische System der Reaktion eigentlich an die Schwelle des Jahres 1859 herangeführt hat, läßt sich gleichwohl in dem folgenden Teil nicht einfach der Chronologie getreu fortfahren. Gerade in dem Jahrzehnt nach 1850 sieht sich der Beobachter mit einer Tatsache konfrontiert, die gern die »Gleichzeitigkeit des Ungleichzeitigen« genannt wird. Mobilisierungsvorgänge kamen bereits in dieser Zeitspanne in Wirtschaft und Gesellschaft in Gang, während in der Verfassungspolitik noch Revision oder Stillhalten angestrebt wurde. Immer wieder, ja konsequent werden deshalb im folgenden die fünfziger Jahre einzubeziehen und die Epoche als Ganzes zu betrachten sein. Es lassen sich nicht die historischen Analysen fein säuberlich in chronologischen Stückchen aufeinandertürmen; wo Komplexität herrscht, gilt es vielmehr, diese analytisch zu entflechten.

Wieder soll die Zeitdiagnose eines Augenzeugen einführend ein plastisches Bild vorausschicken; diesmal stammt sie aus dem Jahre 1858, also gerade aus jener mehrfach angedeuteten Schwellenphase. Niedergeschrieben hat sie der aus Württemberg stammende Schriftsteller und Historiker Johannes Scherr. Er war in der Revolutionszeit demokratischer Abgeordneter im württembergischen Landtag, mußte in die Schweiz emigrieren und veröffentlichte dort im Jahre 1858 einen Roman unter dem Titel *Michel. Geschichte eines Deutschen in unserer Zeit.* Darin hatte Scherr teilweise autobiographisch eigene Erfahrungen verarbeitet.[1] Zugleich reflektierte er in dem Buch über die »Signatur unserer Zeit:«

Wir leben im Zeitalter der materiellen Interessen. Ein unerbittlicher Realismus beherrscht die Welt. Die Theorie gilt nur noch da, wo sie als Dienerin, als untertänige Dienerin der Praxis auftritt. Die Wissenschaft wird nur noch in dem Grade geschätzt, in dem sie für den unmittelbaren Erwerb arbeitet. Kunst und Poesie sind Luxuswaren wie andere. [...] Das Kapital beherrscht alle Gesellschaftsklassen, vom König hinab bis zum Fabriksklaven. Es ist die Seele des großen Motors unserer Zeit, des Industrialismus, mit dem die moralischen und materiellen Motoren der Vergangenheit, die ich alle unter dem Namen Feudalismus zusammenfasse, einen wilden

Kampf auf Leben und Tod kämpfen. Wem der Sieg zufallen werde, kann nicht zweifelhaft sein. Mit jedem neuen Dampfboot, das vom Stapel läuft, mit jedem neuen Dampfroß, das die Schienen beschreitet, fällt ein Stück Feudalismus in den Abgrund unwiederbringlicher Vergangenheit. Jede neue Maschine, deren Eisenarme der Dampf in Bewegung setzt, zerreibt ein religiöses, politisches oder soziales Dogma des Mittelalters zu Atomen. [...] Ein ungeheurer Umschwung der Ansichten und Verhältnisse bereitet sich vor, alles ist auf reale Zwecke und Ziele gerichtet. Die Menschen glauben, lieben, hoffen und wollen nichts mehr, als was sich verwerten, zählen, wägen läßt und Interessen, tatsächliche, greifbare Interessen trägt. Das Nützliche, nur das Nützliche, immer und überall das Nützliche, das ist's, was unsere Zeit will und mit ungeheurer Arbeit erstrebt. Niemals ist so gearbeitet worden, wie jetzt gearbeitet wird, und wo Arbeit ist, da ist Leben, Bewegung, Zukunft.[2]

Der Autor dachte in Antinomien, in Polaritäten. Hier: unsere Zeit – dort: die Vergangenheit; hier: Industrialismus – dort: Feudalismus; hier: Dampfboot, Eisenbahn, Maschine – dort: Dogma des Mittelalters; hier: Verwerten, Zählen, Wägen, Interessen, Nützlichkeit – dort: Glaube, Liebe, Hoffnung; hier: Leben, Bewegung, Zukunft – dort: Starre, Stillstand, Vergangenheit.

Das war mehr ein Entwurf als eine realistische Zeitbeschreibung, denn noch immer lebte die Mehrheit der Deutschen in dürftigen Verhältnissen, mitunter so elend, daß manche von ihnen zur Auswanderung gezwungen waren, um ihr Leben zu fristen. Die frühen fünfziger Jahre bildeten den Gipfel deutscher Auswanderung nach Amerika im 19. Jahrhundert. Und doch hat dieser gedankliche Vorgriff eine Signatur des Jahrzehnts zutreffend erfaßt, eine Signatur, welche nicht zum Begriff der politischen Stagnation paßte. In diesem Zeitentwurf verbanden sich Wissenschaft (das Zählen, Wägen, Rational-Nützliche) mit Technik (Industrialismus, Maschine) und Kapital (Interesse, Nützlichkeit). Das alles mündete in Mobilität und Dynamik, die als etwas Fortschrittliches begriffen wurden. Auch für die vierziger Jahre sind Erfahrungen von der Beschleunigung aller Lebensverhältnisse bezeugt, aber wo sie dort noch als bedrohlich und zerstörerisch aufgenommen wurden, fügten sie sich nun in eine Welt- und Geschichtsschau, der Fortschrittsglaube und Zukunftsoptimismus eigen waren; sie gehörten, sozial gesehen, zu einem spezifischen bürgerlichen Bewußtsein, das sich während eben jener fünfziger Jahre auszubilden begann.

Abstrahiert man von den beigemischten Wertungen Scherrs,

bleibt die zugrundeliegende Frage, ob die Jahrhundertmitte nach der Revolution von 1848/49 tatsächlich eine säkulare Zeitwende bezeichnete. Wer gewohnt ist, in historischen Entwicklungen und Prozessen zu denken, wird solchen Einschnitten immer eine gehörige Skepsis entgegenbringen. Und im politischen System der Reaktion war ja eine Kontinuität des bürokratisch-monarchischen Anstaltsstaats festzustellen, deren Wurzeln weit in das 18. Jahrhundert zurückreichten. Aber zu erwägen bleibt, ob es nicht Teilbereiche gab, für welche der Entwurf des Zeitgenossen Scherr eine Portion Plausibilität beanspruchen kann. Soviel ist aber allemal festzuhalten: Für die vierziger Jahre wird man – gemünzt auf die deutschen Verhältnisse – keine vergleichbare Diagnose ermitteln können, zumal wenn das »Kapital« als »die Seele des großen Motors« gelten sollte; denn das »Kapital« entfaltete seine volle Wirkung in Deutschland gerade erst in der nachrevolutionären Zeit. Die Zeitanalysen der vierziger Jahre brachten vorwiegend *Massenarmut und Hungerkrisen* (W. Abel), den »Pauperismus« zutage, und wenn die Hoffnungen weit trugen, knüpften sie sich an eine kommende Revolution, die alles ändern würde. Davon war aber in Scherrs Entwurf keine Rede mehr. Arbeiten und Machen, nicht Revolutionieren lautete bei ihm die Devise. Diese Maßstäbe hätte ein Autor der vormärzlichen Jahre vor 1848 kaum mit solcher Eindringlichkeit propagiert. In literarischem Gewand bezeugte Scherr, selber ein 48er Demokrat, den tiefgreifenden Wertewandel der fünfziger Jahre: Sein Roman erschien im Jahre 1858.

Was dieser Autor auf impressionistisch-intuitive Weise erfaßte, soll als Folie dienen, vor der die erheblich sprödere Materie ökonomischer Entwicklungen zu bewältigen ist, deren Konsequenzen Scherr beschrieben hat. Ein Schlüsselbegriff der neueren und neuesten Wirtschaftsgeschichte rückt dabei ins Zentrum: *Wachstum*. Wachstum ist zunächst ein quantitativer Begriff; er bezeichnet die »Maßzahl der relativen Steigerung des Sozialprodukts innerhalb eines Wirtschaftsraumes« (K. Borchardt).[3] Als solcher ist er eine eindimensionale, meßbare Größe, aber in ihm sind viele Informationen über höchst komplizierte gesellschaftliche Veränderungen konzentriert. Er ist weniger vieldeutig als Begriffe wie etwa »Industrialisierung«, »Modernisierung«, »Kommerzialisierung«, »Maschinisierung«.

Hier ist sogleich vor einem verbreiteten Mißverständnis zu warnen, das sich oft auch an den Begriff der »Modernisierung« hängt. Es ist falsch, den Begriff »Wachstum« als gleichbedeutend mit »Fortschritt« oder »Besserung des Lebensstandards« anzusehen. Es ist fast schon trivial zu betonen, daß sich unter historischem Blickwinkel die Maßstäbe wandeln, daß also auch nicht zu fixieren ist, was allgemein als Wohlfahrt, als Verbesserung, als das Erstrebenswerte zu gelten hat. Auch liegt es geradezu auf der Hand: Produktionstechnischer Fortschritt kann anzeigen, daß Menschen und Maschinen ihre Leistung gesteigert haben; das kann aber im Einzelfall durchaus einhergehen mit schlechteren Arbeitsbedingungen, mit gesteigertem Energieverbrauch, mit stärker belasteter Luft, mit verunreinigtem Wasser oder Boden. Auch das ist »Wachstum«, jedenfalls eine Begleiterscheinung, die man nicht mit Fortschritt gleichsetzen wird. Die Erfahrungen der achtziger Jahre unseres Jahrhunderts haben gezeigt, daß Energievorräte knapp werden können. In diesem Horizont ist die Äußerung des Wirtschaftshistorikers Knut Borchardt zu verstehen, es könne die wirtschaftliche Wachstumsperiode des 19. und 20. Jahrhunderts »als eine vorübergehende Periode der Menscheitsgeschichte« anzusehen sein.[4] Der Blick in die Zukunft ist uns verwehrt, der in die Vergangenheit aber offen. Und hier beginnt eben mit den fünfziger Jahren jene Phase, in der – mit Bezug auf das Wachstum – von einer qualitativ neuen Entwicklung gesprochen werden kann.

In der neueren Wirtschaftsgeschichte sind zeitlich übergreifende Schätzungen angestellt worden, für welche die Mitte des 19. Jahrhunderts als Bezugspunkt dient. Diese Schätzungen beziehen sich auf das wirtschaftliche Geschehen in Westeuropa und Nordamerika. Sie besagen folgendes: Zwischen 1850 und 1960 wuchs die jährliche gesellschaftliche Produktion in diesen Gebieten etwa vierzig- bis fünfzigmal so schnell wie im Durchschnitt der vorhergehenden 600 Jahre (S. Kuznets). Diese Steigerung kann man in Beziehung setzen zum Wachstum der Bevölkerung. Die Bevölkerung wuchs zwischen 1850 und 1960 etwa vier- bis fünfmal so schnell wie in den Jahrhunderten zuvor. Beides zusammengenommen ergibt die gesellschaftliche Produktion je Einwohner. Sie nahm zehnmal rascher zu als in der vorindustriellen Zeit. Alle solche Angaben sind Schätzungen, weil für den gesamten Zeitraum keine zureichenden, parallelisierbaren amtlichen Statistiken vorliegen. Selbst Unsicherheiten einkalkuliert, bleibt der Wandel doch in seinen Konturen als »die grundstürzende Veränderung im historischen Ablauf« erkennbar (K. Borchardt), und eben diese Veränderung trägt den Namen »Industrielle Revolution«.[5]

Es lassen sich vielerlei Merkmale hervorheben, welche diese Industrielle Revolution kennzeichneten. Im Rahmen der hier behandelten Zeitepoche sollen jene fünf Merkmale herausgestellt werden, welche die Phase des »Take-off« in Deutschland besonders prägten.[6] Es waren dies 1. der breite Einsatz neuer Produktionstechniken – gemeint sind etwa Werkzeug- und Dampfmaschinen; 2. die massenhafte Ausbeutung bislang wenig genutzter natürlicher Rohstoffe – vor allem von Eisen und Kohle; 3. die Ausbreitung des Fabriksystems, die gewerbliche Produktion wurde arbeitsteilig organisiert; 4. der Wandel der Erwerbsform. Freie Lohnarbeit wurde zur Erwerbsform von Massen, schließlich der Mehrheit der Bevölkerung; 5. die neuen Techniken der Kommunikation. Das ist in weitem Sinne zu verstehen. Kommunikation im hier verwendeten Sinne schließt das Verkehrs- und Nachrichtenwesen ein. Für den neuartigen Zusammenhang zwischen Produktion und Kommunikation hat sich der Begriff »Kommunikationsrevolution« durchgesetzt.

Wollte man dem 19. Jahrhundert einen kennzeichnenden Begriff geben und dabei den Ausdruck Industrialisierung vermeiden, so müßte man es als das »Jahrhundert der Kommunikationsrevolution« feiern. Mehr noch als die Sachgüterproduktion, deren Wachstum gewiß eindrucksvoll war, ist die Verkehrsleistung für Güter, Personen, Nachrichten, Zahlungsmittel, Kapital gestiegen. Die Märkte dehnten sich regional aus, und es traten Personen miteinander in Leistungsbeziehungen, die nie zuvor füreinander erreichbar gewesen sind. Dies ist nicht eine Nebenwirkung der großen Produktivitätssteigerung des 19. Jahrhunderts; man kann es umgekehrt auch als eine ihrer Voraussetzungen bezeichnen. In Wahrheit hängen sie wechselseitig voneinander ab.[7]

Diese weitschauende Perspektive stammt aus dem Jahre 1972. Heute, knapp zwei Jahrzehnte später, wird die Tragweite des Vorgangs Kommunikationsrevolution noch erheblich drastischer begreiflich, da tagtäglich die Umformung und Durchdringung des politischen und gesellschaftlichen Lebens durch die Informationsbeschleunigung der Chips und Mikrochips zu registrieren ist.

Die Jahrhundertmitte, um 1850, wurde in den gerade aufgeführten Berechnungen als Einschnitt vorausgesetzt. Doch ist es nötig, einen kurzen Blick auf die Entwicklung in der ersten Jahrhunderthälfte zu werfen. Allerdings ist man hier noch stärker als für die

Zeit nach 1850 auf Schätzungen angewiesen. Der Stand ist folgendermaßen: Häufig wird die Mitte der dreißiger Jahre als Einschnitt im Wirtschaftsablauf der ersten Jahrhunderthälfte gesetzt. Der Erfindung neuartiger Maschinen wird dabei eine herausragende Bedeutung zuerkannt. Hinzu kommen: der Beginn des Eisenbahnbaus, die Errichtung gewerblicher Großbetriebe in der Textilindustrie und im Maschinenbau, eine Steigerung im Kohlenbergbau und in der Eisenverarbeitung, schließlich auch die Begründung des Deutschen Zollvereins im Jahre 1834; alle diese Neuerungen gelten als Anzeichen einer gesamtwirtschaftlichen Belebung.

Andere Daten sind dem jedoch entgegenzuhalten. Zwischen 1820 und 1850 gingen die staatlichen Einnahmen aus direkten Steuern je Kopf zurück, und das in wichtigen Bundesstaaten. Das konnte steuerpolitische Gründe haben; es konnte aber auch auf eine relativ geringe Wachstumsrate verweisen. Ein Kriterium vermag hier zu helfen: der Anteil tierischer Nahrungsmittel an der Ernährung. Seit langem hat die Statistik den durchschnittlichen Fleischkonsum als Indikator für die Massenwohlfahrt angesehen, und das über Jahrhunderte hinweg. Der Fleischkonsum wuchs mit der Industrialisierung; das ist auch regional nachweisbar: Das industriereiche Sachsen beispielsweise lag stets über dem Durchschnitt. Zwischen 1850 und 1913 hat sich der Verbrauch absolut vervierfacht, pro Kopf – das Bevölkerungswachstum einberechnet – verdoppelt, von 23 auf 45 kg.[8] Aber ein solcher Anstieg ist vor 1850 nicht zu verzeichnen. Mit anderen Worten: Bis um 1850 war der durchschnittliche Fleischkonsum kaum angestiegen, in der zweiten Jahrhunderthälfte dagegen beträchtlich. Das ist keine bloße Äußerlichkeit, auch wenn es vielleicht manchem unter dem Eindruck überquellender europäischer Lebensmittelmärkte heute nicht mehr nachvollziehbar ist. Doch noch Angehörige aus der Generation der Großeltern werden bezeugen, daß sie Fleisch als etwas Besonderes kannten, das vielleicht nur einmal in der Woche auf den Tisch kam. Die Rede vom »Sonntagsbraten« als etwas Ausgefallenem kam auch daher, daß andere Speisen gewöhnlicher waren, nicht Fleisch und Wurst, sondern Brot, Hülsenfrüchte, Mehlspeisen, Kartoffeln. Die Statistiker haben aus gutem Grund die Methode gewählt, den Fleischkonsum als Indikator für die Massenwohlfahrt und darüber hinaus auch für Wachstumsentwicklung zu nehmen, wo andere zuverlässige Daten aus den Büros einer zentralen staatlichen Statistik fehlen.

Aus dieser Sicht wird der Einschnitt um 1835 relativiert; und Gleiches muß wohl auch geschehen, wenn man die Gründung des Zollvereins im Jahre 1834 als Datum wählen will. Es wird vielfach behauptet, mit dem Deutschen Zollverein habe 1834 die »deutsche« Volkswirtschaft ihren Anfang genommen. Hierbei hat man die langfristige Entwicklung von Institutionen im Blick. Schaut man aber auf die Entwicklung des Eisenbahnnetzes, war die tatsächliche zusammenbindende und damit wachstumstreibende Wirkung des Güter- und Personenverkehrs auf der Schiene ungleich gewichtiger als die allmähliche Beseitigung von Binnenzöllen. Das Eisenbahnnetz aber war erst nach 1848 zwischen Nord- und Süddeutschland verknüpft. Die räumliche Integration der Märkte war innerhalb Deutschlands erst nach 1850 abgeschlossen.

Heute hat sich in neueren Darstellungen eine andere Ansicht durchgesetzt, wenn es darum geht, die entscheidende Wachstumsphase in der deutschen Wirtschaft einzugrenzen: Nicht die Erfindung neuartiger Maschinen, nicht die Begründung des Zollvereins werden als Indizien für den qualitativen Sprung in die Industrialisierung angesehen. Als Indikator gilt vielmehr oft die plötzliche und massenhafte Verwertung fossiler Energiereserven. In der Verwertung von Energie kulminierten unterschiedliche Wachstumsvorgänge: Die Gewinnung von Roheisen, die Erzeugung von Stahl erforderten Energie; der Bau von Maschinen, von Lokomotiven erforderte Energie; der Einsatz der Lokomotiven im Verkehr, der Maschinen bei der Produktion erforderte Energie; der verdichtete Verkehr wiederum stieß die Nachfrage nach neuen Gütern an, zugleich auch provozierte die Verkehrsverdichtung einen weiteren Ausbau des Eisenbahnnetzes. Das wiederum steigerte die Nachfrage nach Schienen und Lokomotiven, stimulierte also wiederum Eisen- und Maschinenproduktion. Kapital war dabei zwar auch eine wichtige Voraussetzung, aber die qualitative Neuerung, die Kraft, welche einen andauernden Wachstumsschub überhaupt erst möglich machte, lag in der massenhaften Verwertung fossiler Energiereserven.

Das vermeintliche Nacheinander verschiedener Wachstumsimpulse nötigt zu einer methodischen Vergewisserung. Industrialisierung bezeichnet einen umfassenden Wandel, für den sich keine Rangordnung einzelner Erklärungselemente angeben läßt nach der Weise: die Kohle, die Stahlgewinnung, der Lokomotivenbau, der ausgebaute Verkehrsverbund, das investierte Kapital stehe – entweder das eine oder das andere – am Anfang der Rangleiter, und schrittweise in Abfolge ließen sich die Ursachenelemente zusammentragen.

Es ist vielmehr davon auszugehen, daß sich der Zusammenhang von Wachstum und Industrialisierung in der Phase nach 1850 nur als ein Wechselwirkungssystem begreifen läßt, in dem mit »Vorwärtskoppelungs-«, »Rückwärtskoppelungs-« und »Begleiteffekten« der Ausbreitungsdynamik zu rechnen ist (H.-U. Wehler).[9] Anders ausgedrückt: Einfache und damit naive Ursachenerklärungen führen in die Irre. Richtig ist vielmehr die Beobachtung, daß bestimmte Sachverhalte sowohl Ursache als auch Wirkung sein konnten. Einfach gesagt: Eine gebaute Eisenbahn konnte Folge bereits vorhandener Eisenbahnen sein, weil das sich ausweitende Verkehrsnetz nach weiterer Expansion rief; ihre wachstumsfördernden Güter- und Personentransporte konnten aber zugleich Ursache für steigende Nachfrage nach weiteren Eisenbahnen sein. Gleiches galt für die bereits erwähnte Funktionsweise von Kommunikation, also für die Vernetzung von Nachrichtenvorgängen. Sie konnte zugleich Folge und Ursache von Wachstumsprozessen sein. Das hier an Eisenbahn und Kommunikation veranschaulichte System der sich rückkoppelnden Wechselwirkungen vermag den Satz zu erklären, »daß einmal in Gang gekommenes Wachstum zu den stärksten Erklärungsmomenten weiteren Wachstums gehört«.[10]

Die von den Wirtschaftshistorikern zusammengetragenen und gedeuteten Daten fügen sich in der Zeit nach 1850 zu einem Ablauf zusammen, für den der Nationalökonom Rostow 1956 den Begriff des »Take-off« vorgeschlagen hat. Das Bild spielt an auf den Vorgang eines startenden Flugzeugs. Wenn es genügend Beschleunigung erfahren hat, hebt es vom Boden ab und wird von der Luft getragen. Auf die Wirtschaftsentwicklung übertragen heißt das, es lasse sich ein begrenzter Zeitraum bezeichnen, in dem das Wachstum des Sozialprodukts je Kopf der Bevölkerung genug Beschleunigung erfährt, um in ein anhaltendes Wachstum überzugehen. Die Berechnungen Rostows für den »Take-off«, den Beginn eines »sich selbst tragenden« wirtschaftlichen Wachstums, grenzen diese Phase in der deutschen Geschichte auf die Jahre von 1850 bis 1873 ein.[11]

Trotzdem dürfen für die Entwicklung in der ersten Jahrhunderthälfte keine falschen Schlüsse gezogen werden. Es wäre mehr als verwunderlich, müßte man nicht die Wurzeln des Wachstumsphänomens vor 1850 suchen. So betrachtet kann die Industrielle Revolution dem eigentlichen Durchbruch des gesamtwirtschaftlichen Wachstums um einige Zeit vorausgelaufen sein. Wegen dieser Unschärfe ist die Datierung der Industrialisierung seit langer Zeit ein Streitpunkt. Die Kontroverse blieb aber nicht erfolglos, denn ein gewisser Konsens hat sich doch eingestellt:

Alle neueren Autoren stimmen jedoch darin überein, daß nach einer längeren Anlaufperiode, die man als Früh- oder auch als Vorindustrialisierung bezeichnet, spätestens um die Mitte des 19. Jahrhunderts der Eintritt Deutschlands in das Industriezeitalter sowohl mit qualitativen wie mit quantitativen Maßstäben, sowohl anhand ökonomischer wie soziologischer Kriterien zu fassen ist.[12]

Das deckt sich mit der Zeiterfahrung des anfangs zitierten Johannes Scherr. Er nahm den »Industrialismus« als eine Erscheinung wahr, die der Revolution von 1848 folgte.

Was Früh- oder Vorindustrialisierung heißt, meint im Prinzip die Anlaufperiode, bevor dann in den fünfziger Jahren der »Industrialismus« mit Macht zum Durchbruch kam. Hier ist klärend auf einen Bereich hinzuweisen, der zur Entwicklungsgeschichte der Industriellen Revolution gehört und in neueren Diskussionen vermehrt aufgetaucht ist: derjenige der sog. Protoindustrialisierung. Gemeint ist damit eine vorindustrielle Gewerbetätigkeit im Rahmen eines Verlagssystems, das vom 13. bis 18. Jahrhundert aufgebaut worden war und bereits Ansätze von gewerblicher Massenproduktion zeigte. Sie sei nicht erst mit der Industriefabrik aufgekommen, deren Anfänge in das späte 18. und frühe 19. Jahrhundert zurückreichen. Dieser Hinweis auf ältere Formen des Verlagssystems und des Handelskapitalismus öffnete den Blick für Kontinuitätslinien hin zur Fabrik und zum Industriekapitalismus. Er hilft erklären, warum Deutschland verhältnismäßig schnell in einen internationalen Markt für gewerbliche Produkte einbezogen wurde.

Der Anschluß Deutschlands an diese internationale wirtschaftliche Entwicklung wird in neueren Darstellungen der deutschen Geschichte des 19. und 20. Jahrhunderts nicht selten als verspätet bewertet. In der Tat waren frühe Ansätze, die man jetzt als Protoindustrialisierung zu identifizieren versucht, steckengeblieben. Der Abstand zur englischen Entwicklung schien in den Jahren zwischen 1830 und 1840 noch gewaltig. Aber man kann das Zeitmaß auch anders angehen, und dann gehörte Deutschland mit England, Frankreich, Belgien und den USA zu den ausgesprochen früh industrialisierten Ländern. Schätzungen gehen davon aus, daß Frankreichs wirtschaftliches Wachstum im frühen 19. Jahrhundert dasjenige Deutschland übertroffen habe. Dieses Verhältnis kehrte sich dann in den fünfziger und sechziger Jahren eindeutig um.[13] Es geht hier nicht um ein naives Wettrechnen zwischen Nationen. Der Vergleich ist aber deshalb bemerkenswert, weil die deutsche Wirtschaftsentwicklung, die Umkehr der Meßdaten im Vergleich zum westeuropäischen Nachbarn, in eben der hier beschriebenen Epoche zwischen 1849 und 1871 erfolgte, also ohne das Gehäuse eines geeinten Nationalstaats. Die in der deutschen Geschichte beispiellose Phase der Industrialisierung, der »Take-off«, bedurfte nicht des Nationalstaats, sondern er ging ihm voraus.

Trotz aller Aufmerksamkeit für das Neuartige und Zukunftsweisende, wie es der wirtschaftliche Wandel verkörpert, darf der Blick für die gesamtwirtschaftlichen Proportionen nicht getrübt werden. Es war bisher viel von Wachstum, qualitativem Wandel, industriellem Durchbruch die Rede. Tatsache bleibt unbeschadet aller Neuerungen, daß die beginnende Industrielle Revolution bis 1848 » nur einen relativ schmalen Ausschnitt des Wirtschafts- und Soziallebens in Deutschland unmittelbar berührte«.[14] Um die Mitte des 19. Jahrhunderts arbeitete nur wenig mehr als ein Viertel aller Beschäftigten im gewerblich-industriellen Bereich, der größte Teil aber immer noch auf dem Land. Bis in die sechziger Jahre waren die einzelnen Wirtschaftsbereiche noch nicht vollständig in die Gesamtwirtschaft einbezogen. Aber es lassen sich seither Konjunkturzyklen identifizieren, die industriell bedingt waren und die Landwirtschaft immer mehr mitbeeinflußten. Insgesamt wird genauer nach einzelnen Wirtschaftszweigen, nach Konjunkturen und Krisen in jenen zwei Jahrzehnten zu fragen sein. Der Vorgang der Industrialisierung muß genauer unter die Lupe genommen werden. Stahl, Kohle, Maschinenbau, Eisenbahn: allesamt Wirtschaftszweige, die heute heftigen Strukturumwandlungen unterworfen sind, werden ins Blickfeld rücken. Es scheint, als stünden wir heute bei manchen dieser Wirtschaftszweige, wie etwa Kohle und Stahl, in der Endphase jener Entwicklung, deren Weichen zugunsten einer ungeheuren Expansion in der behandelten Epoche gestellt wurden.

## 2. Wirtschaftliche Regionen und Sektoren

In der Zeitperiode, die hier behandelt wird, erhielt wirtschaftliches Wachstum erstmals in der deutschen Geschichte eine neue Qualität: Es war gekoppelt an den Durchbruch des Industriesystems. An welche Voraussetzungen konnte dieser »Aufbruch« anknüpfen? Deutschland bot zu Beginn dieser Epoche in vielen seiner Landschaften gewerblich-industrielle Schwerpunkte, in solchen Gebieten, wo vormals die alten Manufakturen oder der Großhandel traditionsreicher Kaufmannsstädte das Bild prägten, aber auch, wo die neu aufstrebende Schwerindustrie sich bereits niedergelassen hatte.

Ein kundiger Zeitgenosse hat sich im Jahre 1849 die Frage des »Aufbruchs« gestellt und seine Antwort in einer enzyklopädischen Reihe bei Brockhaus in Leipzig publiziert. Der Autor ging von zwölf gewerblich-frühindustriellen Schwerpunkten aus:[1] Niederösterreich mit Wien als Mittelpunkt, Schlesien, Böhmen, die Lausitz mit Zittau und Görlitz, Obersachsen mit Chemnitz und Plauen, Franken mit den Brennpunkten Nürnberg, Fürth, Bamberg, Bayreuth, Schweinfurt und Würzburg, das südliche Thüringen, den südöstlichen Harz, Westfalen und Niederrhein, »wo die höchste Potenzierung deutschen Industrielebens in den Wupper- und Ruhrgegenden« bestehe, das Niederrheingebiet um Krefeld und Aachen, das Mittelrheinische mit Heidelberg und Frankfurt sowie schließlich das Schwäbisch-Oberrheinische. Hinzu kamen isolierte Orte wie Augsburg, München, Leipzig, Magdeburg, Berlin, Hamburg, Bremen, Stettin.

Die traditionsbehafteten Industrien waren aus städtischen Gewerben hervorgegangen; sie verarbeiteten agrarische Produkte und erweiterten bei wachsender Bevölkerung ihre Betriebsgröße. Hierzu gehörten Leinen- und Wollmanufakturen, Branntweinbrennereien, Bierbrauereien, Ölmühlen und Tabakfabriken – alles Gewerbe, die agrarische Produkte weiterverarbeiteten. Der eigentlich modernisierende Industrialisierungsschub ging jedoch von den Fundstätten für Eisen und Kohle in Verbindung mit dem Maschinenbau aus. Das Zauberwort, das alle drei vereinigte, hieß Eisenbahn. Ihr kam eine Vorreiterrolle zu.

Von 1850 ab veränderte die Industrie im Zusammenhang mit dem Verkehrswesen »das Raummuster der deutschen Wirtschaft und die regionale Verteilung des Wohlstandes«.[2] Einige Schwerpunkte der Industrialisierung waren identisch mit gewerblich aktiven Regionen aus vorindustrieller Zeit, etwa das Wuppertal oder das Königreich Sachsen. Andere Zentren änderten im Laufe der Jahrzehnte den Zuschnitt ihrer Produktion. Die Textilgewerbe z. B. verließen die Hauptstadt Berlin; diese wurde jetzt Standort für Kleiderkonfektion, für Maschinenbau, Banken und Versicherungen. Das Rheinland prosperierte durch Kohle und Stahl dank seiner verkehrsgünstigen Lage; die einst so reiche Provinz Schlesien fiel wegen ihrer Randlage zurück. Rohstoffbedingt konzentrierte sich im Ruhrgebiet die Industrieproduktion; doch war die Industrie in Deutschland regional weit gestreut. Der staatliche Föderalismus hat dazu beigetragen. Die Maschinenindustrie etwa hatte Standorte fern von Kohle und Eisen, zum Beispiel in den süddeutschen Staaten.

Neueste Ergebnisse der Forschung zur Geschichte der Industrialisierung erlauben, den Entwicklungsstand deutscher Staaten und Regionen auch gegen Ende der hier behandelten Epoche um 1871 auf typisierende Weise genauer zu beschreiben. Nimmt man Hubert Kiesewetters Kriterien, wie viele Personen im sekundären, industriell-gewerblichen Bereich beschäftigt waren, und berücksichtigt dabei zugleich noch die Bevölkerungsdichte, hoben sich drei Typen voneinander ab:[3] Die erste Gruppe umfaßte relativ weit fortgeschrittene Industrieregionen; dazu gehörten das Königreich Sachsen, das Rheinland, Elsaß-Lothringen, die Rheinpfalz und erstaunlicherweise auch das Großherzogtum Hessen.[4] Zur zweiten Gruppe sind Staaten und Regionen mit gleichsam gespaltenem Entwicklungsstand zu zählen; einige Branchen wirkten als Vorreiter für die beginnende Industrialisierung, die sich aber gesamtwirtschaftlich noch nicht hatte durchsetzen können; hierzu zählten Württemberg, Baden, Schlesien, Westfalen, die preußische Provinz Sachsen und Nassau. In der dritten Gruppe existierten zwar frühindustrielle Branchenstrukturen, etwa in einzelnen herausragenden Städten. Ob die Region aber endgültig auf dem Wege der Industrialisierung war, schien noch offen wie in Hannover, Ober- und Mittelfranken; auch waren jene Gebiete in diese Kategorie zu rechnen, die noch vorwiegend landwirtschaftlich, gewerblich in erster Linie vom Handwerk geprägt waren wie Ost- und Westpreußen, Posen und Mecklenburg.

Schon in dieser geographischen Übersicht deutet sich an, daß es zu einer genaueren Beschreibung der Wirtschaftsvorgänge seit der Jahrhundertmitte unerläßlich ist, genauer zwischen einzelnen Wirtschaftsbereichen zu unterscheiden. Einige begriffliche Klärungen seien vorausgeschickt. Generell wird zwischen drei volkswirtschaftlichen Sektoren unterschieden. 1. Der primäre Sektor umfaßt die sog. Urproduktion, die landwirtschaftlichen Erzeugnisse: Getreide, Kartoffeln, Fleisch, Früchte, Milch, usw., also Land-, Forstwirtschaft und Fischerei. 2. Der sekundäre Sektor umschließt das gesamte produzierende Gewerbe, also Industrie und Handwerk. Hierzu wird auch der Bereich Bergbau und Salinen gezählt. 3. Zum tertiären Sektor gehören alle Dienstleistungen: Handel, öffentlicher Dienst, Banken, Versicherungen, Gastgewerbe.

Diese Unterscheidung setzt eine Differenzierung im Wirtschaftsprozeß voraus, wie sie sich historisch erstmals mit hinreichend scharfen Konturen im hier behandelten Zeitraum ausbildete. Der Begriff Industrialisierung setzt für sich bereits an einem Strukturmerkmal an: Bergbau, Industrie und Handwerk zusammengenommen gehörten zum wichtigsten Sektor der deutschen Wirtschaft, an dem der Übergang von der Agrar- zur Industriegesellschaft sichtbar wurde.

Ein weiteres Argument spricht für die Unterscheidung nach Sektoren. Es genügt nicht, allein gesamtwirtschaftlich die Wachstumsvorgänge in dieser entscheidenden Phase zu betrachten. Denn diese Zahlen sind viel zu grob; damit ließe sich nicht das Typische dieses Wandels erfassen. Auch waren, insgesamt gesehen, die Wachstumraten noch nicht so überaus beeindruckend. Das Bild sieht sofort anders aus, wenn man einzelne Sektoren herausgreift. Denn die Entwicklungen vollzogen sich nicht in allen drei Sektoren gleichmäßig schnell, im Gegenteil. Die größten Beschleunigungen sind im sekundären Sektor zu beobachten, zu dem die Industrie zählt, und gerade die Zeitgenossen registrierten die Beschleunigung in diesem Bereich als das unerhört Neue.

Andererseits hatte der zweite Sektor, für sich gesehen, noch nicht so viel Gewicht, um die Volkswirtschaft insgesamt zu prägen. Im industriellen Bereich lassen sich zwar bereits moderne Konjunkturzyklen beobachten; diese schlugen aber noch nicht gesamtwirtschaftlich durch. Die Entwicklung in der Landwirtschaft, im primären Sektor, folgte noch ihrer eigenen Dynamik. Erst gegen Ende der Epoche, um 1870, hatte der industrielle Sektor so viel Gewicht gewonnen, daß er alle übrigen Wirtschaftsbereiche in seinen Sog zu ziehen begann.

Seit dem frühen Kaiserreich kann man von Konjunkturzyklen sprechen, wie sie für die moderne Volkswirtschaft kennzeichnend sind; hier meint der Begriff Konjunktur »zyklische Schwankungen im Wachstumsprozeß der Gesamtwirtschaft«.[5] Konjunktur steht in diesem Sinne als Indikator für Prosperität oder Depression der Gesamtwirtschaft. Entsprechend künden Titelüberschriften zu Konjunkturberichten im Wirtschaftsteil der heutigen Presse bildhaft etwa von der »Angst vor den mageren Jahren«. So eindeutig in seiner Aussage läßt sich der Begriff Konjunktur in der ersten Phase deutscher Geschichte, wo er anwendbar ist, nicht gebrauchen. Auch hier ist eine genauere Vorklärung nötig.

Für die zwei Jahrzehnte nach 1849 ist noch mit einer Situation des Übergangs zu rechnen. Auch auf sie trifft aber der Ausdruck »wirtschaftliche Wechsellagen« (A. Spiethoff) zu: Er erfaßt zyklische Wirtschaftsprozesse unterschiedlicher Prägung; die Zyklen des älteren agrarisch geprägten Typs und die industriewirtschaftlich geprägten Zyklen modernen Typs. Konjunktur läßt sich dann definieren als »zusammenhängende Erscheinung von Auf- und Abschwüngen der Produktionstätigkeit«.[6]

Agrarkrisen älteren Typs beherrschten die menschliche Gesellschaft, solange Bauern versuchten, dem Boden den Ertrag zum eigenen Lebensunterhalt abzuringen.[7] Die wirtschaftliche Entwicklung war geprägt durch die Natur; schlechte Witterung und Mißernten lösten allgemeine Hungerjahre aus und trieben die Preise für landwirtschaftliche Erzeugnisse heftig in die Höhe. Das waren Teuerungskrisen, bei der die weniger bemittelten Zeitgenossen ihr Einkommen auf das Allernotwendigste, das tägliche Brot, beschränken mußten; sie mußten verstärkt auf Anschaffungen aus dem handwerklichen Bereich verzichten. Die agrarisch bedingte Teuerungskrise zog daher in den neueren Jahrhunderten eine Gewerbe- und Handelskrise nach sich. Gute Ernten wiederum machten die Ernährung billig; zu starker Preisverfall aber brachte den bäuerlichen Erzeugern ebenfalls Not, so daß ihre Kaufkraft im gewerblichen Bereich ausfiel. Auch hier ging mit der Preisdeflation ein Einbruch beim Handwerk einher, nun im Gefolge einer agrarischen Überproduktionskrise.

Fazit: Bei den Wirtschaftskrisen »älteren Typs« beherrschten Natur und Entwicklung der Landwirtschaft auch alle übrigen

Wirtschaftsbereiche. Die erste Hälfte des 19. Jahrhunderts kannte solche Agrarkrisen. Besondere Einschnitte bildeten die Jahre 1805/06, 1816/17, 1829/30. Die schlimmste Krise »alten Typs« erfaßte Europa in den Jahren 1846/47, als eine katastrophale Mißernte, verschärft durch eine Pilzkrankheit der Kartoffeln, die Preise für Nahrungsmittel ungeheuer ansteigen ließ. Das war eine Hungerkrise des überkommenen, gewohnten Typs, und die mit ihr einhergehende Not war unbeschreiblich.

Der grundsätzlich neuartige Typ wirtschaftlicher Bewegung begegnet in Deutschland erstmals seit der Mitte der vierziger Jahre. Ihre Dynamik zwischen Boom und Depression verdankte sie nicht Naturereignissen, sondern dem von Menschen getätigten Wirtschaften. Genauer gesagt: Die erste moderne Industriekonjunktur in Deutschland wurde getragen von der Sachkapitalbildung im Eisenbahnwesen. Als Indikatoren dienen die Kapital- und Zinsbewegungen, die Entwicklung von Wertpapierkursen. Die neuen Wirkungszusammenhänge hießen Investitionstätigkeit, Einkommensbildung und Konsum.[8]

Ein kurzer Seitenblick auf die Eigenart der historischen Methode sei hier eingeschoben: Die wirtschaftsgeschichtliche Betrachtungsweise fragt nach übergreifenden Prozessen; sie stellt Berechnungen an, die entindividualisierend sind; das Persönliche, das Schicksal der betroffenen Menschen scheint extrapoliert zu sein. Daran ist nichts problematisch, wenn man die Beobachtungen übergreifender Wirtschaftstrends nicht isoliert behandelt, sondern ihre Auswirkungen zurückbindet an die Vorgänge im politischen und sozialen Leben. Das wird vor allem geschehen, wenn zu behandeln ist, in welcher Weise sich die Gesellschaft nach 1848 umzuformen begann.

Die Unterscheidung zwischen agrarisch und industriell bedingten Konjunkturtypen rückt die Jahrhundertmitte 1850 in die Dimensionen einer »Zeitenwende« (W. Abel), weil es seitdem keine allgemeine Hungerkrise in Deutschland mehr gegeben hat.[9] Es herrscht Konsens in der neueren Forschung darüber, daß der Durchbruch der Industrialisierung einen wesentlichen Anteil daran hatte. Als von 1853 bis 1855 die Ernten wiederum recht schlecht und die Preise für Nahrungsmittel hoch waren, blieben die Folgen regional begrenzt, »weil vielfach schon ein innereuropäischer Ausgleich funktionierte«[10], und der wachsende Verkehrsverbund durch die Eisenbahnen leistete hierbei lebensrettende Dienste.

Im folgenden sollen zunächst aus dem sekundären Sektor jene Industriezweige näher betrachtet werden, welche für die Industrialisierung Leitfunktionen erhielten; das waren Bergbau, Metallerzeugung und Maschinenbau. Insgesamt verkörperten diese Branchen den schwerindustriellen Bereich; alle drei waren untereinander sehr eng verbunden und zeigten deshalb relativ gleichlaufende Konjunkturentwicklungen.

### *a) Bergbau*

Der Bergbau war von alters her in Deutschland landesherrliches Regal; das unterwarf den Bergbau weitgehend einer staatlichen Lenkung. Die Bergbehörden regulierten innerbetriebliche Angelegenheiten, Arbeitsbedingungen, Fragen der Finanzierung und des Absatzes.[11] Das setzte der wirtschaftlichen Entfaltung zunächst Grenzen. Dieses Prinzip staatlicher Lenkung wurde in Preußen 1851 abgebaut. Damit war der Weg frei für den umfassenden privatwirtschaftlichen Ausbau an der Ruhr, denn hier lag der Schwerpunkt der Kohleförderung.

Diese rechtliche Freigabe konnte sich unverzüglich technische Innovationen zunutze machen und auf ihnen aufbauen. Denn 1847 war in Mühlheim an der Ruhr der erste Kokshochhofen errichtet worden. Damit ließ sich Eisenerz mit Hilfe von Kohle verhütten. Kohle und Eisen waren eine Verbindung eingegangen. Kohle war für die Verhüttung von Eisen interessant geworden, was die Struktur der deutschen Schwerindustrie bis heute prägt.

Die Unternehmensform der Aktiengesellschaft schuf die finanzielle Basis für den Ausbau. Die fünfziger Jahre waren auch in dieser Hinsicht eine Gründerzeit. 1854 z.B. begründete der Ire Mulvany die Hibernia AG. Im Jahre 1856 wurde durch eine westfälische Aktionärsgruppe die Harpener Bergbau-AG ins Leben gerufen. Einzelne Unternehmer wie Franz Haniel und Mathias Stinnes machten von sich reden.

In den fünfziger Jahren wurden immer neue Schächte erschlossen, immer mehr Zechen errichtet. 1860 erreichte die Zahl der fördernden Zechen einen Höhepunkt mit 277 Unternehmen. Das war die Phase der großen Investitionen. Die Früchte dieser Investitionen zeigten sich in einem enormen Förderzuwachs im darauffolgenden Jahrzehnt.

In den sechziger Jahren hatte der Ruhrkohlenbergbau mit 170%

*Tabelle 5:* Kohlenförderung im Deutschen Bund und in Preußen 1840–1870

in 1000 Tonnen

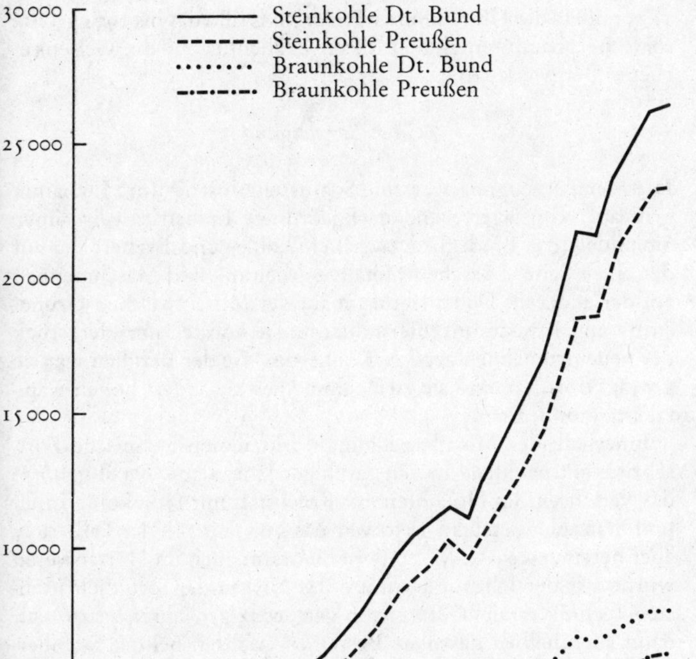


*Quelle:* Neuangefertigt nach Daten in: W. Fischer/J. Krengel/J. Wietog, *Sozialgeschichtliches Arbeitsbuch*, Bd. 1, Stuttgart 1982, 63 f.

»die höchste Wachstumsrate der physischen Produktion in seiner Geschichte«.[12] Nach 1860 ging bereits die Zahl der Zechen zurück. Damit wurden aber keine Förderkapazitäten abgebaut, woraus nur die Tatsache sprach, daß im Zeichen sinkender Preise die Zechen zu größeren Fördereinheiten zusammengelegt wurden. 1873 bildete der Unternehmer Friedrich Grillo das bis 1904 größte reine Bergbauunternehmen durch Zechenfusion: die Gelsenkirchener Bergwerks-AG.

### *b) Metallerzeugung*

Die Metallerzeugung war eine Schlüsselindustrie. Ihre Dynamik griff auf vorgelagerte und nachgeordnete Industriezweige über. Sie bildete das Bindeglied zwischen Kohle- und Erzbergbau auf der einen Seite, zwischen Metallverarbeitung und Maschinenbau auf der anderen. Dabei stand sie auf der Mitte zwischen Grundstoff- und Investitionsgüterindustrie; sie wurde zum Herzstück der neuentstehenden großen Konzerne. Wie der Bergbau war sie geprägt dadurch, daß sie zu Beginn eines besonders hohen Kapitaleinsatzes bedurfte.

Innerhalb der Metallerzeugung wirkten sich technische Fortschritte entscheidend in den fünfziger Jahren aus. Dazu gehörte das Verfahren, im Hochofen mit Koks statt mit Holzkohle Eisen und Stahl herzustellen. 1850 war das nur zu 25% der Fall, 1853 aber bereits zu 63%. Mit anderen Worten: auch im Hüttenwesen wurde seit der Jahrhundertmitte das Niveau der fortgeschrittensten Technik erreicht. Bereits in den sechziger Jahren setzte sich dann allenthalben das neue Bessemerverfahren bei der Stahlherstellung durch. Der englische Ingenieur Sir Henry Bessemer hatte 1856 das Verfahren entdeckt, in einem feuerfesten, mit sauren Steinen ausgekleideten birnenförmigen Gefäß das flüssige Roheisen zu entkohlen, d. h. aus dem Roheisen Stahl zu machen. Man profitierte wie in so vielen Fällen vom Technologietransfer aus England. Auffallend ist, in wie kurzer Zeitspanne das geschah, da sich das 1856 entwickelte Verfahren bereits in den sechziger Jahren auch in Deutschland durchgesetzt hatte. Insgesamt gewann die Stahlerzeugung gegenüber der Roheisenproduktion immer mehr Bedeutung. Beim Eisen war der Verbrauch an Stabeisen ein spezielles Indiz, ging doch in diese Meßzahl auch der Verbrauch an Eisenbahnschienen ein.

*Tabelle 6:* Metallverarbeitung in Deutschland 1840–1870

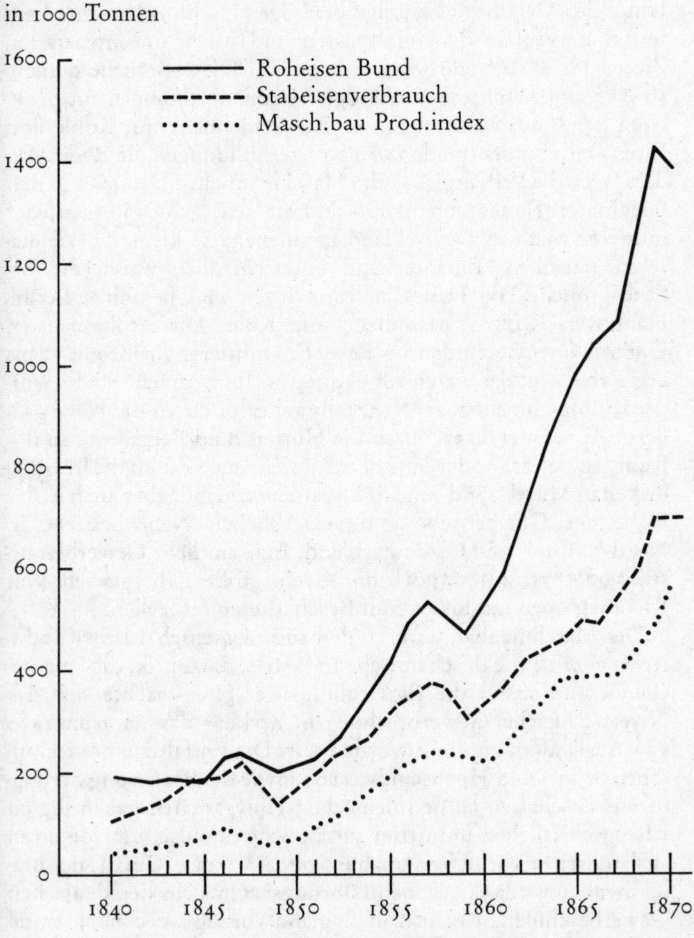


*Quelle:* Neuangefertigt aus Daten in: W. Fischer/J. Krengel/J. Wietog, *Sozialgeschichtliches Arbeitsbuch*, Bd. 1, 68 f. und R. Spree, *Die Wachstumszyklen der deutschen Wirtschaft von 1840 bis 1880*, Berlin 1977, 479, 494.

### c) *Metallverarbeitung, Maschinenbau*

Unter der Metallverarbeitung besaß der Maschinenbau eine Leitfunktion, weil er den modernsten und wachstumsintensivsten Zweig der Metallverarbeitung darstellte. Diese Branche demonstrierte augenfällig die vielfältigen Größenordnungen im Spektrum der Industrialisierung. Im Zusammenhang mit Kohle und Eisen war von der Tendenz zu Konzernbildungen die Rede. Anders lagen die Verhältnisse beim Maschinenbau.[13] Denn neben den Großunternehmen von Krupp und Siemens gab es in fast jeder mittleren Stadt in Deutschland familieneigene kleine Spezialmaschinenfabriken. Entsprechend unterschiedlich waren die Betriebsgrößen. Die Hauptstandorte lagen in Chemnitz, Berlin, Hannover, Leipzig, Mannheim und Köln. Die erfolgreichsten Unternehmen bestanden aus Betrieben mittlerer Größe mit 50 bis 400 Arbeitern; das waren 1871 rd. 60%. Immer mehr Städte wurden zu Maschinenbauzentren, teils angeregt durch die Nähe größerer Abnehmer, etwa durch die Hütten- und Bergwerke an der Ruhr, an der Saar oder in Oberschlesien, auch durch die Textilfabriken in Mittel-, Süd- und Südwestdeutschland, aber auch in der Nähe der Gutsbetriebe und gewerblichen Nebenbetriebe in Nord-, Mittel- und Ostdeutschland. Eine amtliche Gewerbestatistik von 1875 konnte noch immer ein großes Übergewicht von Kleinbetrieben mit bis zu fünf Beschäftigten feststellen.

Der Maschinenbau wird zu den sog. wissenschaftlichen Industrien gezählt wie die chemische Industrie, die Optik, die Feinmechanik und später die Elektroindustrie. Hier machte sich das Niveau deutscher Gewerbeschulen bemerkbar, das schon um 1850 von Ausländern gerühmt worden war. Die Entfaltung des technischen Schul- und Hochschulwesens sowie die Förderung der Naturwissenschaften an den deutschen Universitäten gaben diesen wissenschaftlichen Industrien zusätzliche Impulse, um von ihren ausländischen Vorbildern unabhängig zu werden. Gerade der Maschinenbau verdankte seinen Führungsnachwuchs den deutschen Gewerbeschulen. Als man in England vorzugsweise noch empirisch-pragmatisch verfuhr, wurden in Deutschland die Maschinenkonstruktionen vielfach schon ingenieurmäßig, d.h. rechnerisch im voraus konzipiert.[14]

Die Struktur der Industrialisierung zeichnete sich auch an der Produktion im Maschinenbau ab. Unter der Gesamtzahl der gebauten Maschinen hoben sich bis 1871 drei Schwerpunkte ab: Textilmaschinen, Dampfmaschinen und Landmaschinen, jede Gruppe mit einem Anteil von jeweils über 20%. In den fünfziger und sechziger Jahren dominierte eindeutig die Dampfmaschine. Nach einer nicht ganz vollständigen Zählung des Zollvereins gab es 1846 nur 1518 Dampfmaschinen auf dem Gebiet des Zollvereins; 1861 waren es 8695 Stück.[15] Was aber bedeutete das eigentlich? Die industrielle Produktion löste sich von den überkommenen naturgegebenen Kraftquellen: von Wind und Wasser, von menschlicher und tierischer Energie. Auch darin kann man einen Markstein jener Zeitenwende erkennen. Entkettung von Wind, Wasser, menschlicher Körperkraft oder der Zugkraft des Tiers bedeutete zugleich räumliche Mobilität: Einzelne Fabriken und Unternehmen konnten sich in den ihnen bisher unzuträglichen Landschaften ansiedeln, fern der Flußläufe; die Produktion konnte in großen Fabriken zentralisiert werden. In neuen Ballungszentren entstand das Bild einer von der Industrie geprägten Landschaft.

### *d) Verkehrswesen*

Im tertiären Sektor, dem Bereich der Dienstleistungen, errang das Verkehrswesen – sprich: die Eisenbahn – eine Schlüsselstellung, denn es stimulierte beispiellos die erwähnten Wechselwirkungen im Wirtschaftswachstum. Gesteigerte Nachfrage nach Eisenbahnen bedeutete, das Eisenbahnnetz zu erweitern. Das vergrößerte wiederum die Eisenproduktion. Zwischen 1850 und 1890 ging rund die Hälfte der Eisenerzeugung in den Eisenbahnbedarf. Eine weitere Folge war der vermehrte Energiebedarf. Rund 30% der Kohleförderung wurde an die Eisenindustrie verkauft.[16]

Vor 1850 war der Eisenbedarf vorwiegend durch Importe aus Großbritannien und Belgien gedeckt worden. Nach 1850 wuchsen Kapazitäten und technische Fortschritte in der Eisenverarbeitung so sehr, daß z. B. die Eisenproduktion des Ruhrgebiets mit dem Eisenbahnbau schritthalten konnte. Mit anderen Worten: Weil der Bedarf sich weitgehend aus dem Inland decken ließ, entfaltete der Eisenbahnbau erst jetzt seinen eigentlichen Wachstumsschub. Das erklärt, warum der Bau zwar in den 1840er Jahren begonnen hatte, warum aber der eigentliche Boom der Entwicklung erst nach 1850 zur Geltung kam.

Investitionen bei den Eisenbahnen hatten wegen der geschilder-

*Tabelle 7:* Nettoinvestitionen in Eisenbahnen 1850–1913 (Mill. Mark)

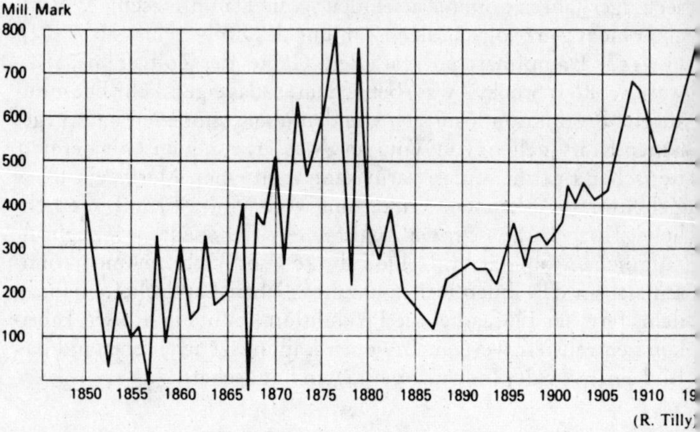


*Quelle:* R. Tilly, in: H. Aubin/W. Zorn (Hg.), *Handbuch der deutschen Wirtschafts- und Sozialgeschichte,* Bd. 2, Stuttgart 1976, 566.

ten Wechselwirkungen Folgen für den gesamten Komplex der Schwerindustrie. Deshalb ist es besonders beachtenswert, welchen Anteil die Investitionen für die Eisenbahnen an den volkswirtschaftlichen Investitionen insgesamt hatten. Die Schätzungen gehen bis zu 25% oder einem Viertel der Gesamtnettoinvestitionen. Das gilt für die Zeit von 1850 bis 1880.

Eine Kurve der Investitionen im Eisenbahnbau zwischen 1850 und 1913 zeigt eindrücklich die Phase zwischen 1850 und 1875 als diejenige des »Take-off«. Man kann diese Kurve geradezu als eine Referenzkurve ansehen, d.h. als eine Konjunkturkurve, welche als orientierende Leitlinie dienen kann, um an ihr die Entwicklungen in industriellen Teilbereichen zu messen, etwa mittels der erwähnten Daten zu Kohleförderung, Roh- und Stabeisenproduktion und Maschinenbau *(Tabelle 7).*

Der Anteil der Nettoinvestitionen für den Eisenbahnbau läßt sich noch anders ausdrücken: nämlich mit Hilfe des sog. Gesamtkapitalstocks einer Volkswirtschaft. Der Anteil davon stieg nach Schätzungen von 2% im Jahre 1850 auf 10% im Jahre 1880.[17] Bis

1880 hatte sich dann eine Überschußkapazität gebildet, d. h. Investitionen bei der Eisenbahn waren nicht mehr attraktiv, ja im Gegenteil risikoreich. Ein bedeutender Teil der Infrastruktur – sprich des Eisenbahnnetzes – war bereits vorhanden, und der langjährige Boom stieß an seine Grenzen.

In der Phase des »Take-off« entfaltete der Eisenbahnausbau eine weitere wachstumsfördernde, man kann sagen: multiplikatorische Wirkung. Das zeigt eine graphische Darstellung, aus der die Entwicklung der Transportpreise der Eisenbahn hervorgehen *(Tabelle 8)*. Diese Kurve ist erstaunlich aussagekräftig: Sie offenbart kräftige Tarifsenkungen, berechnet nach transportierten Gütermengen. Richard Tilly nennt es »das dramatische Sinken der Güterbeförderungspreise«.[18] Billigere Frachtpreise vermehrten verständlicherweise die Transporte von Massengütern, vor allem auch von Kohle, des unentbehrlichen Energieträgers, der andere Zweige der Industrie belebte.

Umgekehrt proportional zu den fallenden Preisen stiegen die Verkehrsleistungen. Auch das ist verständlich: Wenn es billiger geht, wird mehr gefahren oder befördert. Zwischen 1852 und 1913 wuchs das gesamte Sozialprodukt jährlich durchschnittlich um 2,6%. Im Vergleich damit stiegen die Verkehrsdienstleistungen um etwa 6,6%. Daraus spricht viel zusätzliche Antriebskraft für weitere Wirtschaftsvorgänge.

Daß auch der Personenverkehr von dieser Entwicklung betroffen war, versteht sich, wenn die Verbilligung der Fahrtpreise auch nicht ganz so vehement war wie bei den Frachtkosten. Immerhin wird die in der Einleitung zitierte Beobachtung Hans Christian Andersens, selbst der »ärmste Bauer« könne nun mitfahren und sich Übernachtungskosten langer Fußmärsche ersparen, auch in Zahlen handgreiflich bestätigt. Die sinkenden Fahrt- und Frachtpreise bedeuteten volkswirtschaftlich besehen ein Gewinn oder anders gesagt: Sie setzten Kapital frei für andere Güter und Leistungen. Darin ist ein zusätzlicher Wachstumsimpuls der von den Eisenbahnen ausgehenden Antriebe zu sehen.

Insgesamt entfalteten die bisher betrachteten Führungssektoren in der Phase des »Take-off« jene wirtschaftliche Dynamik, die den Durchbruch der Industrialisierung ermöglichte. Im sekundären Sektor wirkte als Hauptantriebskraft die Verbindung von Eisenbahn, Kohle, Eisen und Maschine. Die Textilindustrie und das Handwerk standen im Hintergrund der Entwicklung.

*Tabelle 8:* Eisenbahn-Transportpreise pro t/km in Deutschland 1840–1913

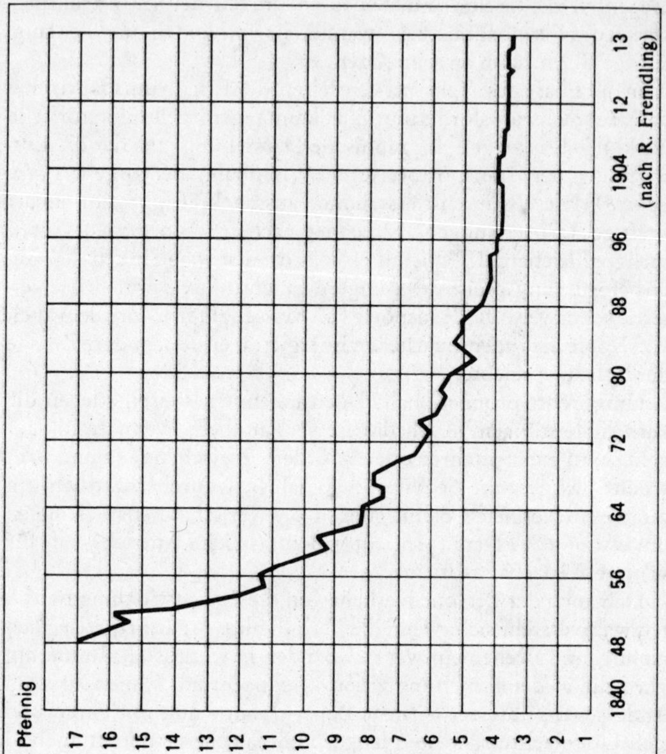


*Quelle:* R. Tilly, in: H. Aubin/W. Zorn, *Handbuch der deutschen Wirtschafts- und Sozialgeschichte*, Bd. 2, 568.

Da hier nicht die Entwicklung aller Wirtschaftszweige im einzelnen nachgezeichnet werden kann, galt ihnen zunächst wenig Aufmerksamkeit; im Zusammenhang mit den sozialen Rückwirkungen der Industrialisierung auf die Lage des Handwerks und der vorwiegend textilen Heimindustrie nach 1848 werden sie mehr Beachtung finden.

### *e) Landwirtschaft*

Der primäre Sektor, die landwirtschaftliche Produktion, setzte nicht jene entscheidenden, epochentypischen Bewegungsimpulse zur Umgliederung der Gesellschaft frei. Trotzdem ist sie nicht als »Verlierer« im Industrialisierungsprozeß anzusehen, wie das oft behauptet wird. Auch die Landwirtschaft zeigte eine deutliche Wachstumsentwicklung. Das mögen die Daten zur Produktionsentwicklung bei einzelnen landwirtschaftlichen Erzeugnissen im Deutschen Bund veranschaulichen. Es handelt sich um die Grundnahrungsmittel Getreide (Weizen, Hafer, Roggen zusammengenommen) und Kartoffeln *(Tabelle 9)*.

Allerdings wurde das Wachstum der landwirtschaftlichen Produktion bis in die sechziger Jahre noch wesentlich durch den Landesausbau vorangetrieben, indem man die Ackerfläche vermehrte. Im Osten gab es weiterhin ausbaufähige Landreserven. Die Hektarerträge wuchsen relativ wenig. Dem Anbau der Hackfrucht Kartoffel war es zu verdanken, daß die Erträge nennenswert zunahmen. Dabei verschob sich in folgenreicher Weise der Anteil von Getreide und Kartoffeln an der Ernte. Zu Beginn des 19. Jahrhunderts beanspruchte das Getreide 60% des Ackers; rund 30% lagen brach oder dienten den Futterpflanzen; der Rest verblieb für Hack- und Hülsenfrüchte, darunter die Kartoffel. In Preußen hatte sie um 1800 einen Anteil von 3%, 1840 bereits 24%. 1910 erzeugte das Deutsche Reich ein Drittel der Weltproduktion an Kartoffeln. Deutschland war zu einem Kartoffelland geworden.[19]

Das war deshalb so überaus wichtig, weil die Kartoffel entscheidend dazu beitrug, die vorindustriellen Hungerkrisen zu bewältigen, und zwar aus einem einfachen Grund: Auf einem Hektar Ackerland konnte man acht Doppelzentner Getreide, aber etwa 80 Doppelzentner Kartoffeln ernten, also das Zehnfache. Das bedeutete, die Ernte erbrachte bei gleicher Ackerfläche mit Kartoffeln

*Tabelle 9:* Landwirtschaftliche Produktion in Deutschland 1840–1870

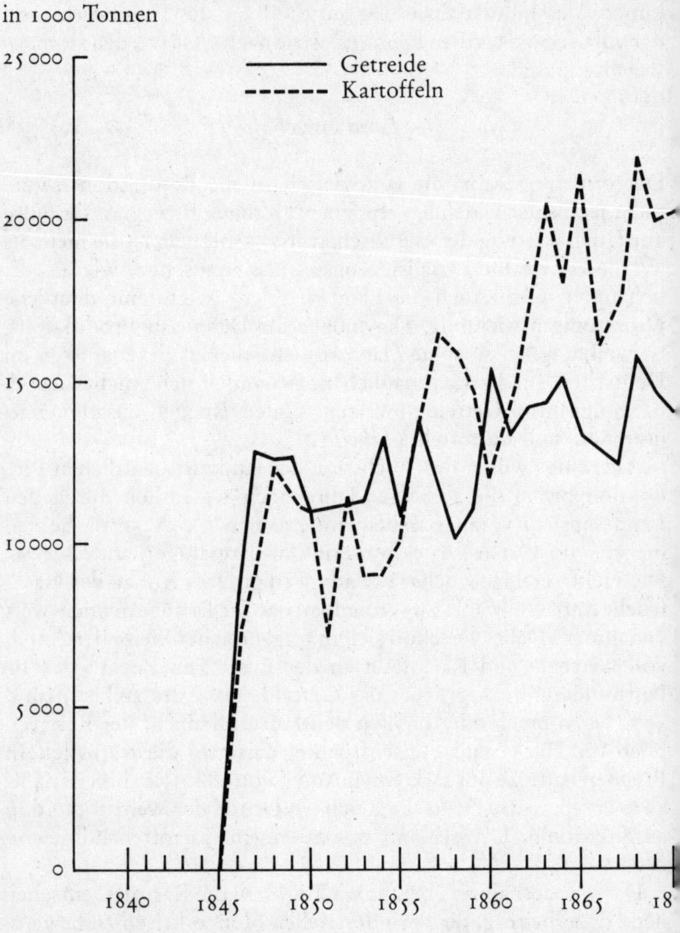


*Quelle:* Neuangefertigt aus Daten in: W. Fischer / J. Krengel / J. Wietog, *Sozialgeschichtliches Arbeitsbuch*, Bd. 1, 58 f.

rund 360% mehr Kalorienwert als bei Getreide. Durch Kartoffelanbau konnte eine kleinbäuerliche Familie bereits mit 2–3 statt erst mit 7–8 Hektar Ackerland überleben. Und auch eine Lohnarbeiterfamilie konnte ihr schmales Nahrungsangebot erweitern, indem sie ein kleines Stück Land pachtete und es mit Kartoffeln bebaute. Insgesamt verwandelte sich Deutschland zwischen 1860 und 1890 von einem Agrareinfuhrland zu einem Agrarausfuhrland; auch das war ein Zeichen für das Wachstum im landwirtschaftlichen Sektor.

## 3. Wirtschaftliche Wachstumszyklen zwischen 1840 und 1880

Die einzelnen Beobachtungen zu den bisher behandelten dynamischen und retardierenden Zweigen der deutschen Wirtschaft drängen dahin, sie in einer genaueren Analyse der konjunkturellen Entwicklungen zusammenzufassen, also die »Wachstumszyklen der deutschen Wirtschaft von 1840 bis 1880« im Überblick und Detail zu betrachten; so lautet zugleich der Titel einer Studie von Reinhard Spree, welche die Konjunkturdaten aus 48 verschiedenen Produktionszweigen in einer vergleichenden Analyse bündelt. Spree hat das augenfällige Konzentrat sämtlicher Einzelentwicklungen in einer Kurvengraphik dargestellt. Sie dokumentiert die übergreifenden Wachstumszyklen gerade für jene Epoche, die bisher statistisch auf recht brüchigem Fundament ruhte.[1]

Die Referenzkurve als Inbegriff sämtlicher ausgewählter Konjunkturdaten trägt in der Tabelle das Zeichen BBC (für »Business Cycle Curve«). Die Graphik zeigt noch eine zweite, mit A bezeichnete Kurve. Sie veranschaulicht, nach einem komplizierten Berechnungsvorgang, das jeweilige »Konjunkturklima«; das Steigen der A-Kurve signalisiert also ein günstiges, das Fallen ein ungünstiges Konjunkturklima. Diese Graphik im Auge, sollen die Einzelzyklen konkreter beschrieben werden.

### *a) Die Konjunktur der vierziger Jahre*

Es läßt sich ein erster Wachstumszyklus der deutschen Wirtschaft in den Jahren zwischen 1844 und 1848 feststellen. Er verdankte die Impulse hauptsächlich dem industriell-gewerblichen Bereich

*Tabelle 10:* Wachstumszyklen der deutschen Wirtschaft 1840–1880

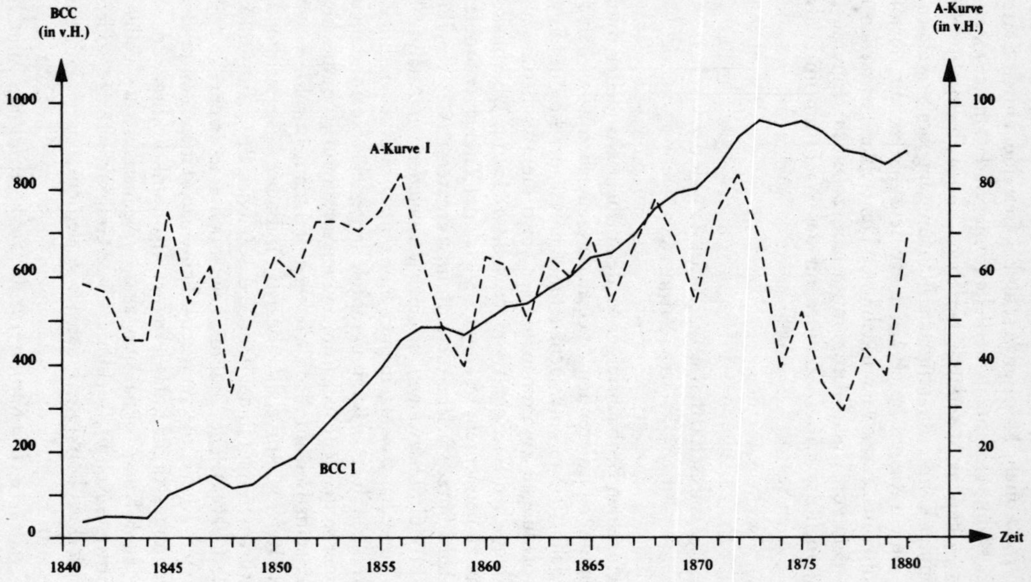


*Quelle:* R. Spree, *Die Wachstumszyklen der deutschen Wirtschaft von 1840 bis 1880*, Berlin 1977, 86.

des Zollvereins. Der erste Aufschwung von zwei Jahren war eigentlich unterentwickelt; er reichte nicht aus, um kumulativen Investitions- und Produktionsprozessen genügend Spielraum zu geben. Er wurde abgeblockt, weil er unzureichend fundiert war. Immerhin rührte dieser erste industriewirtschaftliche Konjunkturaufschwung aus einem Boom, den seit 1842 Spekulanten mit Eisenbahnaktien an der Börse ausgelöst hatten. Die schwere landwirtschaftliche Krise von 1848 führte zu einem Einbruch; die Not ums tägliche Brot ließ die Nachfrage nach Konsumgütern, und das waren vor allem Textilien, absinken. Die aus dem Eisenbahnbau herrührende Konjunktur hatte noch eine zu schwache Basis, um die Depression zu verhindern.

Die Revolution verstärkte anfangs diese Depression noch. Manche Klagen von Unternehmern ließen sich anführen, die in der Revolution um ihre Geschäfte bangten. Doch wie die allgemeinen Daten zeigen, zeichnete sich bereits 1849 ein Aufschwung ab. Im Zusammenhang mit der Revolution, vor allem in der Streikwelle der Aprilwochen 1848, hatten die Beschäftigten Lohnerhöhungen durchgesetzt; das stärkte ebenso die Massenkaufkraft wie die fallenden Lebensmittelpreise, nachdem gute Ernten gefolgt waren.

### *b) Die Konjunktur der fünfziger Jahre*

Seit 1850 weist die Konjunkturkurve eindeutig und ausdauernd nach oben, bis 1857 währte dieser Aufschwung. Ihm wird die stärkste Expansionskraft der gesamten Periode zwischen 1840 und 1880 zugemessen. Allein das muß erstaunen vor dem Hintergrund, daß mit diesem Jahrzehnt immer noch wenig konkrete Vorstellungen verbunden sind. Spree erkennt in dieser Konjunktur geradezu modellartig den Wachstumsverlauf »unter konkurrenzkapitalistischen Bedingungen«.[2] Hier schlug die kumulative Gründungs- und Investitionsaktivität in fast allen Bereichen der Industriewirtschaft durch.

Anderes wird deutlich, wenn man sich die Entwicklung einzelner Sektoren anschaut, in denen ein Dualismus herrschte. Landwirtschaftliche Produktion, Agrarpreise, Reallöhne und Konsumgüternachfrage – wieder gemessen an Textilien – liefen mit diesem Wachstum des Industriesektors nicht parallel, im Gegenteil, sie lagen für die frühen fünfziger Jahre, also etwa bis 1855, quer zur Referenzkurve. Das bestätigt die vorausgeschickte Bemerkung, daß man in dieser Zeit noch nicht von einem integrierten Konjunkturverlauf sprechen kann. Man muß einen Dualismus, ein Neben- und Gegeneinander der Wirtschaftssektoren voraussetzen.

Betrachtet man die Ursachen des Wirtschaftsaufschwungs näher, spiegelt er eine tiefgreifende Modernisierung in der Produktionssphäre. Es kamen zusammen Qualitätsverbesserungen, notwendiges technisches Wissen, ein verbessertes Verkehrsnetz, das die Transportprobleme der Schwerindustrie löste, ein liquider Kapitalmarkt, begünstigt durch Goldfunde in Kalifornien, Exportüberschüsse und Agrargewinne seit 1847, eine veränderte Haltung der preußischen Regierung bei der Zulassung von Aktiengesellschaften – alle diese Faktoren begünstigten zusammengenommen lebhafte Gründungs- und Investitionsaktivitäten in der deutschen Schwerindustrie. Für 1854 bis 1857 ist von einer »teilweise explosionsartigen Geschäftsausweitung« die Rede.[3] Insgesamt stand dieser Aufschwung unmittelbar im Zusammenhang mit dem Eisenbahnbau.

Diese optimistische Beurteilung der Wirtschaftslage wurde auch von den Behörden geteilt; erinnert sei an das angeführte Zitat aus dem Munde eines Württemberger Oberamtmanns, der im März 1857 vermerkte, die demokratische Partei habe in seinem Amtsbezirk ihre Tätigkeit eingestellt, »wie sie dann auch in einer Zeit, wo die Gewerbe vollauf beschäftigt und die Hoffnungen auf den Bau einer Eisenbahn verwirklicht sind, nur schwer Boden für ihre Tätigkeit finden würde«.[4]

Die amtlichen Erwartungen gingen noch weiter. Sie setzten auf eine entpolitisierende Wirkung durch den ökonomischen Erfolg. Prominente Demokraten in Württemberg hatten sich »auf das Gebiet des materiellen Erwerbs« verlegt; einer von ihnen wurde Direktor der Stuttgarter Lebensversicherungsbank, ein weiterer wurde dort Bankbevollmächtigter, ein dritter betrieb eine Zuckerfabrik. Der württembergische Innenminister v. Linden meinte mit Blick auf die oppositionellen Demokraten dazu unverblümt und in gewissem Maße realistisch: »Es ist zu hoffen, daß das Gewicht der materiellen Interessen, mit welchen ihre gesellschaftliche Existenz verbunden ist, auf ihre politische Haltung einen sichernden Einfluß übt.«[5] Wie der preußische Verfassungskonflikt zeigt, wuchs dem wirtschaftenden Bürgertum andererseits auch ein neues politisches Selbstbewußtsein zu. Zunächst, im Jahre 1857, jedenfalls konzentrierte es sich noch ganz auf seine wirtschaftlichen Unternehmungen.

Dazu gehörten zahlreiche Finanzspekulationen. 1857 kam es zu einem Konjunkturumbruch. Es war die erste einschneidende industriell erzeugte Konjunkturkrise in Deutschland, und sie ist deshalb besonders interessant, weil sie auch als erste »Weltwirtschaftskrise« gedeutet wurde. 1934 veröffentlichte Hans Rosenberg seine Untersuchung *Die Weltwirtschaftskrise 1857–1859*, und 1974, 40 Jahre danach, wurde sie als Taschenbuch wieder aufgelegt, zu Recht, denn die Studie enthält tiefreichende Analysen von Industrie-, Markt-, Kapital- und Konjunkturbewegungen in dieser Krisenzeit.[6] Gewiß war der Autor durch eigene zeitgenössische Erfahrung auf dieses Thema verfallen, und viele Daten geben ihm Recht, für das Jahr 1857 tatsächlich von einer weltwirtschaftlich beeinflußten Krise zu sprechen. Heute muß man aber neben den exogenen ebenso auch die endogenen, von der deutschen Wirtschaft ausgehenden Depressionstendenzen genauer beachten.

Es handelte sich eigentlich um eine Handels-, Spekulations- und Bankenkrise. Zunächst sei die außenwirtschaftliche Dimension betrachtet: Im Zuge des anhaltenden Booms waren zahlreiche neue Unternehmungen gegründet worden. Hamburger Kaufleute betrieben auf eigene Rechnung Im- und Export, Versicherungs-, Reederei- und Bankgeschäfte, und zwar mit Hilfe sog. Akzeptkredite, also durch Wechsel. Die Kaufleute konnten damit Waren- und Kredithandel ohne große Eigenkapitalbasis miteinander koppeln. Die gestiegenen Umsätze veranlaßten zahlreiche Kaufleute, ohne ausreichendes Eigenkapital Geschäfte vorzunehmen, die nicht mehr mit den ehemals sorgfältig beachteten Grundsätzen von Sicherheit und Liquidität harmonierten. So wurden in Hamburg 1855 162 Mill. Mark durch Wechsel finanziert, 1856 waren es 214 Mill., 1857 waren es 248 Mill. Mark.[7]

Die Verkoppelung von Handels- und Bankgeschäften vergrößerte die Gewinnmöglichkeiten; das erwies sich aber als sehr riskant, wenn die Kaufleute nicht liquide waren. Blieben die Geschäftspartner solvent, bestand keine Gefahr, fiel aber der Käufer aus, konnte der Kaufmann seine Waren nicht mehr absetzen, und mußte er nun seinen Zahlungen nachkommen, war das Desaster da. Dieser Fall trat 1857 ein, als die »gut florierende Kette der Handels- und Rüstungsgeschäfte zwischen Amerika, England, Skandinavien und Hamburg riß.« (H. Böhme)[8]

Der Ursprung der Unterbrechung war von Amerika ausgegangen. Dorthin waren seit 1848 vermehrt europäische Auswanderer geströmt. Dem Land flossen Arbeitskräfte und reichlich investiertes Kapital zu. Die Ausdehnung der Geschäfte, das Streben nach Reichtum und Ansehen verführte viele zum Einsatz an der Börse, was wegen der immer zahlreicher entstehenden Aktiengesellschaften und der Anleihen von Eisenbahngesellschaften möglich war. Spekulationen mit den steigenden Landpreisen kamen hinzu. Die Geschäfte liefen größtenteils über Kredit. So dehnten etwa die New Yorker Banken im Sommer 1857 innerhalb von zwei Monaten ihr Kreditvolumen um sieben Millionen Dollar aus.

Der Bankrott einer kleinen Bank im Mittleren Westen löste eine Lawine aus, die zu zahlreichen Zahlungseinstellungen und Zusammenbrüchen führte. Andere Banken schränkten plötzlich ihre Kredite ein, was die Geldknappheit verschärfte. Bis Oktober 1858 waren 1415 amerikanische Banken bankrott gegangen. Das nannte man zunächst nur eine Geldkrise. Doch darüber stockte auch der Handel, so daß das Bremer Handelsblatt vom 5. Dezember 1857 bereits von einer »Handelskrisis« sprach. Dieser Ausdruck wurde dann auch in der zeitgenössischen Literatur benutzt. Die Krise wurde über den engsten Handelspartner Amerikas, England, nach Europa importiert; von England sprang sie auf den Kontinent über. Besonders betroffen waren die skandinavischen Länder und in Deutschland vor allem Hamburg, das der wichtigste Wechselmarkt des europäischen Nordens war. Als viele Handelshäuser in Schweden, Norwegen und Dänemark ihre Wechselschulden nicht beglichen, gerieten die Hamburger Handelshäuser mit ihren Wechseln in Bedrängnis. Damit griff die Krise auch auf die Wirtschaft in Deutschland über. Nächstbetroffene waren die Lübecker Kaufleute.[9]

Die These von der »Weltwirtschaftskrise« ist inzwischen unter anderem durch die Forschungen Sprees modifiziert worden. Auch Spree sieht die Schwächepunkte im Aufschwung: Das noch schwach entwickelte Bankensystem, das bis an die Grenzen belastet war, risikoreiches Engagement, zu geringe Kapitalausstattung neugegründeter Firmen – alles das war anfällig in der Phase der Krise. Diese konnte von außen Anstöße bekommen, aber die damaligen Handelskammerberichte und Firmenfestschriften deuten auf schwererwiegende Ursachen hin. Sie lagen innerhalb der Binnenwirtschaft, in der Inlandskonjunktur, wo sich die unkoordinierten einzelwirtschaftlichen Kapazitätserweiterungen rächten. Diese übertrafen bei weitem die mitwachsende Nachfrage. Wachsende Konkurrenz um Aufträge erzwang Preissenkungen, und das in einer Situation, wo die Aufträge des wichtigsten Kunden, der Eisenbahnunternehmen, abnahmen. Die Investitionen für die Eisenbahn gingen 1858 deutlich zurück. Das zeigte bereits die Graphik (*Tabelle 7*). Man war mit einem umgekehrt gepolten kumulativen Prozeß konfrontiert: Rückgang der Investitionen in der Schwerindustrie insgesamt, rückläufige Nachfrage nach Eisenbahnen, Absatzrückgang, Produktionseinschränkung, Depression verstärkten einander gegenseitig zum Konjunkturabschwung.

Diese erste vollständig durchgelaufene Konjunkturkrise modernen Typs entwickelte keineswegs solche Dimensionen wie etwa die spätere sog. Große Depression von 1873; dennoch verdient sie besondere Aufmerksamkeit, weil sie in meßbarer Weise den Durchbruch des Industriesystems bezeugt und weil schon in ihr wie auch bei späteren Konjunktureinbrüchen die Schwierigkeit zutage trat, die entscheidenden Faktoren ihrer Genese abzuwägen.

An dem beschriebenen Aufschwung der fünfziger Jahre bleibt festzuhalten: Er verbreiterte die Basis der deutschen Industriewirtschaft erheblich, was sich vor allem im Bereich der Schwerindustrie äußerte. Hier war die deutsche Wirtschaft in den vierziger Jahren noch vollkommen von der ausländischen Konkurrenz abhängig. Die deutschen Unternehmen vermochten danach die früher notwendigen Importe weitgehend durch eigene Produktion zu ersetzen. Eisenbahnen waren auch vor 1850 gebaut worden, aber nun hatte die Nachfrage eine grundlegend neue Bedeutung: Sie kam jetzt zum größten Teil der einheimischen Industrie zugute. Die vom Eisenbahnbau angeregte Konjunktur stärkte fortan die wechselseitige Abhängigkeit der schwerindustriellen Industrie, und insgesamt verbanden sich Eisenbahnen, Geld- und Kreditsektor enger. Die Konjunkturbewegung strahlte auf die anderen Wirtschaftsbereiche aus.

### *c) Die Konjunktur der sechziger Jahre*

Für die sechziger Jahre ist gegenüber der vorausgegangenen Entwicklung eine Phase der gedämpften Expansion zu verzeichnen. Äußere, nicht innerwirtschaftliche Vorgänge dämpften kurzfristig mehrere Anläufe zu einem erneuten und einheitlichen Aufschwung. Nach der Stockung wurde das Wachstum aber auf einem erhöhten Niveau fortgeführt. Das ist generell an der gesamten Referenzkurve zu beobachten: Sie zeigt eine ansteigende Phase bis kurz nach der Reichsgründung (vgl. *Tabelle 10*). Auch betrafen die Wachstumsstörungen, dem noch nicht vollentwickelten Zustand der Industriewirtschaft entsprechend, nie alle Sektoren im gleichen Maße.

Welche äußeren Einflüsse ließen in den sechziger Jahren Aufwärtstrends stocken? Der amerikanische Bürgerkrieg wirkte sich auf die deutsche Textilindustrie aus. Er erzeugte auf dem Kontinent Baumwollknappheit, und die Baumwollwaren ließen sich nicht ohne weiteres durch andere Textilerzeugnisse ersetzen. Die politischen, d. h. vor allem kriegerischen Ereignisse zwischen 1864 und 1866 spannten den Kreditmarkt an. Die staatliche Kreditnachfrage wuchs, die private ging zurück. Durch die Kriege wurden die Arbeitskräfte aus den Unternehmen abgezogen und das Transportangebot des Eisenbahnsystems zeitweise blockiert; es wurde zur Beförderung von Truppen und Nachschubmaterial benutzt.[10]

Hinzu kam, daß die neue Nachfrage erst in die Überkapazitäten hineinwachsen mußte, denn zu Anfang der sechziger Jahre hielten sich viele Unternehmen mit Erweiterungsinvestitionen zurück. Das änderte sich entscheidend nach 1866.

Insgesamt war für die Mitte der sechziger Jahre, etwa seit 1865, wichtig, daß zwar immer noch die Schwerindustrie primär den Aufschwung trug, aber erstmals auch Landwirtschaft und Textilindustrie relativ konform liefen, so daß eine stärker synchrone Konjunkturentwicklung zu registrieren war. Der Krieg von 1870/71 wirkte sich gleichermaßen noch einmal dämpfend auf die Wirtschaftsentwicklung aus. Gegen Ende der sechziger Jahre zeigte sich bereits die Umpolung in den Wirtschaftsprozessen: Wo in der ersten Jahrhunderthälfte die Agrarkrisen das dominierende Element waren, begannen 1870 die industriekapitalistischen Konjunkturbewegungen die übrigen Wirtschaftssektoren zu bestimmen.

Daß die konjunkturellen Einschnitte der sechziger Jahre gesamtwirtschaftlich nicht so schwerwiegend waren, mag auch eine Stimme aus dem kleinen deutschen Staat Hessen-Darmstadt dokumentieren, der gewiß nicht zur Führungsmacht der Industrialisierung gehörte. Der Darmstädter Gewerbesekretär Fink schrieb im Jahre 1864 in seinem Gewerbeblatt:

Das Großherzogtum Hessen ist in die Reihe der Industriestaaten eingetreten. Dies nicht nur, wegen der verhältnismäßigen Zahl seiner Bewohner, welche von industrieller Beschäftigung leben, als besonders auch wegen des schwunghaften, großartigen Betriebs und der hohen internationalen Bedeutung vieler seiner hervorragenden Industriezweige. Der bedeutende Aufschwung [!], den die Fabrikindustrie während der letzten Jahrzehnte in unserem Großherzogtum genommen, ist für Jedermann so sichtbar und faßbar, daß es kaum statistischer Nachweisungen bedarf, um denselben im Allgemeinen zu konstatieren. Die rauchenden Schornsteine, die überall errichteten größeren Fabrikgebäude, die große Menge der daselbst täglich ein- und ausgehenden Arbeiter, der bedeutende Warenverkehr und dergleichen Beobachtungen mehr, geben Jedem von diesem Aufschwung schon eine allgemeine Vorahnung und allgemeine Vorstellung.[11]

Dieses Bild war zweifellos zu optimistisch, denn es traf keineswegs für ganz Hessen zu, nicht für das gesamte Großherzogtum, am wenigsten für die Provinz Oberhessen, die trotz ihrer Fortschritte im Hüttenwesen und in der Gießener Tabakindustrie noch überwiegend agrarisch geprägt war. Trotzdem war die Provinz auch nicht mehr das Armenhaus des Landes, aus dem seine Bürger die Flucht vor dem Hunger ergriffen und nach Amerika auswanderten. Diese inneren Widersprüche ließen sich für viele deutsche Landschaften gleichermaßen darstellen. Die Begleiterscheinungen der Industrialisierung dämpften bald solchen Optimismus; zunächst aber lebte er noch in der unmittelbaren Erfahrung des Fortschritts, in bewußter Distanz zu einer Zeit, die noch die vorindustriellen Hungerkrisen kannte.[12]

## 4. Auswanderung, Exil, Binnenwanderung

Die führenden Sektoren der deutschen Wirtschaft im nachrevolutionären Zeitalter übten starke innovative Impulse aus, die dazu beitrugen, Deutschland allmählich in eine industrielle Gesellschaft zu verwandeln. Immer wieder rückt die Größe »Wachstum« ins Blickfeld, und nicht nur im gewerblich-industriellen Sektor: auch in der Landwirtschaft. Die Konjunkturkrise von 1857 und die Wachstumsstockungen der sechziger Jahre deuteten bereits darauf hin, daß diese Entwicklung sich nicht ohne Brüche, Krisen und Rückschläge vollzog. Die Gesamttendenz schien aber eine im Prinzip fortschreitende Entwicklung zu mehr Sicherheit der Existenz des einzelnen anzuzeigen. Optimistische Zeitdiagnosen haben das bestätigt.

Doch dieses Bild verdüstert sich erheblich, denkt man an die Auswanderung vieler Deutscher aus ihrer Heimat. Sie verkörperten eine »Gesellschaft im Aufbruch«, die angesichts wachsender Produktionsziffern leicht aus dem Blickfeld gerät: In den fünfziger Jahren erreichte diese Auswanderung eine im 19. Jahrhundert zuvor und danach nicht wieder erreichte Höhe.

Wo Statistiken eine quantitativ meßbare, aber unpersönliche Nachricht mitteilen, vermögen persönliche Zeugnisse zu zeigen, was Auswanderung für die Menschen bedeutete und warum sie ihr Land verließen. Auch Dichtung und Literatur können das vermitteln, insbesondere für diese Epoche, in der Anfänge des bürgerlichen Realismus der Literatur zu einer neuen Botschaft verhalfen. Der Dichter Wilhelm Raabe veröffentlichte im Jahre 1856 eine Erzählung, die er *Chronik der Sperlingsgasse* nannte. Darin legte ein fiktiver Chronist nach Art eines Tagebuchs seine Beobachtungen nieder; er mischte in buntem Ineinander historische Erinnerungen mit Anspielungen auf seine unmittelbare Gegenwart. Raabe verfaßte diese *Chronik* im Alter von 23 Jahren; er behandelt hier das Thema Auswanderung, wie es sich einem wachen Zeitgenossen im Reaktionsjahrzehnt der fünfziger Jahre darbieten konnte. Das wird besonders an zwei Textstellen deutlich, zunächst in einer scheinbar idyllischen Situation, als sich eine Figur der Erzählung, der Zeichner und Karikaturist Strobel, am Ufer der Weser ausruht. Der Ruhende ist Träumereien des Wohlgefühls hingegeben, aus dem er plötzlich herausgerissen wird:

> Ein näher kommender Gesang weckte mich plötzlich; ich blickte auf. Brausend und schnaufend, die gelben Fluten gewaltig peitschend, kam der »Hermann« die Weser herunter. Der Kapitän stand auf dem Räderkasten und griff grüßend an den Hut, als das Schiff vorbeischoß. Hunderte von Auswandrern trug der Dampfer an mir vorüber, hinunter den Strom, der einst so viele Römerleichen der Nordsee zugewälzt hatte. Ein Männerchor sang: »Was ist des Deutschen Vaterland«, und die alten Eichen schienen traurig die Wipfel zu schütteln; sie wußten keine Antwort darauf zu geben, und das Schiff flog weiter. Die Weser trägt keine fremden Leichen mehr zur Nordsee hinab, wohl aber murrend und grollend ihre eignen unglücklichen Söhne und Töchter![1]

»Was ist des Deutschen Vaterland« leitete den Refrain eines berühmten Liedes von Ernst Moritz Arndt aus dem Jahre 1813 ein; es stammte aus den Befreiungskriegen gegen Napoleon und hatte sich zu einer heimlichen Nationalhymne entwickelt in jenen Jahrzehnten, als es Staatsverrat bedeutete, die Einheit deutscher Nation herbeizuwünschen. 1848 lebte das Lied in der Öffentlichkeit wieder auf, und hier bei Raabe diente es als bitterer Erinnerungshintergrund für Deutsche, die im Begriff waren, ihr Vaterland zu verlieren. Nichts könnte die tragische Ironie jener Situation besser verdeutlichen.

Wenig später kommt der Chronist auf die tieferen Umstände und Ursachen der Auswanderung zu sprechen. Er beschreibt den Weg eines einzelnen Auswanderers und dessen Lebensumstände genauer. Der Chronist berichtet von

dem Schuhmacher Burger, einem Manne, welchem eine ganze Passionsgeschichte vom Gesichte abzulesen war. Heute abend führt ihn und die Seinigen die Eisenbahn der Seestadt [Hamburg] zu, von wo sie ein Schiff nach einer neuen Heimat, nach dem jungen Amerika bringen soll; [...].

Die wenigen des Mitnehmens werten Habseligkeiten der ärmlichen Wohnung waren schon zusammengepackt; die bleichen, traurigen Gesichter der Eltern, das teilnahmslose der alten Großmutter, die auch heute noch am gewohnten Platz hinter dem Ofen spann, die Kinder, welche verwundert in den Winkel kauerten, alles machte einen tiefen wehmütigen Eindruck auf mich.

Es ist nicht mehr die alte germanische Wander- und Abenteuerlust, welche das Volk forttreibt von Haus und Hof, aus den Städten und vom Lande, die den Köhler aus seinem Walde, den Bergmann aus seinem dunklen Schacht reißt, die den Hirten herabzieht von seinen Alpenweiden und sie alle fortwirbelt, dem fernen Westen zu: Not, Elend und Druck sind's, welche jetzt das Volk geißeln, daß es mit blutendem Herzen die Heimat verläßt.[2]

Raabe wird oft als Poet der Idylle, des Rückzugs ins Anheimelnde mißverstanden. Wer die vielen zeitpolitischen Anspielungen zu entschlüsseln vermag, findet eine Epik vor, die durchtränkt ist von Zeitkritik und sozialem Scharfblick, von Gerechtigkeitsgefühl und Teilnahme für die Schwachen und Benachteiligten. Das erste Blatt der *Chronik* ist datiert auf den 15. November 1854 und beginnt mit den Sätzen:

Es ist eigentlich eine böse Zeit! Das Lachen ist teuer geworden in der Welt, Stirnrunzeln und Seufzen gar wohlfeil. Auf der Ferne liegen blutig dunkel die Donnerwolken des Krieges, und über die Nähe haben Krankheit, Hunger und Not ihren unheimlichen Schleier gelegt; – es ist eine böse Zeit![3]

Das Jahr 1854 war dasjenige, in dem die Preise für Lebensmittel auf einen Gipfelpunkt gestiegen waren. Das letzte Blatt der *Chronik* ist datiert auf den 1. Mai 1855 und spiegelt noch einmal in ihren Sätzen den demokratischen, der Revolution von 1848 verpflichteten Geist. Es sieht die »Nation im Todeskampf« und ruft das Bild wach vom Herrscher, dem »die Stirn wund [ist] vom Druck einer Krone des Zeitalters der Revolution«.[4]

Politik, Soziales, Ökonomisches, Mentalität und Atmosphärisches aus den fünfziger Jahren ist in die literarische Gestaltung der *Chronik der Sperlingsgasse* eingeflossen, und das besonders anschaulich bei dem Thema der Auswanderung. Innerhalb der Geschichte des 19. Jahrhunderts war es ein europäisches Problem und zugleich eines, das die Entwicklung der deutschen Verhältnisse tiefgreifend beeinflußte – wie tiefgreifend, dokumentieren Zahlen. *(Tabelle 11).*

Die Kurve kombiniert die Entwicklung der Auswandererzahlen mit den Preisbewegungen der Grundnahrungsmittel Roggen und Kartoffeln. Das Jahr 1816/17 war die erste katastrophale Agrarkrise »älteren Typs« im 19. Jahrhundert. Nach einer Mißernte und folgender Hungersnot gingen in den Jahren zwischen 1816 und 1819 rund 25 000 Deutsche nach Übersee. Eine Aufschlüsselung nach Jahren ist hier nicht möglich. Im folgenden Jahrzehnt von 1820 bis 1830 schwankte die Zahl der Auswanderer zwischen 3000 und 5000 Personen jährlich.[5]

Im Gefolge der Julirevolution von 1830 stiegen die Zahlen deutlich an. Die neuere Forschung hat auch die beigemischten Sozialrevolten in der Bewegung dieser Jahre aufgedeckt. Einen besonderen Anstieg der Auswanderungsziffern verzeichnet das Jahr 1832. Verglichen mit den Preisen wichtiger Grundnahrungsmittel wie Roggen und Kartoffeln, fiel dieser Anstieg in eine Zeit auffälliger Teuerung. Eben in diesem Jahr, im Juni 1832, stellte der hessen-darmstädtische Staatsminister du Thil einen Zusammenhang zwischen politischer Erregung und sozialökonomischer Lage her – das Hambacher Fest lag gerade erst eine halbe Woche zurück:

> Was mir, neben der Organisation, die mich zu täglichen Sitzungen nöthiget, jezt viel Sorge und Geschäft macht, ist der Brodmangel und die Theurung der Lebensmittel – Immer eine schwierige Erscheinung für eine Regierung, aber jezt!!![6]

*Tabelle 11:* Deutsche Auswanderung 1820–1871 im Vergleich mit der Preisentwicklung von Grundnahrungsmitteln in Preußen

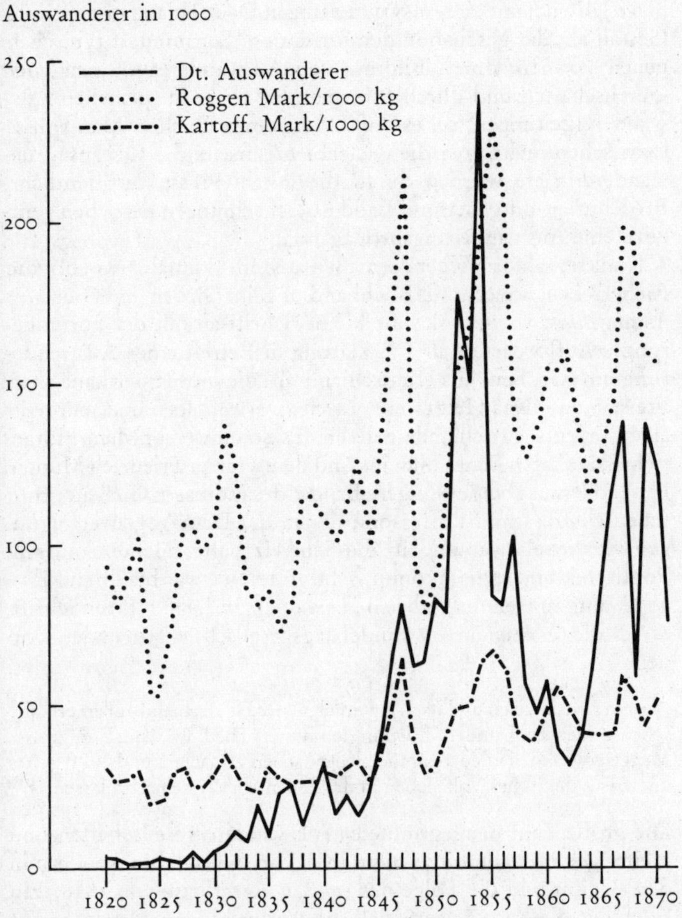


*Quelle:* Neuangefertigt aus Daten in: P. Marschalck, *Deutsche Überseewanderung im 19. Jahrhundert,* Stuttgart 1973, 104; W. Fischer/J. Krengel/J. Wietog, *Sozialgeschichtliches Arbeitsbuch,* Bd. 1, 179f.

Das nachfolgende Jahrzehnt von 1834 bis 1845 war die Zeit der wirtschaftlichen und sozialen Strukturkrise des Pauperismus; sie ließ die Auswanderungszahlen sprunghaft ansteigen. Seit den dreißiger Jahren nahm die Auswanderung in Deutschland organisierte Gestalt an; das geschah in den für das 19. Jahrhundert typischen neuen Formen: durch Bildung von Auswanderervereinen oder -gesellschaften und durch Information, sei es in speziellen Auswandererzeitungen, sei es durch bestimmte Bücher. Man wußte inzwischen mehr über die Zielgebiete jenseits des Ozeans. Auswandererbriefe wurden durch die lokale Presse veröffentlicht. Broschüren, Ratgeber und Landesbeschreibungen betrieben geradezu eine Auswanderungspropaganda.

Konkret sah das folgendermaßen aus: Im Frühjahr 1833 bot die Richersche Universitäts-Buchhandlung in Gießen im *Gießener Anzeigeblatt* wiederholt eine kleine Schrift an mit der Formulierung: »Aufforderung und Erklärung in Betreff einer Auswanderung im Großen aus Teutschland in die nordamerikanischen Freistaaten.« Das Heft erlebte rasch zwei Auflagen und wurde in allen Teilen Deutschlands gelesen. Es stammte von dem Hofgerichtsadvokaten Paul Follenius und dem Pfarrer Friedrich Münch. Paul Follenius war der jüngere Bruder des radikalen Gießener Burschenschafters und Professors, der in die Demagogenverfolgungen verwickelt war und in die Schweiz hatte flüchten müssen. Politisches und sozialökonomisches Interesse war bei ihren Motiven kaum zu trennen, schrieben sie doch zu Beginn ihrer Schrift, es sei die Gießener Auswanderungsgesellschaft gegründet worden

> zu dem Zweck, nach und nach ein Stück neues Deutschland auf amerikanischen Boden zu gründen, dorthin den besten Theil der damals in großer Menge vorhandenen europamüden Deutschen zu ziehen und ein frisches und freies deutsches Volksleben in der neuen Welt erstehen zu lassen.[7]

Die große Zahl neugegründeter Auswanderergesellschaften und -zeitungen fällt allerdings nicht in die dreißiger Jahre, sondern in den Beginn und die Folge der großen Agrarkrise von 1846. Ein Blick auf die Kurve zeigt, daß die Auswandererzahlen 1847 auf einen bisher nicht gesehenen Gipfel von 80000 Personen stiegen. Parallel dazu entstanden neue Blätter. Um nur einige zu nennen: Seit 1846 erschien die *Allgemeine Auswanderungszeitung. Ein Bote zwischen der alten und neuen Welt,* herausgegeben im thüringischen Rudolstadt; seit 1847 erschien in Darmstadt ein Organ, das sich nannte: *Der deutsche Auswanderer. Zentralblatt der deutschen Auswanderung und Kolonisierung*; 1848 kam in Leipzig die *Deutsche Auswanderungszeitung* hinzu, im gleichen Jahr *Der sächsische Auswanderer*.[8]

Parallel dazu wurden Vereine gegründet. Da waren z.B. 1833 der »Gießener Auswanderungsverein«, 1843 der »Auswanderungsverein« in Düsseldorf, 1844 der »Verein zum Schutze der deutschen Einwanderer in Texas«, 1845 der Guatemala-Verein, 1845 der »Preußische Verein für die Moskito-Küste«, 1846 das »Zentralbureau für Fürsorge der Auswanderung« in Leipzig, 1848 und besonders dann 1849 wurde eine besonders große Zahl an Auswanderungsvereinen gegründet, 1849 etwa in Karlsruhe, Dresden, Berlin, Stuttgart, Hamburg.

Auswanderung zu organisieren wurde zu einem eigenen Gewerbe, betrieben von Agenten, die sich oft anrüchiger Methoden bedienten und die Unwissenheit und Notlage ihrer Kunden ausnutzten. Ein amtliches Gütesiegel konnte hier werbewirksam eingesetzt werden. In den Lokalzeitungen erschienen Annoncen von Auswanderer-Agenturen wie diejenige im *Wetzlarer Kreis- und Anzeige-Blatt* vom 4. Mai 1852:

Haupt-Agentur der regelmäßigen Postschiff-Linie zwischen London und New York, concessionirt für den preußischen Staat, durch Verfügung des k. hohen Ministerii für Handel etc. vom 27. September 1851 und gewährleistet durch eine bei der Regierungs Hauptkasse zu Coblenz in Staatspapieren hinterlegte Caution von 10000 Thalern.

Die Linie ist in London vertreten durch die Häuser Baring Brothers & Cp. und Philipps Shaw Lowther.

Die Abfahrten dieser regelmäßigen Postschiffe finden das ganze Jahr hindurch am 6., 13., 21. und 28. eines jeden Monats Statt.

Die den Verhältnissen nach stets billigst gestellten Preise begreifen in sich:

1) freie Fahrt vom Einschiffungsort am Rhein bis New York,
2) freier Aufenthalt in London,
3) Hospital- und Kopfgeld in New York,
4) wöchentliche Lieferung von 10,5 Pfund Brodstoffe, Thee und Zukker.

Die Auswanderer werden durch zuverlässige Conducteure bis London begleitet. Prospecte mit den Regierungsbedingungen, so wie weitere Nachrichten ertheilt Herr Albert Köhler in Wetzlar.

Verträge werden abgeschlossen durch die nach erfolgter Regierungs-

Besthätigung bekannt zu machenden Herren Agenten, bis dahin durch die Haupt-Agentur der regelmäßigen 16 Postschiffe zwischen London und New York. Johannes Cäsar in Neuwied.[9]

Diese Anzeige veranschaulicht die gewerbsmäßigen Dimensionen der Auswanderung, außerdem aber auch die staatliche Konzessionierung, was einer Billigung, wenn nicht Förderung gleichkam. In der Tat betrieben vor allem die südwestdeutschen Staaten bis zur Mitte der fünfziger Jahre eine planmäßige Förderung der Auswanderung; das war einer ihrer Wege, die soziale Frage im Lande zu bewältigen. Besonders drastisch praktizierte die badische Regierung dieses Verfahren. Im Januar 1850 hatte das Innenministerium eine Enquete zu der Frage veranstalten lassen, welches die ärmsten Gemeinden des Landes seien. Die vier Kreisregierungen des Landes ermittelten 18046 Personen oder 1,3% der Bevölkerung, deren Auswanderung sie als besonders wünschenswert bezeichneten. Die fleißigen Bürokraten errechneten einen Aufwand von 1,5 Mill. Gulden. Würde die Regierung die Auswanderungswilligen auch einmalig mit Geld ausstatten, kalkulierte man, auf der Habenseite dauerhaft *einen Teil* folgender Unkosten einsparen zu können: staatliche Unterstützung für Arme (1849: 800000 Gulden), uneheliche Kinder (86000 Gulden jährlich), Heimatlose (3910 Gulden), der verarmten Gemeinden insgesamt (10000 Gulden), der Kosten für Strafgerichtspflege (Vergehen wegen Holzfrevel, 44370 Gulden, wegen anderer Vergehen 262620 Gulden), für das allgemeine Arbeitshaus (21986 Gulden) und für die Strafanstalt (150560 Gulden). So weit ging die Regierung dann nicht mit ihrer Ausgabenfreudigkeit. Immerhin bestätigen die steil wachsenden Posten im Staatshaushalt, daß man sich Erfolg von dieser Politik versprach. Hatte man 1849 nur 15453 Gulden bereitgestellt, stieg die Summe 1850 auf 44989 Gulden, im Jahre 1851 auf 110744 Gulden.[10] Mitte der fünfziger Jahre ließ diese staatliche Auswanderungsunterstützung nach.

Die Auswanderungsagenturen gerieten teilweise stark in Verruf. Das führt geradewegs in die sog. Alltagsgeschichte hinein, zu der das Tagebuch einer Margaretha Schuler aus Wetzlar genaue Einblicke vermittelt. Sie schildert nach Art einer Chronik nüchtern und dadurch um so erschütternder Umstände und Nöte der Überfahrt von Antwerpen bis New York, und das gerade im Jahr der stärksten Auswanderung, im Jahre 1854:

Hier in Antwerpen mußten wir unsere Verträge abgeben, die wir erst nach einigen Tagen an Bord des Schiffes zurückerhielten, als wir weit weg waren und daher niemand mehr etwas gegen schlechte Zuteilung usw. machen konnte. Einige Passagiere hatten mit Herrn Jung eine Vereinbarung getroffen, die halbe Kost zu zahlen – 30 Taler von Antwerpen nach New York, andere zahlten volle 36 Taler. Ich zahlte pro Person 46 Taler, für ein Kind 30 Taler, und jetzt berechnen sie für Bett und Verpflegung 2 Kinder = einen Erwachsenen. Man kann sich nicht vorstellen, in welcher Verwirrung die Dinge zugetheilt wurden. Aber sehr praktisch, um die Leute hinzuhalten von einem Tag auf den nächsten, denn am nächsten Tag ist man an Bord, und alle Reklamationen sind zwecklos.[11]

Umgekehrt warben Auswandereragenten in den Blättern mit begeisterten Dankesschreiben der von ihnen beförderten Kunden, wo man herzlichen Dank für die treue Erfüllung aller Verpflichtungen sagte, die schnelle Beförderung lobte, die Umsicht und Fürsorge, den größtmöglichen Schutz, das vorzügliche Quartier und die Verköstigung. Man muß zu allem sich nur das Gegenteil denken, um eine Vorstellung von möglichen Mißbräuchen zu bekommen. Eine solche Annonce mündete dann in der Einladung an den Agenten:

Wir bitten, von diesem Zeugnisse unserer Zufriedenheit den ausgedehntesten Gebrauch zu machen, damit sie für ihre Mühen belohnt, der Auswanderer aber vor den berüchtigten Winkel-Agenten geschützt wird und Ihre Agentur mit dem Vertrauen benutzt, das Ihre Handlungsweise hervorruft.[12]

Seit Beginn der vierziger Jahren bis zur Revolution hatte sich ein so effektives Netz staatlich konzessionierter, auf privatwirtschaftlicher Basis organisierter Auswanderung herausgebildet, daß der Aufbruch aus Deutschland in den bisher nicht gesehenen Dimensionen der fünfziger Jahre sich überhaupt bewältigen ließ. Die Auswanderungszahlen erreichten in den frühen fünfziger Jahren den Höhepunkt, sie gipfelten 1854 in einer Zahl von 239000 Menschen.

Es wäre aber ein voreiliger Trugschluß, diese Auswanderung eindimensional als politische Flucht nach der gescheiterten Revolution von 1848/49 zu deuten. Andererseits scheint eine These wie die folgende auch zu einfach: »Die Ursachen der Auswanderung waren seit 1815 durchweg soziale Mißstände und akute wirtschaftliche Not; die politische Emigration war dagegen quantitativ nur von geringer Bedeutung.«[13] Das führt zu der schwierigen Frage der Ursachen der Auswanderung, schwierig, weil der zeitliche Abstand keine Recherchen auf dem Wege einer repräsentativen Meinungsumfrage mehr erlaubt. Zunächst liegt eine schlichte Frage nahe: Wenn nahezu ausschließlich soziale und akute wirtschaftliche Not maßgeblich gewesen sein sollen, warum schnellten dann nicht die Auswanderungsziffern bereits in den Jahren 1846 und 1847 in eine vergleichbare Höhe wie in den fünfziger Jahren? Warum gingen sie gar im Revolutionsjahr zurück?

Lokalstudien vermögen hier mitunter in hilfreicher Weise die allgemeinen Daten zu konkretisieren und zu erläutern. Eine solche Untersuchung liegt im hier behandelten Zeitraum z. B. für die Auswanderung nach Amerika aus Stadt und Kreis Wetzlar für die Jahre 1850 bis 1869 vor. Eine Prüfung der wöchentlich von den Bäckern und Metzgern festgesetzten sowie auf dem Markt in Wetzlar notierten Preise, die der Bürgermeister anschließend in der Zeitung veröffentlichen ließ, führt zu dem Resultat, daß 1854/55 und 1867 der Brotpreis am höchsten stieg. Eine Korrelation zwischen den Maxima der Getreide- und der Brotpreise und den Höhepunkten der Auswanderungsbewegung drängt sich auf. Ein zeitgenössischer Leitartikel im *Wetzlarer Kreis- und Anzeige-Blatt* schrieb dazu unter der Überschrift »Die Theuerung« am 18. November 1853:

Zu welchem Grade sind die Preise aller Lebensmittel gestiegen! Zu welchem Grade in unserer Gegend, wo doch offenbar wenigstens alle Getraidearten in reichem Maaße eingeärndtet worden! [...] Der Laib Brod kostet jetzt schon 24 Kreuzer, das Achtel Kartoffeln jetzt 4 Gulden, und alle anderen nicht minder wichtigen Lebensmittel sind in gleichem Maaße im Preise gestiegen. Wo soll der Unbemittelte, nicht nur der Tagelöhner, sondern auch der Handwerker und mancher Andere, der oft noch keine 24 Kreuzer des Tags verdient, die Mittel auftreiben, seinen Hunger zu stillen und das Jammern seiner Kinder um Brod zu befriedigen?[14]

Das trifft zu, aber war die Lage vor der Revolution nicht etwa ebenso drückend? Kam es nicht im Frühjahr und Sommer 1847 gar zu Hungertumulten in zahlreichen deutschen Ländern? Es müssen noch weitere Gründe hinzukommen. Die Akten für den Kreis Wetzlar verraten auch hier noch nähere Motive, welche die Betroffenen selber mitteilen. Das geschah in ihren Auswanderungsgesuchen, die heute eine höchst ergiebige Quelle für die Motive der Auswanderer darstellen.

Der Bauer Jakob Bepler aus Wetzlar begründete seinen Antrag

damit, er glaube »dort als Oeconom seine Existenz besser zu begründen als hier«. Der 20jährige Steinhauer Christian Aßlar wollte zu einem Onkel nach New York, »welcher das Steinhauergeschäft mit sehr gutem Erfolg treibt«; es war ein wichtiger Faktor, wenn bereits ein Familienmitglied drüben in den Staaten lebte und andere nachzog. Der Schuhmachermeister Philipp Zickler aus Wetzlar gab »Mangel an Arbeit« als Grund an. Ein Spenglermeister hoffte gleichfalls auf bessere Geschäfte. Auch das Gesinde rückt ins Blickfeld. Die ledige Katharina Führer aus Hohensolms »hat sich bis dahin in dienenden Verhältnissen theils in Koblenz, theils in Wetzlar ernährt, hofft indessen zumal sie verlobt, und ihr Bräutigam schon ausgewandert sey, mit demselben sich in gedachtem Welttheil leichter und besser durchbringen zu können«. Von der ledigen Susanna Hoffmann heißt es, eine verheiratete Schwester lebe bereits in Amerika; sie werde ihr beim Fortkommen behilflich sein; bisher sei sie als Magd tätig gewesen und hoffe nun auf ein besseres Unterkommen in Amerika. Der Johann Georg Schaub hatte bisher »als Taglöhner an der Eisenbahn gearbeitet und nebenbei etwas Ackerbau mit seiner Familie betrieben. Der Verdienst sey indeß so schlecht, und in Oberlemp gar keine Aussicht für ihn, sich ernähren zu können, daß er hier herum sein Auskommen nicht mehr finden könne. Sein Vater, ein Bruder und sein Schwager seyen bereits schon mehrere Jahre in Amerika. Aus diesen Gründen finde er sich veranlaßt, in der Erwartung, sich eine bessere und sichere Existenz dort zu begründen, auszuwandern.«[15]

Ein förderlicher Faktor für die Auswanderung war bisweilen, wie auch im Falle Badens, die Bereitschaft der Gemeinde, die Kosten für die Überfahrt zu übernehmen. Die Empfänger verzichteten damit zugleich auf jeglichen Anspruch aus der Armenunterstützung, die möglicherweise bei einer Rückkehr auf die Gemeinde zukommen könnte. Dem Taglöhner und Maurer Jakob Gelzenleuchter aus Blasbach gab die Gemeinde Geld zur Auswanderung, »weil die Familie mit sechs Personen später doch der Gemeinde zur Last fällt«. Ebenso deutlich erklärt sich das Gemeindeprotokoll im folgenden Fall: »Die Witwe Kloetz bezieht schon lange aus Armenmitteln eine ständige Unterstützung. Es erscheint daher die von derselben beabsichtigte Auswanderung nur erwünscht und hat sich die Armenverwaltung auf ihren Antrag um eine Beisteuer zur Bestreitung der Überfahrtskosten von zehn Thalern bereit erklärt.« Dies war eine wenig aufwendige Form der Sozialpolitik.

Diese Beispiele und noch weitere Angaben lassen den Personenkreis deutlich werden, aus dem die Auswanderer stammten: Landwirte, also Inhaber kleiner und kleinster Bauernstellen, Tagelöhner, Dienstknechte und Dienstmägde, bestimmte Handwerker und Kaufleute, deren Gewerbe überfüllt war, bevorzugt Schuster, Schneider und Tischler.

Diese Tendenz scheint die zitierte These von dem erdrückenden Übergewicht ökonomischer und sozialer Beweggründe zu bestätigen. Dennoch wird man sie dahin abwandeln müssen, daß die politische Gesamtkonstellation nach der Revolution von 1848 anders als diejenige der vorausgegangenen Jahre der Bereitschaft zur Auswanderung einen gewaltigen Schub verliehen hat. Darin ist zweifellos eine politische Motivation im weiteren Sinne zu erkennen. Die Märzrevolution war getragen worden von einer gigantischen, zukunftsorientierten Hoffnung. Erfahrene vormärzliche Krisen, jahrzehntealte Mißstände und Nöte schienen nach den ersten Revolutionswochen einer tiefgreifenden Reform weichen zu müssen. Neue Männer und zeitgemäße politische Institutionen, insgesamt eine volksnähere Politik würden alles plötzlich besser werden lassen. Diese Hoffnung vereinte in den Märztagen auf Plätzen, Straßen und Barrikaden, in Vereinen und Parlamenten Menschen, die unter alltäglichen Verhältnissen nie zueinandergefunden hätten. Diese Hoffnung trug – teilweise bis weit in das Frühjahr 1849 hinein – auch die einfacheren Schichten der Bevölkerung. Die Unmenge an Petitionen aus allen Kreisen der Bevölkerung bis hin zum Gesinde beweist das.

Mit dem Ende dieser Hoffnung und der politischen Reaktion schien auch die Chance für bessere Lebensverhältnisse, für wirtschaftliche Prosperität vertan. Statt dessen wurden nun teure Lebensmittelpreise, niedriger Arbeitslohn und mangelnde Arbeit als Schicksal erfahren, das sich auf Dauer einzurichten und dem die amtliche Politik nicht gewachsen schien. Gaben die Betroffenen auch vorwiegend ihre wirtschaftlichen Lebensverhältnisse als Hauptursache an, bekundeten sie doch zugleich eine Resignation, indem sie von ihrem Heimatstaat nichts Förderliches mehr für ihr Los erwarteten. Wie sagte Raabe? »Not, Elend und Druck« hätten »das Volk« gegeißelt.

Die günstigen Nachrichten aus dem neuen Land der Hoffnung

bestärkten zusätzlich die Auswanderungsbereitschaft, und das gerade für die einfachen und abstiegsbedrohten Schichten. Das bestätigte auch der *Jahresbericht der Deutschen Gesellschaft der Stadt New York:*

Eine noch größere Zahl der Einwanderer [als die der eingewanderten Landwirte, W. S.] bilden dagegen Handwerker, Tagelöhner und Dienstsuchende. Auch diese fanden nach und nach mit mehr oder weniger Erfolg ein Unterkommen. Weibliche Dienstboten sind fortwährend in großer Frage. Von den Handwerkern fanden Schneider und Schuhmacher am schnellsten Beschäftigung. [...] Eine höchst schwierige und undankbare Aufgabe [...] fand aber unsere Agentur in der Versorgung vieler ganz unbemittelter Künstler, Handlungsbeflissener und Gelehrten.[16]

Das Land mit seinen großen Arbeitsreserven bot viel und schnell Aufstiegschancen, zumal die deutsche Bevölkerung sich durch den Ruf des Fleißes, der Treue und Sparsamkeit hervortat, wie der Bericht des nassauischen Konsuls mitteilt, der 1865 lobte:

Die deutschen Einwanderer sind anerkannt das beste Element des Landes. Ihr Fleiß, ihre Sparsamkeit und Gewissenhaftigkeit zeichnen sie vor allen anderen aus. Sie leben deshalb auch meistens in guten materiellen Verhältnissen und verpflanzen durch Gesangvereine, Konzerte, Theater und dergleichen die Gemütlichkeit des ihnen ewig teuren Heimatlandes in ein Land, wo es an nichts mehr fehlt als eben an Gemütlichkeit.[17]

Von dem Resultat her gesehen wanderten zwischen 1850 und 1860 rund 1,1 Mill. Menschen aus Deutschland aus, und rund ein Viertel stammte aus den Gebieten Südwestdeutschlands, wo im Erbrecht die Realteilung die Ernährungsbasis zerstörte.[18] Mehr und mehr auch Bürger Westdeutschlands, Mecklenburgs, Pommerns und Schlesiens verließen das Land. Die Auswanderung wurde teilweise von den Regierungen und Gemeinden direkt gefördert, so daß in den fünfziger Jahren nicht die verheerende Hungerkrise eintrat, die sich im Jahrzehnt vor der Revolution abgezeichnet hatte.

Trotz der ständigen Abwanderung wuchs die deutsche Bevölkerung zwischen 1850 und 1870 fortlaufend weiter. In der Statistik zeigte sich das an der deutlichen Expansion der Städte, sei es, daß sich bereits zentrale Orte ausdehnten, sei es, daß industrielle Unternehmer ihre Fabriken auf der »grünen Wiese« anlegten und industrielle Ballungszentren provozierten.

In diesen Entwicklungen bekundete sich eine zweite Wanderungsbewegung: aus den ländlichen Gemeinden in die Industrieregionen. 1849 lebten in Preußen 28,1% der Menschen in Orten mit Stadtrecht, 1871 waren es bereits 32,5%, also 4,4% mehr. Das mag gering anmuten; man muß aber bedenken, daß der rechtliche Stadtbegriff sich nicht an der Einwohnerzahl orientiert. Mit der Reichsstatistik hat sich ein statistischer Stadtbegriff durchgesetzt, der alle Orte mit mehr als 2000 Einwohnern als Stadt erfaßte. Geht man von der Kopfzahl der Einwohner aus, lebten 1871 bereits 37,2% der Bevölkerung in Städten.[19]

Deutschland wurde mithin in den zwei Jahrzehnten zwischen Revolution und Reichsgründung von zwei gegensätzlichen Wanderungsbewegungen erfaßt; diese hinterließen ihre deutlichen Spuren im gesellschaftlichen Profil. Die letzten Bemerkungen lenken den Blick auf den großen Komplex des gesellschaftlichen Wandels in der behandelten Zeitperiode.

## 5. Der Adel

Den sozialen Wandel in der behandelten Zeitperiode zu beschreiben, bereitet zunächst einmal methodische Probleme. Mit welchen Maßstäben läßt sich die gesellschaftliche Schichtung erfassen? Die Epoche zwischen Revolution und Reichsgründung umspannt einen Umbruch der Orientierungssysteme. 1848 kamen noch die *geburtständischen Maßstäbe* zur Geltung. Gegen sie sollte staatsbürgerliche Gleichheit durchgesetzt werden: Das war die überkommene Einteilung in Adel, Bürgertum, Bauern und den »Vierten Stand«, die sog. handarbeitenden, unselbständigen Klassen. Gegen Ende der Periode, um 1870, zählte stärker die *Stellung im Arbeits- und Berufssystem.* Die Sozialhistoriker unterscheiden grob zwischen den beiden großen Berufsbereichen Landwirtschaft einerseits, dem gewerblich-industriellen Berufsbereich andrerseits. Der Landwirtschaft werden zugeordnet: Großgrundbesitzer, Hofbauern, Mittelbauern, Häusler und Einlieger, Landarbeiterfamilien, Tagelöhner und Gesinde.

Der gewerblich-industrielle Berufsbereich zeichnete sich dadurch aus, daß er sich immer stärker differenzierte und neue Berufsgruppen hinzukamen: Handwerker, Heimarbeiter, Fabrikarbeiter, Facharbeiter, Handarbeiter und Tagelöhner, Berg- und Hüttenarbeiter, Unternehmer, Führungs- und Verwaltungskräfte; die leitenden Angestellten, Angestellte überhaupt, Groß- und Kleinhändler.

Beide Orientierungssysteme haben ihre Defizite. Probleme bereiten z. B. die Beamten: Sie können sowohl adliger als auch bürgerlicher Herkunft sein, lassen sich also nicht eindeutig zuordnen; andrerseits fügten sie sich auch nicht in die Kategorie des landwirtschaftlichen oder gewerblich-industriellen Berufsbereichs. Das ist nur ein Beispiel. Noch verwickelter wird die Angelegenheit, wenn man den Begriff »Mittelstand« in die Diskussion bringt.

Bei einem so komplizierten Sachverhalt wie dem gesellschaftlichen Wandel kann eine lupenreine Systematik fragwürdig sein, weil sie den tatsächlichen Wandel verdeckt. Hier soll mit der Einteilung deshalb eher pragmatisch verfahren werden. Wichtig erscheint insgesamt, wie weit sich die Gesellschaft nach 1848 unter politischen und ökonomischen Bedingungen zu verändern begann, konkreter gesprochen: Welche sozialen Konsequenzen hatte die Tatsache der gescheiterten Revolution und wie wirkte sich die lange wirtschaftliche »Hochschwungperiode« (W. Conze) sozial aus?[1] Adel, Bürgertum, Bauern, entstehende Arbeiterschaft – das werden die Grundgrößen der Betrachtung sein.

Die Revolution von 1848/49 bedeutete für den deutschen Adel einen tiefgreifenden Schock.[2] In einem bisher nie erfahrenen Maße sah er sich als geschlossene gesellschaftliche Gruppe Angriffen ausgesetzt; diese reichten bis in die Säle der verfassungsgebenden Versammlungen hinein. In Berlin und Frankfurt forderten bürgerliche Abgeordnete die »Abschaffung des Adels« und meinten damit jegliche rechtliche und gesellschaftliche Privilegierung, denn »Aristokratie« und »Privileg« galten ihnen als gleichbedeutend.

Es gibt die höchst aufschlußreiche Stimme eines Adligen, des populären Romanschriftstellers Alexander Frhr. v. Ungern-Sternberg, der im Jahre 1855 *Erinnerungsblätter* veröffentlichte. In ihnen sprach er – noch lebhaft auf die Revolution anspielend – von den »denkwürdigen Ereignissen, über die bereits ein halbes Dutzend Jahre dahin gegangen«; die Zeit habe ihn über die Erfahrungen belehrt, »als ich den Adel und alle die mit ihm verbündeten Institutionen angegriffen sah«. v. Sternberg versuchte in einer geradezu sozialgeschichtlich anmutenden Analyse festzustellen, welche Kräfte den Adel in der erlebten Zeit gesellschaftlichen Umbruchs bedrohten. Die Bedeutung seiner Zeitdiagnose rechtfertigt es, diesen Kritiker zusammenhängend zu Wort kommen zu lassen:

Wir dürfen es uns nicht verhehlen, es herrscht in der wohl oder übel geleiteten Menge ein Mangel an Simpathie für den Adel, der für die Fortexistenz desselben besorgt machen könnte, wo er nicht Keime des wirklichen und ursprünglichen Lebens in sich trägt. Weßhalb haßt man und verfolgt heutzutage noch den Adel? Hat er Vorrechte? Wir wüßten keine, oder wenn sie vorhanden sind, sind sie sehr geringe und sehr wenig wesentliche. Hat er kolossale Besitzthümer? Ebenso wenig. Gegen den Papierhandel der Börse, gegen die Kapitalien der Fabrikanten schwinden die wenigen noch reichen aristokratischen Besitzer in eine sehr kleine Minorität zusammen. Hat er den Glanz der äußern Erscheinung? Auch nicht. Die Billigkeit und Allgemeinheit glänzender Häuserausstattungen haben ihn um den Prunk seiner alten Schlösser, seiner Parks, seiner Aufzüge und Equipagen gebracht. Also was verfolgt man, was haßt, was tadelt man an ihm? Es ist, um es kurz zu sagen, sein Vorhandensein. Wenn er nicht mehr nützt, so urtheilen seine Feinde, so ist er schädlich, denn alles Nichtnützende ist heutzutage schädlich. Denn die Romantik fühlt Niemand mehr, und für eine hübsche Illustration der Weltgeschichte geben die Juden des modernen Marktes nichts. Wir wollen diese Sätze annehmen, so wie sie uns von den Feinden des Adels gegeben werden, und fürs Erste darin des Adels Unhaltbarkeit sehen, daß er der heutigen sozialen Weltordnung nichts nutzt. Es ist wahr, *praktisch* ist der deutsche Adel nicht; er betheiligt sich nicht an großen merikantilen Unternehmungen wie die englische Nobility, er macht auch keine politischen Zugeständnisse an die Menge wie der alte Adel in Frankreich; zu dem erstern fehlt es ihm an Reichthum, für das zweite an Schmiegsamkeit und Biegsamkeit. Es wird aber gefordert, daß er entweder das Eine oder das Andere thue. Die neuen Ideen in Deutschland finden kein gelegeneres Feld, sich in ihrer Ausgelassenheit zu tummeln, als das deutsche Adelsregiment. Der Adel, seinen Feinden gegenüber, befindet sich in einer sehr isolirten Lage. Hier der niedre Bürger und Landmann, der etwas hat munkeln hören von allgemeiner Gleicheit der Stände, dort der Büreaukrat, der in Perspektive die absolute Gewalt für sich erblickt, der liberale Advokat, der ihn aus Grundsatz haßt und ewig bemüht ist gegen ihn politisch zu agitiren und zu wühlen, endlich der fette Banquier und Prozentenfürst, der sich darüber freut, ein kostbareres Diner zustande bringen zu können, als der Fürst so und so.[3]

v. Sternberg sah den Adel auch von den Fürsten verlassen, also von denjenigen, denen er »seine Söhne in den Krieg schickte, wenn es galt, den Thron der Fürsten zu stützen«. Auf den Feldern von Leipzig 1813 gegen Napoleon habe er sein Blut gegeben, und nun, bei den Hoflagern der Fürsten: »Dort trifft er den geadelten Banquier, den demokratischen Minister.« Sollte er sich auf seine Landgüter zurückziehen? Auch das verschmähte v. Sternberg, um nicht mit dem von ihm verachteten »Junkerthum« gleichgesetzt zu werden.

Dieses Zeugnis aus dem Jahre 1855 schildert in plastischer Weise den Wandel der Zeit in seinen sozialen Konsequenzen für den Adel. Die Aktie, die Börse, die Kapitalien regierten die Welt, der moderne Markt, das Zweckmäßige, Nützliche. In anderer Gewandung äußerte sich bei diesem Adeligen ein ähnlicher Kulturpessimismus wie bei dem früher erwähnten Johannes Scherr. Überdies wird deutlich, daß gerade um 1855 tatsächlich die Spekulation im Handel blühte, mit Wechselgeschäften und an der Börse, bis es zum ersten großen Einbruch im Jahre 1857 kam. Das schnelle Geldmachen und die Mobilität beeindruckten v. Sternberg. Das Bürgertum erschien ihm als neuer Konkurrent am Hofe, genau gesagt das neue Unternehmertum, die Fabrikanten und Bankiers, die sich aufs Wirtschaften verstanden und Gewinne erstrebten, die Reichtum zur Schau stellen konnten. Sie konkurrierten in jeder Hinsicht mit dem alten Adel: Sie machten ihm seine alte Stellung als Hof- und Dienstadel streitig, indem sie Minister werden konnten, indem sie selbst die Adelsqualität erhielten. Konkurrenz und gleichzeitig Annäherung des Bürgertums an den Adel erschienen, obwohl eigentlich gegensätzliche Vorgänge, in dialektischer Weise einander zu bedingen.

Die *Erinnerungsblätter* sind ein Zeugnis der Krise des Adels, namentlich des armen Landadels. Aus bürgerlicher Sicht bot sich das Bild folgendermaßen dar:

Eine Unzahl dürftigen Adels sperrt für den Bürgerstand den Zugang auch zu den mäßigen Bedienungen. [...] An dem zweiten Überbleibsel des Mittelalters, dem Geschlechtsadel ohne Grundbesitz, werden wir länger zu würgen haben. [...] Auch der Beste hat keine Aussichten und Wenige haben Vermögen; nun freien sie als Auscultanten und schnappen nach Amtsschreiberstellen, zu deren Erlangung der Verwandteneinfluß noch eben hinreicht. Furchtbare Aussicht für ein so grafenreiches Land wie Holstein![4]

Diese Diagnose erschien 1858 in einer Biographie des Buchhändlers Friedrich Perthes, und dieser bestätigte von seiner Seite, daß Bürgerliche den Adel als Konkurrenten bei der Vergabe öffentlicher Ämter ansahen. Der hier gemeinte Kleinadel stellte die Hauptmasse der Aristokratie.

Doch das Bild ist einseitig. Es gab auch denjenigen Adel, der sich den Bedingungen der neuen Zeit anpaßte: die praktisch wirtschaftenden Rittergutsbesitzer, in Preußen »Junker« genannt.[5] Bis 1848 waren sie vieler ihrer Privilegien verlustig gegangen, jedoch, wie in Preußen, teilweise nur vorübergehend; in Preußen erhielten sie einige ihrer Hoheitsrechte zurück. Bis 1872 besaßen die preußischen Rittergutsbesitzer die örtliche Polizeigewalt; überdies übten sie im Dorf die Herrschaft aus: Die Gutsbezirke galten bis 1928 als unterste staatliche Verwaltungseinheit. In Preußen blieben sie bis 1861 von der Grundsteuer befreit.

Sie organisierten ihre Güter als landwirtschaftliche Großbetriebe. Die Gutsbesitzer – wie übrigens auch die Großbauern – wurden zu Landwirten, der Ackerbau wurde zum Gewerbe. Der Begründer der modernen Landwirtschaftswissenschaft, Albrecht Daniel Thaer, verfaßte zwischen 1808 und 1812 sein vierbändiges Hauptwerk mit dem Titel: *Grundsätze der rationellen Landwirtschaft*. Darin bezeichnete er die Landwirtschaft als ein Gewerbe,

> welches zum Zweck hat, durch Production (zuweilen auch durch fernere Bearbeitung) vegetabilischer und thierischer Substanzen Gewinn zu erzeugen oder Geld zu erwerben. Je höher dieser Gewinn nachhaltig ist, desto vollständiger wird dieser Zweck erfüllt. Die vollkommenste Landwirthschaft ist also die, welche den *möglich höchsten, nachhaltigen* Gewinn, nach Verhältniß des Vermögens, der Kräfte und der Umstände, aus ihrem Betriebe zieht. Nicht die möglich höchste Production, sondern der höchste reine Gewinn, nach Abzug der Kosten – welches beides in entgegengesetzten Verhältnissen stehen kann – ist Zweck des Landwirths, und muß es seyn, selbst in Hinsicht auf das allgemeine Beste.[6]

So klang die neue Sprache einer am Kapital orientierten Gesellschaftsordnung. In der Zeit nach 1848 kam sie bei dem gutsbesitzenden Adel als neue Perspektive vollends zum Durchbruch. Auch hier bahnte sich eine Entwicklung an, deren Konsequenzen bis in die Gegenwart reichen, in der sich die überkommene Landwirtschaft immer weniger den rein wettbewerbswirtschaftlichen Prinzipien expandierender Märkte gewachsen zeigt. Die Grundsätze von »Gewinn« und »Produktivität« traten seit Mitte des 19. Jahrhunderts ihren Siegeszug bei diesem Wirtschaftsbereich an, welcher wie kein anderer zugleich mit der Erhaltung der natürlichen Lebensgrundlagen zu tun hat.

Der Übergang von der adeligen Guts*herrschaft* zur Guts*wirtschaft* hatte drei herausragende soziale Begleiterscheinungen. Die erste Konsequenz: Der Adel unterwarf sich den neuen Ideen und begann mit dem aufsteigenden Wirtschaftsbürgertum zu konkurrieren. Bürgerliche Sozialkritiker beklagten das, wie aus der erwähnten, 1858 erschienenen Lebensbeschreibung des Buchhändlers Perthes hervorgeht. Es heißt dort über den Adel:

Erst in neuester Zeit, seitdem seine Güter mobil wurden und er selbst Geld mit Geld machen wollte, erst seitdem er aus seinem Kreise heraus und in Concurrenz mit dem Handels- und Erwerbsstande trat, hat er gelitten. [...] Wir brauchen einen festen Halt, es darf nicht Alles beweglich, nicht Alles verkäuflich und das Geld nicht die allein bewegende Kraft sein. Festes und Bewegliches muß sich ergänzen, wenn Großes sich bilden soll.[7]

Der bürgerliche Kritiker mutete also dem grundbesitzenden Adel die traditionelle, statische Verhaltensweise zu; dem Bürgertum hingegen wollte er das gewinnorientierte Streben reserviert wissen.

Aber der Vorgang, der den Boden und seine Bewirtschaftung dem Markt unterwarf, war sozial zweigleisig. Das begründete die zweite Konsequenz: Bürgerliche kauften sich mit ihrem Kapital in Rittergüter ein. 1857 befanden sich bereits 43% der ostelbischen Rittergüter in bürgerlichem Besitz, in den achtziger Jahren waren es sogar 64%. Das heißt, der Gutsbesitz verlor immer mehr seinen ursprünglichen adeligen Charakter. Die bürgerlichen Rittergutsbesitzer gerieten dabei unter den »gesellschaftlichen Geltungsdruck« (W. Conze) ihres neuen Standes und glichen sich dem Lebensstil der adligen Führungsschicht an.[8]

Darin lag ein wesentliches Ergebnis im sozialen Wandlungsprozeß des Adels nach 1848: Durch den Einstieg bürgerlicher Unternehmer und Rittergutsbesitzer bildete sich eine adlig-hochbürgerliche Führungsschicht heraus, geprägt durch das neue Wirtschaftswachstum, mit luxuriösem Lebensstil und verbunden durch gesellschaftliche und familiäre Beziehungen. Die adelig-hochbürgerliche Führungsschicht der wilhelminischen Zeit erhielt ihre Konturen in den zwei Jahrzehnten, welche der Reichsgründung vorausgegangen waren.[9]

Die dritte Konsequenz des Übergangs von der Gutsherrschaft zur Gutswirtschaft erfaßte das Arbeitssystem, das für die landwirtschaftlichen Großbetriebe charakteristisch war. Die Güter zogen ansässige Landarbeiterfamilien an; sie brauchten Landarbeiter, die im Lohnverhältnis zum Gutsbesitzer standen, mochte es der ostdeutsche Instmann sein, ein Gutsarbeiter mit kleiner Viehweide und Anteilsrechten an den Ernteerträgen. Er verdingte sich mit den Mitgliedern seiner Familie und mit angemieteten Knechten, den Scharwerkern, beim Gutsherrn. Oder mochte es der Heuerling in Nordwestdeutschland sein, der in ein festes Arbeitsverhältnis zum Großbauern trat, nachdem er seine Heimarbeit als Spinner oder Weber hatte aufgeben müssen; mochte es schließlich der gemietete Saisonarbeiter sein.

Viel hing von dem Wohlwollen des Gutsherrn ab, wie es seinen Gutsarbeitern ging. Der Schriftsteller Friedrich Spielhagen schilderte das Leben bei guten und schlechten Herrschaften. Er berichtet, daß sich die Landarbeiter bei guten

sehr viel besser standen, als sie es auf eigenen Füßen gethan haben würden. Unendlich viel besser, als z. B. die arme Nägelschmiede auf dem Eichsfelde, ja selbst als mancher Thüringer Bauer, der dem Himmel danken würde, wenn er ihm im Laufe des ganzen Jahres soviel Fleisch und Speck bescherte, wie der pommersche halbhörige Knecht allein während der Erntezeit verzehren durfte.[10]

Bei schlechten Herrschaften entpuppte sich nach Spielhagen hingegen die rechtlich zweifelhafte Lage der Landarbeiter, in der durch Herkommen und Brauch, nicht durch Gesetz bestimmt war, wann die Rechte der Herren endeten, wo die Pflichten der Arbeiter aufhörten. Da nicht mit barem Geld, sondern in Naturalien, Schwein und Gans entlohnt wurde, die Kate Teil des Lohnes war, blieben die Arbeiter praktisch doch an die Scholle gefesselt, obwohl formalrechtlich Freizügigkeit gewährt war.

Die Beschäftigung mit dem Adel lenkt zwangsläufig zugleich auf die Betrachtung anderer sozialer Schichten hin, zu Bürgern, Bauern und Landarbeitern. Es bleibt gleichwohl noch eine Frage zu behandeln, die bei dem ausführlich zu Wort gekommenen v. Sternberg auftauchte. Dieser behauptete, der Adel habe keine Vorrechte mehr besessen, und wenn, dann nur sehr geringe und unwesentliche. Das muß korrigiert werden und lenkt den Blick auf die soziale Vorrangstellung des Adels im politischen System.

Anders als der niedere landsässige und gutsbesitzende Adel erhielt nach der Revolution der Hof- und Dienstadel besondere Bedeutung. Die Revolution hatte an den Säulen monarchischer Macht gerüttelt: an Verwaltung, Militär und Diplomatie, freilich ohne sie für sich erobern zu können. Die Lehre aus der Revolution hieß für die Regierungen, hier dem adeligen Element wieder mehr Gewicht zu verschaffen. Das galt vor allem für die Entwicklung in Deutschlands größtem Staat, in Preußen.

In Preußen wurden die leitenden Verwaltungsbeamten von der allgemeinen Beamtenschaft deutlich abgehoben. Die Lehre aus der Revolution hieß, daß sie aus besonderen politischen Gründen in den Ruhestand versetzt werden durften. Sie hatten im politischen System Schlüsselstellungen und wurden politischen Normen verstärkt unterworfen. Der Sache nach wurden sie zu dem, was heute »politische Beamte« darstellen, etwa die politischen Staatssekretäre. In Preußen waren es die Unterstaatssekretäre, Ministerialdirektoren, Oberpräsidenten, Regierungspräsidenten, Landräte, dazu auch noch die Polizeipräsidenten, Staatsanwälte und die Angehörigen des Diplomatischen Dienstes. Bei diesen Posten wurden Angehörige des Adels bevorzugt. Nicht Leistungskriterien standen an vorderster Stelle bei der Auswahl dieser leitenden Verwaltungsbeamten. Wichtig war vielmehr, dem Adel anzugehören, einem vornehmen studentischen Korps verbunden, Reserveoffizier in einem angesehenen Regiment gewesen zu sein, über reichlich private Geldmittel während der Zeit des Studiums zu verfügen.[11]

In den fünfziger und sechziger Jahren erhielt der folgende Vorgang Konturen, der seit 1879 formalisiert wurde: Im Ausbildungsgang führten die Wege der Verwaltung und Justiz auseinander. Die politischen Hürden für den Weg in die höhere Verwaltung wurden immer größer. Bei Einstellung und Beförderung wurden politische Kriterien ausschlaggebend, so daß Linksliberale, Sozialdemokraten, Anhänger des Zentrums, sogar Nationalliberale weitgehend vom höheren Verwaltungsdienst ferngehalten wurden; dieser blieb überwiegend den Konservativen vorbehalten. Hinzu kam, daß sich die Adelserhebungen in diesem Bereich häuften. Die Justiz dagegen war vorwiegend bürgerlich geprägt. Wie bei den führenden Unternehmern, bei bürgerlichen Rittergutsbesitzern ist auch bei den leitenden Verwaltungsbeamten die Tendenz zu einer assimilierten adelig-hochbürgerlichen Führungsschicht zu erkennen.

Auch für Bayern liegen genaue statistische Analysen vor. Der bayerische Adel hatte in der staatlichen Verwaltung im Vergleich zu Preußen im 19. Jahrhundert nie eine dominierende Stellung inne. Die bayerische Verwaltung wurde im Gegenteil bis in die höchsten Ränge hinein von bürgerlichen Beamten beherrscht; sie konnten ihre Position auch in der nachrevolutionären Epoche auf Kosten des Adels stetig ausbauen. Die alte adlige Führungsschicht wurde hier wie auch in Württemberg in eine Rückzugsposition gedrängt; in dieser Beziehung hatte v. Sternberg mit seinen Befürchtungen recht. Das Bild in Bayern und Württemberg von dem Übergewicht des Bürgertums in der höheren Verwaltung wird äußerlich allerdings durch die hohe Zahl von Nobilitierungen verdeckt. Die bayerischen Könige waren bei Standeserhöhungen im 19. Jahrhundert sehr großzügig, wenngleich sie überwiegend nur den Personaladel vergaben, d.h. den nicht vererbbaren Titel. Adelig zu werden war bei Ministern und Regierungspräsidenten eher eine Rang- als eine Leistungsfrage: Die Erhebung in den Adelsstand entsprach einem Grundsatz persönlicher Gleichbehandlung und äußerer Gleichstellung der leitenden Beamten.[12]

Neben Verwaltung und Diplomatie als Domänen des fürstlich-monarchischen Regiments bleibt noch der Blick auf das Militär, wo der Adel von alters her auf Führungspositionen Anspruch machte. Die Revolution von 1848 war auch im Kernbereich des Heeres, dem Offizierskorps, nicht ohne Folgen geblieben. Bewaffnete Aufstände, Bürgergarden, das Programm des Volksheeres und der Volksbewaffnung waren für die Offiziere eine Herausforderung gewesen. Sie lebten in einer eigenen Welt, mit eigenem Lebensstil und eigenen Wertmaßstäben, die sie von ihrer bürgerlichen Umgebung abhoben. Dem entsprach ein starker adeliger Anteil im Offizierskorps.[13] Und die Revolution bewirkte, das Offizierskorps vorwiegend aus Adligen zu ergänzen.

So geschah es in Preußen, wie sich an Zahlen nachvollziehen läßt. 1819 bestand dort das Offizierskorps aus 3605 Adligen und 3053 Bürgerlichen. Die Adligen hatten einen Anteil von 54%. 1860 gehörten ihm knapp 4300 adlige Offiziere an. Das waren 65% der Offiziere. Bei den Regimentskommandeuren fielen die Proportionen zugunsten des Adels in der nachrevolutionären Zeit noch eindeutiger aus. Es seien jeweils die Anteile von 1855 und 1865 gegenübergestellt: Bei der Infanterie gab es 1855 13% bürgerliche Regimentskommandeure (absolut 6:41), 1865 waren es 5% (4:77); bei der Kavallerie waren es 1855 11% Bürgerliche (4:34), 1865 nur noch 6% (3:45); bei der Artillerie blieb der Anteil der Bürgerlichen konstant bei 33% (3:6/5:9). Wie bei den leitenden Verwaltungsbeamten lagen in Bayern und Württemberg die Verhältnisse im Vergleich zu Preußen anders. In beiden süddeutschen Staaten war der bürgerliche Anteil stärker. In Bayern wurde 1873 sogar das Abitur als Bedingung für die Annahme als Offiziersanwärter eingeführt. Darüber hatte es in Preußen einen anhaltenden Streit in der militärischen Führungsspitze gegeben. Die allen erreichbare Bildungsvoraussetzung des Abiturs konkurrierte mit dem von adliger Seite vorgebrachten Ideal der Herkunft, sprich: häuslich-familiären Erziehung und der »sittlichen Bildung«, der Tradition und des Adelsethos.

Zusammenfassend bleibt festzuhalten: Der Adel konnte wesentliche Positionen im Agrarbereich, in der Verwaltung und im Heerwesen für sich verteidigen, nach der Revolution sogar noch erweitern. Das gilt noch mehr, wenn man über den landsässigen, den gutsbesitzenden und den Dienstadel noch den Hochadel hinzunimmt: die fürstlichen Familien, unter ihnen die Standesherren, die seit 1815 ihre ehemalige Souveränität verloren hatten.[14] In den seit 1814 in Deutschland eingeführten landständischen Versammlungen hatten sie verfassungsrechtlich eine Vorzugsposition. In den Ersten Kammern der Landstände waren sie durch Geburt, nicht durch Wahl Mitglied.

Nach 1848, bis zum Ende des Ersten Weltkriegs, war das konstitutionell-monarchische System für die deutschen Bundesstaaten charakteristisch. In ihm machte sich das vordringende Bürgertum zwar als Konkurrenz für den Adel bemerkbar. Aber getragen wurde dieses System von einer adlig-hochbürgerlichen Führungsschicht; wo das Bürgertum in diese Spitzenpositionen vorstieß, milderte sich diese Konkurrrenz; durch Nobilitierung gerieten bürgerliche Unternehmer, Rittergutsbesitzer und Verwaltungsbeamte in den Sog der traditionellen »höheren Stände«.

## 6. Das Bürgertum

Das Bürgertum läßt sich am schwierigsten in seinem sozialen Wandel nach der Revolution erfassen. Es entwickelte sich zur gesellschaftlichen Kraft, aber die Begriffe Schicht, Klasse oder Stand zur Kennzeichnung scheinen alle zu kurz zu greifen, um *das* »Bürgertum« zu charakterisieren, wenn man sich nicht von vornherein auf einen bestimmten Teil beschränken will.[1]

Das 19. Jahrhundert hat mit gutem Grund das Attribut vom »Durchbruch des Bürgertums« (E. Weis) erhalten, aber wer ein Bürger sei, welche sozialen Gruppen in diesem Begriff beheimatet waren, das bereitet erhebliches Kopfzerbrechen. Obwohl allenthalben Begriffe des »Bürgers«, der »Bürgerlichkeit«, der »bürgerlichen Öffentlichkeit« und des »bürgerlichen Zeitalters« präsent sind – seit dem Beginn des 19. Jahrhunderts bis heute –, fehlt es noch immer an einer Sozialgeschichte des deutschen Bürgertums. Allerdings hat die Forschung in jüngster Zeit höchst ermutigende Schritte auf dieses Ziel hin unternommen.[2] Die Schwierigkeiten liegen auf der Hand. Eine solche Geschichte darf sich nicht der regionalen Vielfalt entziehen. Sie muß eine Brücke finden zwischen Handwerkern, Kleinhändlern, Beamten, Volksschullehrern, Gymnasial- und Universitätsprofessoren, Apothekern, Ärzten, Journalisten, Eisenbahn- und Postbeamten, Unternehmern, Bankiers – die Reihe ließe sich noch einige Zeit und feiner gegliedert fortsetzen und würde wieder einmal den für das Jahrhundert typischen Vorgang beruflicher Differenzierung widerspiegeln.[3] Aber bereits bei dieser Aufzählung stockt der Beobachter: Beamte als Bürger? Waren nicht, wie dargelegt, die hohen Verwaltungsposten der sog. politischen Beamten besonders in der preußischen Bürokratie bevorzugt Adligen vorbehalten gewesen?

Es ist zweckmäßig, sich zunächst im historischen Rückgriff der rechtlichen Bestimmung des Bürgertums zu vergewissern. Eine wichtige derartige Definition stammt aus dem Jahre 1794 und findet sich im *Allgemeinen Landrecht für die Preußischen Staaten:*

§ 1. Der Bürgerstand begreift alle Einwohner des Staats unter sich, welche, ihrer Geburt nach, weder zum Adel, noch zum Bauernstande gerechnet werden können; und auch nachher keinem dieser Stände einverleibt sind.

§ 2. Ein Bürger im eigentlichen Verstande wird derjenige genannt, welcher in einer Stadt seinen Wohnsitz aufgeschlagen, und daselbst das Bürgerrecht gewonnen hat.

§ 3. Personen des Bürgerstandes in und außer den Städten, welche durch ihre Ämter, Würden, oder besondere Privilegien, von der Gerichtsbarkeit ihres Wohnorts befreyt sind, werden Eximierte genannt. [...]

§ 5. Einwohner der Städte, welche weder eigentliche Bürger, noch Eximierte sind, heißen Schutzverwandte.

§ 6. Bürger und Schutzverwandte der Stadt werden nach den Statuten ihres Wohnorts; Eximierte hingegen nach den Provinzialgesetzen, und in deren Ermangelung, nach dem allgemeinen Gesetzbuche beurtheilt.[4]

In dieser rechtlichen Definition erscheint der Bürger abgehoben von der ländlichen Bevölkerung (Adlige, Bauern, Kleinbauern, Gesinde, Landhandwerker, Heimgewerbetreibende); ebenso ist er getrennt von der Masse der in den Städten lebenden Unterschichten (Gesinde, Arbeiter, die meisten Handwerksgesellen, Arme).

Bürgerrecht war ein ständisches Recht. Es wurde durch Geburt erworben oder an solche Bewerber verliehen, die es beantragten und wichtige Bedingungen erfüllen mußten. Waren sie leistungsfähig und verfügten sie über Vermögen, waren sie willkommen. Waren sie arm, hatten sie keine Chance, denn die Stadt wollte sich keine Kostgänger aufladen. Stadt- oder Gemeinderecht enthielt nämlich gleichermaßen den Anspruch, im Falle der Invalidität oder Verarmung Hilfe von der Heimatgemeinde zu bekommen. Das verlieh den Stadtbürgern einen streng konservativen Zug, wenn es sich um Liberalisierung der Freizügigkeit und des Niederlassungsrechts handelte.[5] Man wollte sich nicht die potentielle Konkurrenz hinter den eigenen Stadtmauern heranziehen. Das Stadtbürgertum war die älteste, die traditionsbewußteste Variante des Bürgertums. Es verkörperte oft nur eine Minderheit unter den Stadtbewohnern, wozu gehörten: Handwerksmeister, zumeist in Zünften organisiert, wohlhabendere Kaufleute, Ladenbesitzer, Gastwirte, insgesamt auch als *Kleinbürger* bezeichnet; seine Merkmale waren Selbständigkeit und Besitz; in größeren Städten kamen auch noch Ärzte, Juristen und Apotheker hinzu.

Das Allgemeine Landrecht rechnete noch eine weitere Art von Einwohnern zum Bürgerstande: die Eximierten. Darin steckt das lateinische Wort eximere: ausnehmen, also Bürger, die abgesondert qualifiziert wurden; sie hatten Bürgerrecht, ohne unbedingt in der Stadt wohnen, ohne über Besitz verfügen zu müssen, der selbständig machte. Amt und Würde begründeten den Status eines Eximierten wie bei den akademisch gebildeten Beamten, den Universitätsprofessoren und Bürokraten, kurz: den Angehörigen des *Bildungsbürgertums*. Sie waren außerstädtischer, staatlicher Gerichtsbarkeit unterworfen und kamen durch landesherrlich verliehenes Amt zu ihrer Bürgereigenschaft. Die rasch wachsende Zahl der fürstlichen Diener oder Staatsbeamten war von Steuer und Militärdienst befreit, wählte den Stadtrat nicht mit und stand in unmittelbarer Beziehung zum Landesherrn.

Schließlich kamen zu den Eximierten noch diejenigen hinzu, die durch fürstliches oder königliches Privileg das Bürgerrecht erhalten hatten. Zu ihnen zählten die Gründer und Leiter der damals als groß und modern anzusehenden Unternehmen. Sie waren von den Vorschriften der nach Zunftordnung geregelten städtischen Wirtschaft ausgenommen; oft errichteten sie ihre Unternehmen auch außerhalb der Stadtgrenzen. An Wohlstand, Weitsicht und Ehrgeiz übertrafen sie die traditionell gesinnten Stadtbürger. Diese Art Wirtschafts- oder Großbürger trug im Französischen die Bezeichnung »Bourgeoisie«, und in diesem Sinne wurde der Begriff auch auf deutsche Verhältnisse übertragen.

Das Allgemeine Landrecht eröffnete also bereits den Blick auf drei Grundarten des Bürgerbegriffs: Stadtbürger, Bildungsbürger im Staatsdienst und Wirtschaftsbürger oder Bourgeois. Im Laufe des 19. Jahrhunderts erweiterte sich der Bürgerbegriff; seine rechtliche, geburtsständische Dimension erwies sich als zu eng. Immer stärker wurde auch nach der Stellung im Beruf gefragt, wenn von »Bürger« die Rede war. Eine Analyse des Kulturhistorikers Wilhelm Heinrich Riehl aus dem Jahre 1852 demonstriert diese soziale Erweiterung besonders authentisch, weil sie unmittelbar der hier interessierenden nachrevolutionären Epoche entstammt. Bemerkenswert erscheinen daran auch die Eigenschaften und Tendenzen, welche er den Bürgern zuschrieb. Sein Buch trägt den Titel *Die bürgerliche Gesellschaft* und zeigt seinen Autor ganz auf der Höhe der Zeit. Er schildert darin eine Formation, welche die Ständeordnung bereits hinter sich gelassen hatte, die aber noch den Sturm der Revolution spüren ließ:

Der Bürgerstand ist seit alten Tagen der oberste Träger der berechtigten sozialen Bewegung gewesen, der sozialen Reform. Er ist darum – namentlich in seiner modernen Erscheinung – das Gegenteil des Bauern [...]

Das Bürgertum ist unstreitig in unseren Tagen im Besitze der überwiegenden materiellen und moralischen Macht. Unsere ganze Zeit trägt einen bürgerlichen Charakter. Die politische Mündigsprechung des Bürgertums durch die erste französische Revolution hat die Pforten der Gegenwart erschlossen. Man nannte darum in jener Krise jedes Glied der Gesellschaft bedeutungsvoll ›Bürger‹. Seitdem drückt das Bürgertum den Universalismus des modernen gesellschaftlichen Lebens am entschiedensten aus.[6]

Mit diesen klugen Beobachtungen hob Riehl zunächst das Bürgertum in seiner moderneren Erscheinung hervor, das Reform und Bewegung erstrebte; er verkannte nicht die verharrenden Kräfte, die er vor allem bei den Kleingewerbetreibenden und kleinen Handwerkern feststellte. Sie seien, schreibt er, »namentlich in Landstädten [...] fast ebenso beharrend in Begriff und Rede, in Arbeit und Sitte, wie der Bauersmann«. Bewegung, Dynamik: die Merkmale der folgenden zwei Jahrzehnte des »Take-off« schrieb Riehl andrerseits den Stadtbürgern, dem Bildungsbürgertum und namentlich der Bourgeoisie zu.

Er brachte noch eine weitere Variante des Bürgerbegriffs ins Spiel, gewissermaßen ihre universale, indem er den Staatsbürger ansprach. Der Bürger – das war seine Gesellschaftsutopie – setzte sich an die Stelle aller anderen Stände oder genauer gesagt: Alle anderen Stände gingen in dem Staatsbürger auf. Im Französischen spiegelte sich diese Spannung im Begriffspaar »bourgeois« und »citoyen«.

Den Erfahrungen der Revolution von 1848 gemäß erkannte Riehl in dem Stadtbürgertum der Straße eine bewegende Kraft:

Wo unsere sozialen Kämpfe jetzt zu blutigem Entscheid führen, da geschieht dies fast immer auf den Straßen der Städte, nicht in Dörfern und Feldern, nicht mehr vor ritterlichen Burgen. Die Stadt ist weit mehr als irgendwann zuvor der Ausgangs- und Mittelpunkt aller großen sozialen und politischen Lebensregungen geworden. [...] Der große Gegensatz von Mächten des sozialen Beharrens und der sozialen Bewegung stellt sich zugleich dar als ein Gegensatz von Land und Stadt, dort die großen und kleinen Gutsbesitzer, hier die wohlhabenden und die verhungernden Leute des bürgerlichen Erwerbes. Der Bauer und der Adel bürgt uns dafür, daß das Gute des früheren Ständewesens nicht ganz verloren gehe, der Bürger und der Proletarier, daß das Erstarrte und Abgestorbene daran nicht künstlich wieder ins Leben zurückgeführt werde.[7]

Die verhungernden Leute des bürgerlichen Gewerbes verkörperten die Krise des Handwerks, die auch die Revolution geprägt hatte. Riehl lenkte darüber hinaus den Blick auch auf die städtischen Unterschichten – das Proletariat, die künftige Lohnarbeiterschaft der industriellen Gesellschaft. Zugleich erkannte er zutreffend als Praxis des Wirtschaftsbürgertums dessen bewegende Dynamik: den kapitalistischen Geist der neuen Zeit. Das Lebenselement des Bürgertums sei

das Wetten und Jagen nach Erfindung, Vervollkommnung, Verbesserung. Die »Koncurrenz« ist ein echt bürgerlicher Begriff; dem Stockbauer liegt er sehr fern. Der Bürgerstand alter und neuer Zeit in seiner großartigeren Erscheinung ist der zur Tatsache gewordene Beweis des Satzes, daß »die Kraft Reichtümer zu schaffen, unendlich wichtiger sei als der Reichtum selbst«. (List) Darum liegt die Gründung von Majoraten und Fideikommissen [also von rechtlich gebundenem, unverkäuflichem Erbeigentum] nicht im Geiste des Bürgertumes, so sehr sie im Geiste der Aristokratie und des Bauerntumes liegen mag. Das beste bürgerliche Erbe ist die Kraft und gegebene äußere Möglichkeit, Reichtum zu erwerben, nicht der feste Besitz.[8]

Das war auf das neue Handels- und Industriebürgertum gemünzt. Zugleich erkannte Riehl in der inneren Vielfältigkeit des Bürgertums, in seiner Heterogenität die eigentliche Dynamik, und hierin sah er eine Gemeinsamkeit mit dem Vierten Stand.

Eine Grundursache des steten Drängens und Bewegens im Innern des Bürgerstandes ist schon darin gegeben, daß derselbe die verschiedensten Berufsarten umschließt, während die Bauern wie der Grundadel wesentlich auf einen einzigen Beruf angewiesen sind. Bei den Mächten der sozialen Bewegung, dem Bürgertum wie dem Vierten Stand, fällt der Beruf nicht mit dem Stand zusammen, bei den Mächten des sozialen Beharrens deckt der Beruf den Stand. Darum sind die letzteren auch viel bestimmter abgegrenzt, viel leichter begrifflich zu bestimmen. Es gibt keine größeren Gegensätze des Berufes, wie zwischen dem Kleingewerbe und jener höchsten Geistesarbeit des wissenschaftlichen und künstlerischen Schaffens, und doch umschließt beide das Bürgertum.[9]

Gewerblich-städtisches Bürgertum, Bildungs- und beamtetes Bürgertum sowie Wirtschaftsbürgertum – diesen drei Kategorien soll der nähere Blick auf den sozialen Wandel in der Epoche zwischen 1848 und 1871 gelten.

### *a) Gewerblich-städtisches Bürgertum*

Es war seit den dreißiger Jahren von der Krise des Handwerks erfaßt, primär von der Überbesetzung der Meisterstellen: Der Konkurrenzdruck erwuchs weniger aus der aufkommenden Industrie als aus der Tatsache, daß immer mehr Gesellen nachrückten. Die Revolution sah auf den Barrikaden zahlreiche abstiegsbedrohte Handwerker, Gesellen und Lehrlinge. Die Prognosen der zeitgenössischen Nationalökonomen und mittelständischen Interessenvertreter lauteten düster; auch Marx prophezeite den Niedergang des Handwerks. Die Voraussagen erwiesen sich als Trugschluß. Die Handwerker konnten ihre wirtschaftliche Existenz erhalten und ihren »Berufsstand« wahren. In der Praxis zeigten sie sich unerwartet anpassungsfähig, sei es durch technische, betriebsorganisatorische oder wirtschaftliche Veränderungen. Bereits in den fünfziger Jahren wurde das Verhältnis der Meister zu den Gesellen wieder besser. Die Überbesetzung vieler Gewerbe konnte abgebaut werden. Indem sich die Zahl der Meister verringerte, die der Gesellen demgegenüber stieg, erhöhte sich der Wert einer Handwerkerstelle. Die Spannweite der Zukunftschancen im Handwerk reichte von Niedergang über Umbildung bis zur Ausweitung, von Schrumpfung über Stagnation zur Expansion.[10]

Das geradezu klassisch gewordene Beispiel für den Niedergang des alten Handwerks bot die Schuhmacherei. Seit den fünfziger Jahren wurde sie schrittweise in die Fabriken überführt; technische Neuerungen beschleunigten den Prozeß: die Erfindung der Schaftnähmaschine, der Sohlennähmaschine, der Zwickmaschine. In der Fabrik schließlich wurde die Herstellung in Teilschritte zerlegt, für einen Herrenschnürstiefel etwa in 96 verschiedene Tätigkeiten. Der eigentliche selbständige Schuster wurde auf die Reparaturarbeit eingeengt[11]; untergegangen ist er jedoch bis heute noch nicht. Ebenso verdrängte die Fabrikproduktion z. B. die Hutmacher, Färber und Seiler. Niedergang, ja Verarmung im Handwerk gab es überdies, wo sich die Bedürfnisse verschoben, etwa bei der Böttcherei, Drechslerei, Zinngießerei.

Trotz aller Krisen darf darüber hinaus nicht übersehen werden, daß viele gefährdete Handwerke eine Stütze durch eine andere Entwicklung erhielten: sie vermochten den steigenden Grundbedürfnissen dadurch gerecht zu werden, daß sie zu Handwerken des Massenbedarfs wurden, im Bereich von Nahrung, Kleidung, Wohnung; durch diese Entwicklung erhielten Bäcker, Fleischer, Schuhmacher, Schneider, Maurer, Tischler, Zimmerleute Arbeit.

Eine andere Veränderung vollzog sich dadurch, daß verschiedene Handwerke an einen Produktionsort zusammengelegt wurden, etwa bei den Möbel-, Lokomotiv- und Maschinenfabriken. Umbildung erfolgte gleichermaßen bei Handwerken, welche die aus den Fabriken kommenden Halbfabrikate weiterverarbeiteten; das machten z. B. Glaser, Kürschner und Tischler. Umbildung vollzog sich schließlich, wo sich Handwerke an große Unternehmen angliederten, etwa Klempnereien in Konservenfabriken, Böttchereien in Brauereien, Reparaturwerkstätten in größeren Fabriken.

Ausweitung erreichte das Handwerk dort, wo der Übergang zum kleinkapitalistischen Unternehmen gelang. Das war besonders beim stark wachsenden Baugewerbe der Fall. Steigende Belegschaftszahlen, vermehrter Maschineneinsatz und Kapitalbildung zeigten an, daß das Handwerk in die Industriegesellschaft hineinwuchs.

Schließlich entstanden gänzlich neue, der vorindustriellen Welt unbekannte Handwerke: die Gas- und Elektroinstallateure, die Landmaschinen- und (später) Automechaniker, die Wäscherei- und Reinigungsbetriebe. Der Strukturwandel der Industriellen

Revolution wurde fälschlicherweise oft von der Textilindustrie auf die Gesamtwirtschaft übertragen, in der Dramatik noch verschärft durch den Niedergang der Weberei und des Heimgewerbes. Diese Optik trügt jedoch, wie die angeführten unterschiedlichen Reaktionsweisen des Handwerks beweisen. Die These von dem unvermeidlichen Untergang des Handwerks in einer vom Kapitalismus geprägten Welt hat sich nicht bewahrheitet.

### *b) Bildungs- und beamtetes Bürgertum*

Das Bildungsbürgertum, heterogen, wie es war, umfaßte so verschiedene Berufsgruppen wie z. B. Universitätsprofessoren, Lehrer und Beamte, andererseits Ärzte, Anwälte, Journalisten, Schriftsteller und Künstler, dann wiederum Ingenieure oder Chemiker. Durch die höhere Schulbildung des Gymnasiums, teils auch durch akademische Bildung sind sie miteinander vergleichbar. Aber es eröffnen sich beachtliche Unterschiede, wenn man die jeweiligen Abhängigkeitsverhältnisse betrachtet, in denen die einzelnen Gruppen standen.[12]

Die Abhängigkeit vom Staate war in diesem Zusammenhang die einschneidenste. Das bekamen Professoren, Lehrer und Beamte jeder Herkunft schmerzlich nach der Revolution von 1848 zu spüren. Disziplinarverfahren, Amtsenthebungen waren an der Tagesordnung, und fast in jedem Bundesland wurden Säuberungen durchgeführt. Insbesondere die Volksschullehrer betrachteten die Behörden seit der Revolution als »Element von Unruhe und Opposition« (Nipperdey). Sie lebten in krassem Widerspruch zwischen miserabler Bezahlung, sozial wenig geachtetem Status und hohem staatlichen Bildungsauftrag – als »Proletarier der Geistesarbeit«, wie Riehl sie einstufte. Dementsprechend konzentrierte sich gerade auf sie die schulpolitische Reaktion, die einfache Unterrichtung in Religion, Rechnen, Schreiben und Lesen an die Stelle des ehrgeizigen Lehrziels setzen wollte, zum mündigen Menschen zu erziehen. Die Erziehungsdekrete, welche der preußische Referent im Kultusministerium Stiehl für die Volksschulen entworfen hat, bekämpften seit 1854 die angeblich einseitige Verstandesbildung und unterwarfen die Volksschullehrer wieder der alten geistlichen Schulaufsicht.[13] Diese Regulative blieben bis 1872 in Kraft und hatten ihre Entsprechung auch in ähnlichen bildungspolitischen Tendenzen der anderen deutschen Staaten dieser Zeit.

Es ist kennzeichnend für die Widersprüchlichkeit der Epoche, daß parallel zur disziplinierenden Schulpolitik die Position der Lehrer sich verbesserte, nicht zuletzt ihre Bezahlung.

Hatten sich während der Revolution zahlreiche Hochschullehrer als »politische Professoren« in der Öffentlichkeit profiliert, mußten sie in der Reaktionsperiode um ihre berufliche Stellung bangen. Die preußische revidierte Verfassung von 1850 hatte zwar die Garantie der Wissenschaftsfreiheit nach heftigen Diskussionen im Abgeordnetenhaus schließlich doch übernommen. Auf dem Papier war die Norm gesichert; in der Wirklichkeit bedurfte sie noch eines weiteren Jahrzehnts, um sich zu behaupten.

Denn die seit 1850 einsetzende bundesweite Reaktionspolitik stellte die Wissenschaftsfreiheit noch einmal auf eine harte Probe, jedoch mit anderen Verfahren als in der Zeit nach Karlsbad (1819).[14] In die Welle der Amtsenthebungen bei den Staatsbediensteten sahen sich auch zahlreiche Hochschullehrer einbezogen; eine genaue Analyse dieser Eingriffe in die Universitäten ist ein Desiderat der Forschung. Die Hamburger Zeitschrift *Das Jahrhundert* veröffentlichte im Jahre 1857 eine noch lückenhafte Übersicht verfolgter Parlamentarier von 1848/49; sie verzeichnete 284 Betroffene und ermittelte darunter 14 als »Professoren«.[15] Den Heidelberger Historiker Georg Gottfried Gervinus hatte man dabei vergessen, und darüber hinaus sagte diese Liste nichts über jene Hochschullehrer, die kein Mandat wahrgenommen hatten und auch zu den Bestraften gehörten.

Fast jede Disziplin hatte im Gebiet des Deutschen Bundes ihren Präzedenzfall, der neu definierte, wo die Schranken des jeweiligen Faches in politischer Hinsicht liegen sollten. Gervinus stand für die Geschichtswissenschaft: Seine *Einleitung in die Geschichte des 19. Jahrhunderts* war zu dem Resultat gekommen, daß die Tage des monarchischen Systems gezählt seien; in der neuzeitlichen Geschichte kündige sich ein demokratisches Zeitalter der Massen an. Gervinus wollte historischen Entwicklungsgesetzen auf die Spur kommen und verlängerte seine Tatsachenbeschreibungen zu Prognosen. Der Mannheimer Staatsanwalt aber interpretierte das als agitatorische Aufforderung zum Handeln, als »Aufreizung«. Solch ein obrigkeitliches Verfahren bedrohte letztlich jede zeithistorisch bezogene Geschichtsforschung, die notwendigerweise auch Politisches zu ihrem Gegenstand erheben muß. Die Göttinger Juristenfakultät gab Gervinus argumentative Schützenhilfe, auch dies einer der Widersprüche des Zeitalters: In einem Bundesland wie Baden wurde ein Hochschullehrer wie Gervinus wegen Hochverrats zu Festungshaft verurteilt, im anderen plädierten Amtskollegen für Wissenschaftsfreiheit. Die Göttinger befanden:

Wer aber in dieser Relation [der Darlegung des Gervinus] wirklicher, oder vom Verfasser dafür gehaltener *geschichtlicher Thatsachen* den Beweis einer in der Schrift enthaltenen Aufforderung zum Umsturz der monarchischen Verfassungen in ihren verschiedenen Formen finden wollte, der müßte zugleich das unmögliche Zugeständnis machen, daß in jedem die französischen und anderen Revolutionen erzählenden Geschichtswerke eine, wenigstens indirecte Provocation zum Umsturz der bestehenden monarchischen Staatsordnungen enthalten sei.[16]

Nicht allein die Geschichtswissenschaft, sondern auch andere politisch sensible Disziplinen bekamen den staatlichen Druck zu spüren, so die mit dem öffentlichen Recht befaßte Staatswissenschaft. Die Versetzung und Entlassung August Ludwig Reyschers in Tübingen erschien als weiterer »Akt aus dem traurigen Kapitel deutscher Reaktion nach 1848«.[17] Die Maßnahmen reichten von dem Süden bis in den Norden des Bundes, wo die dänische Regierung acht Professoren der Universität Kiel wegen ihrer vorausgegangenen Abgeordnetentätigkeit entließ, darunter auch den jungen Lorenz Stein. Selbst naturwissenschaftlich orientierte Fächer wie die Medizin erfuhren staatliche Eingriffe, wenn ihr unpolitischer Lehrinhalt weltanschauliche Tragweite annahm. Der Tübinger Privatdozent Ludwig Büchner, Bruder des Dichters Georg Büchner, hatte 1855 unter dem Titel *Kraft und Stoff* ein Buch veröffentlicht, das einem breiteren Publikum einen popularisierten philosophischen, deterministischen Materialismus nahebringen wollte. Das Stuttgarter Ministerium für Kirchen- und Schulwesen entzog ihm wegen seiner »die sittlichen Grundlagen aller gesellschaftlichen Ordnung gefährdenden Grundsätze« die Lehrbefugnis.[18] Ein Auftritt in der Öffentlichkeit bot in dieser Zeit allemal Gefahren für einen Hochschullehrer. So mußte sich der Leipziger Professor und spätere Nationalliberale Karl Biedermann als Herausgeber einer Zeitschrift in einem Presseprozeß für einen Artikel verantworten, welchen nicht er, sondern der Propagandist der »Realpolitik« August Ludwig v. Rochau verfaßt hatte. Der Vorwurf lautete auf »Beleidigung deutscher Regenten und ihrer Bevollmächtigten«. Weil Biedermann den Namen des Autors nicht preisgab, zog das eine Freiheitsstrafe nach sich, die ihrerseits zur Amtsenthebung führte. Das Netz des geheimen Wochenberichtverkehrs hatte sich über jegliche öffentliche Tätigkeit prominenter, »kompromittierter« Professoren gelegt. In den Wochenberichten des Polizeivereins erschienen die Namen der Dozenten Biedermann, Ludwig Büchner, Gervinus, Nees von Esenbeck, Karl Vogt. Wo immer in Deutschland der amtsenthobene ehemalige sächsische Zoologieprofessor Emil Adolph Roßmäßler öffentlich Vorträge zu halten versuchte, waren wegen geheimer vorauseilender Benachrichtigung stets auch polizeiamtliche Zuhörer zugegen. Ähnlich erging es Gervinus, den man selbst während seines Kuraufenthaltes im Jahre 1852 in Langenschwalbach überwachte und bei dem man sorgfältig einen fortdauernden Umgang mit dem Achtundvierziger Friedrich Sigmund Jucho vermerkte.

Die Beeinträchtigung der Wissenschaftsfreiheit während der Reaktionsdekade beruhte auf dem wiederbelebten vorrevolutionären Antagonismus zwischen Staat und Hochschule. Deshalb standen teilweise auch dieselben Protagonisten vom Typ des »politischen Professors« im Brennpunkt wie etwa Gervinus und Biedermann, die auch schon im Vormärz auf den Zensurlisten zu finden waren. Mit der »Neuen Ära« ließ dieser Druck auf die Universitäten nach. Ein tiefgreifender Strukturwandel veränderte überdies die soziale Rolle des Hochschullehrers als Exponent des Bildungsbürgertums. Die Ausweitung und gleichzeitige Spezialisierung der positiven Wissenschaften, die organisatorischen Ortsbestimmungen der Geistes-, Natur- und der technischen Wissenschaften, die stärkere Orientierung an der Lehrer- und Berufsausbildung, der Ausbau der experimentellen Naturwissenschaften und deren Verselbständigung innerhalb der Philosophischen Fakultäten, die Differenzierung in den Geschichtswissenschaften, die außeruniversitäre Konkurrenz durch hochschulferne Forschungsinstitute, Handels- und technische Hochschulen sowie verschiedene Akademietypen – alle diese Erscheinungen kündigten einen »Aufbruch« an, der mit dem »Take-off«-Zeitalter parallel lief. Idealtypisch gesprochen wandelten sich die Hochschulen von einer »universitas litterarum« zum anonymen »Großbetrieb« (A. v. Harnack).[19] Damit verlor der »politische Professor« sein Forum und seinen festumrissenen Adressatenkreis. Der politische Professor war angetreten als Sachwalter eines überparteilichen Auftrags von Wissenschaft. Er focht als Wortführer einer homogen gedachten »öffentlichen Meinung« – für »das Recht«, »die Verfassung«, »die Nation«. Er bedurfte der Polarität zwischen Staat und Wissenschaft. Diese aber löste sich organisatorisch auf in ein Geflecht neuer Formen: in Institute, Seminare, Kliniken, Sozietäten. Alles das absorbierte bei den Gelehrten Kräfte, band sie in ein zunehmend verzweigteres Kommunikationsnetz. Wissenschaft geriet unter den sich wandelnden gesellschaftlichen Bedingungen in den Sog des Pluralismus konkurrierender Kräfte. Der Staat beschränkte sich mehr und mehr auf die Bereitstellung der rapid wachsenden materiellen Mittel, auf Eingriffe bei der Verwaltung und technischen Planung. Wo vor 1848 Wissenschaftszensur am Platze schien, erwies sich nachher die mittelbare Förderung auf dem Wege der Wissenschaftspolitik als der neue Weg. »Wissenschafts*politik*«, nicht »Wissenschafts*freiheit*« ist deshalb nur folgerichtig das Schlüsselwort neuerer bildungsgeschichtlicher Forschungen zum Kaiserreich.[20]

Das Staatsdienerverhältnis schuf Bedingungen, die bestimmten überkommenen bürgerlichen Prinzipien zuwiderliefen, etwa der individuellen Unabhängigkeit und Eigenverantwortlichkeit, Freiheit gesellschaftlicher Initiativen von obrigkeitlicher Aufsicht und Gängelung. Wie vertrug sich das mit den bürokratischen Tugenden: der Betonung von Autorität und Gehorsam, der Abhängigkeit von obrigkeitlichen Weisungen? Andererseits blieben die Beamten auch weiterhin die dominierende Schicht in den gewählten Parlamenten. Die Zahl der Beamten vergrößerte sich seit den fünfziger Jahren dadurch, daß der Staat immer mehr öffentliche Funktionen an sich zog oder sie ausweitete. Post, Telegraphie und Eisenbahn rekrutierten eine neue mittelständisch-kleinbürgerliche Schicht von Beamten, die ihre Söhne oftmals auf das Gymnasium schickten, damit sie dort der Früchte des Bildungsbürgertums teilhaftig würden. Seit den fünfziger Jahren eröffnete sich überdies in den wachsenden Städten das neue Feld der kommunalen Beamtenschaft, die mit den steigenden Problemen der Wohnungsnot, Hygiene und Armenfürsorge, der unehelichen Geburten, Städteplanung und des Straßenbaus konfrontiert war.

Mit dem Aufkommen der Großunternehmen entstand eine neue Abhängigkeit, die sich von derjenigen eines Lohnarbeiters qualitativ unterschied. Die Ingenieure und Chemiker, das technische und kaufmännische Personal, der Kontor- und Ladengehilfe im Handel: Sie alle repräsentierten den neuen Stand des Angestellten. Sie nahmen eine eigene mittelständisch-bürgerliche Mentalität an, abgehoben von den Beamten und den Lohnarbeitern. Angestellte und leitende Angestellte – eine neue Klasse – entwikkelten sich zu Betriebsbeamten mit eigenem Prestigebedürfnis, gleichwohl dem Bürgertum zugehörig.[21]

### *c) Wirtschaftsbürgertum*

Das Wirtschaftsbürgertum, die eigentliche »Bourgeoisie«, hatte zahlenmäßig das geringste Gewicht, beherrschte aber optisch das Bild und die Urteile der Zeitgenossen, wie die Äußerungen Scherrs, v. Sternbergs, des Buchhändlers Perthes und die Kommentare Riehls bezeugen. Bis zur Mitte des Jahrhunderts um 1850 blickten Aristokraten, Akademiker und hohe Beamte eher herablassend auf Kaufleute und Fabrikbesitzer hinunter. Geldsäcke, Neureiche ohne Bildung und Kultur lauteten noch die feineren Etikettierungen.

In einer zeitgenössischen Charakterisierung des Lokomotivenfabrikanten Borsig wird die Herkunft dieses Typs des Wirtschaftsbürgertums aus dem Handwerk augenfällig.[22] Angesichts der Probleme vieler Maschinenbauer und Hüttenleute mit der Ausführung großer Eisenkonstruktionen, wie man sie beim Brückenbau für Eisenbahnen brauchte, heißt es dort von Borsig:

> Borsig dagegen fand sich leicht zurecht, weil er ursprünglich das Zimmerhandwerk gelernt hatte. Seine Kenntnis der Theorie und sein Wissen in der angewandten Mathematik war keineswegs glänzend, sogar sehr schwach, aber er war ein ungemein praktischer Mensch mit hellem, scharfem Verstande. In der Technik glich er vielen Engländern, von denen man sagen möchte, daß sie riechen, was sie nicht zu rechnen verstehen. Er hatte eine ganz ausgezeichnete technische Nase. Solche Eigenschaft ist viel schwerer zu ersetzen als der Mangel an Theorie, die Borsig keineswegs unterschätzte; er hielt sich dazu einen tüchtigen Theoretiker. Vor allem war Borsig der geborene Kaufmann, Disponent und Organisator. Er verstand es, die begabten Gesellen in seiner Werkstatt herauszufinden, sie zu tüchtigen Werk- und schließlich zu Maschinenmeistern auszubilden und zu verwenden. [...] Borsig sprach nicht ein Wort französisch, ebensowenig englisch. Er hatte deshalb zu unserer Begleitung den Kaufmann Wilhelm Ullmann engagirt, der England und seine Eisenindustrie genau kannte, jährlich dorthin reist und fertig englisch sprach.[23]

Die Geringschätzung für die ungebildeten Aufsteiger änderte sich schlagartig mit dem Durchbruch des industriellen Kapitalismus, der für die fünfziger Jahre anzusetzen ist. Auch nahm in den Jahren zwischen 1851 und 1870 der Anteil von Unternehmern mit akademischem Studium beträchtlich zu: von 1,4% auf 37,7%.[24] Seit den fünfziger Jahren sonderte sich dieses Bürgertum zunehmend von dem übrigen ab: durch repräsentative Geschäfts- und Wohnhäuser, durch Villen am Stadtrand mit Gärten und Parks. Die Bereitschaft zur Symbiose mit dem Adel und der Einkauf in große Ländereien samt den dazugehörigen Herrenhäusern bekundeten diese Tendenz gleichermaßen. Allerdings darf das Bild dieser Bourgeoisie keineswegs darüber hinwegtäuschen, daß neben ihr eine beträchtliche Zahl mittelgroßer Unternehmen existierte, die noch der Erforschung harren. Ihre bürgerlichen Inhaber verkörperten jene Schicht von Kaufleuten und vorindustriellen Unternehmern, die in schroffer Abgrenzung zum Adel ihre Identität fanden, die mit Stolz auf die Früchte ihrer individuellen Leistung und Initiative blickten und einer ausgesprochenen Mittelstandsideologie anhingen. Lothar Gall hat ihre Geschichte jüngst beispielhaft am Schicksal der Mannheimer Dynastie der Bassermanns beschrieben.

Insgesamt zeigen die verschiedenen Varianten des Bürgertums in den fünfziger und sechziger Jahren ein auffallendes Erscheinungsbild: Es vereinigt sich nicht zu einer immer homogeneren staatsprägenden Schicht des universellen Staatsbürgertums, wie es Riehl theoretisch wahrgenommen hatte. Im Gegenteil sind zunehmende Sondierungs-, Abgrenzungs- und Absetzungsprozesse zu beobachten. Das gilt, wie soeben gezeigt, für die Bourgeoisie ebenso wie für das Bildungsbürgertum gegenüber den übrigen bürgerlichen Schichten; das gleiche Verhalten bekundete das Kleinbürgertum gegenüber der entstehenden Arbeiterschaft; diese Kluft äußerte sich zwischen Meistern und jenen Gesellen, welche zunehmend in die Fabriken abwanderten. In den fünfziger Jahren zeigte sich, daß die vormärzliche frühliberale Utopie ein Trugschluß war, alle bisher Abseitsstehenden könnten in das Bürgertum hineinwachsen, gewissermaßen in eine »klassenlose Bürgergesellschaft« (L. Gall). Im Gegenteil, es wurde offenkundig, daß die Zahl der Lohnabhängigen, die Zahl der Nichtbürger zunahm. Der Anspruch des Bürgertums, für alle sprechen zu wollen und zu können, wie man ihn 1848 noch vielfach unerschütterlich in den Parlamenten verfochten hatte, war fragwürdig geworden; wo er weiterhin auftauchte, reduzierte er sich zu einer interessenbezogenen Ideologie. Das war die Konsequenz aus der sozialen

Abschottungstendenz. Je weniger der Adel das kontrastierende Gegenüber war, desto schärfer erfolgte die Abgrenzung nach unten hin: zum Vierten Stand.

### *d) Identität des Bürgertums in kulturellen Normen*

Es mag paradox erscheinen: Die moderne Sozialgeschichte ermittelt diesen fortschreitenden Differenzierungsprozeß im Bürgertum und fragt gleichwohl, was denn die alten Stadtbürger, die Bildungs- und Großbürger, die Beamten und neuen Angestellten überhaupt verbunden haben könne; ob es noch eine Gemeinsamkeit gebe, die man als spezifisch bürgerlich ansprechen könne. In der aktuellen Diskussion wird ein Angebot gemacht, das besonders für die hier behandelte Formationsphase der deutschen Gesellschaft Gewicht erhält. Das Bürgertum sei kein Stand, keine Klasse, kein Beruf gewesen; seine gemeinsame Klammer bestehe in der Kultur.[25] Das wirft neue Definitionsprobleme auf. Selbstverständlich meint »Kultur« hier nicht Bildung oder Ausbildung. Gemeint sind gemeinsame Wertungen, Deutungsmuster, Mentalitäten. Der »alte Mittelstand« der Handwerker und Kleinhändler, der »neue« Mittelstand der Angestellten und kleinen Beamten, dazu die Bildungsbürger und die Bourgeoisie – sie alle, so lautet die These, teilten gemeinsame bürgerliche Normen. Als solche Normen werden gesehen:

– die besondere Hochachtung vor individueller Leistung, sei es in ökonomischer, geistiger oder praktischer Hinsicht;
– daraus resultierend Ansprüche auf wirtschaftliche Belohnung, auf soziales Ansehen, auf politischen Einfluß;
– eine positive Grundhaltung gegenüber regelmäßiger Arbeit;
– eine typische Neigung zu Rationalität und Methodik der Lebensführung;
– das Streben nach selbständiger Gestaltung der individuellen und gemeinsamen Aufgaben, mit anderen Worten die Neigung, sich staatsfern und autonom in Vereinen, Genossenschaften, Assoziationen zu organisieren und selbst zu verwalten;
– die Betonung der Bildung statt der Religion;
– Bildung als Grundlage im Umgang miteinander ebenso wie als Vehikel des Aufstiegs;
– Respekt vor der Wissenschaft;
– ein besonderes Verständnis der Familie, die als eine in sich selbst

begründete Gemeinschaft verstanden wird, fußend auf emotionalen Beziehungen statt auf Zweckhaftigkeit und Konkurrenz, also abgesetzt von Wirtschaft und Politik. Familie fungiert als Innenraum der Privatheit im Unterschied zur außenbleibenden Öffentlichkeit.

Diese Deutung erfaßt den Zusammenhalt des Bürgertums im Substrat seiner Normen und Lebensweise, die sich mit Macht in der zweiten Hälfte des 19. Jahrhunderts Geltung verschafften. Manche dieser Normen mögen sich in der bäuerlichen, adligen oder unterbürgerlichen Lebenswelt ebenso wiederfinden lassen. In dieser Häufung scheinen sie sich jedoch während der Epoche zwischen 1848 und 1871 in der bürgerlichen Welt am entschiedensten durchgesetzt zu haben. Diese Formationsphase hat in einem dreigliedrigen Periodisierungsversuch zu einer »Bürgertumsgeschichte in Deutschland« die Zuschreibung *»Kulmination und Wende«* gefunden; sie lagerte als Mitte (ca. vierziger bis siebziger Jahre) zwischen »Aufstieg« (Ende 18. Jahrhundert – vierziger Jahre) und »Defensive« (siebziger Jahre bis 1918).[26] Das unterstreicht den Schwellencharakter des Zeitalters.

## 7. Bauern, Unterschichten, entstehende Arbeiterschaft

Über die ländliche Gesellschaft in Deutschland in diesem Rahmen zu sprechen mutet fast schon verwegen an, wenn man sich die vielfältigen regionalen Unterschiede vergegenwärtigt, die von Ostpreußen und Schlesien im Osten bis zur Pfalz, Saar- und Rheingegend im Westen reichten.[1] Große Konturen treten deutlicher hervor, wenn man nach Betriebsgrößen in Verbindung mit überkommenem Erbrecht unterscheidet. Danach hoben sich auch nach der Jahrhundertwende drei Gruppen voneinander ab[2]:

1. Die Gebiete ehemaliger Gutsherrschaft. Das betraf die preußischen Provinzen Ost- und Westpreußen, Brandenburg, Pommern, Posen, Schlesien und außerdem beide Mecklenburg. Rund ein Drittel der Betriebe hatte hier eine Größe zwischen 20 bis 100 ha, knapp die Hälfte hatten eine Größe von über 100 ha.
2. Die Gebiete der Anerbensitte, d. h. solcher Bauerngüter, die im Erbfall jeweils ungeteilt an den ältesten Sohn übergingen; solche Güter gab es in Hannover, Westfalen, Oldenburg, Schleswig-Holstein. In Bayern lagen solche Güter mit fast ausschließlicher Aner-

bensitte in Ober- und Niederbayern, in Schwaben, der Oberpfalz und Mittelfranken. Solche Güter hatten zu einem Drittel eine Größe zwischen 5 bis 20 ha, zu knapp der Hälfte eine Größe zwischen 20 bis 100 ha.

3. Die Gebiete mit Realteilung, also solcher Bauerngüter, bei denen im Erbfall das Gut unter mehrere erbberechtigte Söhne aufgeteilt werden konnte. Solche Realteilungsgebiete lagen in Baden, Württemberg und im Großherzogtum Hessen-Darmstadt; in Bayern fand man sie in Unter- und Oberfranken und in der Pfalz. Für die Hälfte der Güter wird eine Größe zwischen 5 bis 20 ha, für ein Viertel der Kleinstbesitz von 2 bis 5 ha veranschlagt.

Entsprechend der Einteilung nach Betriebsgrößen kann man auch mindestens drei verschiedene Arten von Bauern unterscheiden: 1. die Großgrundbesitzer, teils auf Adelsgütern, teils auf großbürgerlichen Gütern; 2. die Kerngruppe der Hof- oder Vollbauern, gemischt in Groß- und mittlere Bauern; 3. die Kleinbauern.

Das sind grobe Unterscheidungen, und man darf sich die Verteilung nicht zu schematisch vorstellen; aber als Orientierungshilfe sind sie unentbehrlich. Denn die unterschiedliche Betriebsgröße zog auch jeweils spezifische Arbeitskräfte in ihren Bannkreis, hatte also Folgen für die unterbäuerlichen Schichten.

Durch die »Bauernbefreiung« hatte sich für die Gutsbesitzer das Arbeitsverhältnis ihrer ehemals abhängigen oder hörigen Bauern und der unterbäuerlichen Schicht des Gesindes grundlegend geändert. Dorfbewohner, Bauern, Kleinbauern und Landlose waren ehedem der Herrschaft des Grundherrn unterworfen. Die meisten Proteste in der Revolution von 1848 richteten sich gegen Reste herrschaftlicher Privilegien und Abgaben. Die Revolution beschleunigte die vielfach steckengebliebenen Agrarreformen. Damit verschwand die alte »Frontlinie zwischen Dorf und Herrschaft« weitgehend.[3] Bauernproteste wurden nach 1848 selten. Die ehemaligen Gutsherren und nunmehrigen Gutsbesitzer waren fortab ebenso wie die Großbauern auf fest ansässige Landarbeiterfamilien angewiesen. Generell ist die Tendenz zur Lohnarbeit auch im Agrarbereich festzustellen.

Verschiedene Typen des Landarbeiters traten in Erscheinung. Im Zusammenhang mit der Gutswirtschaft Ostdeutschlands ist der *Instmann* bereits zur Sprache gekommen, ein Gutsarbeiter, der Anteilsrechte an der Ernte hatte; er verfügte über Garten-, Getreideland und kleine Viehweide. Er stellte vertraglich vorgeschrieben mehrere Arbeitskräfte, sei es aus seiner Familie oder auch mit gemieteten Scharwerkern; dadurch geriet er in die Doppelrolle des Tagelöhners, der seinen angeworbenen Arbeitern gegenüber den Arbeitgeber darstellte.[4]

In Nordwestdeutschland griffen die Großbauern auf den sog. *Heuerling* zurück. Er war ein Arbeiter-Pächter. Er erhielt ein Haus und Land gegen mäßige Geldpacht und leistete dafür zugleich bestimmte Arbeit im Betrieb des Verpächters. Seine Arbeitsverpflichtungen lagen zwischen 20 und 60 Arbeitstagen im Jahr; der Heuerling war kein ständig beschäftigter Lohnarbeiter, sondern ein sog. Spitzenbrecher: als solcher war er unentbehrlich für mittel- bis großbäuerliche Betriebe in Einzelhofsiedlung, um zur Stelle zu sein, wenn die Hauptarbeit wie etwa zur Ernte oder Aussaat anfiel.

Mittlere Betriebe konnten keine fest ansässigen Landarbeiterfamilien oder Arbeiterpächter nach Art der Heuerlinge tragen. Sie mußten mit billigeren Arbeitskräften auskommen. Für Bayern ist ein ganzes Spektrum verschiedener Hilfskräfte im Dienste der hier vorherrschenden Mittelbauern ermittelt worden.[5] Es verdingten sich Häusler ohne oder mit kleinstem Grundbesitz nach Bedarf als Tagelöhner; hinzu kamen Gütler, deren Grund ihre Familien nicht ernährte, so daß sie auf zusätzlichen Tagelohn angewiesen waren, ferner Wanderarbeiter aus Armutsgebieten.

Die typische Form der ständigen Lohnarbeit im ganzen bäuerlichen Bereich war aber das *Gesinde*. Es mußte ledig bleiben, erhielt Verpflegung und Unterkunft auf dem Hof und wurde oft in Naturalien entlohnt. Beim Gesinde vollzog sich in der Zeit nach der Revolution von 1848 der entscheidende Wandel, der den bisherigen Kern der Arbeitsverfassung auf dem Hof traf. Den Knechten und Mägden auf dem Hof waren hier zuvor Eheschließung und die Gründung einer Familienstelle versagt geblieben. Die neue Zeit, das Erlebnis der Industrialisierung, ließ dieser Gruppe ihr Dasein, ihre abhängige Existenz nicht mehr als unabänderlich erscheinen.

Den Hof zu verlassen, den Beruf zu wechseln und seine Nahrung als ungelernter Lohnarbeiter zu suchen, eine eigene Familie gründen zu können, war für das Gesinde das Angebot der neuen Zeit. Wie dargelegt, befanden sich unter den Wetzlarer Auswanderern nach Amerika auch Angehörige des Gesindes. Gesindearbeit hörte auf, ein lebenslanger Beruf zu sein. Sie wurde »zum Durchgang zwischen Volksschule und Arbeiterhaushaltsgründung«.[6] Insgesamt schrumpfte, das ist festzuhalten, nach der Jahrhundertmitte die unterbäuerliche Schicht auf dem Land; sie wuchs den Städten zu und wurde zur neuen Industriearbeiterschaft.

Ein besonderes Wort ist den Kleinbauern zu widmen, die bevorzugt in Realteilungsgebieten vorzufinden waren. Hier trug das Land kaum noch zusätzliche Arbeitskräfte. Landwirtschaft wurde zum Familienbetrieb, und die Frau hatte daran einen wesentlichen Anteil. Diese Kleinbauernstellen sind erst in der jüngsten Sozialgeschichte näher betrachtet worden, nachdem man erkannt hatte, daß eine Trennung in Agrar- und Gewerbegeschichte eben die Eigenart jener Kleinstellen verkannte. Für sie war oft kennzeichnend, daß sie mit einem handwerklichen Gewerbe verbunden waren. Sie trugen die halbagrarischen Handwerker. Landwirtschaft konnte sich hier auch verbinden mit einer Heimindustrie, welche ihre Produkte im Hausierhandel vertrieb. Die ländliche Gesellschaft gerade des deutschen Südens war stark mit Kleingewerbe durchsetzt. Die Forschung unter dem Etikett »Protoindustrialisierung« hat diese Wirtschaftsweise schärfer zu erkennen gelehrt.[7]

### *b) Unterbürgerliche Schichten*

Etwa seit 1840 begann man, von »Proletariat« zu sprechen, um die gemeinsame Lage einer großen Gruppe von wirtschaftlich Unselbständigen zu bezeichnen. Der österreichische Buchbindergeselle Friedrich Sander versuchte im Juli 1848 eine Definition, als er schrieb:

> Zum Proletariat gehören alle, die ohne feste Stellung im Leben, ohne eigenes Geschäft und ohne Besitz sind, die kein gesichertes fremdes Einkommen haben, deren Existenz von dem bloßen Erwerb ihrer Arbeit abhängt, den sie jedoch noch mit einem Arbeitsgeber teilen müssen. Proletarier ist der Handarbeiter und Taglöhner, der Gesell, der Gehilfe und das Subjekt, der Fabrikarbeiter und alle die, welche bei der Industrie als Lohnarbeiter ihr Brot finden.[8]

In dieser Definition ist ziemlich genau festgehalten, aus welchen verschiedenen Gruppen sich diejenigen rekrutieren, die seit 1848 immer mehr den Begriff »Arbeiter« für sich in Anspruch nahmen. Ihre Integration zu einer Arbeiterschaft war zunächst primär ein städtisches Ereignis, provoziert durch die mobilisierende Wirkung der Industrialisierung. Zwar strömten nach der Jahrhundertmitte auch zunehmend Angehörige der ländlichen Unterschichten in die Städte, aber die Industriearbeiterschaft setzte sich in den ersten Jahrzehnten nach der Revolution zunächst vornehmlich aus nichtlandwirtschaftlichen Gruppen zusammen. Fünf unterschiedliche Gruppen sammelten sich als Arbeiterschaft in jener neuen Klasse, welche die Dreiheit von Adel, Bürger und Bauer in der alten Ständeordnung sprengte:

1. Tagelöhner, d.h. die nicht ständig beschäftigten Personen;
2. das städtische Gesinde und die Dienstboten;
3. unterbeschäftigte Handwerker; sie wurden in den Fabriken zum Facharbeiter neuen Typs, wie sie z.B. Borsig gezielt aussuchte und förderte; sie zählten zur Übergangsklasse »zwischen Kleinbürgertum und Proletariat«[9];
4. Heimarbeiter, die aus dem Verlagswesen in die Fabrik überwechselten;
5. die städtischen Armen.[10]

Da spätestens seit 1850 die Städte schneller wuchsen als die Bevölkerung, zogen sie auch von auswärts Arbeitskräfte an. Die alte unterbäuerliche und unterbürgerliche Schicht des vormärzlichen »Pauperismus« wurde zur Arbeiterschaft mit besseren und sicheren Arbeitsstellen. Der Begriff des »Pauperismus« wurde nach 1860 nicht mehr benutzt. Damit verbunden war auch ein Wandel der Mentalität. Erschien vielen Betroffenen um 1840 die eigene Not noch als unabänderlich, provozierten die neuen Chancen auch den Veränderungswillen. Die Industrialisierung stiftete ein solches Bewußtsein, daß die Betroffenen begannen, ihre Lage als ungerecht und als veränderbar zu begreifen. Hier boten sich Anknüpfungspunkte für die beginnende Arbeiterbewegung der sechziger Jahre.

Die neue Fabrikarbeiterschaft entwickelte das Bewußtsein, eine eigene, durch gemeinsame Interessen und Tradition verbundene Klasse zu sein. Diese Entwicklung proletarischer Schichten zu einer eigenen Klasse ist gezielt für die Geschichte Leipzigs zwischen 1830 und 1869 untersucht worden. Hier war die Überlieferungslage außerordentlich günstig, so daß sich der Kreis der

Betroffenen biographisch über zwei Generationen hinweg verfolgen ließ.[11]

Welche Faktoren wirkten an dieser Klassenbildung mit? Zunächst trat die prinzipiell gleiche, dauerhafte Lage der Lohnabhängigkeit hervor; Fabrikdisziplin und Fabrikordnungen ebneten die ursprünglichen Unterschiede der Fabrikarbeiter ein. Man heiratete untereinander, im gleichen »Stand«. Die Zahl der Verheirateten unter den Lohnabhängigen der fünfziger und sechziger Jahre stieg sprunghaft an. Von den ursprünglich stark ständisch geprägten Leipziger Buchbindergesellen waren 1849 nur 5% verheiratet, 1875 aber schon 32%, bei den Fabrikarbeitern Leipzigs waren es im Jahre 1875 sogar 88%. Es entstanden Arbeiterfamilien mit eigenem dauerhaften sozialen Milieu. Eine anfangs heterogene Schicht wuchs sozial zusammen. Das äußerte sich bis in die Gepflogenheiten des Alltags hinein, etwa daran, daß zunehmend auch ungelernte Arbeiter gebeten wurden, das Patenamt bei Kindern gelernter Arbeiter oder Gesellen zu übernehmen. Auf Arbeiterversammlungen verlor sich die alte Sitzordnung, welche anfangs Herkunft, Ausbildung oder Berufszugehörigkeit zu erkennen gab.

Die Enge städtischer Arbeiterwohnungen schuf ganz handfest einen »proletarischen Lebens- und Erfahrungszusammenhang« (J. Kocka).[12] Enges, bedrängtes Zusammenleben, Mangel an Privatfreiheit, das übliche Teilen des Bettes zwischen mehreren Personen: das schuf unbürgerliche, verhaltensprägende Einstellungen zum Raum und zum eigenen Körper.

Umgekehrt zeigte sich auch eine Angleichung an bürgerlich-kleinbürgerliche Familien; denn je ausschließlicher sich der Status des Lohnarbeiters herausbildete, desto mehr hörte die Arbeiterfamilie auf, Produktionseinheit zu sein, wie es etwa die alte Heimarbeiterfamilie noch gewesen war. Familie und Arbeitsstätte grenzten sich voneinander ab; es kam zu innerfamilialer Arbeitsteilung, bei welcher der Mutter Hausarbeit, Kindererziehung und Erwerbstätigkeit zufielen, während der Vater außer Haus war.

Eine historische Mikrostudie Wolfgang v. Hippels zum »industriellen Wandel im ländlichen Raum« erläutert in seltener Vielseitigkeit exakt für den Zeitraum der hier beschriebenen Epoche, wie tief die Auswirkungen der Industrialisierung reichten: in der Erwerbsstruktur, in der Lebensweise, Mentalität und Religiosität. Vor allem die Wechselwirkungen werden nachvollziehbar.[13]

Im Horizont der hier behandelten zentralen Formationsperiode der deutschen Gesellschaft muß es brennend interessieren, wie die wachsende Industrialisierung den umliegenden ländlichen Raum in ihren Bann zog und veränderte, also diejenige Sphäre, wo Stadt und Land aufeinanderstießen.[14] Dort vollzog sich der Wandel eines Dorfes von Klein- und Mittelbauern zur Arbeiterwohngemeinde. Im Mittelpunkt bei v. Hippel steht das Dorf Berkheim bei Esslingen. 1849 zählte es 713 Einwohner, 1871 waren es 824. Typisch für diese Gemeinde war die enge Verbindung von Landwirtschaft und Handwerk, wie es für die Bauerngüter geringster Größe beschrieben wurde. Berkheim gehörte zu einem Realteilungsgebiet.

Es liegt am Rand der Filderabdachung zum Neckartal hin, zu Fuß konnte man in einer Dreiviertelstunde auf gut chaussierten Straßen Esslingen erreichen. Von dieser Stadt wurde Berkheim zunehmend beeinflußt. Die ehemals Freie Reichsstadt Esslingen, ursprünglich gleichfalls handwerklich-agrarisch geprägt, wuchs zu einem der wenigen modernen industriellen Wirtschaftszentren des Königreichs Württemberg heran. Günstige verkehrsgeographische Lage im Neckartal, Wasserenergie, fruchtbare Böden prädestinierten die Stadt als Schwerpunkt. 1845 erhielt sie den Eisenbahnanschluß. Der Eisenbahnbau verhalf der Industrialisierung in Esslingen überhaupt zum Durchbruch – durch die Gründung der dortigen Maschinenfabrik: sie sollte das erforderliche Gerät für die Staatseisenbahn liefern. Das war im Jahre 1846 der Fall.

Das Umland Esslingens bot ein billiges und williges Arbeitskräftereservoir. Es kamen alle, die in Landwirtschaft, Handwerk und Gewerbe keine ausreichende Beschäftigung mehr fanden. Seit den fünfziger Jahren brachen allmorgendlich die Arbeitskräfte der Gemeinden auf in die Stadt; abends kehrten sie ins heimatliche Dorf zurück. Das moderne Arbeitsverhältnis der »Pendelwanderung« war geboren.

Die erhaltenen Steuerbücher Berkheims erlauben ein Urteil über den Wandel in der Gewerbestruktur des Ortes; v. Hippel ermittelte Daten für 1850/51 und wiederum für 1870/71, also exakt für die Grenzzonen der Epoche.

An der Tabelle fällt auf, daß der landwirtschaftliche Bereich sich voll erhalten hat. Aber bestenfalls ein Drittel der Gemeinde bestand noch aus Bauern. Mehr als die Hälfte trug dagegen die Bezeichnung Handwerker. Die Steuerverzeichnisse lassen im

*Tabelle 12:* Das Eindringen der Industrialisierung in den ländlichen Raum am Beispiel Berkheims bei Esslingen 1850/51–1870/71

| | 1850/51 | | 1870/71 | |
|---|---|---|---|---|
| | Zahl | % | Zahl | % |
| Bauern | 38 | 27,1 | 37 | 24,5 |
| Textil- u. Bekleidungshandwerk | 27 | 19,3 | 13 | 8,6 |
| davon Weber | (16) | (11,4) | (5) | (3,3) |
| Bauhandwerker | 36 | 25,7 | 50 | 33,1 |
| davon Maurer | (17) | (12,1) | (29) | (19,2) |
| davon Zimmermann | (19) | (13,6) | (19) | (12,6) |
| Metallverarb. Gewerbe | 5 | 3,6 | 5 | 3,3 |
| Sonstige Handwerker | 9 | 6,4 | 12 | 7,9 |
| Tagelöhner | 8 | 5,7 | 6 | 4,0 |
| Fabrikarbeiter | – | – | 11 | 7,3 |
| Sonstige Berufe | 17 | 12,1 | 17 | 11,3 |
| Insgesamt | 140 | 100,0 | 151 | 100,0 |
| (ohne Berufsangabe, Männer, »Söhne«) | (31 Personen) | | (12 Personen) | |

*Quelle:* Nach W. v. Hippel, *Industrieller Wandel im ländlichen Raum*, in: *Archiv für Sozialgeschichte* 19 (1979), 67.

Handwerk zwei gegenläufige Entwicklungen erkennen: Die Weberei, insbesondere die Leinenweberei ging massiv zurück: Ein Gewerbe starb ab. Das Gewerbe der Bauhandwerker wuchs sprunghaft. Das betraf vor allem Maurer und Zimmerleute, denen sich als Saison- und Wanderarbeitern relativ günstige Erwerbsmöglichkeiten in einer städtischen Verdichtungszone boten.

Im Steuerverzeichnis von 1870/71 fand erstmals eine Entwicklung Niederschlag, die nachweislich in Berkheim in den fünfziger Jahren begann: die Entstehung einer Fabrikarbeiterschaft. Das waren die 7,3% Fabrikarbeiter, die in der Maschinenfabrik Esslingen arbeiteten. 1890/91 hatten sie bereits einen Anteil von 18,6%. Auch die unter »Sonstigen« eingeordneten Personen waren überwiegend im industriellen Bereich beschäftigt, ließen sich aber nicht in das Schema der tradierten Berufe fassen: Sortiermeister, Packer, Heizer, Mechaniker, Maschinisten.

Schließlich fällt auf: Männer ohne Berufsangaben tauchen weniger auf. Das lag nicht so sehr an genaueren Erfassungsmethoden, sondern daran, daß die beruflich unspezifizierte Arbeit sich inzwischen als Industrietätigkeit des Fabrikarbeiters herausgestellt hatte.

Fazit: Die Einwohnerschaft Berkheims orientierte sich seit der Mitte des 19. Jahrhunderts um: von Landwirtschaft und Weberei hin auf industriebestimmte Tätigkeiten. Und die Verschiebung der Gewerbestruktur, der berufliche Wandel erfaßte auch die alteingesessenen Familien selbst.

Die Studie v. Hippels erforscht darüber hinaus auch, wie sich dieser Wandel sozial und mental ausgewirkt hat. Dazu stand eine Quellengattung zur Verfügung, die stark weltanschaulich eingefärbt war und solche Veränderungen vorzüglich festhielt: die sog. Pfarr- oder Visitationsberichte. Die Ortsgeistlichen hatten im Abstand von mehreren Jahren periodisch nach Visitationen ihren Vorgesetzten Berichte vorzulegen, in denen sich auch Angaben fanden über den »sittlich-religiösen« Zustand der Pfarrgemeinde, über Besuch von Gottesdienst, Abendmahl, Konfirmandenunterricht und Sonntagsschule, über das kirchliche Vereinsleben und die Lektüre der Gemeindemitglieder.

Der Bericht des Pfarrverwesers von *1849* hob noch die Merkmale dörflicher Abgeschiedenheit hervor. Er berichtete: »Unter einer bei vielen etwas derben und rauhen Außenseite herrscht im Durchschnitt eine gewisse Einfachheit in Sitten und Lebensweise bei bescheidenen ökonomischen Verhältnissen.«[15]

Der Pfarrbericht von *1857* dokumentierte einen deutlichen Einschnitt und führte den Wandel auf die eindringende Industrie in Berkheim zurück, auf die Tatsache, »daß viele Männer und Söhne ihre tägliche Beschäftigung in Esslingen haben«. Der Pfarrer nahm dabei die rund 20 zugewanderten Esslinger Fabrikarbeiter in Schutz:

Indes kann die Ursache hiervon nicht allein in dem Charakter dieser fremden Arbeiter zu suchen sein, von denen einige sehr fleißig und sparsam sind, [...] sondern sie wird überhaupt in der Ansammlung einer größeren Zahl junger Leute gefunden werden müssen. Auch hiesige Männer und Söhne arbeiten in nicht unbedeutender Zahl in der Esslinger Maschinenfabrik und Reparaturwerkstätte, von denen einzelne, früher zurückgekommen, jetzt ihre Familien gut durchbringen und andere sich schöne Ersparnisse sammeln, die meist in Güterstücken von ihnen angelegt werden, andere aber auch durch die bedeutende Summe, die alle vier Wochen in ihre

Hände kommt, sich zu Genußsucht und Trunk verleiten lassen und die üble Anwendung ihres Geldes nicht selten in rohem und wüstem Geschrei kundgeben.

Leider hat neuerdings auch eine kleine Anzahl von Mädchen in den Spinnereien zu Esslingen Arbeit gesucht und gefunden. Mädchen, die meist vorher schon verkommenen Familien angehören und denen ein Dienst in einem geordneten Hause am besten angestanden wäre. Unterzeichneter hat nicht unterlassen, ihre Eltern auf die leiblichen und sittlichen Gefahren, denen sie damit ausgesetzt sind, wiederholt aufmerksam zu machen, aber einerseits gefällt ihnen selber die leichtere Arbeit und ihre Ungebundenheit, andererseits sind's die paar Gulden, die sie alle 14 Tage heimbringen und mit denen wieder die nötigsten Bedürfnisse bestritten werden können, wohl auch am Zahltag ein übriges getan werden kann, welchen den Eltern und Angehörigen die Augen blenden. Die Mißstände, die sich hieran knüpfen, liegen in der einen und andern Familie bereits klar zutage und offenbaren sich außer [in] dem oben Gesagten da und dort auch noch in einer schamlosen Rohheit und Unbotmäßigkeit der Kinder gegen die von ihnen abhängigen und auf ihren Verdienst angewiesenen Eltern. Der grenzenlose Leichtsinn, mit dem diese z. T. dem Umgang ihrer Kinder mit dem anderen Geschlecht zusehen, und die durch die oben geschilderten Verhältnisse reichlich gebotene Gelegenheit zu solchem Umgang hat in den in den letzten Jahren wieder vermehrten unehelichen Geburten auch bereits seine Früchte getragen. [...]

Diese Bemerkungen gelten jedoch nur von einem geringeren, meist ökonomisch und sittlich zugleich verkommenen Teil der Gemeinde; in den besseren, d. h. ökonomisch besseren Häusern steht es denn wirklich auch fast durchaus in sittlicher und religiöser Beziehung besser, ein deutliches Zeichen, wie eng beides miteinander zusammenhängt und wie lebhaft eine sittliche bessere Richtung auch auf eine ökonomisch bessere Lage einzuwirken pflegt, während das Herunterkommen in ökonomischen Verhältnissen gar häufig auch den sittlichen Ruin nach sich zieht.

In diesen besseren Häusern sind noch Hausgottesdienste, in denen man am Sonntagabend in gemeinschaftlichem Lesen einer Predigt, an den Werktagen zu gemeinschaftlicher Erbauung durch Gebet und Wort Gottes zusammentritt; hier ist treue Sorge und Wachsamkeit über den Kindern, die mit dem Läuten der Betglocke daheim sein müssen und aufgezogen werden in der Zucht und Vermahnung zum Herrn; hier ist Ehrfurcht und Gehorsam auch der erwachsenen Jugend gegenüber den Eltern; hier wohnt der Frieden, der nach leichteren Störungen, die selten ausbleiben, die Herzen immer wieder sich finden läßt.[16]

Dieser Pfarrbericht von 1857 dokumentiert präzise die ökonomischen und sozialen Wirkungen, mit denen die Industrialisierung in einer ländlich-handwerklich geprägten Lebenswelt zur Geltung kam. Für die fünfziger und sechziger Jahre waren vor allem vier Aspekte typisch:

1. Das dörfliche Arbeitssystem veränderte sich, indem ortsfremde Arbeitskräfte zuzogen, indem andererseits Einheimische den Verdienst außerhalb des heimatlichen Wohnortes suchten (Stichwort: Pendelwanderung).[17]

2. Die neuen Arbeits- und Verdienstmöglichkeiten verbesserten die ökonomischen Verhältnisse; neue Chancen taten sich auf, Geld auszugeben, neue Bedürfnisse zu befriedigen. Im städtischen Umfeld veränderte sich der Umgang mit Geld. Der Spruch vom »Spare in der Zeit, so hast Du in der Not« verlor angesichts geregelter Einkünfte an Überzeugung.

3. Die überkommenen Familienbande lockerten sich. Familienväter überließen die Sorge für Haus- und Landwirtschaft ganz den Frauen; Erwerbs- und Familienleben fielen auseinander. Frauen, Kinder und Jugendliche brachten den Männern und älteren Geschwistern das Mittagessen in die Stadt.[18] Es kam zu einer veränderten Rollenverteilung zwischen den Ehepartnern. Außer Haus-, Stall- und Feldarbeit fiel noch die Erziehung der Kinder praktisch ganz an die Mütter. Das führte nicht selten zu einer Aufgabenüberlastung der Frau. Der harte Arbeitsrhythmus ließ den Männern während der Woche nur am Sonntag einen bescheidenen Spielraum zur eigenen Zeitgestaltung. »Viele kamen den Winter über fast regelmäßig erst um 8–10 Uhr nachts heim oder arbeiteten die Samstag-Sonntag-Nacht durch«, heißt es in dem Bericht von 1883. Das Wirtshaus wurde immer mehr zum sonn- und feiertäglichen Treffpunkt der männlichen Bevölkerung des Dorfes, namentlich auch der nun selbstverdienenden Jugendlichen. »Mit dem Geldverdienen der Kinder hört die mütterliche Autorität auf, der Vater hat häufig schon vorher keine mehr«, vernahm man in einem anderen Bericht. Als Mitverdiener gewannen die Jugendlichen eine ökonomische Selbständigkeit, wie sie diese in der Landwirtschaft, als Gesinde oder in der Handwerkslehre, bisher nicht genossen hatten. Das galt auch für die weiblichen Jugendlichen, deren wachsende Selbständigkeit der Pfarrer mit Mißtrauen beobachtete.

4. Überdies ist ein Wandel der gängigen Moralvorstellungen zu beobachten. Tatsächlich rangierte im Berkheimer Strafregister die »einfache« und »wiederholte Unzucht« zwischen 1839 und 1854 unter Jugendlichen mit einem guten Drittel aller erfaßten Fälle

weit vor Bettel und Landstreicherei. Nach der Jahrhundertmitte nahm der Prozentsatz vorehelich gezeugter Kinder schlagartig zu. Das Spektrum der übrigen Delikte verschob sich bis Ende der sechziger Jahre. Solche Verfehlungen wie Bettel, Landstreicherei und Diebstahl, die auf Notsituationen hinweisen konnten, waren stark rückläufig. Vergehen, die meist mit dem Wirtshausbesuch zusammenhingen und als solche eher den Wohlstandsdelikten zuzurechnen waren, nahmen demgegenüber zu: Polizeistundenübertretung, Trunkenheit, nächtliche Ruhestörung, Widersetzlichkeit gegen die Polizeibeamten oder deren Beleidigung. Die traditionellen kirchlichen Handlungen wie Trauung, Taufe und Beerdigung wurden unverändert in Anspruch genommen; Taufverweigerung und Kirchenaustritt kamen so gut wie nie vor. Wachsende religiöse Indifferenz und kirchliche Entfremdung aber waren festzustellen, wenn man sich die meßbaren schrumpfenden Zahlen vom Besuch des Gottesdienstes und des Abendmahls anschaut. Dennoch blieb kirchlicher Einfluß erhalten, auch wo Gottesdienst und Abendmahl nicht mehr so intensiv wahrgenommen wurden. Neben der Tagespresse waren Kirchenblätter und Kirchenkalender die meistgelesene Lektüre in den Familien. Bibel, Gesang- oder Predigtbuch besaß jeder Haushalt; darüber hinaus war kaum etwas an Büchern vorzufinden.

Der Einblick in die kleine Gemeinde Berkheim eröffnet gewissermaßen mikroskopisch zentrale Probleme der Industrialisierung, wo ländliche und städtische Lebenswelt aufeinanderstießen. Sozial- und kulturgeschichtlich besonders interessant erscheinen die Veränderungen in der Familie. In ihr kreuzten sich die Auswirkungen verschiedener Bereiche wie Erwerbswelt, Normenwelt, Religion, Bevölkerungswachstum, Rollenzuweisungen und Geschlechterverhalten.[19]

## 8. Die italienische Einigung und Deutschland: Erschütterung des europäischen Gleichgewichts und Freisetzung nationaler Energien

Revolution, Reaktion, Industrialisierung und die damit verbundenen Probleme des sozialen Wandels entfalteten sich zwischen 1848 und 1871 in Dimensionen von europäischer Reichweite. Um der internationalen Zusammenhänge der deutschen Geschichte in dieser Epoche gewärtig zu bleiben, soll die deutsche Entwicklung abrißartig von außen, genauer gesagt: von Italien her, betrachtet werden. Ausländische Vorbilder vermittelten Impulse für deutsche auflebende Publizistik und Parteibildung. Wo in deutschen Bundesstaaten während des Reaktionsjahrzehnts politisches Stillehalten in der nationalen Frage geboten war, wirkte die Entwicklung in Italien als Katalysator eigener nationaler Wünsche. Auch war die nationale Frage in weiten Kreisen der deutschen Bevölkerung als ein seit 1848 besonders brennendes, aber ungelöstes Problem gegenwärtig geblieben. Es sind mehr als Analogien, mit denen man es hier zu tun hat: Es ist im Gegenteil die Grunderfahrung des 19. Jahrhunderts seit den französischen Revolutionskriegen von 1792, daß sich mit Außenpolitik zugleich Innenpolitik betreiben ließ. Gleichermaßen erwiesen außenpolitische Fragen der Herrschaft und Dominanz zugleich eine innenpolitische Potenz, und das im Falle Italiens um so mehr, wenn eine deutsche Hauptmacht, Österreich, unmittelbar in den Prozeß fremdnationaler Einigung verwickelt und ihr Gewicht in Deutschland zugleich davon mitbestimmt war. Das registrierte die politisch ansprechbare, national gesonnene Öffentlichkeit in Deutschland, wenn sich ihr Blick nach Italien richtete.

Im heutigen Geschichtsbewußtsein lebt die italienische Einigung und insbesondere ihr Durchbruch im österreichisch-sardinisch/französischen Krieg von 1859 im Horizont deutscher Nationsbildung eher als marginaler Vorgang fort. Schulbücher behandeln den Konflikt hauptsächlich als ein italienisches Ereignis und stellen ihn in der Beachtung gegenüber den Einigungskriegen von 1864, 1866 und 1870 zurück. Für die Zeitgenossen, die 1859 noch nicht wußten, wie sich die deutsche Geschichte weiter entwickeln werde, war die Tatsache jenes italienisch-österreichischen Krieges jedoch in einem Maße aufwühlend, wie es heute kaum noch begreiflich scheint. Eben deshalb bedarf es besonderer Erinnerung, um die Konstellation zu rekonstruieren, welche jenen mächtigen Eindruck hervorrief. Wohlgemerkt geht es hier nicht um den Krieg als militärische Handlung, sondern als ein Ereignis, das Stimmung zum »Aufbruch« hervorrief, das öffentliche Meinung bildete, Parteibildungen provozierte und die nationale Frage in Deutschland wieder aufleben ließ.

### *a) Stationen der italienischen Einigung*

Italien besaß wegen seines Partikularismus eine eigene, komplizierte Dynamik. Anders als in Frankreich, aber wie im Deutschen Bund fehlte die eine Hauptstadt, die als Zentrum aller Aktionen hätte gelten können. Es zerfiel in fünf größere Herrschaftsbereiche: 1. das Königreich im Süden: Neapel-Sizilien, 2. das Königreich im Norden: Sardinien-Piemont, 3. den Kirchenstaat, 4. die von Österreich abhängigen drei Herzogtümer (Parma, Modena, Großherzogtum Toskana) und 5. schließlich das unter österreichischer Herrschaft stehende Lombardo-Venetien.

Im August 1849 war mit der Kapitulation Venedigs die Revolution am Ende gewesen. Die alten Mächte wurden restauriert, aber die Lage war anders als zwei Jahre zuvor. Die Revolution hatte eine fundamentale Politisierung des Landes bewirkt; über die ganze Halbinsel hinweg waren Aktionseinheiten zustandegekommen. Die österreichische Fremdherrschaft im Norden hatte es noch schwerer als zuvor. Wie in Deutschland hatten die Kräfte nicht ausgereicht, das doppelte Ziel nationaler Einigung und freiheitlicher Staatsgestaltung zu verwirklichen. Die Parole »Italien macht sich von allein« hatte sich als Illusion erwiesen, ebenso Mazzinis Ideal von der Brüderlichkeit aller Nationen.

Wie der Deutsche Bund erlebte auch Italien eine Phase heftiger politischer Reaktion, teilweise unterstützt durch Nachrichten aus den Polizeivereinsstaaten. Ein sächsischer Innenminister, Richard v. Friesen, hat im Jahre 1852 eine Reise nach Italien unternommen und anschließend seine Reisebeobachtungen aufgezeichnet. Sein Bericht ist eindrucksvoll im Hinblick auf den Charakter der postrevolutionären Herrschaft. Da v. Friesen die innenpolitische Reaktion in Sachsen selber durchgeführt hatte, ist er vollkommen unverdächtig, seine Beobachtungen überzeichnen zu wollen. Die Quintessenz seines Berichts lautet, der einzige Halt der österreichischen Herrschaft beruhe auf militärischer Gewalt; wenn diese schwanke, sei es mit der Übermacht dahin.[1] Das klang wie eine Prophezeiung der Folgen nach der österreichischen militärischen Niederlage im Jahre 1859. Es bleibt erstaunlich, daß innerhalb eines knappen Jahrzehnts die Grundlagen für eine nationalstaatliche Einigung gelegt wurden, an der die Träger des »Risorgimento« zwei Generationen lang gescheitert waren. Viele Faktoren wirkten daran mit: die besondere soziale und wirtschaftliche Lage des Landes, die Sonderrolle des Königreichs Sardinien-Piemont als Vorhut der Modernisierung, die Außenpolitik Cavours als Motor innerstaatlicher Einigung, die Rolle Napoleons III. und die revolutionäre Eigendynamik der Anschlußbewegung.

Die Situation im nachrevolutionären Jahrzehnt war gekennzeichnet durch »Reaktion und Stagnation« (R. Lill)[2]; diese aber hatte zugleich einen Umkehreffekt, indem sich die Hoffnungen nur noch vermehrt auf Sardinien-Piemont richteten. Dieser Staat hatte als einziger unter den italienischen seine Verfassung von 1848 unangetastet gelassen. Nun kam hinzu, daß die dortige Regierung eine äußerst dynamische, freihändlerische Wirtschafts- und Verkehrspolitik betrieb und sich deshalb auch politisch stabilisieren konnte. Sie kam damit zugleich den Hoffnungen des Bürgertums entgegen. Verfassung und Parlament dienten dort als Instrumente der Modernisierung; die Wirtschaftspolitik wurde zum ernstzunehmenden Mittel im Kampf um die politische Führung in Italien. Die erfolgreiche Wirtschaftspolitik ging einher mit einer entschiedenen Kirchenpolitik und der Abschaffung von Adelsprivilegien. Emigranten und ehemalige Republikaner schlossen sich zu einer Sammlungsbewegung zusammen, welche diese konstitutionelle Politik zum Programm erhob. Ein wichtiges Instrument zur Propagierung dieser Politik wurde die 1857 gegründete *Società nazionale*, der italienische Vorläufer des Deutschen Nationalvereins von 1859. Sie arbeitete eng mit Cavour zusammen.[3]

Als adliger Graf war Cavour seinem Stande weit voraus; auch dachte er nicht in ständeegoistischem Horizont, sondern in weitgefaßter historischer Perspektive. In manchen Einsichten gleicht er dem bereits früher erwähnten Gervinus, der die Heraufkunft des demokratischen Zeitalters der Massen prophezeit hatte und dafür wegen angeblichen Hochverrats vor die Schranken des badischen Gerichts gezogen worden war. Was Gervinus 1852 schrieb, fand sich bei Cavour bereits in einem Brief aus dem Jahre 1835:

Wir können uns nichts mehr vormachen; die Gesellschaft marschiert mit großen Schritten auf die Demokratie zu. Es ist unmöglich, die Formen vorherzusehen, die sie annehmen wird; aber im Grunde genommen läßt sich nicht bezweifeln, daß die Erneuerung irgend einer aristokratischen Herrschaft unmöglich ist. Der Adel geht überall zugrunde, die Fürsten wie die Völker arbeiten gleichermaßen auf seine Zerstörung hin; das Patriziat hat in der heutigen Organisation keinen Platz mehr. Was bleibt also noch als Kampfwehr gegen die heranflutenden Volksmassen? Nichts Festes, nichts Wirksames, nichts Dauerhaftes. Gut? Schlimm? Ich weiß es nicht. Aber es ist meiner Ansicht nach die unvermeidliche Zukunft der Menschen. Bereiten wir uns darauf vor, oder bereiten wir zumindest unsere Nachkommen vor, die es noch näher angeht als uns.[4]

Seine wache Auffassungsgabe, seine Bereitschaft, ständig hinzuzulernen, kommende Entwicklungen früher als andere zu begreifen und im Handeln vorwegzunehmen, der publizistische Umgang mit der öffentlichen Meinung, dazu die besondere Begabung zur Diplomatie und Außenpolitik – diese Eigenschaften zusammen mit dem Erfolg seiner Politik haben oft den Vergleich zwischen Cavour und Bismarck herausgefordert. Nicht zu übersehen ist, daß für Cavour die Verfassung und ihre Prinzipien höher rangierten als bei Bismarck. Inzwischen hat das Cavour-Bild im Wechsel der Generationen manche Wandlungen durchgemacht. Es trug Züge der Heldenverehrung; dann folgte das Bild vom Vorkämpfer bürgerlicher Freiheit; dann das vom Schöpfer des nationalen Machtstaates, den angeblich erst der Faschismus vollendet habe.

Die heutige Aufmerksamkeit richtet sich verstärkt auf den Aspekt, um welchen Preis die nationale Einheit Italiens errungen wurde. Das betrifft den Umgang mit dem Krieg als Mittel der Politik. Ohne sich zum Richter über die Vergangenheit aufwerfen zu wollen, ist unzweifelhaft, daß ein heutiger Historiker die Rolle des Krieges skeptischer beurteilen wird als die meisten Zeitgenossen Cavours.[5] Die historische Situation war aber offensichtlich derartig, daß eine nationale Einigung Italiens unmöglich schien, ohne den Widerstand der Habsburgermonarchie militärisch zu brechen. Denn die Herrschaft der Österreicher über Italien ruhte vor allem auf dem Militär.

Cavours Ziel war, die italienische Frage als eine europäische erscheinen zu lassen. Die erste Gelegenheit dazu bot der Krimkrieg der Jahre 1853 bis 1856. Er ging zunächst einmal das Königreich Sardinien-Piemont überhaupt nichts an. Die Hauptgegner waren das expansive Rußland, das die Türkei bedrängte und sich territoriale Zugewinne versprach, und England, das der Türkei zu Hilfe kam, um dadurch das europäische Gleichgewicht zu bewahren. Die Westmächte, also vor allem England und dann auch Frankreich, drängten auf eine Beteiligung Piemonts, und schließlich vermochte Cavour im Einverständnis mit dem König eine Teilnahme trotz vielfältiger innerer Widerstände durchzusetzen. Anfang 1855 wurde ein 15.000 Mann starkes Korps unter dem

General LaMarmora auf die Krim geschickt, wo es an den entscheidenden Kämpfen teilnahm. Dadurch wurde Piemont nicht nur militärisch, sondern auch politisch aufgewertet. Es konnte auf dem Pariser Friedenskongreß von 1856 erstmals auf der Ebene der europäischen Mächte mitreden.[6]

Am Ende des Kongresses bot sich Cavour sogar die Gelegenheit, die Regierungsmethoden Österreichs, Neapel-Siziliens und des Kirchenstaats öffentlich anzuklagen und für die revolutionäre Stimmung in Italien verantwortlich zu machen. Cavour erhob sich zum Wortführer für gemeinsame Maßnahmen gegen die sog. internationale revolutionäre Propaganda und erreichte, daß die italienische Frage als internationales Problem anerkannt wurde, mehr noch: Die liberale öffentliche Meinung in Europa betrachtete Cavour und den Staat Sardinien-Piemont als legitime Vertreter der Interessen Italiens insgesamt.

Auf dem Pariser Friedenskongreß von 1856 schloß sich Cavour eng an das Frankreich Napoleons III. an. Piemont wurde auf einmal in den Augen des französischen Kaisers attraktiv, denn dieser sah die Chance, das offene nationale Problem Italiens als Hebel für europäische territoriale Veränderungen im machtpolitischen Interesse Frankreichs zu benutzen. Das war ein Beweggrund Napoleons III., der andere richtete sich auf den Kampf gegen die revolutionäre Bewegung in Italien selbst. Dieser Gesichtspunkt stand schlagartig im Mittelpunkt der europäischen Öffentlichkeit, als ausgerechnet ein Italiener, der im Zusammenhang mit dem Polizeiverein bereits erwähnte Felice Orsini, am 14. Januar 1858 ein Attentat auf Napoleon III. unternahm.

Das Attentat bestärkte Napoleon III. zusätzlich, in Italien einzugreifen. Der Weg dahin lief über die Geheimdiplomatie, das heißt über eine geheime Besprechung zwischen Cavour und Napoleon im Vogesenbad Plombières. Beide gingen davon aus, ein Krieg mit Österreich sei unvermeidlich, ja wünschenswert und anzustreben. Man schloß ein geheimes förmliches Beistandsabkommen, in dem Frankreich im Fall eines Krieges Hilfe gegen Österreich zusagte. Es forderte als Preis die Abtretung Savoyens und Nizzas. Piemont seinerseits sollte durch den Anschluß Lombardo-Venetiens und einiger Kleinstaaten zu einem großen oberitalienischen Königreich emporwachsen.

Seit dieser Absprache rüstete Sardinien-Piemont auf. Napoleon kamen Zweifel an dem ganzen Plan, und Cavour sah sich schon um die Früchte seiner Politik gebracht. Er ermutigte den Freischarenführer Garibaldi zu Aufständen in den Herzogtümern und drohte mit der Veröffentlichung des Geheimvertrages. Da beging die österreichische Diplomatie einen entscheidenden Fehler. Sie stellte Sardinien am 19. April 1859 das Ultimatum, es müsse unverzüglich sein Heer verringern und die inzwischen zugeströmten Freiwilligen entlassen. Am 26. April lehnte Cavour das Ultimatum formell ab; am 29. April rückten österreichische Truppen in Sardinien ein. Damit kam der Mechanismus der piemontesisch-französischen Allianz doch in Gang. Österreich erschien äußerlich als Angreifer.

Im Mai 1859 begann der »zweite Unabhängigkeitskrieg«, als dessen Ziel Napoleon III. die Befreiung Italiens »bis zur Adria« proklamierte. Damit verletzte er europäisches Völkerrecht, denn er verfügte eigenmächtig über österreichisches Territorium. Erstmals ermöglichte die Eisenbahn die schnelle Konzentration von Truppenmassen, und das beeinflußte den Charakter des Krieges überhaupt, wie sich am 24. Juni 1859 in der Doppelschlacht von Solferino und S. Martino in der Provinz Mantua zeigte. Der Bericht eines Augenzeugen stand in auffallendem Gegensatz zur nationalen Begeisterung des Zeitalters; er schrieb unter dem Eindruck, daß der Krieg seine Qualität, seine Wirkungsweise grundsätzlich verändert habe. Der Bericht dokumentierte einen neuen Horizont an Grausamkeit, den dieser Krieg gezogen hat. Was sich dem Beobachter einprägte, beurteilte er als

eines der schrecklichsten Schauspiele, das sich erdenken läßt. Das Schlachtfeld ist allerorten bedeckt mit Leichen von Menschen und Pferden. In den Straßen, Gräben, Bächen, Gebüschen und Wiesen, überall liegen Tote, und die Umgebung von Solferino ist im wahrsten Sinne des Wortes mit Leichen übersät.

Das schrieb Henri Dunant. Er war damals 31 Jahre alt und wurde zufälllig als Tourist Zeuge der Schlacht, die auf beiden Seiten mit beispielloser Brutalität ausgefochten wurde. Eine neue Waffentechnik mit Granatsplittern, mit zylindrischen und konischen Kugeln zerfetzte in bisher nicht gekannter Weise den menschlichen Körper. Ergriffen von den Grauen des Krieges, leistete er den Verwundeten und Sterbenden auf dem Schlachtfeld und in Lazaretten Hilfe. Dunant verfaßte anschließend eine Schrift mit dem Titel *Eine Erinnerung an Solferino*; bereits 1859 erschien sie in deutscher Übersetzung.[7] Seine Bemühungen gipfelten in der Schaffung einer neutralen Hilfsorganisation zur Rettung Verwundeter; 1864 kam es daraufhin zur Ersten Genfer Konvention des Roten Kreuzes. In diesem Jahre wurde das Internationale Rote Kreuz gegründet, hervorgegangen aus dem italienisch-österreichischen Krieg von 1859.

Ein zwischen Kabinetten ausgeheckter und inszenierter Krieg war zum Massenkrieg geworden. Er wurde als Sieg der Franzosen und Italiener verbucht. Aber er ließ sich nicht mehr nach alter Weise unter souveränen Herrschern beendigen. Das zeigte sich an den Emotionen, die dieser Krieg auch anderswo wachrief, besonders in Deutschland. Hier löste er, fern dem Schlachtfeld, eine patriotische Welle aus, die den Nationalkrieg am Rhein forderte! Die Großdeutschen von 1848 beurteilten Österreichs oberitalienische Stellung als eine Bastion für ganz Deutschland. Für sie wurde Deutschland gegen Frankreich verteidigt, das im Begriff sei, am Po und an der Etsch auszugreifen und dort Deutschlands Interessen zu gefährden.

### *b) Der österreichisch-italienische Krieg im Blick europäischer Interessenlagen*

Indem sich das Königreich Sardinien-Piemont zum Vorkämpfer der italienischen Einigung machte, rüttelte es am europäischen Status quo: am europäischen Völkerrecht, das seit dem Wiener Kongreß von 1815 festgeschrieben war. Jede Annexion von Gebieten, die unter österreichischer Herrschaft standen, bedeutete eine tatsächliche Veränderung dieses Systems von 1815. Sardinien war daher in jeder Hinsicht von den europäischen Großmächten abhängig. Sie alle, Frankreich, England, Rußland, Österreich und Preußen, hatten die Wiener Kongreßakte unterzeichnet und sich verpflichtet, für die Aufrechterhaltung dieses Systems einzutreten. Cavour hatte folgerichtig mit geschickten diplomatischen Schachzügen versucht, Sardinien auf europäischer Ebene aufzuwerten, und sei es durch eine Beteiligung an einem europäischen Krieg wie dem Krimkrieg. Da aber ein unmittelbarer Angriff auf Lombardo-Venetien das Vertragswerk von 1815 getroffen hätte, wäre Sardinien auf brüske europäische Ablehnung gestoßen. Es galt deshalb unter dem Kreis der Großmächte Bündnispartner zu gewinnen und andere zur Neutralität anzuhalten.

Diese Überlegungen mögen sich ziemlich diplomatiegeschichtlich anhören, aber Diplomatiegeschichte erfordert in dem Moment Aufmerksamkeit, wo die Verhältnisse zwischen den Staaten in Bewegung geraten. Darin aber lag die weitreichende Wirkung der nun entstehenden Mächtekonstellation, daß sie das System von 1815 aushebelte und die Bahn für eine Folge von Kriegen eröffnete. Wie gestaltete sich die Position der einzelnen Mächte gegenüber Österreich?[8]

*Rußland* war stets der entschiedenste Präzeptor der Legitimität und damit des Status quo von 1815. Doch seit dem Krimkrieg war das Verhältnis zu Österreich gestört, denn überraschend hatte sich Österreich in diesem Krieg erstmals auf die Seite der Westmächte geschlagen, um Rußlands Einfluß am Bosporus einzudämmen. St. Petersburg war an einer »Demütigung« Österreichs interessiert. In der Tat werden solche Emotionen in der Mächtepolitik spürbar, ungeachtet handfester dominierender Interessen. In einem Geheimvertrag hatte Rußland gegenüber Frankreich im Falle eines Krieges eine wohlwollende Neutralität zugesichert. Auch verpflichtete es sich, England und Preußen zur Neutralität anzuhalten. Dies alles waren Faktoren im Hintergrund, die darüber mitentschieden, daß die italienische Einigung als Lösung eines internationalen Problems überhaupt gelingen konnte. Bei dem kleindeutschen Einigungsversuch Preußens im Jahre 1850 hatte sich Rußland quergestellt, und nicht zuletzt deshalb war dieses Projekt unausführbar geblieben.

*Preußen* hatte im Krimkrieg Neutralität bewahrt und sich dadurch gute Beziehungen zu Rußland erhalten. Es lag nicht im Interesse Preußens, dieses gute Verhältnis durch engere Bindung an Österreich zu gefährden. 1856 war ein preußisch-österreichischer Bündnisvertrag ausgelaufen und seither nicht erneuert worden. Hinzu kamen die innerdeutschen Differenzen, die Preußen eher als Konkurrenten, denn als Partner der österreichischen Politik erscheinen ließen. In preußischen Regierungskreisen herrschten überdies immer noch Revanchegelüste wegen der angeblichen Schmach von Olmütz 1850, als Preußen unter dem Kriegsdruck Österreichs und Rußlands von seinem Unionsprojekt hatte ablassen müssen.

*England* verfügte zwar über eine liberale öffentliche Meinung, die Sympathien für die italienische Einigung hegte, aber das 1858 zur Macht gekommene konservative Ministerium Derby wollte jede Erschütterung des europäischen Systems vermeiden und jede gewaltsame Expansion des Königreichs Sardinien verhindern, wenn davon der österreichische Herrschaftsbereich betroffen war.

*Frankreich* war die einzige Macht, die lebhaft an einer Änderung des Status quo in Europa interessiert war, um daraus eigenen territorialen Gewinn zu ziehen. Napoleon III. verfolgte das Ziel, die europäische Balanceordnung zugunsten Frankreichs zu zerstören. Die Zurückdrängung Österreichs südlich der Alpen galt ihm als der erste entscheidende Schritt zur Schwächung der Habsburgermonarchie. Würde Österreich geschwächt, mußte der Einfluß Frankreichs gegenüber Deutschland wachsen. Deshalb konnte auch einzig Frankreich unter den Großmächten als der geeignete Bündnispartner für Sardinien erscheinen.

### *c) Die Rechtslage bei einem Eintritt des Deutschen Bundes in den Krieg*

Die internationale Konstellation sah 1858/59 daher nicht ungünstig für Sardinien aus, wenn man berücksichtigt, daß außer England alle anderen Großmächte Vorbehalte gegenüber Österreich vorzubringen hatten. Einen Unsicherheitsfaktor im internationalen Kalkül stellte noch die Haltung des Deutschen Bundes dar. Denn von seinen Grundgesetzen her repräsentierte er nach außen ein völkerrechtliches Subjekt. Er konnte zweifellos gegen eine außerdeutsche Macht Krieg führen, denn er verfügte in Gestalt eines Kontingentsheeres von mehr als 300.000 Mann über militärische Gewalt.[9] Der Bund hatte seine bewaffnete Macht seit der Julirevolution von 1830 mehrfach bei innenpolitischen Unruhen eingesetzt. Daß er auch nach außen Krieg führen konnte, mit eigener Armee unter eigenem militärischen Oberbefehlshaber, das hatte er bisher in seiner Geschichte erst einmal bewiesen: im Krieg des Jahres 1848 um Schleswig-Holstein gegen Dänemark.

Der Sachverhalt stellte sich 1859 folgendermaßen dar: Österreich als Bundesmitglied war mit einer auswärtigen Macht, dem Königreich Sardinien-Piemont, in einen Krieg verwickelt. Der Konflikt konzentrierte sich auf Lombardo-Venetien, auf oberitalienisches Gebiet in österreichischer Hand; dieses Territorium gehörte zwar zur Habsburgermonarchie, nicht aber zum Gebiet des Deutschen Bundes. Wie hatte sich der Bund zu verhalten?

Diesen Fall hatte die Wiener Schlußakte von 1820 in einem speziellen Artikel 47 bedacht:

In den Fällen, wo ein solcher Bundesstaat [mit bundesfremden Gebieten] in seinen außer dem Bunde gelegenen Besitzungen bedroht oder angegriffen wird, tritt für den Bund die Verpflichtung zu gemeinschaftlichen Vertheidigungs-Maßregeln, oder zur Theilnahme und Hülfsleistung nur in so fern ein, als derselbe nach vorgängiger Berathung durch Stimmenmehrheit in der engern Versammlung Gefahr für das Bundes-Gebiet erkennt.[10]

Es gab daher eine Verpflichtung des Bundes, zur Hilfe zu eilen, militärisch einzugreifen, selbst wenn bundesfremde Gebiete wie das österreichische Oberitalien betroffen waren. Der Bund mußte aber meinen, in Gestalt des fraglichen Territoriums sei er zugleich selber angegriffen. Das brauchte im Falle Oberitaliens nicht unbedingt zweifelhaft zu sein, war doch die Ansicht auch unter den Regierungen weit verbreitet, die Lombardei sei die »Vormauer des Reiches«.[11] Sei diese erst einmal verloren, stehe der Weg bis hin zur Bundesfestung Ulm, also zum Süden Deutschlands, offen. Aber eine wichtige Voraussetzung erfüllte Österreich nicht: Auch wenn die eigentliche Sachlage für das Gegenteil sprach – äußerlich gesehen war die Monarchie der Aggressor, nicht der angegriffene Teil, denn sie hatte den ersten militärischen Schritt begangen. Österreich mußte vor dem Bundestag argumentieren, es sei nicht der eigentliche Angreifer, sondern Sardinien.

### *d) Die Behandlung der Kriegsfrage durch den Bundestag*

Die Argumentation Österreichs verdeutlichte, wie weit man das Ränkespiel Cavours durchschaut hatte. Bereits am 2. Mai 1859 legte Österreich dem Bundestag einen Bericht vor und schilderte darin seine Sicht der Dinge noch vor den entscheidenden Schlachten. Österreich wollte die vollständige Mobilmachung des Bundes erreichen. Deshalb mußte es der Bundesversammlung glaubhaft machen, der eigentlich Angegriffene zu sein. Österreich legte begreiflicherweise hohen Wert darauf,

in der Mitte ihrer deutschen Bundesgenossen auszusprechen, daß sie, obwohl militärisch zum Angriffe gegen Sardinien geschritten, nichts desto weniger sich fortwährend als im Zustande gerechter Gegenwehr befindlich ansieht. [...]

Ein Staat von dem Range Piemonts würde sich einer so herausfordernden Handlungsweise gegen Österreich enthalten haben, wenn er nicht in der Lage gewesen wäre, auf den Beistand eines mächtigen Bundesgenossen zählen zu können. Frankreich, von Österreich in keiner Weise beleidigt, hat die ungerechte Sache Sardiniens zu der seinigen gemacht. [...] Seit aber Frankreich erklärt hat, sich am Kriege betheiligen zu müssen, scheint uns der Augenblick für das gesammte Deutschland gekommen, in ernste Berathung zu nehmen, ob nicht gleichzeitig mit Österreichs Machtverhältnissen auch die Sicherheit des gesammten Bundes sich tief berührt findet.[12]

Dieses hochbedeutsame Dokument veranschaulicht die weitreichende internationale Verwicklung der Verhältnisse, jedenfalls aus Österreichs Sicht, aber nicht nur aus seiner, denn zahlreiche deutsche Mittelstaaten schlossen sich dieser Deutung an. Es war unverkennbar, wie hier Österreich sogar die nationale Saite anschlug, wie es an das »gesammte Deutschland« appellierte, nicht etwa an die Fürsten, deren Bündnis 1815 den Bund formell begründet hatte. Österreich hätte am liebsten sofortige Mobilmachung des Bundes beantragt. Es gehörte zur Paradoxie der Lage, daß das nationale Prinzip aber auch der anderen Seite, Sardinien-Piemont, als Legitimationsbasis diente, und zwar auf eine Weise, die das europäische Recht von 1815 sprengte.

Die Haltung Preußens in dieser Frage gab den Ausschlag. Vier Tage nach dem österreichischen Ultimatum, aber noch sechs Tage vor dem österreichischen Einmarsch in Sardinien beantragte Preußen zwar am 23. April 1859, die »Marschbereitschaft« der Hauptkontingente des Bundesheeres zu beschließen. Der Bundestag nahm das an; Österreich war gar nicht vorher gefragt worden. Marschbereitschaft hieß aber nicht Mobilmachung, sondern lediglich Bereitstellung der Truppen in ihren Friedensgarnisonen, gerade nicht Zusammenziehung an ihren kriegsmäßigen Sammelplätzen. Das wäre eine Mobilmachung gewesen, dazu hätte außerdem die Wahl eines Bundesfeldherrn gehört, wie es die Bundeskriegsverfassung vorschrieb.[13] Allen weitergehenden Vorstößen widersetzte sich Preußen hingegen hartnäckig. Das Zentrum des Widerstands lag beim Prinzregenten Wilhelm, er widersprach der Aufstellung eines Observationskorps in Süddeutschland, verhinderte die Wahl eines Bundesbefehlshabers.

Von dieser offenkundigen Neutralität rückte Preußen scheinbar ab, nachdem Österreich die entscheidenden Niederlagen hatte hinnehmen müssen. Der österreichische Feldmarschall Fürst Windischgrätz kam eigens nach Berlin, um Preußen zu beschwören, sich zum bundeskonformen Beistand bereitzuerklären. Windischgrätz bot sogar an, daß der Oberbefehl sämtlicher Bundestruppen an Preußen fallen sollte. Das klang sehr verlockend, mißt man es an dem preußischen Interesse, Vormacht in Deutschland zu werden. Aber der Oberbefehl über die Bundestruppen hatte – wie man in Berlin erst reichlich spät merkte – gleich mehrere Haken. Der Bundesoberfeldherr war nach der Bundesverfassung ein Bundesorgan und als solches den Entscheidungen der Bundesversammlung unterworfen. Preußen wäre dadurch in militärischer Hinsicht an den Bundeswillen gekettet worden, wäre militärisch nicht mehr autonom gewesen. Der Bundesfeldherr hatte sich den Instruktionen des Bundestags zu unterwerfen, mußte diesem regelmäßig berichten und konnte sogar für fehlerhafte Entscheidungen kriegsgerichtlich zur Verantwortung gezogen werden, alles für Preußen völlig unannehmbare Konsequenzen. Seine Regierung war keineswegs bereit, sich die Befehlsgewalt in militärischer Hinsicht beschränken zu lassen. Man verhandelte folglich am Bundestag, wie sich dieses Problem aufheben lasse.

Bevor eine Lösung für die bewaffnete Intervention Preußens gefunden war, hatten sich bereits Napoleon III. und Kaiser Franz Joseph noch auf dem Schlachtfeld auf einen Waffenstillstand geeinigt. Beide Herrscher waren sich darüber im klaren, daß jede Fortsetzung des Krieges, gleichgültig wie er ausgehen werde, Preußen als eigentlichen Sieger dastehen lassen würde. Sie beurteilten das eigentliche Kalkül der hinhaltenden Neutralitätspolitik Preußens zutreffend. Preußen rechnete fest mit einer Niederlage Österreichs und zugleich mit einer starken Fesselung der französischen Kräfte in Oberitalien. Der Prinzregent hoffte, an der Spitze eines intakten Heeres den kommenden Frieden diktieren zu können. Das nannte man »bewaffnete Vermittlung«. Huber referiert in seiner *Verfassungsgeschichte*, »Preußen werde ohne einen Schwertstreich als der Retter Deutschlands dastehen; Österreich werde gedemütigt sein, ohne seinen italienischen Besitz einzubüßen. Die Schmach von Olmütz werde getilgt sein; Preußen werde in seiner unangreifbaren Position an der Spitze [in] Deutschland stehen.« Kommentierend fügt er hinzu: »Dieser Plan war vielleicht ›brutal‹. Aber wäre es weniger brutal gewesen, wenn Preußen sich dem österreichischen Ansinnen gemäß auf Frankreich gestürzt hätte [...]?«[14] Hier scheinen sich selbst bei einem nüchternen Verfassungshistoriker Emotionen einzumischen. Die Alternative traf indessen zu: entweder Neutralität, was auch bewaffnete Vermittlung heißen konnte, oder Eingreifen in den Krieg gegen Frankreich. Von einer distanzierteren Warte aus gesehen, wurde die italienische Einigung nicht nur durch die bewußt neutrale Haltung Rußlands ermöglicht, sondern ebenso durch den aufbrechenden preußisch-österreichischen Dualismus im Konflikt um die Hegemonie in Deutschland.

### *e) Die Aufspaltung der öffentlichen Meinung in Deutschland*

Der Gegensatz der deutschen Mächte provozierte leidenschaftliche Reaktionen und Stellungnahmen in der politischen Öffentlichkeit, die sich seit der »Neuen Ära« des Jahres 1858 wieder lebhaft zu Wort melden konnte. 1859 entbrannte geradezu ein Flugschriften-, Anzeigen- und Broschürenkampf. Die Nachwehen reichten noch Jahre weiter. Drei Gruppierungen hoben sich ab: 1. eine konsequent anti-österreichische Haltung, 2. eine streng pro-österreichische Position, 3. schließlich eine spezifisch realpolitische in dem Sinne, daß Preußen der Nutznießer sein sollte. Keine der Haltungen ließ sich mit den überkommenen Richtungen der Konservativen, Liberalen, Demokraten oder Sozialisten auf einen eindeutigen Nenner bringen. Die Meinungen zogen sich quer durch die Lager.

Zur antiösterreichischen Gruppe gehörten etwa Bismarck, die ehemaligen 1848iger Demokraten Arnold Ruge und Ludwig Bamberger sowie Ferdinand Lassalle. Eine pro-österreichische Haltung hingegen zeigten die preußischen Hochkonservativen, großdeutsche Katholiken in West- und Süddeutschland, die Augsburger *Allgemeine Zeitung*, Marx und Engels und der ehemalige Reichsministerpräsident von 1848 Heinrich v. Gagern. Die dritte realpolitische Haltung bekundeten Liberale aus Nord- und Süddeutschland, die eine bedingte Unterstützung Österreichs, aber letztlich zum Nutzen Preußens wünschten, etwa die Historiker und ehemaligen 1848er Waitz und Droysen, außerdem Sybel und Treitschke. Ein Brief des Historikers Heinrich v. Sybel, der sich der realpolitischen Position zuneigte, bekundet etwas von der Atmosphäre und Breitenwirkung jener Kriegsagitation. v. Sybel schrieb am 8. Mai 1859 aus München:

Im Publikum dauert die Kriegslust fort. Die Bauern wollen, durch den Klerus begeistert, lieber heute als morgen raufen. Die Freiwilligen strömen zu den Regimentern, Edelleute, Beamte, Studenten, hier wie in Schwaben und Baden. Die Liberalen stutzen über das Vordringen der Ultramontanen, wenden sich wieder zu dem Könige zurück (der sich jedoch seinerseits sträubt, sich auf jene zu stützen), [...] Neben den Ultramontanen regen sich radikale Tendenzen. Der Höldersche Antrag auf Volksvertretung beim Bunde ist in zahllosen Köpfen. Ausrotten läßt er sich nicht.

[...] Für mich halte ich noch immer das System der bewaffneten Neutralität für das Beste, bis das Unterliegen eines Kämpfers das Einschreiten Preußens fordert oder die Ermattung beider Preußen das Heft in die Hand gibt. Aber ich überzeuge mich täglich mehr, daß die unerläßliche Vorbedingung zur Behauptung dieser Linie eine starke militärische Aufstellung am Oberrhein ist.[15]

Dieser Brief verdeutlicht die soziale Breitenwirkung des Echos auf den Krieg in Deutschland, wie auch die Wechselwirkung von Land zu Land: In Württemberg in der Kammer hatte am 5. Mai der Abgeordnete Julius Hölder den erwähnten Antrag gestellt, schon war er anderwärts in aller Munde, und gerade das Ziel dieses Antrags ließ aufhorchen: Volksvertretung am Bund – das gemahnte an die Märzforderungen von 1848 und war den Agierenden auch bewußt. Der außenpolitische Konflikt, in den eine deutsche Großmacht verwickelt war, führte zu innenpolitischen Konsequenzen, die auf eine tiefgreifende Umgestaltung der Bundesverfassung hinausliefen. Schlagwortartig ging es wieder um Deutschlands Freiheit, Stärke und Größe.

Diese realpolitisch vermittelnde Position kam noch schärfer bei Johann Gustav Droysen zum Ausdruck. Seine These lautete zugespitzt: Am besten Österreich in Italien stärken, damit auch Preußen in Deutschland stark bleibe – oder in seinen Worten:

Ich habe alle denkbaren Sympathien für das unglückliche Italien, aber meine erste Sorge ist Deutschland und Preußen. Für beide ist es eine Vitalfrage, daß Österreich Italien hat und beherrscht, daß es dort engagiert ist und bleibt. Hätte Österreich Italien nicht, so würde es umso schwerer auf Deutschland drücken, es würde nicht eher ruhen, als bis es Preußen, d. h. die nationale Entwicklung Deutschlands eliminiert hätte.[16]

Eine pro-österreichische Stimme äußerte sich im Lager der Regierenden besonders markant aus der Feder des badischen Großherzogs Friedrich I., der sich in einem Brief an den preußischen Prinzregenten wandte. Er warb für eine Mobilmachung des Bundes an der französischen Grenze zur Entlastung Österreichs und beantwortete zugleich die Kriegsschuldfrage in dem Sinne, Österreich habe »die gerechtfertigste aller Kriegserklärungen an das revolutionäre Sardinien« gerichtet. Großherzog Friedrich zählte zu den fortschrittlichsten Fürsten im Deutschen Bund, ein Fürst zugleich, dessen Vater Leopold sich im Mai 1849 vor den Revolutionären in die Bundesfestung Mainz hatte flüchten müssen. Er brachte einen bemerkenswerten Aspekt in die öffentliche Diskussion: die durch den Krieg ausgelöste Revolutionsfurcht, wobei die Assoziation mit Napoleon I. unausweichlich war, etwa in dem unterstellten Anspruch, Napoleon III. wolle sich zum Richter über ganz Europa aufwerfen. Der Großherzog nahm also eindeutig Partei für Österreich und erkannte darin zugleich eine nationale Tat: Abwehr militärischer Bedrohung Deutschlands durch Frankreich ebenso wie eine innenpolitisch stabilisierende Tat, die gegen die Revolution wappnen sollte.[17]

Der Großherzog befand sich mit seiner Unterstützung Österreichs in einer seltsamen gemeinsamen Front mit Friedrich Engels, der eine Flugschrift *Po und Rhein* veröffentlicht hatte und darin nicht vom Standpunkt nationaler Selbstbestimmung aus argumentierte, wie es die 1848er Demokraten noch zugunsten Italiens getan hatten. Er konstatierte, es handele sich – mit dem Blick auf Frankreichs Einmischung – »um die einfache Behauptung einer Provinz, die man nur gezwungen abtritt, einer militärischen Position, die man nur räumt, wenn man sie nicht mehr halten kann. Die politische Frage tritt in diesem Fall sogleich hinter die militärische zurück; werden wir angegriffen, so wehren wir uns.« Für Engels hatte die Einheit erste Priorität, und darüber schien die italienische Frage nicht mehr von Belang. Insgesamt war die italienische Frage überformt durch den Gegensatz zwischen Deutschem Bund und Frankreich.[18]

Welche Gefühle, welche historischen Erinnerungen aufgewühlt werden konnten, bezeugte das konsequent antiösterreichische Urteil Ludwig Bambergers, eines Liberalen, der selber ein bewegtes Leben hatte. 1848 war er republikanischer Redakteur; er nahm an der Reichsverfassungskampagne 1849 in der Pfalz teil, wurde 1851 zu Zuchthaus, ein Jahr später gar in Abwesenheit zum Tode verurteilt. Er flüchtete sich ins Exil nach Paris, dann nach London, wurde ein erfolgreicher Bankier, kehrte 1866 zurück, wurde 1868 ins Zollparlament gewählt, schloß sich der nationalliberalen Politik an, wurde als Frankreichkenner Bismarcks Berater im Hauptquartier des Feldzugs von 1870, dann Reichstagsabgeordneter, entwickelte sich zum Freisinnigen, trennte sich als Gegner der Kolonialpolitik von den Nationalliberalen und betrieb später von einer linksliberalen Position aus Reichstags-Opposition gegen Bismarck.[19] Auch Bamberger verfaßte 1859 eine Flugschrift; sie trug den satirischen Titel *Juchhe nach Italia:*

Seht ihr denn nicht, was in Gefahr schwebt? Die österreichische Hausmacht schwebt in Gefahr, das böse Prinzip Deutschlands, und darum alles, was zusammenwurzelt mit diesem bösen Prinzip, die Vielherrschaft, die Zerstückelung, die Dunkelheit, der Jesuitismus, der Rückschritt und die Luderwirtschaft des patriarchalischen Polizeiregiments in allen Graden und Formen. Wahrlich, eine Nation, die nicht von Abscheu und Ekel ergriffen wird, wenn österreichische Kaiser von deutschen Brüdern und von nationaler Einheit sprechen, ist schwer zu retten. Ist auch nur ein Schimmer von Möglichkeit vorhanden, daß ein Habsburg anderes wollen könne, als die Ohnmacht deutscher Stämme, als die Verleugnung aller Nationalität?[20]

Diesen Worten spürt man noch die bittere Abrechnung des 48ers an, der darüber hinwegging, daß preußische Truppen der Revolution im Sommer 1849 im deutschen Südwesten das Lebenslicht ausgeblasen hatten. Freilich bewerteten die Zeitgenossen die nachfolgende kleindeutsche Einigungspolitik noch als eine Chance, die erst durch Olmütz zerstört worden sei. Auch Bambergers Polemik verdeutlicht, daß in der deutschen öffentlichen Diskussion nicht Italien im Zentrum stand. Kaum noch kümmerte man sich um das Schicksal dieses Landes, beiläufig noch etwa Droysen. Wichtiger waren die Auswirkungen des sich abzeichnenden europäischen Krieges auf Deutschland. Seit 1815 hatte es in der Tat einen solchen Krieg nicht mehr gegeben, einen großen Krieg im Herzen Europas, wo die kunstvolle Konstruktion des Deutschen Bundes einen ausgewogenen Balancezustand hergestellt hatte.[21] Im Moment des Krieges stand zugleich auch der Deutsche Bund in seiner dermaligen Existenz zur Diskussion und Disposition.

### *f) Konsequenzen des Krieges für das europäische Gleichgewicht*

Verlauf, Triebkräfte und »Macher« der italienischen Einigung standen seither den deutschen Politikern und Publizisten als Vorbild einer analogen eigenen nationalen Entwicklung vor Augen. Der Vorfriede von Villafranca, bestätigt im Frieden von Zürich im Jahre

1859, blieb zwar weit hinter den nationalen italienischen Erwartungen zurück, Österreich trat die Lombardei an Frankreich ab, das diese an Sardinien weitergab; Venetien blieb weiterhin österreichisch. Man vereinbarte auch die Wiedereinsetzung der habsburgischen Souveräne in der Toskana und in Modena und beabsichtigte einen italienischen Staatenbund, dessen Ehrenpräsident der Papst werden und dem der Kaiser von Österreich angehören sollte.

Aber die freigesetzte nationalrevolutionäre Entwicklung ging über diesen Friedensschluß hinweg. Sie bekam eine Eigendynamik, als der aus Nizza stammende Garibaldi von Sizilien aus seinen berühmten Zug der Tausend organisierte. Sein Freikorpsunternehmen fand immer mehr Zulauf. Die folgende Anschlußbewegung vollzog sich formell als Sequenz von Plebisziten. Sie fanden unter der Kontrolle der Armee statt, nachdem sich Cavour und König Viktor Emanuel der Dynamik der revolutionären Bewegung gebeugt hatten, indem sie sich an deren Spitze stellten. Aus dem revolutionären Aufstand Garibaldis wurde der Nationalkrieg der königlichen Armee. Am 7. November 1860 zog Viktor Emanuel bereits in Neapel ein. Im Februar 1861 trat in Turin das erste aus nahezu ganz Italien beschickte Parlament zusammen. Es proklamierte Viktor Emanuel zum König von Italien.

Fünf besondere Voraussetzungen begünstigten die Bildung eines geeinten italienischen Nationalstaats:

1. die konsequente Haltung des Monarchen, Viktor Emanuels von Sardinien-Piemont, der das konstitutionelle Verfassungssystem tolerierte und dem von ihm ernannten Minister Cavour den nötigen Handlungsspielraum bis hin zum Krieg überließ;

2. die besonderen Fähigkeiten Cavours und dessen geschickte Ausnutzung vieler Variablen von der Volksbewegung bis zur Diplomatie der Kabinette;

3. die Berücksichtigung der europäischen Mächtekonstellation und Interessenlage und vor allem die Anlehnung an Frankreich, selbst auf Kosten einer nicht national, sondern nur realpolitisch aus aktuellen Umständen zu rechtfertigenden Abtretung Savoyens und Nizzas;

4. die Loyalität der Armeeführung;

5. die Eigendynamik einer revolutionären Bewegung und ihr relativer Konsens mit der offiziellen Politik Cavours, was im Zurücktreten Garibaldis in der Phase seiner größten Erfolge deutlich wurde.

Das Ergebnis regt immer wieder zum Vergleich mit dem »deutschen Weg« an, etwa in dem Urteil Rudolf Lills: »Ausgerechnet im rückständigen Italien hat somit Cavours neue liberale Partei aus Adeligen und Bürgern die Nationalstaatsbildung im politischen Gleichklang mit dem Westen Europas einleiten können – ganz im Gegensatz zu Preußen-Deutschland, wo wenige Jahre später Wilhelm I., Bismarck und die Armee über die Reichsgründung, bei der sie nur ein vorübergehendes Zweckbündnis mit den Liberalen schlossen, die Herrschaft der traditionalen Eliten verfestigt haben.«[22] Es wird noch zu prüfen sein, ob und welcher Weg ein »besonderer« war, ob die Entwicklung nicht offener und ohne so konsequent vorgefaßte Zwecke verlief. In Italien jedenfalls gelang die Verbindung des Liberalismus mit der Nationsbildung, in Deutschland wurde sie zumindest zum Problem.

Mit dem Verlust der Lombardei hatte Österreich als Großmacht nicht nur Ansehen eingebüßt; entscheidender war, daß mit dieser Territorialverschiebung das europäische Vertragssystem von 1815 eingestürzt war. Zumindest war eine Schneise hineingetrieben worden. Österreich war in besonderer Weise mit diesem auf Gleichgewicht hin ausbalancierten Vertragssystem existentiell verbunden. Österreich war eine nationenübergreifende Staatenunion. Die überkommene Aufteilung Italiens und Deutschlands in viele unabhängige mittlere und kleine Staaten stabilisierte jenen Gleichgewichtszustand. Das Ordnungsgefüge von 1815 beruhte u. a. auf der Kontrolle Italiens durch Österreich. Es war auch zuvor schon zu territorialen Verschiebungen gekommen: 1830 mit der Bildung Belgiens, 1846 mit der österreichischen Annexion Krakaus; andere einzelne Fälle ließen sich nennen: Luxemburg 1839, das schweizerische Neuenburg, das sich von Preußen trennte – doch alle diese Fälle hatten nicht das europäische Gleichgewicht tangiert. Die 1859 eingeleitete und durch einen revolutionären Prozeß 1861 abgeschlossene italienische Einigung bedeutete aber eine solche Verschiebung des Gleichgewichts, denn sie traf eine der Großmächte und deren Großmachtstellung. Der Niedergang des Vielvölkerstaates Österreich im Zeitalter der Nationalstaaten bahnte sich an.

## 9. Die »Neue Ära« und die Belebung des öffentlichen Lebens in Deutschland

In einer Zeit, als im Deutschen Bund das Nationale nach der Revolution mit dem Odium des Hochverrats behaftet war, wirkte die nationale Einigung Italiens auf das deutsche Publikum wie ein Katalysator. Man mußte über die Grenzen schauen, um sich an dem zu begeistern, was daheim unterdrückt wurde. Jedoch ließ sich die große, das 19. Jahrhundert beherrschende Tendenz: die Hinwendung zum Nationalen als Leitwert, auch im föderativen Deutschen Bund auf Dauer nicht neutralisieren. Die aus dem Vormärz bekannten Formen und Töne, sich politisch Gehör zu verschaffen, wurden wieder vernehmbar. Eine wichtige Voraussetzung dazu war die Lockerung des polizeilichen Überwachungssystems im Bund. Dazu kam es, als Prinz Wilhelm in Preußen für seinen kranken Bruder Friedrich Wilhelm IV. die Regentschaft antrat. Von den Zeitgenossen wurde das als Anbruch einer sog. »Neuen Ära« begriffen. Sie empfing von Preußen aus ihren entscheidenden Impuls, blieb aber keineswegs auf dieses Land beschränkt: Eine »Neue Ära« erfaßte zwischen 1858 bis 1862 mehr oder weniger alle bedeutenderen deutschen Bundesstaaten, die sich in der Regel durch Berufung neuer Ministerien den politischen Tendenzen in der Gesellschaft wieder stärker öffneten und diese freigaben.

### *a) Der innerpreußische »Systemwechsel«*

In Preußen vollzog sich die Wende in drei Etappen, in denen die Herrschaft auf den Kronprinzen Wilhelm überging. Zunächst übte er eine periodisch befristete Regentschaft aus; dann war diese unbefristet, und schließlich übernahm der Monarch nach dem Tode Friedrich Wilhelms IV. die Krone. Jeder neue Status war mit einer erweiterten Herrschaftsvollmacht verknüpft.

Im Herbst 1857 beauftragte Friedrich Wilhelm IV. den Prinzen Wilhelm zunächst befristet auf drei Monate mit seiner Stellvertretung. Das geschah durch einen Erlaß vom 23. Oktober 1857.[1] Dem Prinzen waren dadurch die Hände noch gebunden, denn dieser Erlaß verpflichtete ihn, die Regierung nach den bisherigen Grundsätzen fortzuführen; Wilhelm durfte das bestehende Reaktionsministerium Manteuffel noch nicht auswechseln.

Jedoch nahm die Öffentlichkeit bereits diesen Wechsel als ein

Signal auf, das ein verwandeltes politisches Klima verhieß; jedes Vierteljahr, um das die befristete Regentschaft verlängert wurde, verstärkte die Hoffnungen. Der Klimawechsel erfaßte ausgerechnet die öffentliche Auseinandersetzung mit der politischen Polizei, die es offiziell in Preußen gar nicht geben durfte. Erstmals in einer Debatte des preußischen Abgeordnetenhauses wurde der Dispositionsfonds für die Höhere Polizei Anlaß eines heftigen Angriffs auf die Einrichtung einer geheimen politischen Polizei überhaupt. In der Sitzung vom 9. April 1858 klagte der Abgeordnete Friedrich Harkort sarkastisch: »Von dem Honig der 80.000 Reichsthaler leben ferner noch die bezahlten Zeitschriften und Ueberwachungs-Redacteure, und dann jene Sorte von Literaten, die Justus Möser Löwenlecker und Loblügner nennt. Dazu tritt noch das Gefolge der Polizei-Spione.«[2] Der Industrielle war ein Repräsentant des rheinischen Liberalismus und späterer Anhänger der Fortschrittspartei; er stellte den Antrag, den Dispositionsfonds auf 40.000 Reichsthaler herabzusetzen. Er scheiterte damit, denn er kam ein Jahr zu früh. Bereits im Staatshaushalt von 1859 wurde der Fonds auf 35.000 Taler reduziert. Im April 1858 vermochten sich Ministerpräsident v. Manteuffel und der Innenminister v. Westphalen einem solchen Ansinnen noch zu widersetzen. Aber eine Belebung in der Oppositionshaltung der Abgeordnetenkammer war unverkennnbar.

Die Konstruktion der periodisch befristeten Regentschaft erschien auf die Dauer als rechtlich bedenklich. Besonders der Justizminister äußerte seine Vorbehalte. Die Königin erwirkte deshalb am 7. Oktober 1858 einen Erlaß, durch den Friedrich Wilhelm IV. Wilhelm nun formell ersuchte, die Regentschaft ohne Befristung zu übernehmen. In einem Erlaß vom 9. Oktober 1858 sprach Wilhelm die Annahme aus, und mit einer Verordnung vom selben Tag berief er die beiden Kammern, das Abgeordneten- und Herrenhaus, ein, um ihnen Gelegenheit zu geben, »in vereinigter Sitzung über die Notwendigkeit der Regentschaft [zu] beschließen«, geradeso, wie es die preußische Verfassung in ihrem 56. Artikel vorschrieb.[3] Schon dieses Verfahren bestärkte in der Öffentlichkeit und besonders bei den Kammern den Eindruck, der Prinzregent erstrebe aufrichtig ein konstitutionelles, der Verfassung verpflichtetes Regiment. In der Tat leistete Wilhelm am 26. Oktober 1858 auch den Eid auf die Verfassung, obwohl ihm sein Vorgänger davon abgeraten hatte.

Der Hinweis auf die genauen Daten mag pedantisch erscheinen, und in den allgemeineren Darstellungen wird in der Regel darüber hinweggegangen. Die äußeren Daten signalisierten jedoch die Marksteine der Lockerung. Nach dem 9. Oktober 1858, mit der Übernahme der vollen Regentschaft, war Wilhelm berechtigt, auch das Ministerium umzubilden. Er hatte verfassungskonformes Verhalten zu erkennen gegeben. Die Reaktion des Abgeordnetenhauses darauf – oder genauer gesagt eines Teils seiner Mitglieder – erfolgte postwendend. Das zu erkennen lehrt die Chronologie.

Am 12. Oktober 1858 stellten die vereinigten liberalen Fraktionen im preußischen Abgeordnetenhaus neun Hauptforderungen auf; diese bekundeten überdeutlich das Defizit der vorausgegangenen Ära der Reaktion. Sie offenbarten nicht weniger, als daß Preußen zuvor in einem System des Scheinkonstitutionalismus gelebt hatte, in einem nur äußerlich mit rechtlichen Grundsätzen kaschierten Polizeisystem. Man brauchte aus den Forderungen lediglich die zuvor erfahrenen Mißstände und Rechtsbeugungen herauszulesen und sich den beklagten Zustand vorzustellen:

1. Sicherstellung der Freiheit der Wahlen;
2. Wiederherstellung früherer Selbstverwaltung in Gemeinden, Städten, Kreisen und Provinzen;
3. Aufhebung der gutsherrlichen Polizei;
4. Beseitigung bisher bestehender Befreiungen von der Grundsteuer – das betraf den grundbesitzenden Adel;
5. ein Gesetz über Ministerverantwortlichkeit;
6. Revision des Pressegesetzes und Gewerberechts; wie dargelegt, konnte die Drohung, eine Gewerbekonzession zu entziehen, Presse und Buchhandlungen disziplinieren;
7. ein Unterrichtsgesetz, das dem verfassungsmäßig verbürgten Grundsatz »Die Wissenschaft und ihre Lehre sind frei« gerecht würde;
8. Herstellung der Gleichberechtigung der religiösen Bekenntnisse, wie es die Verfassung vorschrieb;
9. Herstellung des Rechtsweges gegenüber Handlungen der Verwaltungsbehörden; das betraf namentlich Staatsanwaltschaft und Polizei, die strengerer richterlicher Kontrolle unterworfen werden sollten.[4]

Allein solche Forderungen aufzustellen, bedeutete einen Einschnitt in der bisherigen Politik der Kammern und offenbarte die

Hoffnungen, die auf den Prinzregenten gesetzt wurden. In der Tat löste Wilhelm am 5. November 1858 das bisherige Kabinett Manteuffel-Westphalen ab und bildete das Kabinett der »Neuen Ära«, das insgesamt einen liberal-konservativen Zuschnitt hatte. An der Spitze stand Karl Anton Fürst v. Hohenzollern-Sigmaringen. Die eigentliche Leitung der Geschäfte aber lag bei dem Minister ohne spezielles Ressort, bei Rudolf v. Auerswald. Dieser war bereits in der Revolutionszeit, von Juni bis September 1848, preußischer Ministerpräsident gewesen. Wenn das nicht als Zeichen gelten konnte! Vor dem versammelten Staatsministerium legte Wilhelm seine Regierungsgrundsätze dar, und diese beflügelten noch mehr die Hoffnungen, sogar die nationalen, denn darin fanden sich die berühmten Sätze:

In Deutschland muß Preußen moralische Eroberungen machen, durch eine weise Gesetzgebung bei sich, durch Hebung aller sittlichen Elemente und durch Ergreifung von Einigungselementen, wie der Zollverband es ist, der indes einer Reform wird unterworfen werden müssen. Die Welt muß wissen, daß Preußen überall das Recht zu schützen bereit ist. Ein festes, konsequentes und, wenn es sein muß, energisches Verhalten in der Politik, gepaart mit Klugheit und Besonnenheit, muß Preußen das politische Ansehen und die Machtstellung verschaffen, die es durch seine materielle Macht allein nicht zu erreichen imstande ist.[5]

Moralische Eroberungen in Deutschland, weise Gesetzgebung, Förderung sittlicher Elemente, Einigung im nationalen Sinne, Verteidigung des Rechts und Rücksicht auf das öffentliche Ansehen der Regierung – das alles rief bei Betrachtern Erwartungen wach, besonders bei denen, die aus der Erklärung nur herauslasen, was ihren Wünschen entsprach, die ignorierten, daß die Heeresreorganisation einen wichtigen Teil dieser Ansprache ausmachte, und die gern über die Mahnung hinwegsahen: »Vor allem warne ich vor der stereotypen Phrase, daß die Regierung sich fort und fort treiben lassen müsse, liberale Ideen zu entwickeln, weil sie sich sonst von selbst Bahn brächen.«

Wilhelm war sich der bereits in Gang gekommenen innenpolitischen Lockerung bewußt, wobei ihm gleichzeitig deren Tragweite gefährlich schien, »denn im öffentlichen Leben zeigt sich seit kurzem eine Bewegung, die, wenn sie teilweise erklärlich ist, doch andererseits bereits Spuren von absichtlich überspannten Ideen zeigt, denen durch unser ebenso besonnenes als gesetzliches und selbst energisches Handeln entgegengetreten werden muß«. Auch solche Warnungen standen in dem Programm des Prinzregenten, aber diese Töne gingen zunächst in der Wortwoge »moralischer Eroberungen« unter.[6]

### *b) Die Mobilisierung von außen: Rückwirkungen des österreichisch-italienischen Krieges*

Die Frage liegt nahe, inwiefern der Wechsel in Preußen Rückwirkungen in ganz Deutschland gehabt haben soll. Hier erwies sich als folgenreich, daß der italienische Einigungskrieg heftige nationale Emotionen in Deutschland wachrief und Preußen in der Öffentlichkeit plötzlich in der Rolle eines Vorkämpfers nationaler deutscher Interessen erschien. Der Anspruch des Prinzregenten auf moralische Eroberungen in Deutschland wurde beim Wort genommen.

Das Augenblicksereignis des österreichisch-italienisch-französischen Krieges hatte Fernwirkungen in der innerdeutschen Politik. Wie er unterschiedliche Positionen zur österreichischen Politik hervorbrachte, trieb er die seit 1849 unterdrückte Parteibildung wieder voran, und für diese war nun der Spielraum gegeben, weil eine gemeinsam koordinierte Innenpolitik Österreichs und Preußens unmöglich geworden war. Mit Anbruch der »Neuen Ära« durch den Prinzregenten Wilhelm war die Phase innerer Repression vorbei. Es eröffnete sich eine neue Freiheit für die öffentliche politische Betätigung: in der Presse, auf Versammlungen, Abgeordnetentagen, politischen Festen. Es formierten sich Parteirichtungen, welche die Fronten im Kampf um den rechten Kurs gegenüber Österreich widerspiegelten: mit oder ohne Österreich. 1859 wurde in Frankfurt der »Deutsche Nationalverein« gegründet; er erkannte die Einigung Deutschlands als Preußens Aufgabe an. Er folgte dem Vorbild der italienischen »Società nazionale«. 1862 konterten die Großdeutschen mit dem österreichfreundlichen »Deutschen Reformverein«. In der öffentlichen Publizistik wurde um die Reform des Deutschen Bundes gerungen. Welch einen gewaltigen Umschlag die Konstellation des von Österreich verlorenen Krieges bedeutete, signalisierte eine »Erklärung freisinniger Vaterlandsfreunde« vom 19. Juli 1859; sie wurde zum Gründungsdokument des »Deutschen Nationalvereins« und zog den politischen Schluß aus dem Krieg, wenn sie behauptete:

Der Krieg zwischen Österreich und Frankreich ist beendet. Damit ist aber eine Sicherung des öffentlichen Rechtszustandes in Europa nicht herbeigeführt. Die Konflikte in Italien, welche den Krieg zunächst zum Ausbruch brachten, sind nicht gelöst, allem Anschein nach sogar vergrößert. Das bedrohende militärische Übergewicht Frankreichs ist durch den Krieg noch erhöht. Überall in Europa finden wir gärende Zustände, welche neue Verwicklungen und Kriege, auch Angriffskriege gegen Deutschland in nächster Zukunft schon als möglich erscheinen lassen.[7]

Das Manifest der »Vaterlandsfreunde« bedeutete in jedem Falle eine klare Absage an den Deutschen Bund und an irgend geartete Reformen seiner Verfassung. Man kann allgemeiner sagen, daß durch die Ergebnisse des Krieges der Bund sowohl politisch wie moralisch im öffentlichen Ansehen in eine Krise kam. Dabei verlagerten sich die öffentlichen nationalen Emotionen vom italienischen Kriegsschauplatz hin auf ein neues Feindbild: Frankreich. Wie schon im Jahre 1840 erfaßte die Furcht vor einer französischen Aggression die politische Öffentlichkeit, nun aber bis in nahezu alle sozialen Schichten. Preußens Haltung in diesem Konflikt wurde an nationalen Maßstäben gemessen. Der badische Liberale Ludwig Häusser schrieb im Mai 1859:

Wir sind hier, wie mir viele Zeugnisse bestätigt haben, minder aufgeregt als im übrigen Süden, die Pfalz wie unser ganzes Land; Ultramontane und Absolutisten spielen in dem Konzert der hiesigen öffentlichen Meinung eine sehr untergeordnete Violine; Enthusiasmus für Österreich existiert gar keiner – aber vom Großherzog bis zum letzten Pfälzer Tabaksbauern herab gibt es doch nur eine Stimmung: Haß gegen Bonaparte, Siegeswünsche für Österreich, Bedauern über Preußens gründliche Erbärmlichkeit. Ich meinerseits setze noch hinzu, daß ich lieber mit Ultramontanen und Absolutisten gegen Bonaparte ginge als mit den besonnenen preußischen Liberalen, den Berliner hommes d'etat, den abschüssigen Weg zu einem zweiten Basel und Tilsit.[8]

Die Erregung hatte, das zeigt dieser Text, soziale Tiefenwirkung. Sie einigte auseinanderstrebende Parteirichtungen unter dem nationalen Dach. Sie sah in Frankreich den Aggressor und bezichtigte Preußen wegen seiner neutralen Zurückhaltung des nationalen Verrats. Die Erinnerung an Basel meinte Preußens Neutralitätsabkommen von 1795 mit dem revolutionären Frankreich, die Drohung mit Tilsit zielte auf den Friedensschluß von 1807, der für Preußen den staatlichen Tiefpunkt markierte. Insgesamt: Die öffentliche Meinung meldete sich wieder lautstark zu Wort, weit lebhafter als etwa im Krimkrieg.

Aber diese »deutschen Stimmungen«, die sich hier bekundeten, kanalisierten sich. Es häuften sich Erklärungen und öffentliche Aufrufe seit dem Juni 1859. Nassauische Liberale traten am 21. Juni hervor; Ende Juni meldeten sich württembergische Liberale zu Wort: Sie forderten ein Eingreifen Gesamtdeutschlands in den Krieg – unter Preußens Führung. Am 20. Juli 1859 schalteten sich die erwähnten hannoverschen »freisinnigen Vaterlandsfreunde« in der *Zeitung für Norddeutschland* mit ihrem Grundsatzprogramm für den »Deutschen Nationalverein« ein. Die Erklärung gipfelte in dem Satz:

Unsere Hoffnung richten wir daher auf Preußens Regierung, welche durch den im vorigen Jahre aus freiem Antriebe eingeführten Systemwechsel [!] ihrem Volke und ganz Deutschland gezeigt hat, daß sie als ihre Aufgabe erkannt hat, ihre Interessen und die ihres Landes in Übereinstimmung zu bringen, und für einen solchen Zweck Opfer an ihrer Machtvollkommenheit sowie die Betretung neuer und schwieriger Bahnen nicht scheut. Die Ziele der preußischen Politik fallen mit denen Deutschlands im wesentlichen zusammen.[9]

Der Aufruf mündet in die Forderung nach der »Einberufung eines deutschen Parlaments« und einer starken Zentralgewalt. Kaum einem Zeitgenossen werden die Erinnerungen an 1848 gefehlt haben. 1848/49 war nicht vergessen, sondern lebte auf und wirkte weiter. Ein großer Teil des politisch denkenden Bürgertums hatte nicht resigniert, seine Energie nicht in der Wirtschaft und in der vielberufenen »Realpolitik« sublimiert, wie die gängige Ansicht lautet: Es hatte lediglich geschwiegen. Das Erstaunliche war, daß nur ein Jahrzehnt nach der Revolution die Bewegung wieder zu den gleichen Formen drängte: zur Organisierung in einem politischen Verein, und im Inhalt berief man sich ungeschminkt und offen auf die Errungenschaft der Revolution: auf die Reichsverfassung vom 28. März 1849 und ihre Institutionen. Am 15. und 16. September 1859 tagten Liberale und Demokraten in Frankfurt und begründeten den »Deutschen Nationalverein«. Sie gaben sich dort eine Satzung, deren erster Satz lautete:

Da die in Eisenach und Hannover angebahnte Bildung einer nationalen Partei in Deutschland zum Zwecke der Einigung und freiheitlichen Entwicklung des großen gemeinsamen Vaterlandes zur Tatsache geworden ist, so begründen die Unterzeichneten einen Verein, welcher seinen Sitz in Frankfurt a. M. hat und es sich zur Aufgabe setzt, für die patriotischen Zwecke dieser Partei mit allen ihm zu Gebote stehenden gesetzlichen Mitteln zu wirken, insbesondere die geistige Arbeit zu übernehmen, Ziele und Mittel der über unser ganzes Vaterland verbreiteten Bewegung immer klarer im Volksbewußtsein hervortreten zu lassen.[10]

Mit der Begründung des »Deutschen Nationalvereins« war die Ära der Reaktion endgültig vorbei. Denn er löste unter den Delegierten des Polizeivereins eine schwerwiegende Prinzipienkrise aus. Bis 1858 war es gemeinsam geübte Praxis der Polizeivereinsstaaten gewesen, alle politischen Vereine, die eine überregionale Verzweigung mit einer Dachorganisation anstrebten, konsequent zu unterdrücken. Das entsprach zugleich dem Bundesvereinsgesetz von 1854, das bestimmte: »Jede Verbindung [eines Vereins] mit anderen Vereinen ist unstatthaft«; das war das sog. Affiliationsverbot.

Mit der »Neuen Ära« hatte Preußen diese monolithische Front aufgebrochen, denn es weigerte sich, auf seinem Territorium den preußenfreundlichen »Nationalverein« zu verbieten oder an Verfolgungsmaßnahmen in anderen Staaten teilzunehmen. Indem der »Nationalverein« toleriert wurde, billigte man stillschweigend den Prozeß organisierter Parteibildung, die bisher – mit der Ausnahme von 1848 – im Deutschen Bund stets tabuisiert war.

Von der Parteibildung wird noch zu reden sein. In diesem Zusammenhang zählt die Gründung des »Nationalvereins« vor allem als Indiz für die politische Öffnung und Bewegung. Und wichtig bleibt, das italienische Modell hervorzuheben. Der »Nationalverein« war nach dem direkten Vorbild der italienische »Societá nazionale« gebildet worden. Auf seinem Höhepunkt zählte er mehr als 30.000 Mitglieder.[11] Am 13. März 1860 vereinigte er sich zu einer ersten Generalversammlung in Coburg. Wie sehr die italienische Frage und das Taktieren Frankreichs in dieser Angelegenheit die Gemüter und die europäische Friedensordnung insgesamt in Unruhe versetzt hatten, bewies eine besondere Erklärung des »Nationalvereins« zu der Abtretung Nizzas und Savoyens von Sardinien an Frankreich. Das wurde als schwere Beeinträchtigung des europäischen Mächtegleichgewichts verstanden. Es hieß in der Erklärung:

Die Geschichte des letzten Jahres sollte uns nochmals gelehrt haben, wie untrennbar für Deutschland die Fragen der Macht und der Freiheit verknüpft sind, wie unmöglich es ist, die Nation unter der Fahne des Absolutismus zu einem begeisterten Aufschwung zu sammeln. Noch hat Deutschland keine Centralgewalt, kein Parlament, keine Stimme im Rathe der Völker. Es gibt keine *deutsche* Politik, kein *deutsches* Veto in der savoyischen, in irgend einer Frage, die Europa bewegt! So wiederholt jeder Tag Fürsten und Völkern die Mahnung, endlich Hand zu legen an den Aufbau der deutschen Verfassung.[12]

Diese Generalversammlung in Coburg wurde zu einer eindrucksvollen Kundgebung für die Idee deutscher Einheit und Freiheit. Schmerzlicher als 1848 noch wurde die Machtlosigkeit deutscher nationaler Politik empfunden. Dahinter tauchte freilich auch die Bereitschaft auf, die künftige erstrebte nationale Macht zu gebrauchen, selbst für ein Veto und in Gestalt kriegerischen Einsatzes. Die Zeiten der mitteleuropäischen ausbalancierten Gleichgewichtspolitik, die sich durch Neutralität oder Passivität des Deutschen Bundes auszeichnete – diese Zeiten waren vorbei, in der Öffentlichkeit ebenso wie unter den Staaten. Politiker wie Napoleon III. und Cavour als Exponenten dieser neuen machtstaatlichen, national angetriebenen Politik schufen Unruhe, indem sie die Grenzen verschoben, die seit dem Wiener Kongreß von 1815 für sakrosankt gegolten hatten. Es schien nur noch eine Frage der Zeit zu sein, bis sich auch Deutschland an diesen Verschiebungen beteiligte. Die Entwicklung schien in der Tat immer stärker auf Preußen hinauszulaufen.

### *c) Die Mobilisierung im Innern: Die Schillerfeiern vom 9. bis 11.11.1859*

Die Leidenschaften erreichten in diesem an Emotionen reichen Jahre 1859 noch einen weitern bisher nie gesehenen Kulminationspunkt: in den Schillerfeiern vom 9. bis 11. November 1859 aus Anlaß des 100. Geburtstages des Dichters. Das lenkt den Blick auf einen Bereich der Kulturgeschichte: auf politische Feiern, die dokumentieren können, welche Themen massenbewegende Dimensionen zu erreichen vermochten.[13]

Die Schillerfeste des Jahres 1859 waren durch sog. Schillerstiftungen angeregt worden; diese hatten sich aus 16 deutschen Städten am 10. Oktober 1859, am 100. Geburtstag Schillers, in Dresden zur »Deutschen Schillerstiftung« vereinigt. Ihr ursprünglicher Zweck war es, eine Unterstützungskasse für in Not geratene Schriftsteller bereitzustellen. Die von hier aus organisierten nationalen Festveranstaltungen wurden auf die Tage vom 9. bis 11. November gelegt, so daß man eigentlich von *dem* Schillerfest sprechen kann, auch wenn es an vielen Schauplätzen in Deutschland zugleich stattfand. Das mochte zunächst ziemlich unpolitisch anmuten. Daran knüpften sich aber Auseinandersetzungen um öffentliche Straßenumzüge und um Arbeitsruhe. An vielen Orten brandeten Unruhen auf, weil die Veranstaltungen gegen den Willen der Obrigkeit durchgeführt werden sollten.

Zieht man Bilanz, wurde 1859 in 440 deutschen und 50 ausländischen Städten gefeiert. Meist wurden die Feste von Komitees veranstaltet, in denen das Bürgertum von Besitz und Bildung saß. Ein vielfältiges Schauspiel zog die Öffentlichkeit in den Bann: Festumzüge, Denkmalsenthüllungen vor Rathäusern, Festaufführungen, Prologe, Lieder, lebende Bilder, Reden, Büstenbekränzungen – das alles fand statt in Rathäusern, Theatersälen, Schulen, Universitäten, Gastwirtschaften, und nicht nur das Bürgertum beteiligte sich, auch Handwerker und Arbeiter sah man unter den Feiernden. Es fehlten Bauern, katholische Geistliche, Offiziere und der Adel. Als Veranstalter traten zahlreiche Vereine in Erscheinung, wie es dem Zeitalter entsprach: literarische Gesellschaften, Gesangvereine, Logen, religiöse Gemeinschaften, Kunst- und Turnvereine; unter den Berufsverbänden Künstler-, Schriftsteller-, Handwerker- und Arbeitervereine, Buchhändler-, Lehrer-, akademische und kaufmännische Vereine.

Die Feiern verbanden sich mit dem Ruf nach deutscher Einheit und territorialer Integrität. Die eigentliche politische Funktion wurde jedoch in einer zeitgenössischen Karikatur der satirischen Berliner Zeitschrift *Kladderadatsch* augenfällig. Sie zeigte die Vertreter der verschiedenen deutschen Stämme, versammelt um eine Schillerbüste, überstrahlt von einem Lichterkranz. Die Überschrift lautete: »Das Einzige und der Einzige«, und darunter stand als Fußzeile die Fortsetzung: »worin Deutschland einig ist«.

Pointiert lassen sich die Schillerfeiern deuten als der Wunsch nach einer großen nationalen Integrationsfigur, die Deutschlands Geschicke lenken sollte. Auf einem Schillerfest in Wolfenbüttel rezitierte der Dichter Wilhelm Raabe die Zeilen: »Wird nie der Retter kommen diesem Lande? / Wird kein Befreier lösen uns're Bande? / Wird der Messias nie erscheinen in der Welt?«[14]

In religiöser Verklärung erschien Schiller als Leitfigur, die wie durch einen Wahlakt durch die Massenbewegung von 1859 spontan auf den sprichwörtlichen Schild erhoben wurde, wie ein Kulturkaiser, der den realen präfigurierte. Eine Strophe lautete bei Raabe:

Um einen Führer schaaren sich die Stämme,
Die Schranken fallen ein, zerbrochen sind die Dämme.
Der Franken Herz, das Herz der Schwaben, Baiern, Sachsen,
Zum Herz des Vaterlands in ihm zusammenwachsen.

Die Phantasien der Schillerfeiern stilisierten den Klassiker »zu einer Art getarntem Führer gegenüber der Obrigkeit und zu einer nur provisorisch besetzten Leerstelle« (R. Noltenius).[15] Spätere Festredner setzten Bismarck in diese Leerstelle. Zum Gedenken an Schillers 100jährigen Todestage im Jahre 1905 stellten Festredner problemlos einen Zusammenhang zwischen dem Dichter und Bismarck her.

Wie problematisch diese Verbindung aber im Jahrzehnt nach dem Anbruch der »Neuen Ära« war, erwies sich, als der neue preußische Ministerpräsident v. Bismarck das Ende eben dieser »Neuen Ära« einläutete und im Gegensatz zur Integrationsfigur Schiller das politische Bürgertum in Deutschland einer schweren inneren Zerreißprobe aussetzte.

## 10. Der preußische Verfassungskonflikt

Nach einem Jahrzehnt relativer Ruhe schienen sich die öffentlich bewegenden Ereignisse zu überstürzen. Erwartungen und Hoffnungen, Emotionen und Leidenschaften trieben weite Kreise der Bevölkerung um; Nation und Verfassung wurden wieder öffentlich hochgehalten, und Preußen erschien als Fluchtpunkt dieser Entwicklung. Aber erster Unmut hatte sich bereits geregt, als sich Preußen nicht so national gebärdete, wie es seine Aufgabe in den Augen der Patrioten zu sein schien: nämlich in einem großen Kraftakt dem Bundesmitglied Österreich kriegerisch zu Hilfe zu eilen, ja den Bund insgesamt zu einem Krieg gegen Frankreich zu rüsten.

Neuer Unmut zeichnete sich auch bei der zweiten Kernfrage, der Verfassungsbildung, ab, und zwar diesmal im Innern Preußens selbst. Denn obwohl die Proklamation des Prinzregenten vom 8. November 1858 – seine Regierungserklärung – große Hoffnungen auf künftige Rechtsstaatlichkeit weckte, lag ihr von Anfang an ein Zwiespalt zugrunde. Denn Wilhelm bekräftigte angesichts des Ministerwechsels außerdem, daß von einem Bruche mit der Vergangenheit nun und nimmermehr die Rede sein soll. Es soll nur die sorgliche und bessernde Hand angelegt werden, wo sich Willkürliches oder gegen die Bedürfnisse der Zeit Laufendes zeigt. Sie alle erkennen es an, daß das Wohl der Krone und des Landes unzertrennlich ist, daß die Wohlfahrt beider auf gesunden, kräftigen konservativen Grundlagen beruht.[1]

Die Ansprache enthielt für diejenigen, die zuzuhören bereit waren, eine deutliche Absage an die Ziele des Liberalismus, dessen Hoffnungen nach 1848 nun wieder zu blühen schienen. Das war ein grobes Mißverständnis. Der erwähnte Zwiespalt lag auch in der Person des Prinzregenten begründet. Beim Antritt galt er als Verfechter eines liberal-konservativen Kompromisses, als ein Verfassungspolitiker, der zur Verständigung bereit sei, der rechtsstaatlichen, konstitutionellen Verfassungsnormen Respekt zu verschaffen bereit war, hatte doch Wilhelm den Eid auf die preußische Verfassung geleistet, obwohl ein geheimes Testament Friedrich Wilhelms IV. – wir wissen es heute – ausdrücklich seinen Nachfolger von diesem Eid abgeraten hatte.

Aber der 1797 geborene, jetzt 61jährige Wilhelm war von Prägung und Grundauffassung her Soldat.[2] Er war in der militärischen Tradition Preußens erzogen worden. 1807, mit zehn Jahren, trat er ins Heer ein und wurde 1825, also mit 28, Kommandeur des Gardekorps. Er wollte 1848 im März die Revolution in Berlin mit Waffengewalt niederschlagen und handelte sich später den Beinamen »Kartätschenprinz« ein. Als solcher betätigte er sich im Mai/Juni 1849, als er preußische Truppen in die Pfalz und nach Baden führte. 1849 wurde er Generalgouverneur von Rheinland und Westfalen, seit 1854 außerdem Gouverneur der Bundesfestung Mainz. Von seinem Werdegang her durch und durch Soldat, überdies geprägt durch die Erfahrung zweier Revolutionen, der von 1830 und von 1848, schenkte er dem militärischen Bereich im Rahmen der Gesamtpolitik eine besondere Beachtung.

Wilhelm war ein konstitutioneller Monarchist. Er bestand auf der strikten Geltung des monarchischen Prinzips, was besagte, daß Militär, Diplomatie und Verwaltung dem unmittelbaren Zugriff der Kammern vorenthalten blieben, also auch und in erster Linie das Militär. Wilhelm befürwortete eine konsequente Trennung der zivilen und der militärischen Ordnung. Im zivilen Bereich sollten rechtsstaatliche Grundsätze herrschen, im Bereich des Militärs dagegen die soldatischen Prinzipien, und das waren

Befehl und Gehorsam, mit der militärischen Kommandogewalt des Fürsten als oberstem Leitprinzip.

Im Bereich des Militärs galt der Fahneneid, der unmittelbar in Rückwirkung auf die Julirevolution von 1830 am 5. Juni 1831 seine verbindliche Form erhalten hatte und über die Revolution von 1848 hinweg verpflichtend geblieben war. Seine maßgeblichen Normen für die Soldaten lauteten:

Ich schwöre zu Gott dem Allwissenden und Allmächtigen einen leiblichen Eid, daß ich Seiner Majestät dem Könige von Preußen, meinem allergnädigsten Landesherrn, in allen Vorfällen, zu Lande und zu Wasser, Kriegs- und Friedenszeiten und an welchen Orten es immer sei, treu und redlich dienen, Allerhöchstdero Nutzen und Bestes befördern, Schaden und Nachteil aber abwenden, die mir vorgelesenen Kriegsartikel und die mir erteilten Vorschriften und Befehle genau befolgen und mich so betragen will, wie es einem rechtschaffenen, unverzagten, pflicht- und ehrliebenden Soldaten eignet und gebühret.[3]

Kein Wort von einer verfassungsmäßigen Rechtsordnung war darin zu finden. Nur die Person des Fürsten verpflichtete. Andererseits gehörte es zur Substanz der Verfassungskonflikte des Jahrhunderts, gipfelnd in der Revolutionszeit, von bürgerlicher Seite aus das Militär in den Einfluß- und Kompetenzbereich der Parlamente hineinzuziehen. In Preußen hatte das die Berliner Nationalversammlung geradezu exemplarisch durchzufechten versucht. Das zentrale verfassungspolitische Instrument hieß dabei: Eid des Militärs auf die Verfassung. Daran entzündete sich der Kurhessische Verfassungskonflikt des Jahres 1852. Die preußische revidierte Verfassung von 1850 zeigte demgegenüber, daß man die Lehren aus der Revolution gezogen hatte. Dort stand im Artikel 108 zu lesen: »Eine Vereidigung des Heeres auf die Verfassung findet nicht statt.« Der zitierte Fahneneid auf die Person des Monarchen war weiterhin gültig.

Wehrordnung und Verfassungsstaat sollten demgemäß auch nach dem Willen des preußischen Prinzregenten getrennt bleiben. Eben das lief aber den Tendenzen der bürgerlichen Bewegung entgegen. Vor allem die allgemeine Wehrpflicht der Staatsbürger höhlte zwangsläufig den Sonderstatus der Armee aus. Diese hier eindringlich vorgebrachten Unterscheidungen sind sehr wichtig, denn ohne sie versteht man kaum die eigentliche Brisanz des preußischen Verfassungskonflikts. Er war von der Wurzel her ein Kampf um die Heeresreform. Der zentrale Machtfaktor im Staate, die bewaffnete Gewalt, wurde zum Angelpunkt einer Kraftprobe zwischen monarchischem Regiment und Parlament. An dieser Frage entschied sich in Preußen, wie weit die Parlamentarisierung des größten deutschen Staates nach Österreich gelingen konnte.

Da das preußische Abgeordnetenhaus im neuen, aus dem Systemwechsel zugewachsenen Selbstbewußtsein zu einem solchen Kampf um mehr Kompetenzen entschlossen war, mußte es zwangsläufig zu einem Konflikt kommen, und zwar wegen folgender Konstellation: Wilhelm hatte in seiner Ansprache die Heeresreform angekündigt. Die drei Grundfragen der Militärreform hießen: 1. die Heeresstärke, 2. die Dauer der Dienstzeit, 3. die Rolle der Landwehr gegenüber der Linie, also die Rolle der Reserve gegenüber dem stehenden Heer. Alle drei Fragen fielen in den Bereich der inneren Heeresorganisation und unterlagen nach konstitutionellem Verständnis der militärischen Kommandogewalt des Fürsten; sie gingen die Kammern formell nichts an, politisch aber doch, denn diese Reform war mit steigenden Ausgaben verbunden, mit einer Ausweitung des Staatsetats. In diesem Sinne verwandelte sich die Militärfrage in eine Budgetfrage; sie fiel zweifellos in die Zuständigkeit der Kammern. Hier hatten *sie* ihre Genehmigung zu geben kraft ihres ureigenen Rechts der Steuerbewilligung. Wenn die Kammern ihre Zustimmung mit Bedingungen verknüpften, welche die militärische Organisation betrafen, war der Konflikt da. An den drei Grundfragen der preußischen Heeresreform, an Heeresstärke, Landwehr und Dienstdauer, soll im folgenden jeweils hervorgehoben werden, worin *das spezielle bürgerliche Interesse* an den scheinbar rein militärtechnischen Fragen lag, mit anderen Worten: warum die Heeresreform so tiefreichenden politischen Zündstoff enthielt.

Heeresstärke und -vermehrung boten eigentlich den geringsten Anstoß beim Abgeordnetenhaus, denn einerseits war man einem starken Preußen nach außen hin, im Kräftefeld der nationalen Frage, nicht abgeneigt. Andererseits bedeutete Heeresvermehrung auch Abbau faktischer Ungleichheit und Ungerechtigkeit im Wehrsystem. Die Heeresvermehrung kam geradezu liberalen und demokratischen Erwägungen entgegen. Grundsätzlicher und konfliktreicher wurde es dagegen bei der zweiten Frage.

### *a) Die Rolle der Landwehr*

Die Gliederung des preußischen Heeres erfordert einen kurzen Rückblick bis in die Zeit der Befreiungskriege. Als Preußen 1813 den Krieg an Frankreich erklärt hatte, genügte es nicht, mit der stehenden Armee samt Reservisten und Freiwilligen den Krieg zu führen. Im allgemeinen Konzept der preußischen Reformen tauchten auch Pläne zu einer Nationalmiliz auf, die schließlich den Namen Landwehr erhielt. Sie stand neben der traditionellen sog. Linie, d. h. dem stehenden, um ausgebildete jüngere Reservisten verstärkten Heer mit seinem Kern von Berufssoldaten.

Die Landwehr rekrutierte sich aus den älteren gedienten und ungedienten Männern bis zum 40. Lebensjahr. Programmatisch erschien die Aufstellung der Landwehrkorps als das Kernstück der preußischen Heeresreform. Denn mit ihr hörte die überlieferte Trennung von Heer und Volk auf. In ihr wurde das Volk zum Heer, das »Volk in Waffen«, wie ein Schlagwort der Befreiungskriege lautete. Bei dieser Parole ist von der heutigen Zeiterfahrung zu abstrahieren, um die innewohnende gesellschaftspolitische Tragweite zu rekonstruieren. Zwei Weltkriege, die gegenwärtig erfahrene Sorge vor der Zerstörungspotenz angesammelter Waffen in den Arsenalen der Weltmächte und ihrer Verbündeten, die Erinnerung an die nationalsozialistische Propaganda, welche die Parole vom »Volk in Waffen« aufnahm, die nach 1945 auf diesem Globus fortdauernden Kriege – alle diese Erfahrungen haben das Wissen um das ursprüngliche Pathos vom »Volk in Waffen« als Institution einer staatsbürgerlichen Gesellschaft im Gegensatz zu einer ständischen schwinden lassen.

Historisch gesehen entstand diese Doktrin während der Französischen Revolution von 1789 und in der Auseinandersetzung der europäischen Staaten mit ihr. Innerhalb der absolutistisch-monarchischen Staatsordnungen auf ständischer Grundlage galt die Forderung nach dem »Volk in Waffen« so viel wie ein Ruf nach langfristigem gesellschaftlichem Umsturz. Landwehr erschien als bürgerliche Wehrreform, als Ausdruck der Forderung nach staatsbürgerlicher Mündigkeit und als Bekundung, volle politische Mitbestimmung beanspruchen zu wollen.[4]

Nach den Befreiungskriegen wurden in der öffentlichen Publizistik Stimmen laut: Dem Volk, das für die Befreiung des Vaterlands gekämpft habe, dürfe die politische Mitbestimmung in einem Verfassungsstaat nicht vorenthalten werden. Daß sich Preußen bis zur Revolution nicht zu einem solchen Verfassungsstaat entwickelte, wie es Friedrich Wilhelm III. noch im April 1815 versprochen hatte, ist allgemein bekannt. Unter dem wiederhergestellten Absolutismus nach 1815 mußte deshalb das, was von der Landwehr noch lebendig war, nach monarchischen Prinzipien als fortwährender Stein des Anstoßes gelten. Die restaurative Kritik lautete: Die Landwehrrekruten seien mangelhaft ausgebildet; die Landwehroffiziere würden nicht dem adligen Offizierskorps, sondern dem Stand der bürgerlichen Honoratioren entnommen. Die Landwehr erschien als bewaffnete Formation der politischen Opposition. Die Landwehr-Zeughäuser galten als die »Waffenarsenale der Revolution«. Seit dem Wartburgfest im Jahre 1817 rechnete man außer der Burschenschaft und der Turnerschaft die Landwehr zu den nationalrevolutionären, demagogenverdächtigen Bewegungen. Die Gesetzgebung von 1819 versuchte in Preußen – wenn auch nicht mit durchschlagendem Erfolg –, die Absonderung der Landwehr von der Linie wieder abzubauen.

Nicht mit durchschlagendem Erfolg: Das zeigte sich in der Revolution von 1848. Hier erwies sich ein Teil der Befürchtungen keineswegs als unbegründet, denn teilweise trat die Landwehr als Träger demokratischer Ideen auf. Die Berliner Nationalversammlung suchte sich der staatsstreichartigen Dekrete der Regierung mit einem Steuerverweigerungserlaß zu erwehren. Damit löste das preußische Parlament eine Aufstandsbewegung aus, die es nachdrücklich unterstützte und die im wesentlichen von Teilen der Landwehr getragen wurde. Als man nämlich 1848 die Landwehr einberief, um die nicht ausreichenden Kräfte des stehenden Heeres zur Herstellung von Ruhe und Ordnung zu verstärken, erwies sich das als zweischneidige Maßnahme. Anders als die jungen Jahrgänge der Linie nahmen die Landwehrjahrgänge am politisch bewegten Revolutionsleben teil. Die Landwehroffiziere gehörten zum großen Teil zu den führenden Schichten der liberalen und demokratischen Bewegung. Als bürgerliche Honoratioren gerieten sie in einen Konflikt zwischen politischer Überzeugungstreue und militärischer Gehorsamspflicht. Im November und Dezember kam es zu einer Reihe von Widersetzlichkeiten einberufener Landwehrmänner, so in Berlin, in Schlesien, in der Provinz Sachsen, in Westfalen und im Rheinland. Teilweise folgten sie nicht ihrem Einberufungsbefehl, teilweise gingen sie zu offenem Widerstand über. Das hieß aus der Sicht des Militärs »Meuterei«. Besonders bedrohlich wurde die Lage im nördlichen Rheinland und in Westfalen, als die Reichsverfassungskampagne im Frühsommer 1849 doch noch die Durchsetzung der Reichsverfassung erzwingen wollte. In Düsseldorf, Elberfeld, Hagen, Solingen und Iserlohn, in Gräfrath, Siegburg und Prüm ereigneten sich örtliche Erhebungen. Überall war die Landwehr Träger des spontanen Widerstands.[5] Solche Tendenzen waren nie von dem stehenden Heer Preußens ausgegangen. Man konnte das interpretieren als militärischen Widerstand gegen die im Staatsstreich begriffene Obrigkeit, die am 5. Dezember 1848 eine Verfassung oktroyiert hatte. An manchen Orten bedurfte es des Einsatzes der Linie, um den Landwehraufstand niederzuschlagen, so etwa in Iserlohn, wo der Kampf über hundert Tote kostete.

Dieses Verhalten der Landwehr während der Revolution schien das alte Mißtrauen zu bestätigen, und die Erinnerung daran blieb zurück, namentlich beim Prinzen Wilhelm, der als Befehlshaber der preußischen Interventionstruppen auf den Widerstand einzelner Landwehrformationen gestoßen war. Ein Jahrzehnt später im Kampf um die Heeresreform waren ihm diese Erinnerungen ein wichtiges Argument, eine Verselbständigung der Landwehr zu verhindern.

Demgegenüber empfand das liberale Bürgertum die Zurücksetzung der Landwehr in der geplanten Heeresreform als einen Angriff auf die Ehre des Bürgers. Die Landwehr war eine derjenigen Formen, mit denen die bürgerliche Gesellschaft in Preußen am Staate teilnahm. Die Wehrpflicht erschien zugleich als ein Recht auf Landwehr, d. h., im Kriegsfall in selbständigen Formationen unter eigenen Offizieren und unter eigenem Kommando gleichberechtigt neben den stehenden Linienverbänden aufzutreten. Der Bürger in Waffen sollte zugleich der vollberechtigte Staatsbürger sein. Eben deshalb setzte sich das preußische Abgeordnetenhaus mit allen seinen Mitteln gegen die geplante Landwehrreform zur Wehr. Ein wenig mochte auch der Hauch von 1848 dabei zu spüren gewesen sein, gehörte doch die Volksbewaffnung zu den zentralen Märzforderungen. Freilich war schon im Revolutionsjahr nicht eindeutig auszumachen, was damit eigentlich gewünscht war, weil es keine Einhelligkeit gab. Die Spannweite reichte von allgemeiner Wehrpflicht mit gewählten Offizieren bis hin zur städtischen Bürgerwehr. Die Landwehr hatte auch teil an diesem Nimbus von der Volksbewaffnung.

### *b) Die Frage der zwei- oder dreijährigen Dienstzeit*

Zum eigentlichen Angelpunkt des Verfassungskonflikts wurde jedoch die Auseinandersetzung um die Dauer der Dienstzeit der Soldaten, ob sie zwei oder drei Jahre währen sollte. Das mag auf den ersten Blick verwundern. Schaut man aber auf die tieferliegenden Konfliktlinien in dieser scheinbaren Detailfrage, erkennt man, wie hochgradig dieses Thema politisch aufgeladen war.

Bereits damals meinten Sachverständige, zwei Jahre zweckmäßiger Ausbildung müßten genügen, um jemanden zum Soldaten tauglich zu machen. Daher ist mit tieferliegenden, nichtmilitärischen Motiven zu rechnen, und das namentlich beim Hauptverfechter der dreijährigen Dienstzeit: bei dem Prinzregenten. Es waren *politische* Motive, und ihr Ursprung lag tief in der Biographie und politischen Zeiterfahrung Wilhelms als eines Fürsten begründet, der seine monarchischen Vorrechte bedroht sah. Man muß zurückgreifen bis zur Julirevolution von 1830. In der Auseinandersetzung mit ihr schrieb der damals 35jährige in einer Denkschrift aus dem April 1832:

> Die Disziplin, der blinde Gehorsam [!!] sind aber Dinge, die nur durch lange Gewohnheit erzeugt werden und Bestand haben und zu denen daher eine längere Dienstzeit gehört, damit im Augenblick der Gefahr der Monarch sicher auf die Truppe rechnen könne. Dieser blinde Gehorsam ist es aber gerade, was den Revolutionären am störendsten entgegentritt.[6]

Der von Wilhelm geforderte Gehorsam sollte blind sein; da blieb kein Raum fürs Räsonnieren über die mögliche Verfassungswidrigkeit des Handelns. In diesem Zusammenhang ist das Interessanteste die Vorstellung, daß eine dreijährige Dienstzeit diesen Effekt eher zeigen sollte als eine zweijährige. Sie wandle den exerzierenden Bürger in einen Soldaten um. Nicht der Bürger in Uniform war gefragt, sondern ein Soldat, der das Militärische als einen besonderen Bereich begriff, der nur den Monarchen, nicht aber die Politiker der Ständeversammlung etwas anging. Mit anderen Worten: Das Volksheer sollte mit dem Ethos eines Berufsheeres und mit eigenem Standesgeist erfüllt werden. Der Verbürgerlichung des Heeres sollte entgegengewirkt werden. Das Ideal der Liberalen dagegen hieß das Bürgerheer.

Es mag dahingestellt sein, ob drei Dienstjahre diesen Gesinnungswandel bewirkt hätten. Wichtig bleibt die politische Absicht des Monarchen, die sich in ihrem Wesen einer Parlamentarisierung des Staates widersetzte. Aus diesem Grund hat der daraus erwachsende Verfassungskonflikt so große Bedeutung für die deutsche Geschichte im allgemeinen. An diesem Punkt entschied sich, wie weit die historische Entwicklung in Preußen sich freiheitlicheren, demokratischeren Formen öffnete und dadurch mit einem Wandel gleichzog, der in den westeuropäischen Verfassungsstaaten vor sich ging. Auf die dahinterstehende Kontroverse über den sog. deutschen Sonderweg ist noch zurückzukommen.

### *c) Aktionen und Akteure*

Schon in seiner Ansprache an das Staatsministerium hatte der Prinzregent eine zeitgemäße Neubildung des Heereswesens angekündigt. Der Kriegsminister Eduard v. *Bonin* stellte dazu einen Reformplan auf. Allerdings wollte er sich mit der liberalen Mehrheit des 1858 gewählten Abgeordnetenhauses verständigen. Der Regent forderte jedoch eine Reform ohne Zugeständnisse, so daß v. Bonin seinen Rücktritt erklärte. General Albrecht v. *Roon* wurde sein Nachfolger, ein entschlossener Royalist und Verfechter militärisch-autokratischer Grundsätze. v. Roons Reformplan sah vor: Steigerung der Präsenzstärke des stehenden Heeres von 150.000 auf 220.000 Mann, dreijährige Dienstzeit, die Aufteilung der bisherigen Landwehr: teilweise sollte sie der Linie zugeschlagen werden, die älteren Jahrgänge sollten allein auf Etappen-, Festungs- und Garnisonsdienst beschränkt sein. Die Gesamtkosten der Reform, die Mehrbelastung des Staatshaushalts, beliefen sich auf 9,5 Mill. Taler.[7]

Gemäß der Ankündigung in der Thronrede vom 12. Januar 1860 brachte der Kriegsminister am 10. Februar 1860 im Abgeordnetenhaus die Militärvorlage ein. Sie gliederte sich in zwei Entwürfe: in ein Militärgesetz, das die Organisation des Heeres und die Dauer der Dienstzeit regelte, und in ein Finanzgesetz, das die Bewilligung der 9,5 Mill. Taler vorsah. Der eigens eingesetzte Ausschuß des Abgeordnetenhauses beschloß, die Heeresvermehrung nur zu billigen, wenn die Dienstzeit auf zwei Jahre beschränkt würde und die Landwehr ein Teil des Feldheeres blieb. Damit brach der Konflikt aber noch nicht offen aus. Wilhelm lehnte das Junktim entschieden ab, also die Verkettung wehrrechtlicher und haushaltsrechtlicher Angelegenheiten; er beharrte darauf, die Entscheidung über Aufbau, Gliederung und Stärke der Armee auf dem Wege eines einfachen Kommandoakts durch den Monarchen, mithin ohne Zustimmung der Kammern, zu regeln.

Damit war das Problem der zusätzlichen Geldmittel aber noch nicht gelöst. Der Finanzminister verfiel hier auf den Ausweg, das Finanzgesetz in der Form eines Nachtragsetats zu behandeln und es als Provisorium zu deklarieren. Tatsächlich ging die Bewilligung im Abgeordnetenhaus in dieser Form ohne große Probleme durch.

Dieses Verfahren selbst war aus der Sicht des Abgeordnetenhauses nicht unproblematisch. Denn die Reorganisationsmaßnahmen des Heeres konnten bereits beginnen und schufen vollendete Tatsachen. Am 2. Januar 1861, nach dem Tode Friedrich Wilhelms IV., fand der Thronwechsel statt. In seiner Thronrede erklärte Wilhelm die militärischen Organisationsmaßnahmen für endgültig. Auch in diesem Jahr ging trotzdem der Zusatzhaushalt nochmals als Provisorium durch.

Am 6. Dezember 1861 fanden in Preußen Neuwahlen statt. Es war ein Zeichen der neuen innenpolitischen Auflockerung, daß diese Wahlen unter völlig veränderten Voraussetzungen stattfanden. Denn erstmals seit 1848 bildete sich in Preußen eine politische Vereinigung, die sich den Namen »Deutsche Fortschrittspartei« gab. Als Zweck ihrer Gründung gab sie die bevorstehenden Neuwahlen und die außergewöhnliche äußere und innere Situation des Landes an. Sie formulierte am 6. Juni 1861 ein besonderes Wahlprogramm, in dem die Prinzipien der »Neuen Ära« zur Geltung kamen: feste Einigung Deutschlands, starke Zentralgewalt in den Händen Preußens mit gemeinsamem deutschem Parlament, für Preußen eine »feste liberale Regierung, welche ihre Stärke in der Achtung der verfassungsmäßigen Rechte der Bürger sieht«, die »konsequente Verwirklichung des verfassungsmäßigen Rechtsstaates«, in der Militärangelegenheit größte Sparsamkeit im Frieden, die Aufrechterhaltung der Landwehr und die Heeresverstärkung, so daß »bei zweijähriger Dienstzeit für die vollständige Kriegstüchtigkeit des preußischen Volkes in Waffen« Bürgschaft geleistet sei. Also auch im Gründungsprogramm kam die Wendung von dem »Volk in Waffen« vor, allerdings mit den genannten Einschränkungen, die für den Kronprinzen vollkommen unannehmbar waren.[8]

Am 6. Dezember 1861 fanden in Preußen die erwarteten Neuwahlen statt, sie brachten eine vollständig veränderte Zusammensetzung des Abgeordnetenhauses. Die Konservativen erlitten eine vernichtende Niederlage; die Sieger der Wahlen waren die Liberalen, die insgesamt 141 Sitze errangen, die Altliberalen davon 91, das linke Zentrum 50. Entscheidend für den Ausgang der Wahlen war gewesen, daß sich 1861 erstmals wieder nach der Revolution auch die Demokraten beteiligt hatten. Die »Fortschrittspartei« vereinigte zunächst Liberale und Demokraten unter ihrem Programm. Sie zog mit 109 Mandaten in den neuen Landtag ein. Darunter befand sich eine Reihe alter Achtundvierziger, die damals vorwiegend als Demokraten hervorgetreten waren: Johann Jacoby, Wilhelm Löwe-Calbe, Hans Viktor v. Unruh, Hermann Schulze-Delitzsch, Benedikt Waldeck – das waren für die Zeitgenossen alles klingende Namen, mit denen sich spektakuläre Ereignisse des Revolutionsjahrs verbanden.

Sofort bewies das Abgeordnetenhaus neue Energie. Es war nicht bereit, die Mittel für die Heeresreorganisation 1862 erneut provisorisch zu bewilligen. Zugleich wollte die Mehrheit verhindern, daß die Mittel an anderen Stellen des Militäretats, wo möglicherweise gespart worden war, versteckt würden. Ein Abgeordneter der Fortschrittspartei, der Berliner Jurist Adolph Hermann Wilhelm *Hagen*, stellte den Antrag, den Etat zu spezialisieren, das bedeutete, jede einzelne Position aufzuschlüsseln. Heute erscheint das als eine Selbstverständlichkeit. Bisher war es in Preußen jedoch üblich, daß sich der Staatshaushaltsplan in einige wenige große Pauschalbeträge gliederte. Unter einem einzigen Titel wie »Verpflegung, Bekleidung und Bewaffnung« fiel z. B. ein Gesamtbetrag von 31 Mill. Talern. Dieser Antrag Hagens verhinderte, die Kosten für die alte Heeresstärke und die Mehrkosten für die Reorganisation in einem Pauschalbetrag zu verschleiern. Das Abgeordnetenhaus stimmte dem Antrag zu, die Regierung protestierte heftig; es kam zum Bruch, und der König löste am 11. März 1862 das Abgeordnetenhaus auf.

Folglich standen Neuwahlen an. Diese fanden am 6. Mai 1862 statt. Aus ihnen ging der sog. *Konfliktslandtag* hervor.[9] Alle Parteien, die den Konfliktkurs nicht gebilligt hatten, mußten empfindliche Einbußen hinnehmen. Die konservative Partei ging von 14 auf 11 Mandate zurück; kein Minister, der kandidiert hatte, errang einen Platz. Die katholische Fraktion sank von 54 auf 28 Mitglieder ab. Die Gewinner dagegen waren beim linken Zentrum und bei der Fortschrittspartei zu finden. Von den 352 Sitzen der 2. Kammer errangen diese beiden Parteien etwa 230, hinzu kam noch eine Reihe fraktionsloser Abgeordneter, die in der Heeresreform gleicher Ansicht waren. Rund 285 Abgeordnete oder 80 % des Abgeordnetenhauses waren zu erneutem Widerstand bereit.

Zwischen dem 11. und 18. September 1862 erlebte die preußische 2. Kammer die bedeutendste und erregteste Debatte seit der Revolutionszeit. Die Kammer wollte die zweijährige Dienstzeit einrichten. Der König ging nicht einen Fußbreit von der dreijährigen Dienstzeit ab. Welche Prinzipienerwägungen für beide Seiten dahinterstanden, wurde dargelegt. Am 23. September 1862 beschloß das Abgeordnetenhaus mit großer Mehrheit, alle Mehrausgaben zu verweigern, die mit der Heeresorganisation zusammenhingen, also 6 Mill. Taler. Diese verkürzte – oder wie es die Regierung bewertete: verstümmelte – Vorlage ging an das Herrenhaus. Dieses schloß sich dem Votum des Abgeordnetenhauses *nicht* an und folgte dem Regierungsvorschlag. Da die Zustimmung beider Kammern fehlte, war der Etat abgelehnt. Schließlich war die Situation so festgefahren, daß König Wilhelm zugunsten des Kronprinzen Friedrich Wilhelm, des späteren Kaisers Friedrich III., seine Abdankungsurkunde entwarf:

Unsere tief und fest begründete Überzeugung [ist es], daß Unsere Königliche Pflicht uns gebietet, zur Ehre, zum Wohle und zur Sicherheit des Vaterlandes die von Uns ins Leben gerufene Heeresorganisation unbedingt aufrechtzuerhalten, sowohl in ihrer gesetzlichen Feststellung als in dem notwendigen Umfange der Geldforderungen, – das Haus der Abgeordneten [hat] hierzu jedoch seine verfassungsmäßige Mitwirkung versagt, so ist damit ein Konflikt eingetreten, den Wir mit Unseren Pflichten gegen den Staat und mit den verfassungsmäßigen Bestimmungen nicht in Einklang zu bringen vermögen. Weder mit den Grundsätzen Unseres eigenen Lebens noch mit der glorreichen Geschichte und der Vergangenheit unseres teuren Vaterlandes können Wir brechen. Dieser Bruch aber wäre nötig, um den bestehenden Konflikt zu beseitigen.

Es bleibt Uns daher kein anderer Ausweg übrig, als auf die Ausübung Unserer Königlichen Rechte zu verzichten.[10]

Der Weg für eine Parlamentarisierung Preußens war offen. Daß er dennoch verstellt wurde, erklärt der letzte Ratschluß des Königs: die Berufung eines neuen Ministerpräsidenten.

### *d) Bismarck: Von der Lückentheorie zur Indemnität*

Der Verfassungskonflikt hatte sich bis zur Berufung Bismarcks am 23. September 1862 in drei Stufen eskaliert:

1. Im Zuge der »Neuen Ära« hatte das Abgeordnetenhaus an Selbstbewußtsein gewonnen. Es begann, politische Forderungen zu stellen; diese knüpften sich an die Heeresreform. Allerdings war es für die Haushaltsjahre 1860 und 1861 noch bereit, die Mittel durch ein provisorisches Finanzgesetz zu bewilligen.

2. Der Konflikt steigerte sich nach den Wahlen am 6. Dezember 1861. Als es um den Staatshaushalt des Jahres 1862 ging, wollte das neugewählte Abgeordnetenhaus nicht mehr pauschal und provisorisch die Heereskosten bewilligen. Es verlangte, den Haushaltsplan zu spezialisieren. Das führte zur Auflösung der Kammern und zu Neuwahlen.

3. Die Neuwahlen am 6. Mai 1862 ergaben den »Konfliktslandtag«. Er verweigerte alle Mehrausgaben zur Heeresorganisation im noch ausstehenden Haushalt des Jahres 1862. Die Folge war: Der Staat blieb insgesamt für 1862 ohne bewilligten Etat. Das war ein Zustand, der in der Verfassung nicht vorgesehen war. Sie stellte demgemäß auch keine Mittel zur Verfügung, wie der Konflikt zu vermeiden oder zu beheben war.

Der König war der Überzeugung, er sei in einem solchen Konfliktsfall berechtigt, auch ohne rechtmäßig bewilligtes Budget zu regieren. In dieser Situation vermißte er aber den Rückhalt seiner Minister. Deshalb trug er sich mit Abdankungsplänen. Im Grunde ging der Konflikt darum, wer die Herrschaft im Staate letztlich innehabe: das Parlament oder die Krone. Das Abgeordnetenhaus wollte die Kommandogewalt des Fürsten parlamentarischer Kontrolle unterwerfen. Was 1848/49 mißlungen war, wollte man nun ohne Revolution durchsetzen. Wilhelm erschien das als »kalte Revolution«, wie er sich ausdrückte, als »Nullifizierung des Königs«, der zum »Sklaven des Parlaments« werde. Derjenige, der zum König stand, war der Kriegsminister v. Roon. Und ein Schachzug v. Roons löste dann den Knoten. Eigenmächtig berief er den Gesandten in Paris, Otto v. Bismarck, nach Berlin und veranlaßte eine Begegnung mit dem König.

Hierbei ist zu erläutern, daß sich am Hofe zwei Lager im Verfassungskonflikt gegenüberstanden, eine Staatsstreichfraktion, die den König zum Regiment ohne Budget überreden und den Verfassungsumsturz bewirken wollte – Preußen stand nahe am Rande des Staatsstreichs –, sowie eine Kompromißfraktion; sie suchte die Verständigung und plädierte für Nachgiebigkeit und für die Annahme der zweijährigen Dienstzeit. Der König brachte mit seiner Ankündigung, er wolle abdanken, Verwirrung in beide Lager.

Bismarck beschrieb die entscheidende Unterredung mit dem König in seinen Memoiren. Danach klagte Wilhelm, er »finde keine Minister mehr, die bereit wären, meine Regierung zu führen, ohne sich und mich der parlamentarischen Mehrheit zu unterwerfen«.[11] Bismarck berichtet über den weiteren Verlauf des Gesprächs:

Der König stellte nach einigem Erwägen und Hin- und Herreden die Frage, ob ich bereit sei, als Minister für die Militär-Reorganisation einzutreten, und nach meiner Bejahung die weitere Frage, ob auch gegen die Majorität des Landtags und deren Beschlüsse. Auf meine Zusage erklärte er schließlich: ›Dann ist es meine Pflicht, mit Ihnen die Weiterführung des Kampfes zu versuchen, und ich abdicire nicht‹.

Daraufhin beschäftigte sich der König mit den Grundsätzen des Regierungsprogramms, das Bismarck zu vertreten hatte. Diese zentrale Wende in der preußischen Politik verdient gerade auch auf der politisch-persönlichen Ebene genaue Aufmerksamkeit, weil aus den authentischen Selbstaussagen hervorgeht, wie sehr allen Beteiligten die Tragweite des Konflikts bewußt war. Es ging stets auch um das Prinzipielle dieses Verfassungskampfes. In der Erinnerung Bismarcks stellte sich das folgendermaßen dar:

Es gelang mir, ihn zu überzeugen, daß es sich für ihn nicht um Conservativ oder Liberal in dieser oder jener Schattirung, sondern um Königliches Regiment oder Parlamentsherrschaft handle und daß die letztere nothwendig und auch durch eine Periode der Dictatur abzuwenden sei. Ich sagte: ›In dieser Lage werde ich, selbst wenn Ew. Majestät mir Dinge befehlen sollten, die ich nicht für richtig hielte, Ihnen zwar diese meine Meinung offen entwickeln, aber wenn Sie auf der Ihrigen schließlich beharren, lieber mit dem König untergehen, als Ew. Majestät im Kampfe mit der Parlamentsherrschaft im Stiche zu lassen.[12]

Als Konsequenz zerriß der König das von ihm entworfene Programm. Was Bismarck hier anbot, war bedingungslose Vasallentreue, wie er es auch einmal selbst formuliert hat. Dabei war er auch zum Verfassungsbruch: zur Diktatur bereit. Am 24. September, einen Tag nach der definitiven Abstimmung des Abgeordnetenhauses, ernannte der König Bismarck zum Ministerpräsidenten, denn Bismarck hatte sich ausbedungen, nicht nur als Ressortminister tätig zu sein, sondern den Vorsitz im Staatsministerium und die Funktion des Außenministers in seiner Person zu vereinigen.

Als erste Maßnahme zog die Regierung den Staatshaushaltsplan für 1863 zurück; dieser war zugleich mit dem Plan für 1862 den Kammern eingereicht worden. Die Regierung handelte auf königliche Weisung. Das Abgeordnetenhaus konnte sich daher gar nicht erst am Militäretat des Jahres 1863 versuchen. Andrerseits war durch dieses Zurückziehen offenkundig, daß das Ministerium entschlossen war, auf das ganze Etatgesetz zu verzichten und ohne rechtmäßige Bewilligung zu regieren. Als ein Abgeordneter sich darauf berief, die Regierung dürfe ohne Bewilligung des Landtags keinerlei Ausgaben leisten, ließ Bismarck keinen Zweifel daran, notfalls auch ohne Budget zu regieren.

Dabei lautete seine Argumentation: Wenn die Vereinbarung über das Budget scheitere, ergebe sich ein Notrecht der Regierung. Denn der Krone seien alle Rechte, welche die Verfassung nicht ausdrücklich anderen Staatsorganen übertragen habe, verblieben. Was beim Scheitern des Etatgesetzes zu geschehen habe, sei durch die Verfassung nicht geregelt. Hier bestehe eine »Lücke« in der Verfassung. Diese berühmte sog. Lückentheorie Bismarcks besagte, daß das, was die Verfassung nicht regle, in der Kompetenz der Regierung liege. Angesichts der Verfassungslücke sei es Sache der Regierung, den Staatsstillstand zu verhüten; deshalb müsse sie die Staatsausgaben ohne Etatgesetz leisten.

Am 13. Oktober 1862 schloß der König angesichts der unüberbrückbaren Gegensätze die Session der beiden Häuser des Landtags. In einer Botschaft proklamierte er das budgetlose Regiment. Die Regierung deklarierte das als Notrecht; im bürgerlichen Lager nannte man das einen eklatanten Verfassungsbruch, einen Staatsstreich Bismarcks. Bismarck seinerseits legte in einer berühmten Rede vom 27. Januar 1863 die Konfliktlinien aus seiner Sicht ungeschminkt frei: Die Verfassung fordere das Gleichgewicht der drei gesetzgebenden Gewalten (König, Herrenhaus, Abgeordnetenhaus) in allen Fragen, auch in der Budgetgesetzgebung. Keine dieser Gewalten könne die andre zum Nachgeben zwingen; die Verfassung verweise daher auf den Weg der Kompromisse:

Wird der Compromiß dadurch vereitelt, daß eine der beteiligten Gewalten ihre eigene Ansicht mit doctrinairem Absolutismus durchführen will, so wird die Reihe der Compromisse unterbrochen und an ihre Stelle treten Conflicte, und Conflicte [...] werden zu Machtfragen. Wer die Macht in Händen hat, geht dann in seinem Sinne vor, weil das Staatsleben auch nicht einen Augenblick stillstehen kann [...].

Was die Verfassung Ihnen an Rechten zubilligt, soll Ihnen unverkürzt zukommen. Was Sie darüber hinaus verlangen, das werden wir ablehnen und Ihren Forderungen gegenüber die Rechte der Krone mit Ausdauer wahrnehmen [...]. Das Preußische Königtum hat seine Mission noch nicht erfüllt, es ist noch nicht reif dazu, einen rein ornamentalen Schmuck Ihres Verfassungsgebäudes zu bilden, noch nicht reif, als ein todter Maschinenteil dem Mechanismus des parlamentarischen Regiments eingefügt zu werden.[13]

Bismarck brachte den Konflikt auf den Punkt. Den vielfältigen publizistischen Beiträgen der Opposition, ihren Äußerungen im Parlament ist zu entnehmen, daß die Gegenseite dem Konflikt dieselbe prinzipielle Tragweite beimaß.[14]

Was vermochte das Abgeordnetenhaus entgegenzusetzen? Die Verfassung schien eine Handhabe zu bieten. Der Artikel 61 sah das Instrument einer Ministeranklage vor, verwies dazu aber auf ein ausführendes Gesetz; ein solches aber fehlte, und die Regierung blieb konsequent unzugänglich, es im Landtag einzubringen. Die Waffe der Ministeranklage blieb daher stumpf. Das Abgeordnetenhaus entschloß sich zu einer Kampfansage traditioneller Form: in Gestalt einer Adresse. Diese erklärte:

Das Haus der Abgeordneten hat kein Mittel der Verständigung mehr mit diesem Ministerium; es lehnt seine Mitwirkung zu der gegenwärtigen Politik der Regierung ab. Jede weitere Verhandlung befestigt uns nur in der Überzeugung, daß zwischen den Ratgebern der Krone und dem Lande eine Kluft besteht, welche nicht anders als durch einen Wechsel der Personen, und mehr noch, durch einen Wechsel des Systems ausgefüllt werden wird.[15]

Das waren klare Worte. Die Forderung nach einem Ministerwechsel bedeutete den offenen Übergang zum parlamentarischen Regierungssystem. In allen parlamentarisch regierten Staaten entstand der Parlamentarismus auf solche Weise. Hier lag deshalb auch eine Schlüsselphase der deutschen Verfassungsgeschichte des 19. Jahrhunderts. Nicht aus normativem Verfassungsrecht ging das parlamentarische System in Westeuropa hervor, etwa in England, sondern aus effektiven Präzedenzfällen.[16] Das Parlament nahm sich das Recht und gewann es dadurch. In Preußen war die Heeresreform ein solcher effektiver Präzedenzfall. Bismarck ebenso wie König Wilhelm erkannten das deutlich. Es folgten die Auflösung des Abgeordnetenhauses, Neuwahlen, keine abweichende Zusammensetzung des Abgeordnetenhauses, wieder Neuwahlen. Vier Jahre lang – von 1863 bis 1865 – regierte Bismarck ohne verfassungsmäßig verabschiedetes Etatgesetz. Er regierte nach seiner Lückentheorie und nach dem Recht des Stärkeren.

Die Abgeordneten gingen mit ihrer oppositionellen Haltung ein hohes persönliches Risiko ein. Das zeigte der Umgang der Regierung mit den Beamten. Verwaltungsbeamte und Richter waren Bestrafungen und empfindlichen Repressionen ausgesetzt.[17] So sah die eine Seite des Konflikts aus; die andere hieß: Der Kampf um die Verfassung bot einen reichen Nährboden für die Weiterentwicklung des modernen deutschen Parteiensystems auch über Preußens Grenzen hinaus.

Bismarck bezeichnete die Opposition als »katilinarische Existenzen« und erinnerte damit an die römische Verschwörung des Catilina. Er sah in den Liberalen Umstürzler, die er zugleich mahnte, den Konflikt doch »nicht so tragisch« zu nehmen. Nicht durch Reden und Mehrheitsbeschlüsse würden die großen Fragen der Zeit entschieden, sondern durch »Blut und Eisen«.[18] Das war die berühmte Formulierung, die seitdem viele Kommentare zur Reichseinigung durch Bismarck begleitete. Sie entsprang dem Verfassungskonflikt und signalisierte: Nicht durch Verfassungsdebatten, sondern durch den außenpolitisch durchgefochtenen Krieg würden die entscheidenden nationalen Fragen gelöst. Das hieß man Realpolitik.

Auf dem außenpolitischen Feld besiegte Bismarck schließlich die innenpolitische Opposition. Er benutzte die nationalgefärbte Außenpolitik als Instrument innerer Disziplinierung. Er verband klassische Kabinetts- und Geheimdiplomatie mit effektvoller Nutzung der mobilisierten öffentlichen Meinung und nationaler Leidenschaften. Preußen stand im Brennpunkt der Öffentlichkeit; dorthin richteten sich Hoffnungen und Zweifel, wenn Forderungen nach nationaler Einheit laut wurden.

Die näheren Umstände seiner Außenpolitik, die Auseinandersetzung mit Österreich und den Bundesreformplänen sollen der Klarheit wegen in einem späteren Abschnitt im Zusammenhang mit dem Ende des Deutschen Bundes behandelt werden. Hier sei zunächst der Blick auf die innenpolitische Dimension, auf die Rückwirkung der Kriege von 1864 und 1866 gerichtet. Den ersten Erfolg konnte Bismarck im Krieg gegen Schleswig-Holstein verbuchen, in dem 1864 die Herzogtümer für Deutschland, genauer: für den Deutschen Bund, gewonnen wurden. Ihn sprengte Bismarck durch den erfolgreichen Krieg gegen Österreich im Jahre 1866. In einer einzigen Schlacht am 3. Juli 1866 bei Königgrätz gelang Preußen der vollständige militärische Sieg. Das hieß zugleich: Anerkennung der unbedingten Vormachtstellung Preußens im nord- und mitteldeutschen Raum einschließlich der jetzt annektierten schleswig-holsteinischen Herzogtümer. Hinzu kamen noch die Territorien der aufgelösten Staaten Hannover, Kurhessen, Nassau sowie Frankfurt als Freie Stadt. Das war ein eklatanter Bruch des Bundesvertrages von 1815. Im Ergebnis nannte Heinrich v. Treitschke diese Lösung der nationalen Frage eine nationale Revolution von oben: »die deutsche Revolution in Kriegsform, geleitet von oben statt von unten«.[19] Daher stammte die berühmte Formulierung von der »Reichseinigung von oben«.

Welche Bedeutung hatten diese machtpolitischen Veränderungen für den innerpreußischen Verfassungskonflikt? Am Tag der Schlacht von Königgrätz, am 3. Juli 1866, fanden Neuwahlen zum Abgeordnetenhaus statt. Ein Umschwung der öffentlichen Meinung hatte sich vollzogen, so, wie ihn die Regierung seit langem erwartet hatte. Die Konservativen stiegen von 35 auf 136 Mandate; das linke Zentrum dagegen und die Fortschrittspartei fielen von 247 auf 148 Mandate zurück. Bismarcks Erfolge in der nationalen und europäischen Politik untergruben die Fundamente der liberalen Opposition.

Wie sich bereits am Ausgang der Wahlen zeigte, setzten sich die Wirkungen auch bei der künftigen Haltung des Abgeordnetenhauses fort. Das offenbarte sich bei der Auseinandersetzung um das sog. Indemnitätsgesetz, das die Regierung vorlegte. In dem Wort steckt das lateinische »damnare«, das heißt verurteilen. Indemnität bedeutet demnach eine Schuldloserklärung, was nicht so verstanden werden sollte, als ob die Regierung nachträglich ein Schuldbekenntnis abgelegt hätte. Die Indemnitätserklärung verlangte lediglich die nachträgliche Zustimmung der Kammern zu den budgetlos geleisteten Ausgaben. Dem Wortlaut nach sagte das Gesetz, es werde

> Indemnität erteilt dergestalt, daß es rücksichtlich der Verantwortlichkeit der Staatsregierung so gehalten werden soll, wie wenn die Verwaltung in der erwähnten Zeit auf Grund gesetzlich festgestellter und rechtzeitig publicierter Staatshaushalts-Etats geführt worden wäre.[20]

Wegen dieses Gesetzes zerbrach die liberal-demokratische Opposition von linkem Zentrum und Fortschrittspartei. Am 3. September 1866 nahm das Abgeordnetenhaus mit der großen Mehrheit von 230 gegen 75 Stimmen das Gesetz an. Der Verfassungskonflikt war beigelegt. Aber wer als Sieger und wer als Verlierer aus diesem Streit hervorgegangen war, das ist bis heute ungeklärt und löst Kontroversen aus.

## 11. Das Epochenjahr 1866 und das Problem des »Deutschen Sonderwegs«

Es gibt kaum Meinungsverschiedenheiten über die Bedeutung des Jahres 1866. Einhellig erscheint es in historischen Darstellungen als »Wendepunkt« der deutschen Geschichte. Im Jahre 1979 erschien ein kleines, aus einem Hörfunkprogramm hervorgegangenes Taschenbuch mit dem Titel *Wendepunkte deutscher Geschichte. 1848–1945*. Darin tauchten als Schwellenjahre die Daten 1848, 1866, 1914, 1918/19, 1933 und 1945 auf. Der Beitrag Heinrich August Winklers erörtert den hier behandelten Zeitraum und trägt die Überschrift: »1866 und 1878: Der Machtverzicht des Bürgertums«.[1] Mit dieser Bewertung hört dann allerdings die Einhelligkeit auf.

Aber es handelt sich nicht allein um die Bewertung dieses Jahres, sondern mehr noch um seine damit zusammenhängende Einordnung in die folgende Geschichte. Daran knüpft sich die Frage eines sog. deutschen Sonderwegs. Dieses Denkmuster reicht weit zurück im Wertehimmel deutscher Geschichtsschreibung und bezeichnete lange Zeit den Eigenwert deutscher Geschichte, die sich abhebe von den westeuropäischen Verfassungs- und Rechtstraditionen.[2] Eine kritische Umbewertung erfolgte nach dem Zusammenbruch des Deutschen Reiches im Jahre 1945 und meinte seither den »Weg der Deutschen in den Nationalsozialismus«. Inzwischen hat sich daran eine weitverzweigte Diskussion geknüpft, die in diesem Zusammenhang nur im Blick auf die Epochenwende 1866 skizziert werden soll.[3] Ein Zeitzeugnis, das unmittelbar unter dem Eindruck der befreienden Katastrophe von 1945 entstanden ist, vermag das Problem zu umreißen. Der Basler Theologe Karl Barth hatte im Oktober 1945 der *Zürcher Weltwoche* ein Interview gegeben; darin machte er sich Gedanken über die Ursachen des Nationalsozialismus.

Die wirkliche Diskussion hat noch gar nicht angefangen, solange man mit den Deutschen nur über Hitler spricht. Der neuralgische Punkt wird erst erreicht, wenn man in der Diskussion bis *Bismarck* vordringt. Wenn nämlich der nationalsozialistische Gips weggefallen und zerstäubt ist, kommt bei den meisten Deutschen, selbst bei Leuten, die aktiven Widerstand geleistet haben, das deutsch-nationale Mauerwerk zum Vorschein. Der Nationalsozialismus wird von ihnen als bedauernswerter Zwischenfall bewertet: alles Vorherige ist tabu.

Sie verstehen nicht, daß der Nationalsozialismus nichts anderes war, als die *letzte Konsequenz der Bismarckschen Politik*, die Deutschland mit Blut und Eisen gewaltsam zu einem national-sozialistischen, kapitalistischen Reich einigte und damit zum *Totengräber der lebendigen Freiheit von 1848* wurde.[4]

In der Substanz dieser Argumentation stellt das Jahr 1866 einen Wendepunkt dar, ein Scheitern des Bürgertums, das seine Macht nicht zur Geltung bringen konnte, am Ende sogar die Ideen von 1848 verriet.

Es ist nach der Erfahrung mit derartigen Hypothesen inzwischen unzweifelhaft, wie problematisch historische Einbahnstraßen sind, die eine Kontinuität herstellen, wo sich mit einer gewissen Beliebigkeit auch Diskontinuität konstruieren ließe. War die Entscheidung für 1866 zugleich eine für 1933?[5] Rolle und Erwartungshorizont der liberal-demokratischen Opposition der sechziger Jahre geraten auf den Prüfstand. Dort sollen sie im Brennglas von vier Thesen gesehen werden.

*1. These*: Die Liberalen hätten ihre ursprünglichen Ideale von 1848 aufgegeben, wenn nicht gar verraten, indem sie auf die weitere Parlamentarisierung Preußens verzichteten. – Diese These fordert dazu heraus, über die Handlungsspielräume der Liberalen, auch ganz konkret des Abgeordnetenhauses, nachzudenken. Welche Alternativen waren denkbar, wenn sie ihre Politik der Prinzipientreue fortsetzten? Die eine Alternative kündigte sich bereits an, als Bismarck das Amt des Ministerpräsidenten übernahm: Seine Bereitschaft zu einer Diktatur, für die er Rückhalt bei dem ultrakonservativen Lager am preußischen Hof fand. Die Gefahr eines Staatsstreichs, das Regiment auf der Basis einer cäsaristischen Diktatur nach dem Muster Napoleons III., war eine ernstzunehmende Möglichkeit.[6]

Wie konnte eine andere Alternative lauten? Die Aufforderung zur Steuerverweigerung wie einst im November 1848? Der revolutionäre Appell an die Bevölkerung? Angesichts des nationalen Überschwangs im Jahre 1866 verhieß das keine großen Chancen, zumal viele der inzwischen reich gewordenen Bürger eine Revolution überhaupt nicht im Sinn hatten. Schon 1848 war ein Großteil der konstitutionellen Liberalen schnell bereit, die »Revolution zu schließen«. Von einer revolutionären Situation konnte überdies 1866 keineswegs die Rede sein. Eine dritte Variante bot sich an als Prinzipientreue und politische Verweigerung, aber das bedeutete, auf Einfluß kraft politischen Handelns zu verzichten.

Die Anerkennung der Politik Bismarcks *in dieser historischen Phase der sechziger Jahre des 19. Jahrhunderts* könnte mithin auch – angesichts der zu Gebote stehenden Handlungsmöglichkeiten – als Realismus angesehen werden. Wie stand es dann aber um die Ideale von 1848? Oder – wie die alte Frage hieß – wo blieb die Freiheit neben der Einheit? Hier gilt es für das Urteil zu unterscheiden, was im Horizont der historisch Handelnden lag und was die Nachlebenden durch zugewachsene Kenntnisse mehr wissen. Der größere Teil der Liberalen folgte einer Hoffnung, die Ludwig Bamberger öffentlich ausgesprochen hatte: »Durch Einheit zur Freiheit.« Zu Recht sieht Winkler den entscheidenden Grund für die innenpolitische Wende von 1866 in dieser Hoffnung. Er begründet das mit der Erfahrung, die ein Teil der Liberalen aus dem Verfassungskonflikt gezogen hatte. Da sich die Fronten im eigenen Land so wenig bewegt hatten, hoffte ein Teil der Liberalen, »daß die verkrusteten Strukturen des preußischen Militär- und Obrigkeitsstaates nur durch eine Einigung Deutschlands aufgebrochen werden könnten«.[7] Die Einigung versprach dem Bürgertum nicht nur wirtschaftliche Vorteile: sie führe auch zu einer gerechteren

Verteilung der Militärlasten. Das wiederum werde Preußen entlasten und mehr Spielraum für eine freiheitliche Politik bieten. Diese Erwartung läßt sich durch ein Urteil der liberalen Berliner *National-Zeitung* vom 11. Juni 1864 gut dokumentieren. Es heißt dort:

Nun aber ist die höchste Anspannung aller Kräfte eines Volkes eines Landes für den Krieg sehr selten ein Mittel, um zugleich seine innere Freiheit emporzubringen. Weder das preußische Volk noch seine Volksvertretung gewinnt an Freiheit, wenn fortwährend der kriegerische Beruf des Staates für den dringendsten und höchsten gilt. Die höchsten Steuern müssen in diesem Fall nach dem Verlangen der Militärbehörden bezahlt, der höchste Militäraufwand bestritten werden unter beständiger Verstärkung der bewaffneten Macht. Was aber für Geschäfte das parlamentarische Leben dabei macht, wissen wir alle nur zu gut. Es kommt dahin, daß alle, welche für die bürgerlichen Aufgaben des Staates Sinn behalten, den Ehrentitel von ›Schwätzern‹ empfangen, und nur die Leistung und der Gehorsam des Soldaten heißen nützlich für den Staat.[8]

Die Erwartung ging dahin, daß die Einheit dem Bürgertum schließlich dazu verhelfen werde, den feudalen Adel aus seiner politischen Führungsrolle zu verdrängen. Vor diesem Hintergrund galten die bürgerlichen Freiheitsrechte als Unterpfand der Zukunft, wenn erst einmal Preußen in einem geeinten Reich neutralisiert werde. Die Anerkennung des Kompromisses von 1866 und die Zusammenarbeit mit Bismarck schloß in dieser Politik die Perspektive der Demokratisierung nicht aus.[9] Die Beteiligten unterschätzten das Eigengewicht von preußischer Aristokratie und Bürokratie, von Militär und Kastengeist. Doch will man sich nicht zum Richter über die Geschichte aufwerfen, sondern den jeweils Handelnden gerecht werden, muß man feststellen: Die Liberalen von 1866 waren von ihren Forderungen nach »Einheit *und* Freiheit« mehrheitlich nicht abgewichen; sie hatten sich aber in ihrer Freiheitserwartung verschätzt. Ein Blick auf die Tätigkeit der Landtage wird zusätzlich bekräftigen, mit welcher Selbstgewißheit die »Ideen von 1848« in den sechziger Jahren wieder berufen wurden. Mit anderen Worten: Die Liberalen von 1866 hatten keineswegs resigniert. Im Horizont *ihrer* Handlungsmöglichkeiten muß man ihnen Realismus zubilligen, zugleich die Bereitschaft, auf die preußische und nationale Politik aktiv Einfluß nehmen zu wollen. Sie hatten ihre Ansprüche auf eine größere freiheitliche Verfassung Preußens nicht aufgegeben – zu diesem Zeitpunkt jedenfalls. Die spätere Entwicklung zeigt jedoch, daß sie das Beharrungsvermögen der alten Kräfte in Preußen unterschätzt hatten. Die knappe Formel Bambergers vom Dezember 1866 lautete: »Ist denn die Einheit nicht selbst ein Stück Freiheit?«[10] Die Spätergeborenen haben das als Irrtum erkannt.

2. *These*: Das liberale Bürgertum sei in der Auseinandersetzung mit dem überkommenen Feudaladel unterlegen. – Hier ist sogleich zu unterscheiden: Es besteht die Gefahr, den gesellschaftlichen Zustand des späten wilhelminischen Kaiserreichs auf die sechziger Jahre zu übertragen. Und das bedeutet, den Einfluß der Liberalen auf die Politik bis etwa 1878 zu unterschätzen. Zunächst ist nicht zu bestreiten: Die Regierung hatte sich im Verfassungskonflikt durchgesetzt. Das Abgeordnetenhaus erkannte die Wehrreform stillschweigend an; es billigte alle Maßnahmen, die inzwischen ohne Budget vorgenommen worden waren: die dreijährige Dienstzeit, die Heeresvermehrung, die Zurücksetzung der Landwehr. Die Regierung hielt das Prinzip der Königsherrschaft aufrecht und wehrte alle Versuche der Parlamentsherrschaft ab. Aber Bismarck hatte letztlich formal die Kompetenz der Abgeordnetenkammer anerkannt, indem er um die nachträgliche Zustimmung einholte, und er hatte den konservativen Staatsstreich vermieden.[11]

Wenn auch das liberale Bürgertum, repräsentiert im Abgeordnetenhaus, auf den ersten Blick als Verlierer dazustehen schien, es selbst erblickte sich, nicht aber die konservative Aristokratie als den wahren Sieger des Konflikts. Diese Selbsteinschätzung wird noch offenkundiger, wenn man sie über die Reichseinigung hinaus bis zum Jahre 1878 betrachtet. Die Verfassungen des Norddeutschen Bundes und des Deutschen Reiches enthielten zwar weniger parlamentarische Kontrollrechte, als die Liberalen gefordert hatten, die nationale Einigung führte nicht automatisch zur Entmilitarisierung Preußens, dennoch: Die Liberalen wurden der wichtigste Bündnispartner in der Politik Bismarcks.

Die ersten zwölf Jahre nach dem Verfassungskonflikt wurden maßgeblich durch die Liberalen geprägt. Das schlug sich nieder in zahlreichen weiterwirkenden liberalen Gesetzgebungen: in der Gewerbeordnung etwa, der Justizreform, der Vereinheitlichung des Bankwesens.[12] Der Liberalismus zielte auf eine Modernisierung der Gesellschaft und bewirkte sie zu weiten Teilen im Kaiserreich. Europaweit schien er zwischen 1866 und 1878 eingespannt in »Siegeszug und Krise des liberalen Systems« (L. Gall), wobei die hier behandelte Ära des »Aufbruchs« vom Siegeszug geprägt war.

Die Macht liberaler Prinzipien wirkte fort; das zeigte sich zugleich auf andern Feldern, die man in der Regel nicht sogleich mit der Politik des Liberalismus verbindet.[13] Der liberale Nationalismus entwickelte nach innen drei Stoßrichtungen: erstens gegen die feudalen Trägerschichten des spezifischen Preußentums, zweitens gegen die sog. Ultramontanen, drittens gegen die Sozialisten. Alle drei Abwehrtendenzen dienten dem Zweck, die eigene Position abzusichern, und bestärkten das eigene Urteil, die legitime Mehrheit zu sein.

Zunächst einige Worte zum Kampf gegen den politischen Katholizismus, denn dieser verbarg sich hinter dem Schlagwort von den Ultramontanen. Es war ein altes liberales Erbe, gegen die überkommenen Rechte der katholischen Kirche anzugehen, etwa gegen die geistliche Schulaufsicht, gegen die kirchliche Besetzung theologischer Lehrstühle an Universitäten, gegen die kirchliche Ablehnung der Mischehe. Die entsprechenden Auseinandersetzungen waren in einigen süddeutschen Staaten bereits in den sechziger Jahren eingeleitet worden, am schärfsten in Baden. Der Liberalismus reichte dem Reichskanzler Bismarck seine Hand im Kampf gegen den politischen Katholizismus – im sog. Kulturkampf. Es war seine Inkonsequenz, daß er gerade dadurch eines seiner Grundprinzipien, das der liberalen staatsbürgerlichen Toleranz, in Frage stellte. Insofern war der Kulturkampf der Sache nach »durchaus ein Vorspiel zu der Unterdrückung der sozialdemokratischen Bewegung seit 1878« (H. A. Winkler). Denn ihre antisozialistische Komponente bekundeten die Liberalen schließlich 1878 in ihrer mehrheitlichen Bereitschaft, der Unterdrückung der Sozialdemokratie durch das Sozialistengesetz zuzustimmen.

Weshalb dieser Ausblick über 1871 hinaus? Er macht deutlich, daß sich die Liberalen bis 1878 mit Recht als Regierungspartei seit 1867 betrachten konnten; ja aus ihrer Sicht konnte es ihnen erscheinen, als sei das parlamentarische System in Deutschland fast verwirklicht. Das war ein Trugschluß. Aber bis zu diesem Zeitpunkt waren sie nicht als Verlierer des Verfassungskonflikts zu betrachten, hatten sie doch in einem erheblichen Maß ihre Interessen in konkrete Politik umsetzen können. Die bisher skizzierten Überlegungen machten zugleich deutlich, daß der Liberalismus sich mit dem preußischen Staat und dann dem Deutschen Reich verband, daß diese Verbindung aber ihren Preis hatte: Die liberale Bewegung grenzte sich immer stärker von den mit ihr konkurrierenden politischen Kräften ab. Der Liberalismus veränderte unter dem Eindruck der zweiten schweren Konjunkturkrise der zweiten Jahrhunderthälfte seinen Charakter, also in den Jahren zwischen 1873 und 1879; imperialistische, auch antisemitische Tendenzen drangen in die Wertvorstellungen der Nationalliberalen ein. Aber dieser Wandel ist nicht bereits ihrem ursprünglichen Bündnis mit der Politik Bismarcks zuzuschreiben.

*3. These*: Der Liberalismus habe sich von einer Staatsbürger- auf eine liberale Klassenpartei reduziert. – Noch im Februar 1866 erklärte ein intellektueller Wortführer der Fortschrittspartei, Karl Twesten, vor dem Abgeordnetenhaus, der Verfassungskonflikt offenbare einen Zwiespalt zwischen Junkertum und Volk. Die Liberalen verträten das Volk im weitesten Sinne und damit diejenigen Klassen des Volkes, die seit dem Ende des Mittelalters im Aufstieg begriffen seien. Aus dieser Vorstellung klang noch die Ansicht, das Bürgertum spreche emanzipatorisch für das ganze Volk.

Das war die Theorie. Andererseits waren sich führende Liberale klar darüber, wie schmal ihre soziale Basis war, und das legte ihnen Zurückhaltung auf, den Konflikt mit der Regierung zu weit zu treiben. Ein ostpreußischer Gutsbesitzer im preußischen Landtag, selbst Mitglied der Fortschrittspartei, Leopold v. Hoverbeck, bekannte in einem Brief an seinen Freund:

> Wir, die wir für Volksfreiheit arbeiten, stehen [...] auf keiner soliden Grundlage [...]. Auf die große Masse des Volkes [...], auf die dritte und teilweise zweite Wählerklasse haben alle unsere Beratungen keinen Einfluß, da sie nichts davon erfahren – wenn nicht gar die offizielle Provinzialkorrespondenz sie noch absolutistischer macht, als sie das ihrem ganzen Bildungsgange nach schon sind [...] Die nächste Zukunft [...] könnte leicht beweisen, wie schwach es noch mit der gerühmten politischen Reife unseres Volkes bestellt ist, von der viele Preußen, namentlich wenn sie mit deutschen Kleinstaatlern sprechen, das Maul so voll nehmen.[14]

Das war die Furcht vor der Bevölkerung des platten Landes, der es an Bildung mangle und die der amtlichen Pressepolitik ausgesetzt war. Übrigens teilte Bismarck dasselbe Urteil, wenn er sie auch anders bewertete. Er versprach sich von der überwältigenden Mehrheit des preußischen Volkes auf dem Lande eine konservative, königstreue Grundhaltung und befürwortete deshalb für den

Reichstag das allgemeine Wahlrecht. Diese Rechnung ging aber nicht auf, wie er selber in seinen Memoiren eingestand.

Er vermochte dadurch zwar in Wahlen den Einfluß der Liberalen zurückzudrängen, aber inzwischen rückte die Arbeiterbewegung nach, die unter dem allgemeinen Wahlrecht Spielraum zur Entfaltung erhielt. Gerade in den sechziger Jahren begann sich eine selbständige Arbeiterbewegung zu regen, die den Führungsanspruch der Liberalen nicht mehr anerkannte. Heinrich v. Treitschke warnte 1869 vor den »unzufriedenen Massen«, und die mit ihnen verbundene »soziale Frage« nötigte ihn zu der Folgerung, das Bürgertum müsse sich intensiver an ein starkes Königtum anlehnen, um für die »sozialen Zustände«, für die »Klassengegensätze«, wie er sich ausdrückte, gewappnet zu sein. Er schrieb:

Doch ein starkes Königtum, das über den sozialen Gegensätzen steht, ist uns unentbehrlich, um den Frieden in der Gesellschaft zu wahren und zu festigen, die gewaltigen Probleme, welche die rasch anwachsende Volkswirtschaft noch aufwerfen wird, unbefangen zu lösen. [...] Erwägen wir diese Macht des preußischen Königtums und die großen Aufgaben, welche die deutsche Nation noch mit seiner Hilfe zu lösen hat, so scheint unverkennbar, daß unser Liberalismus einige seiner Lieblingswünsche ermäßigen muß, die mit einer lebendigen monarchischen Gewalt sich nicht vertragen. Dazu zählt vornehmlich das Verlangen nach einer Parteiregierung im englischen Sinne und nach dem Rechte der unbeschränkten Steuerverweigerung [...]. Eine solche monarchische Regierung besitzt unleugbar größere Stetigkeit als ein Parteiregiment; daß sie den Fortschritt hemme, ist durch die Erfahrung nicht erwiesen [...]. Das Verlangen nach parlamentarischer Parteiregierung entstammt der urteilslosen Bewunderung englischer Zustände; der Gedanke des absoluten Steuerverweigerungsrechts dagegen ist das rechtmäßige Kind neufranzösischer Doktrinen.[15]

Treitschke war zunächst noch ein Außenseiter im liberalen Lager. Aber seine *Deutsche Geschichte im 19. Jahrhundert* wurde später zum Bestseller; sie füllte die Bücherschränke des nationalliberalen Bürgertums zu einer Zeit, in der Geschichte hoch im Kurs stand, zumal dann, wenn sie sich in einer Perspektive darbot, die auf die nationale Einheit des Reiches von 1871 hinwies. Und das war bei Treitschke mit großer Leidenschaft der Fall. Seine zitierten Worte machen aber eindrucksvoll deutlich, daß gerade die »soziale Frage« und Klassengegensätze das liberale Bürgertum veranlaßten, von ursprünglichen reformerischen, die ganze Gesellschaft angehenden Kampfpositionen abzurücken, auch vom parlamentarischen Prinzip. »Soziale Frage« und Klassenkämpfe drängten das Bürgertum in die Nähe zur Krone.

Das ging einher mit einem arbeitsteiligen Verhältnis zum preußischen Adel. Ein braunschweigischer Liberaler, Hermann Baumgarten, schloß unter dem Eindruck von Königgrätz im Oktober 1866 ein Manuskript ab, das die Überschrift trug: *Der deutsche Liberalismus. Eine Selbstkritik.* Darin analysierte er scharfsichtig die sozialen Konsequenzen des Wandels von 1866 für das Bürgertum:

> In allen modernen Staaten hat sich das Bürgertum zu einer hohen wirtschaftlichen Bedeutung, zu einer stolzen Macht der wissenschaftlichen und industriellen Intelligenz erhoben, alle modernen Staaten ruhen wesentlich auf der bürgerlichen Arbeit, alle werden daher auch im politischen Leben den bürgerlichen Kräften einen bedeutenden Einfluß einräumen müssen. Aber zur eignen politischen Aktion ist nichts desto weniger der Mittelstand wenig geschaffen. [...] Der Bürger ist geschaffen zur Arbeit, aber nicht zur Herrschaft, und des Staatsmanns wesentliche Aufgabe ist zu herrschen. [...][16]

Baumgarten harmonisierte die sozialen Gegensätze, wenn er zwischen Adel und Bürgertum lediglich »eine wohltätige Arbeitsteilung« annahm. Das Bürgertum könne den besten Repräsentanten des Adels »die oberste Staatsleitung überlassen« und als Grundlage die »Gemeinschaft der Interessen« betrachten. »Jedenfalls ist es die Pflicht einer erleuchteten liberalen Politik, dieser Umwandlung unseres Adels in alle Wege hilfreich entgegenzukommen.«[17]

Die Umwandlung des Adels konnte nur soviel bedeuten wie seine Verbürgerlichung. Insgesamt dokumentiert diese Analyse aber eine Bereitschaft zur verfassungspolitischen Selbstbeschränkung, und das in der Erwartung, die älteren Gegensätze zwischen Adel und Bürgertum würden sich abschleifen. Sie spiegelt zugleich noch den ungeheuren Eindruck wider, den die Erfolge Bismarcks bei dem Schreiber hinterlassen hatten: »Aber uns ist das fast Beispiellose widerfahren, daß unser Sieg [im Verfassungskonflikt] unser Elend gewesen wäre, unsere Niederlage aber uns überschwengliches Heil gebracht hat.«[18] Der Junker Bismarck hatte Zeugnis abgelegt, daß seine Klasse Politik zu machen verstand, und zwar auch im Sinne des Bürgertums, denn viele der Maßnahmen Bismarcks waren bei seinen adeligen Standesgenossen angefeindet worden, vor allem die Bindung der preußischen Politik an die nationale Bewegung und das allgemeine Wahlrecht.

Diese Tendenz zur Annäherung des Großbürgertums an den Adel war im Zusammenhang mit der Behandlung des sozialen Wandels dargelegt worden. 1866 erhielt diese Tendenz für breitere Kreise des Bildungs- und Beamtenbürgertums neue Schubkraft. Auch bot die machtpolitische Wende unter der Vorherrschaft Preußens für die Mehrheit der rheinischen und süddeutschen Unternehmer und Besitzbürger zahlreiche Verlockungen, jedenfalls so viele, es doch mit Preußen zu versuchen und den Verfassungsstreit zu den Akten zu legen. Solche Verlockungen waren: die Aussicht auf einen nationalen Großwirtschaftsraum von den Alpen bis zur Nordsee, unbehindert durch Zollschranken, die vertragliche Anbindung an das weltweite britische Freihandelssystem. Hier boten sich gemeinsame Interessenlagen zwischen Industrie, Großgrundbesitz und Staatsbürokratie.

Es ist freilich nicht möglich, die vorherrschende Haltung der Liberalen im Jahre 1866 einseitig und ausschließlich einem bourgeois-kapitalistischen Klasseninteresse zuzuschreiben. Dazu müßte man die Differenzierungen vergessen, mit denen das Problem der sozialen Repräsentanten des Bürgertums erläutert wurde. Dieses war auch 1866 noch vielfältig geschieden nach Unternehmern, nach den realpolitischen Bildungs- und Beamtenbürgern, den prinzipienfesten Altliberalen, nach Klein- und Handelsbürgern der mittleren und der Landstädte. Sie alle begriffen den Verfassungskonflikt nicht gleichermaßen als ihr Problem, nahmen aber an der nationalen Erregung teil, die Deutschland seit 1859 erfaßte.

Es bleibt festzuhalten, daß im Liberalismus während der späten sechziger Jahre nach dem Wendepunkt 1866 verstärkt die Tendenz hervortrat, sich, von einer ursprünglich gesamtgesellschaftlichen Reformbewegung herkommend, zu verengen auf den Sockel einer industriebürgerlich geprägten Klassenpartei. Aber eben diese Eingrenzung provozierte die Spaltung des Liberalismus, wie sich bei dem Überblick über die Parteienlandschaft noch zeigen wird.

*4. These*: Durch ihre Zustimmung zu den Ergebnissen von 1866 billigten die Liberalen zugleich die Ausgrenzung Österreichs aus der deutschen Politik. – Heinrich Lutz hat eine Darstellung der deutschen Geschichte geschrieben, die den Titel trägt: *Zwischen Habsburg und Preußen. Deutschland 1815–1866*. Der Titel scheint nicht folgerichtig. Müßte es nicht heißen: Zwischen Habsburg und Hohenzollern? – oder anders gewendet: Zwischen Österreich und Preußen? Aber nicht: Zwischen Habsburg und Preußen! Darin scheint zu stecken, daß Habsburg in Österreich aufgeht, Hohenzollern aber nicht in Preußen. Wie dem auch sei: Deutschland liegt für Lutz in der Mitte, und im Reichseinigungsjahrzehnt bleibe es teilweise auf der Strecke. 1848 habe gezeigt, daß die Deutschösterreicher auch zur Nation gehörten. Damit formuliert Lutz die Vorstellung vom unvollendeten deutschen Nationalstaat. 10 Millionen Deutsche – die Deutschösterreicher – draußenzulassen, das sei »in seinem innerdeutschen wie in seinem europäischen Gewicht kaum zu überschätzen«. Lutz rechnet diese Tatsache zu den »ohnehin prekären Existenzbedingungen Deutschlands seit 1870«; vorausdeutend erblickt er darin »auf die Dauer einen schwierigen und unberechenbaren Faktor der nationalen wie der internationalen Politik«.[19]

Aber 1866 und 1871 bot sich die Alternative nicht zwischen Kleindeutschland oder Großdeutschland, wie sie bereits zwischen 1848 und 1850 einmal aufgebrochen war, verkörpert im Verfassungsentwurf der Paulskirche und im Unionsprojekt von Radowitz. »Kleindeutschland« war damals nicht zuletzt an der bewaffneten Drohung der militärisch konsolidierten Habsburgermonarchie gescheitert. In der neuesten Forschung ist der Deutsche Bund wieder stärker ins Licht gerückt worden, besonders seine letzte Phase. Je höher man seine Chancen zur Selbstreform einschätzt, desto eher scheint sich für die sechziger Jahre eine Alternative zur kleindeutschen Einigung abzuzeichnen.[20] Von Preußen aus war die Bundesreform letztlich nicht gewollt und – vom Ergebnis Königgrätz her zu urteilen – letztlich doch chancenlos. »Denn die angebliche Alternative zu ›Klein-Deutschland‹ war eben nicht ›Groß-Deutschland‹, sondern ›kein Deutschland‹.« (H. Grebing)[21]

Dabei darf nicht übersehen werden, daß das Ende des Deutschen Bundes auch eine sozialgeschichtliche Zäsur darstellte. Die konfessionellen Spannungen in Deutschland luden sich parteipolitisch auf. Der politische Liberalismus offenbarte seine Neigung zum preußischen Protestantismus, der politische Katholizismus, seit 1870 im »Zentrum« geeinigt, verwies auf den deutschen Süden. Das protestantische Bürgertum Preußens bewertete die Entscheidung von 1866 als Sieg über das katholische Österreich.

Dafür fand die Berliner *National-Zeitung* im Leitartikel vom 25. Juli 1866 kräftige Worte:

Dies ist der Schritt, mit dem erst ganz und vollständig das Mittelalter, die Feudalität, von unserer Nation überwunden und beseitigt wird. Indem wir uns vom Hause Habsburg trennen, welches die Ideen und Ansprüche des römisch-deutschen Kaisertums nicht loswerden kann, werden wir [...] die selbständige Nation und stehen wir vor der Möglichkeit, einen deutschen Nationalstaat zu errichten. Wir *können* deutscher [!] sein als es unseren Vorfahren vergönnt war.[22]

Zu diesen Vorfahren gehörten die 1848er. Der Liberalismus, der sich hier äußerte, zeigte eine weitere Tendenz zur Verengung, so daß sich der Kulturkampf gegen das katholische Deutschland bereits abzeichnete, d. h. der Wille, über dieses die Dominanz zu gewinnen.

Ist die große Wende zwischen 1866 und 1871, bilanzierend gefragt, der Anfang des deutschen Sonderwegs? Die Frage konzentriert sich bewußt auf diesen Punkt, denn die ökonomischen Wachstumsprozesse und -krisen in Deutschland unterschieden sich qualitativ nicht von den Entwicklungen z. B. Frankreichs und der skandinavischen Länder.[23] Grundsätzlich bereitet es große Schwierigkeiten, zu definieren, was denn der »normale« Weg sei. Ja, es gibt die gegenläufige These, abgehoben vom Kontinent einen englischen Sonderweg zu konstatieren, also in dem Verlauf der englischen Geschichte die eigentliche Abweichung zu sehen. Im europäischen Vergleich zeigt die deutsche Entwicklung während der Jahre zwischen 1866 und 1873, daß sie in vielen Beziehungen Anschluß fand an diejenige anderer Staaten, die in der Industrialisierung begriffen waren, etwa an die Schweiz, an die skandinavischen Länder. Der Ausgleich zwischen Teilen des Adels und weiten Kreisen des gebildeten und besitzenden Bürgertums war gleichermaßen für England, Frankreich und Italien charakteristisch. In der Phase zwischen 1866 und 1873 blieb noch vieles in der Schwebe. Die Entwicklung schien offen.

Das ergab die Auseinandersetzung mit den Thesen: Das liberale Bürgertum hatte seine ursprünglichen Ideale so lange noch kaum abgestoßen, wie es auf Freiheit durch Einheit hoffen konnte. Die Liberalen rückten in die Rolle einer Quasi – Regierungspartei und prägten die Politik des Reiches maßgeblich bis 1878. Das schien die vollständige, ursprünglich erstrebte Parlamentarisierung des Staates überflüssig zu machen. Die antiklerikale und antisozialistische Wendung des Liberalismus, seine Entwicklung zur Klassenpartei, war keine deutsche Besonderheit, sondern vollzog sich in den verwandten Staaten auf dem Wege zur Industriegesellschaft gleichermaßen.

Das Konzept vom deutschen Sonderweg, der sich im Prozeß der Reichseinigung manifestiert habe, scheint zu kurz zu greifen. Um ein Bild zu gebrauchen: Auf der Waage nationaler Kräftebalance lagen auf verschiedenen Schalen die Gewichte: auf der einen Schale diejenigen der monarchischen Exekutive, des obrigkeitlichen Anstaltsstaats, des Militärs, auf der anderen die Gewichte faktischer politischer Teilhabe des Bürgertums, der Interessenangleichung zwischen Bürgertum und Aristokratie. In welcher Richtung der Zeiger der Waage ausschlug – das schien offen, und das liberale Bürgertum hatte gute Argumente, auf seinen Gewinn zu bauen.

Diese offene Situation wurde zunichte gemacht durch die wirtschaftliche Krise von 1873 und die Depression von 1873 bis 1879, durch das Umschalten der Reichspolitik von Freihandel auf Schutzzoll. Diese Krise der späten siebziger Jahre war mehr als eine Konjunkturkrise. Sie signalisierte einen tiefgreifenden inneren Strukturwandel, der in der neueren Forschung als die »innere Reichsgründung« von 1878/79 erscheint. Für den Liberalismus unvorhersehbar wirkte sie als »Schock der zweiten Reichsgründung« (D. Langewiesche). Der Nationalismus wurde immer mehr zu einer rechten Sammlungsideologie. »National sein hieß jetzt nicht mehr liberal sein; es hieß in erster Linie antiinternational, im Extremfall auch antisemitisch.« (H. A. Winkler)[24]

Dieser Nationalismus war zu einem guten Teil eine Frucht dessen, was die Politologen eine »Partizipationskrise« nennen, eine Krise des politischen Systems, hervorgerufen durch den Machtanspruch einer neuen sozialen Klasse, der industriellen Arbeiterschaft. Hier bewiesen die vordemokratischen Strukturen ihre fortdauernde Potenz: Unterdrückung durch den staatlichen Machtapparat – das war eine Form des Sonderwegs, und hier läßt sich vergleichend auf gesellschaftliche Ordnungen wie die englische blicken, die den neuen Ansprüchen Schritt für Schritt durch politische Reformen gerecht geworden ist. Die offene Handlungslage der sechziger Jahre dagegen belegt noch einmal, daß es lohnt, diese Epoche nicht lediglich unter dem Gesichtspunkt des später Geschehenen zu betrachten, sondern sie davon abzuheben. Gerade in Abgrenzung von den siebziger Jahren kommt schärfer zum Ausdruck, was zum eigenen Charakter der Epoche gehörte: die »Gesellschaft im Aufbruch«.

## 12. Landtage deutscher Mittelstaaten seit der »Neuen Ära«

Unter dem übermächtigen Eindruck des Verfassungskonflikts in Preußen wird leicht vergessen, daß sich mit dem Beginn der Neuen Ära auch in den deutschen Mittel- und Kleinstaaten wieder ein reges Verfassungsleben entfaltete. Die Forschung hat bisher mit Ausnahme Kurhessens und Württembergs die Arbeit dieser Landtage so gut wie ignoriert, und auch die damit zusammenhängenden Bereiche der Landtagswahlen, der politischen Vereine auf regionaler Ebene und der parteigefärbten Pressetätigkeit in den Ländern lagen seither im Schatten des Interesses.

Hier sollen einige Grundzüge mitgeteilt werden. Durchgängig war auffallend das parallele Nebeneinander regionaler und nationaler Themen in den Debatten der Landtage. Die Länder bekundeten förderale Eigenständigkeit und nahmen zugleich lebhaft an der Entwicklung der nationalen Frage teil, die seit dem italienischen Einigungskrieg die öffentliche Meinung beherrschte. Die Politik war gekennzeichnet durch Ambivalenz: Teils waren die aus der Reaktionsära überkommenen Restriktionen zu beseitigen, teils hatte man an die damals eingeleiteten Modernisierungen in den Bereichen von Wirtschaft, Recht und Verwaltung anzuknüpfen.

*Kurhessen* hatte durch das Eingreifen der Bundesversammlung im Jahre 1852 spektakulär erfahren, wo die Grenzen im Prozeß der Parlamentarisierung eines Bundeslandes lagen. In den Jahren zwischen 1859 und 1862 erneuerte sich nun das Ringen um die Verfassung.[1] Angesichts der drohenden Kriegsgefahr erwog die Kammer, Österreich durch Truppen des Bundes zu unterstützen, und bewilligte im April 1859 einstimmig zwei außerordentliche Kredite. Sie bewies dadurch ihre patriotische Gesinnung und knüpfte daran andererseits Forderungen, zu der liberalen Verfassung von 1831 zurückzukehren, die reaktionären Eingriffe mithin rückgängig zu machen. Damit war ein Thema angeschlagen, das fortan die Verhandlungen des Parlaments beherrschte und bis in die Wahlagitation von Dorfbürgermeistern populär wurde. Diese verknüpften den Wunsch nach Wiederherstellung der Verfassung von 1831 mit bäuerlichen Interessen.

Kurfürst Friedrich Wilhelm erfüllte derartige Forderungen auf seine Weise, indem er am 30. Mai 1860 einseitig und ohne Mitwirkung der Stände eine revidierte Verfassung in Kraft setzte. Das rief die kurhessische Opposition auf den Plan. Sie beanspruchte Wahlen nach dem Wahlgesetz von 1849: Hier wie allenthalben in deutschen Parlamenten war 1848/49 plötzlich wieder als Argumentationsplattform gegenwärtig. Der Kurfürst versuchte dreimal, durch Auflösung und Neuwahlen der Kammern diese zu disziplinieren. Sie erhielten aber Rückhalt durch den »Nationalverein«, der die Kurhessen in Mut, Ausdauer und Kampf um Rechtlichkeit unterstützte. Selbst der Bundestag geriet wieder ins Kreuzfeuer, indem die inzwischen liberale badische Regierung im Einverständnis mit der preußischen dort erklärte, die kurhessische Verfassung von 1831 und das Wahlrecht von 1849 seien »als rechtskräftig und in Wirksamkeit bestehend zu betrachten«.[2]

Abgeordnete richteten sich an die Landbevölkerung und argumentierten, anders als die nachfolgenden verbürge die Verfassung von 1831 die Abschaffung der Jagd- und Frondienste, die Ablösung der Grundzinsen, Zehnten und Dienste. Auf bloßem Verordnungswege könnten sie wiedereingeführt werden, solange die wiederhergestellte Verfassung – und damit die Mitbeteiligung der Stände – dies nicht ausschlössen. Die ländliche Bevölkerung erhoffte von der Rückkehr zu 1831 die Beseitigung des Wildschadens und die Einführung der Güterteilungserlaubnis. Immer wieder erregten Gerüchte, die bäuerliche Ablösung könnte revidiert werden, Unruhe unter der ländlichen Bevölkerung.

In der Generaldebatte über das Finanzgesetz für 1864 bis 1866 erlebte Kurhessen einen dem preußischen Verfassungskonflikt vergleichbaren Kampf. Teile der Ständeversammlung wollten die Regierung durch Steuerverweigerung zwingen, die Reaktionsgesetzgebung zu revidieren. Auch hier diente der Staatshaushalt als Hebel der Kraftprobe. Die Tendenz zur Parlamentarisierung war dem Konstitutionalismus immanent. Das bezeugte eindrücklich der führende oppositionelle Abgeordnete Adam Trabert, Journalist aus Hanau, indem er dem Vorwurf widersprach,

> es führe aber die Annahme meines Antrages [das Budget zu verweigern, W. S.], um diesen kurz zu bezeichnen, *zum parlamentarischen Regiment*, zum Regiment der Landstände. Ich frage aber, wohin führt uns denn das

Gegenteil? Wohin führt uns das endlose Nachgeben? *Zum Absolutismus der Staatsregierung.* Wir haben dann nur noch den Willen der Staatsregierung als das allein Maßgebende, und weil wir das nicht konzedieren dürfen, deshalb müssen wir nach dem Letzten greifen, das uns geboten ist, um dem Absolutismus der Staatsregierung gegenüberzutreten. Wenn wir eben immer verwilligen müssen, auch wenn dem alten Rechte keine Genugtuung geschieht, dann weiß ich wenigstens nicht, welcher Unterschied noch bestände zwischen dem, was wir haben, und dem, was uns als starrer Staatsregierungsabsolutismus bevorsteht.[3]

Der Haushalt wurde schließlich doch bewilligt; der »harthörige Hof« (H. Seier) setzte sich durch. Die »Neue Ära« belebte zwar die innenpolitische Opposition im Lande, setzte Unruhe in der Bevölkerung frei, aber die Lösung dringendster Probleme des Landes blieb dabei auf der Strecke; Kurhessen verkörperte »einen ganzen Sündenkatalog sträflicher Rückständigkeiten«[4]; dazu zählten: Eisenbahnbau, Gewerberechtsreform, Volksschulverbesserung, Beamtengehälter, Religionsfreiheit, liberalere Pressepolitik, die definitive Ablösung bäuerlicher Abhängigkeiten bis hin zu den Drangsalen des Jagdrechts – insgesamt Themen, welche mehr oder weniger in allen deutschen Mittelstaaten gleichermaßen anstanden und die Bände der stenographischen Landtagsberichte füllen.

Im Kontrast zu Kurhessen präsentierte sich *Baden* seit der »Neuen Ära« als das sprichwörtlich liberale Musterland. Den Zündstoff für eine abrupte Wende bot eine Befriedungsmaßnahme des Reaktionsregiments: ein Konkordat zwischen Kirche und badischem Staat im Jahre 1859; es entsprach weitgehend den kirchlichen Forderungen, war aber ohne Mitwirkung der Ständeversammlung zustandegekommen. Unter dem Eindruck der nationalen Bewegung und des preußischen Aufbruchs seit 1858 riskierte die badische Zweite Kammer die fundamentale Opposition und verwarf am 31. 3. 1860 mit großer Mehrheit das Konkordat. Der Großherzog berief – beispiellos in Deutschland – die Wortführer der oppositionellen Kammermehrheit zu Ministern; er stützte sich auf den »Liberalismus als regierende Partei« (L. Gall).[5] Dessen Politik erhielt vom Großherzog den Spielraum zu innerer Reform und nationaler Politik.

Ein ganzes Bündel von Maßnahmen modernisierte den Staat. Nach den bitteren Erfahrungen der Reaktionsära legte man die Fundamente zu einer Verwaltungsgerichtsbarkeit. Im Polizeistrafgesetzbuch von 1863 wurden die Polizeistrafsachen den Behörden entzogen und ordentlichen Gerichten zugewiesen. Der Ermessens- und Handlungsspielraum der Verwaltungsbehörden, Polizeiverordnungen zu erlassen, wurde eingeschränkt. Eine Änderung der Gerichtsverfassung (1864) revidierte Zivil- und Strafprozeßrecht und trennte die Justiz von der Verwaltung, ein Markstein auf dem Weg zum Rechtsstaat.

Die Kirchenfrage entwickelte sich zu einem vorgezogenen Kulturkampf, bevor Bismarck im Reich 1871 dazu ansetzte. Der Staat beanspruchte ein Aufsichtsrecht gegenüber der katholischen Kirche und dem Schulwesen. Insbesondere das Schulaufsichtsgesetz (1864) provozierte den heftigsten Widerstand der Geistlichkeit. Im Landtag formierte sich eine klerikale Opposition. Das wiederum forderte die entschiedenen Liberalen zu noch schärferem Kurs gegenüber der Kirchenpolitik heraus. Aus dem Grundsatz der Staatshoheit leiteten sie die konsequente staatliche Schulaufsicht und die allgemeine Simultanschule als Regelfall ab. Gesetze sollten das Verhältnis zwischen Staat und Kirche exakt definieren, Gerichte den Streit zwischen beiden Lagern entscheiden. Das »schroffe Kulturkämpfertum des klassischen Liberalismus« erstrebte den Rechtsstaat und führte in Wahrheit »das Erbe des alten bürokratischen Staatskirchentums« fort (H. Heffter).[6] Die Konflikte überkreuzten und verstärkten sich schließlich im Neuen Reich, als Baden 1873 die Methoden der preußischen Maigesetze übernahm (Vorbildung und Anstellung von Geistlichen, kirchliche Disziplinargewalt).

In der Praxis herrschte in Baden das parlamentarische Regierungssystem. Dem entsprach bereits die Berufung der neuen Minister im Jahre 1860. Der Angriffspunkt zum Systemwandel lag in der konsequenten Durchsetzung der Ministerverantwortlichkeit. Theoretisch war sie wie in Preußen von der Verfassung her vorgesehen. Es mangelte an dem alles entscheidenden Ausführungsgesetz. In Preußen vermochte die Regierung es erfolgreich zu verhindern, gerade auch zur Zeit des Verfassungskonflikts. In Baden nahm die Kammer das Problem der Ministerverantwortlichkeit seit 1863 in Angriff und konnte es 1868/69 erfolgreich mit zwei Gesetzen besiegeln. Danach konnte die Kammer einen Minister nicht allein wegen Verfassungsverletzung, sondern auch wegen Mißregierung zur Rechenschaft, d. h. vor die Erste Kammer als Staatsgerichtshof, ziehen.

*Württembergs* Landtag bewegte sich zu Beginn der »Neuen Ära« zwischen den Spannungspolen »Staatsstreich und parlamentarisches Regroupement« (H. Brandt).[7] Und wie in Baden setzten auch hier die Verhandlungen über ein Konkordat mit der katholischen Kirche das Signal eines Wechsels, wenn auch der leitende Minister der Reaktionsära, Freiherr v. Linden, bis 1864 im Amt blieb. 1861 verwarf die Zweite Kammer mit großer Mehrheit sämtliche seitherigen Vereinbarungen mit der Kirche – mit spektakulärer Konsequenz: Der verantwortliche Minister Gustav Rümelin trat zurück, weil er im Landtag gescheitert war; das hatte vor ihm kein Minister in Württemberg gemacht.

Der italienische Krieg überformte auch hier im Lande wie überall die Innenpolitik. Den Landtag erreichten 36 Petitionen wegen der »eingetretenen Kriegsbesorgnisse«. Gewerbevereine, Abgeordnete, einfache Bürger unterstützten eine Adressenbewegung, und das Plenum des Landtags beriet Gesetzentwürfe, welche Kriegsbereitschaft bekundeten. Der Abgeordnete Hölder brachte – freilich erfolglos – im Mai 1859 seinen erwähnten Antrag in die Debatte, sofort eine Nationalvertretung einzurichten. Prophetisch hielt ein Gegner dieses Vorstoßes entgegen:

Es handelt sich dann von der ganzen Gestaltung Deutschlands, davon, wer die Centralgewalt in die Hand nehmen, davon, ob in einem deutschen Parlamente nur die Deutsch-Oesterreicher vertreten sein sollen, nicht aber auch die übrigen Angehörigen Oesterreichs, und ob sich Oesterreich dazu verstehen kann, zum Voraus in der Minorität zu sein? Damit wäre der Zankapfel hineingeworfen und wir wären uns selbst zu Feinden geworden.[8]

Der »Zankapfel« deutete auf den kommenden Prozeß lebhafter Parteibildung und der Mobilisierung des öffentlichen Lebens, das sich in Maßen verselbständigte und Parlament samt Ministerium ihres Politikmonopols beraubte.

Das Nationale – die Schleswig-Holstein-Frage, der Deutsche Krieg – erfaßte in solchen Ausmaßen die Aufmerksamkeit der Öffentlichkeit und auch des Landtags, daß man darüber bahnbrechende Reformen kaum wahrnahm: Es wurden »Reformen, die 1848/49 liberal-demokratisches Programm geblieben waren, von den Regierungen nunmehr ohne Anstand in die Tat umgesetzt«.[9] Am 24. Dezember 1864 hatten zwei königliche Verordnungen mit Grundprinzipien der Reaktionsära gebrochen: Sie beseitigten die Gängelung des politischen Vereinswesens und die Zensur an Zeitungen und Zeitschriften. Württemberg löste sich hier vom Rahmenrecht des Bundes, das unverändert die Bundesbeschlüsse zum Presse- und Vereinswesen aus dem Jahre 1854 beibehielt.

Reminiszenzen an 1848 weckten auch die Verhandlungen über ein neues Wahlrecht. Sie begannen 1861 und mündeten 1868 in der Kodifizierung des allgemeinen, direkten und geheimen Männerwahlrechts. Württemberg führte in den sechziger Jahren zwar nicht jene verbreitete Prinzipiendebatte, ob konstitutionelles oder parlamentarisches Regierungssystem das Wünschenswertere seien. Die Praxis lief jedoch den theoretischen Unterscheidungen voraus, indem sich Regierung und Kammeropposition im Vorfeld der Reichseinigung annäherten. Der Landtag erreichte eine »informelle Steuerung der Politik von König und Ministerium«, ohne die formelle Herrschaft zu besitzen.[10]

In *Bayern* kündigte sich die »Neue Ära« mit den Dezemberwahlen des Jahres 1858 an, aus denen die Opposition gestärkt hervorging.[11] Als der Landtag im Frühjahr 1859 zusammentrat, erhob sie schwere Vorwürfe gegen die Regierung wegen der Verschleppung der Justiz- und Verwaltungsreform und der Presserepression; sie forderte den Rücktritt des leitenden Ministers von der Pfordten. Nur widerstrebend kam König Maximilian II. dem nach; er begründete sein Zurückweichen mit dem berühmten Satz: »Ich will Frieden haben mit meinem Volke und mit den Kammern; deshalb habe ich das Ministerium entlassen.«[12] Auch in Bayern schlug die nationale Erregung des italienischen Krieges in breiter Öffentlichkeit durch und veranlaßte den Landtag, hohe Kosten für die Mobilmachung zu bewilligen. Das entspanntere Verhältnis zwischen Regierung und Kammern ermöglichte eine Folge von Reformgesetzen, wie sie auch in anderen deutschen Ländern in dieser Epoche des Aufbruchs kennzeichnend waren. Die jüdischen Einwohner erhielten uneingeschränkt das Recht zur Niederlassung und Gewerbeausübung. Die ausstehenden Justizreformen (Strafgesetzbuch, Gerichtsverfassungs- und Notariatsgesetz, Trennung von Justiz und Verwaltung) kamen zum Abschluß. Das Polizeistrafrecht trug dem wirtschaftlichen Wandel Rechnung, indem es Bau-, Fabrikpolizei und Beschränkung der Kinderarbeit einschloß. Als weitere Bereiche folgten Reformen im Gewerberecht, in der Gemeindeverwaltung, Armenpflege und im Heimatrecht.

Nach dem Thronwechsel im Jahre 1864 behielt Ludwig II. die

angebahnte Reformpolitik bei. Aber auch Bayern entging nicht dem zeittypischen Konflikt zwischen Staat und Kirche. Den Anstoß gab die mehrheitlich liberale Kammer, die von dem neuernannten Kultusminister Franz v. Gresser »eine gesetzliche Regelung des Schulwesens auf freisinniger Grundlage« wünschte. Die Kammer erneuerte mehrfach ihren Antrag auf ein Schulgesetz. Der schließlich vom Minister erarbeitete Gesetzentwurf wollte neue Schulgemeinden (Schulsprengel) ohne Rücksicht auf die bestehenden Gliederungen bilden und die geistliche Schulaufsicht zurückdrängen. Nach heftiger Kritik der katholischen Geistlichkeit, die in dem Gesetz den Weg zur Trennung von Staat und Kirche vorgezeichnet sah, scheiterte der Entwurf an der Ersten Kammer. Die kirchlich-konservativen Kreise, welche sich um die neubegründete »Bayerische Patriotenpartei« zu sammeln begannen, gerieten noch mehr in Aufruhr, als die Regierung in einer Zirkulardepesche an alle fremden Regierungen vor der bevorstehenden Dogmatisierung der Unfehlbarkeit des Papstes warnte, die auf dem nahenden Vatikanischen Konzil verkündet werden sollte. Das Rundschreiben hatte der Stiftsprobst Ignaz Döllinger entworfen.

Durch die Wahlen vom Mai 1869 entstand eine für die Landtagsgeschichte neuartige Situation. Erstmals erhielt eine konservative Fraktion – die der kirchlichen »Bayerischen Patriotenpartei« – eine Mehrheit, welche in Opposition zur Regierung stand. Bereits ein halbes Jahr später löste der König die Kammer wieder auf, weil er sich nicht den Zielen der »ultramontanen« Richtung beugen wollte. Auf dem Lande agitierten Geistliche mit einer paradoxen Mischung aus Königstreue und Umsturzdrohung, wie es ein Bischof in der Frage zuspitzte: »Wer macht die weltlichen Gesetze? Wir befolgen sie nur, weil die Gewalt hinter uns steht, die uns zwingt; die wahren Gesetze kommen von Gott. Selbst die Fürsten sind von Gottes Gnaden, und wenn sie es nicht mehr sein wollen, so bin ich der erste, der die Throne umstürzt.«[13]

Die Regierung ging disziplinarisch gegen Anhänger der Patriotenpartei in der Beamtenschaft vor. Ein Erlaß des Innenministers dekretierte, Beamte dürften sich »von der in ihrer ganzen Stellung und Aufgabe liegenden Solidarität mit den Interessen und Anschauungen« der Staatsregierung nicht förmlich lossagen, gegen bestehende Gesetze agitieren oder demonstrieren. Der Innenminister begünstigte gar bei der Neueinteilung der Wahlkreise Liberale und Fortschrittler, indem er Städte und Hinterland trennte.[14] Doch die Neuwahlen vom November 1869, aus denen die Patriotenpartei nur gestärkt hervorging, brachten keine Änderung im Mehrheitskurs des Landtags. Die Kammer richtete in einer Adreßdebatte derartige Angriffe gegen die Regierung des Fürsten Chlodwig zu Hohenlohe-Schillingsfürst, daß diese zurücktrat, als sie zudem den nötigen Rückhalt beim König vermißte. In der Praxis befand sich das System des Konstitutionalismus auf dem Weg zum Parlamentarismus.

Im Königreich *Hannover* konnte sich die Reaktion, getragen durch das Ministerium v. Borries und den übermächtigen Generalpolizeidirektor der Residenzstadt, Georg Wermuth, länger und hartnäckiger halten als in den anderen deutschen Bundesstaaten. Hannover betrieb noch energisch die Mitarbeit im Polizeiverein, als die süddeutschen Mitglieder dessen Aktivität nur mehr beiläufig beachteten. Noch im Jahre 1859 hatte Wermuth ein System von periodischen Landespolizeikonferenzen und des kontinuierlichen Nachrichtenaustausches eingerichtet; damit verfolgte die Regierung zielstrebig alle neuen Ansätze des politischen Vereinswesens und besonders die Niederlassung des »Nationalvereins«, dessen Ausweitung im Deutschen Bund sie zugleich zu verhindern suchte. Innenminister Borries schaltete alle Behörden ein, die sich polizeilich gegen »politische Umtriebe« einsetzen ließen: die Landdrosteien, die Berghauptmannschaft in Clausthal, die Verwaltungsämter und vor allem die Polizeidirektionen der größeren Städte.[15] Liberale bedachte die Regierung mit Anstellungsverboten sowie Verweigerung der Beförderung bzw. Gehaltsverbesserung.

Auch hier im Lande bildete eine Kirchenfrage das Ferment zur politischen Mobilisierung. Ganz dem orthodoxen Brauch entsprechend, hatte die Regierung der lutherischen Landeskirche einen neuen Katechismus vorschreiben wollen.[16] Diese Maßnahme löste heftigen Widerstand aus, der im August 1862 in der Hauptstadt in Unruhen gipfelte. König Georg V. verzichtete deshalb auf den Katechismus und entließ den ungeliebten Reaktionsminister v. Borries. Die Abberufung Wermuths auf das Amt eines Landdrosten in Hildesheim im September 1862 deutete die Öffentlichkeit zutreffend als zusätzliches Signal für einen leichten Wechsel des politischen Klimas. Andererseits waren alle Nachstellungsmethoden des Generalpolizeidirektors nicht hinreichend erfolgreich gewesen, die Niederlassung des »Nationalvereins« in Hannover zu verhindern.

Die Liberalen erreichten bei den folgenden Neuwahlen einen herausragenden Erfolg. Sie drängten im Landtag auf eine Kirchenreform hin, welche die landesherrlich-konsistoriale, autokratische Kirchenverfassung demokratisieren sollte: Eine presbyterial-synodale Verfassung sollte die gemeindliche Selbstverwaltung an die Stelle setzen. Politisch-liberale und kirchlich-religiöse Motive verstärkten sich wechselseitig, und das neue gemäßigt liberale Ministerium war bereit, auf diesen Vorstoß einzugehen. Auch erreichte der Landtag eine begrenzte Reform der feudalen Provinziallandschaften. Sie verstärkte die politische Gleichberechtigung von Adel und Bürgerlichen in der Ritterschaft und verstärkte das Gewicht der Städte und Bauern; die ständische Struktur der Vertretungskörperschaften war aber noch nicht vollends abgestreift.[17]

Im Landtag benutzten die Liberalen ihre starke Stellung, um die Wiederherstellung der Verfassung von 1848 zu fordern. Sie legten den Schwerpunkt ihrer Forderungen auf die Innenpolitik, nachdem sie durch den preußischen Verfassungskonflikt und mehr noch durch die Berufung Bismarcks ihre Hoffnungen auf Preußen als Vorkämpfer nationaler Einheit verloren hatten. Der Antrag Bismarcks beim Bund, Wahlen zu einer deutschen Nationalversammlung auszurichten, überzeugte sie nicht, und als sich der innerdeutsche Krieg 1866 abzeichnete, plädierten sie im Gegensatz zum Monarchen und zur Regierung für strikte Neutralität.[18]

Das Königreich *Sachsen* nahm unter den sich industrialisierenden Staaten in Deutschland den ersten Platz ein. Um so schmerzlicher vermißt man eine Landtagsgeschichte, die den Zusammenhang zwischen Industrialisierung, Bürgertum, liberalem Adel, Parteibildung und Parlamentsarbeit analysiert. Sachsen erlebte vom politischen System her, angezeigt durch offenkundige Ministerwechsel, keine »Neue Ära«. Seit 1849 regierte hier Friedrich Ferdinand v. Beust, zunächst als Außenminister, seit 1853 als Ministerpräsident bis zum Jahre 1866, als der Ausgang des Deutschen Kriegs für ihn als Parteigänger Österreichs eine Abdankung erzwang, die Beust sogleich mit dem Posten eines österreichischen Staatskanzlers vertauschte. Er verfolgte innenpolitisch einen gleich zwiespältigen Kurs wie Preußen in den fünfziger Jahren: politisch scharf reaktionär, aber im wirtschaftlich-gewerblichen Bereich Industrialisierung und Aufschwung forciert fördernd.

Der Landtag gliederte sich in seiner Zweiten Kammer nach ständischem Prinzip in Vertreter der Rittergutsbesitzer, der Städte, des Bauernstands sowie des Handels- und Fabrikstandes. Seiner konservativen Zusammensetzung entsprechend folgte er den zentralen Vorlagen der Regierung. Er billigte die Aufhebung der Patrimonialgerichtsbarkeit (1855), die Ablösung des alten Jagdrechts bei weitgehender Entschädigung des Adels (1858); er votierte für die Einführung der Gewerbefreiheit (1861), einstimmig gar für den Beitritt zum preußisch-französischen Handelsvertrag (1862) und für die Verlängerung des Zollvereinsabkommens (1864). 1868 trat an die bisherige ständische Gliederung des Wahlrechts das allgemeine, unmittelbare, geheime Männerwahlrecht, geknüpft an einen niedrigen Zensus. Seither herrschte eine knappe liberale Mehrheit; die Konservativen behielten aber weiterhin in der Ersten Kammer das Übergewicht.

Stärker als andere Bundesstaaten hatte sich die sächsische Regierung in der nationalen Politik exponiert; und zwar durch die Konzeption eines Trias-Modells, mit dem Beust für ein selbständiges »Drittes Deutschland« unter Anlehnung an den Bund vor allem bei den übrigen Mittelstaaten warb. Die wirtschaftliche Orientierung nach Preußen hin, die staatspolitische nach Österreich und zum Bund hin mit dem Anspruch, selbständige Politik treiben zu wollen, verlieh diesem Kurs manche Zweideutigkeit. Durch Balancieren und Lavieren versuchte Beust, so lange wie möglich Optionen für eine mittelstaatliche Politik offenzuhalten. Dadurch geriet er zunehmend in Gegensatz zu einer kleindeutsch-preußischen Nationaleinigung. Im Landtag spiegelte sich diese Vieldeutigkeit in besonders lebhaften Debatten über alle Fragen wider, welche eine nationale Dimension hatten. Dabei machte sich zwischen 1863 und 1866 ein auffälliger Gesinnungswandel bemerkbar: Erschien die Fortentwicklung des Bundes durch Reform anfangs noch als eine ernstzunehmende Option, verengte sich in den Augen der Abgeordneten zunehmend der Handlungsspielraum, der letztlich nur noch die Anlehnung an Preußen und den Beitritt zum Norddeutschen Bund übrigließ. Im Dezember 1863, als ein neuer Bundesstaat Schleswig-Holstein mit dem Herzog von Augustenburg als Oberhaupt denkbar schien, plädierte man:

Jetzt, meine Herren, ist es an der Zeit für die deutschen Mittelstaaten, zu zeigen, ob sie lebensfähig und ob sie lebenskräftig sind. Versäumen sie diese Zeit, so werden sie von jetzt an nur noch die Vasallen von Preußen und Oesterreich sein oder vielleicht sogar über kurz oder lang als Beute zur schmachvollen Theilung diesen beiden Staaten anheimfallen.[19]

Die Forderung ging nach »einer gründlichen Reform unserer deutschen Bundesverfassung, die Schaffung einer kräftigen Centralgewalt mit Volksvertretung«. Damit waren Erinnerungen, ja Beschwörungen an 1848/49 verbunden, und zwar in einem Ausmaße hier und auch in zeitlich nahen Landtagsverhandlungen der anderen deutschen Staaten, wie es bisher noch nicht in das historische Bewußtsein gedrungen ist. 1848 war noch gegenwärtig; nichts von Verdrängung und Regression in den Kommerz war zu spüren bei Abgeordneten, die unter den gewandelten Zeitverhältnissen selbst ein Nebenthema benutzten, um an die Märzerrungenschaften zu appellieren. In der Debatte über das Ausgabenbudget des sächsischen Kriegsministeriums erinnerte Beust im Jahre 1864 die Kammer nicht ohne Zynismus daran, es sei die Nationalversammlung in Frankfurt gewesen, welche die Stärke des Militärs von 12.000 auf 36.000 Mann erhöht habe. Ein oppositioneller Abgeordneter hielt dem entgegen:

Das weiß ich recht wohl, daß uns aus der Paulskirche Nichts weiter übrig geblieben ist, als die Vermehrung des Militärs, und daß uns alles Andere, die Grundrechte, die Geschworenengerichte, das freisinnige, volksthümliche Wahlgesetz, Vereins- und Versammlungsrecht wieder genommen sind. Wenn wir daher der Nationalversammlung es zu danken haben, daß wir mehr Soldaten halten müssen, so würden wir das gern mit Vergnügen in Kauf nehmen, wenn man uns die übrigen Rechte gelassen hätte. Was haben wir denn dann dem Ministerium zu verdanken, als daß man uns jene Rechte, welche ebenfalls von der Nationalversammlung beschlossen worden sind, nicht gelassen hat?[20]

Bis in die Kleinstaaten zerteilte die deutsche Frage die Parlamente, und ungeachtet der Beschwörungen von 1848/49 nötigte der Verlauf des Verfassungskonflikts zahlreiche Abgeordnete zu einem Umdenken, wenn sie die soziale Basis dieser spektakulären innerpreußischen Krise mitbedachten. Das kleine Herzogtum *Sachsen-Coburg-Gotha* war geographisch getrennt durch den Schmalkaldener Forst, und dieser bildete zugleich eine politische Wetterscheide, da der nördliche Teil preußenorientiert, der südliche österreichfreundlich war. In den wichtigen Entscheidungen, ob man ein Coburgisch-Gothaisches Bundeskontingent gegen Preußen mobilisieren oder ob man ein Bündnis mit Preußen eingehen solle, machte ein Abgeordneter eine Rechnung auf, mit der er zu messen versuchte, auf welchem Rang des verfassungsgeschichtlichen Fortschritts sich Österreich und Preußen befänden. Gemünzt auf die Anhänger Österreichs, bemerkte er:

Sie singen das alte Lied weiter, als ob es auf Gottes Welt keinen anderen Gegensatz gäbe als Democratie und Junkerthum. Sie schreien fort und wollen nicht sehen, daß der Sieg Oestereichs im besten Fall die Conservirung der Bundesverfassung und der Deutschen Zerrissenheit, im schlimmeren das Begräbniß der Nationaleinheit und eine Reaction und Versumpfung bedeutet, gegen welche die durch die Militärorganisation hervorgerufene innere Politik Bismarck's als ein System des Fortschritts und Liberalismus erscheinen würde. [...]

Freilich! Oesterreich hat keinen Verfassungsconflict. Aus dem einfachen Grunde nicht, weil es an der ersten Voraussetzung fehlt, an einer Verfassung und einem constitutionellen Leben – gerade wie man von Beschwerden über die Oesterreichische Aristocratie, welche weitaus mächtiger und einflußreicher als das Preußische Junkerthum ist, lediglich um deswillen nichts hört, weil es an dem lebendigen Gegensatz des Bürgerthums fehlt. Während das Preußische Volk eine Kraft des parlamentarischen Widerstands entwickelt, wie man sie bis jetzt nur in England beobachtet hat, ist man in Oesterreich noch nicht in den ersten Elementen des Parlamentarismus zu Haus und wird man erst nach Menschenaltern in der Lage sein, einen Verfassungsconflict haben zu können. [...]

Können sie [unsere Truppen] verhindern, daß Oesterreich, wenn es den Sieg erlangen sollte, mit Deutschland schaltet, wie es mag? Hat man eine Garantie hiergegen in der bisherigen Politik Oesterreichs? Schwerlich! Es hat den Bund ins Gesicht geschlagen, als es ihm gefiehl, und kehrte zu ihm zurück, als es in seinem Interesse lag.[21]

Das kleine Herzogtum schloß sich letztlich Preußen an; historisch war das lediglich für sein eigenes Überleben erheblich; die kaum mehr als eine Handvoll Soldaten entschieden keinen Krieg; die Debatte aber signalisierte, mit welchen Erinnerungen, Konflikten und Prognosen die Entscheidung über die nationalen Optionen bis in die kleinsten Landtage hineinreichte. Diesen wuchs in den sechziger Jahren innenpolitisch Stärke und Eigengewicht zu. In nationalen Fragen bekamen sie ihre Ohnmacht bescheinigt, indem ihnen kaum mehr verblieb, als dem zuzustimmen, was ihre Regierungen anstrebten. Als wichtige Begleiterscheinung des belebten parlamentarischen Lebens verstärkte sich, wie noch zu zeigen ist, der Prozeß politischer Parteibildung und gesellschaftlicher Interessenvertretung.

## 13. Kommunalpolitik und Stadtentwicklung

Für Entwicklungen in der hier behandelten Epoche hat sich in nicht wenigen Bereichen der perspektivische Begriff »Durchbruch« etabliert, in erster Linie für die Industrialisierung. Ohne sogleich zwingende Wechselwirkungen vorauszusetzen, läßt sich das auch auf den Gebieten der Parteibildung, Kommunikation, Klassenbildung, des Marktes feststellen. Ein weiterer Bereich ist für die fünfziger und sechziger Jahre erst in jüngster Zeit ins Zentrum des Interesses gerückt: Kommunalpolitik und Stadtentwicklung.[1] Der zugrundeliegende Vorgang der Verstädterung läßt sich mit Jürgen Reulecke in vier Zeitperioden gliedern: Der Vorgeschichte bis zur Mitte des 19. Jahrhunderts folgte der »*Durchbruch* der allgemeinen Urbanisierung in der Frühindustrialisierung«, und damit wird die Zeitspanne zwischen Jahrhundertmitte und Reichsgründung bezeichnet; daran schließt sich die Phase der Hochindustrialisierung an, die bis zum Ausbruch des Ersten Weltkriegs reicht; die Entwicklung mündet in die »Posturbanisierungsphase«.[2] Die Erfahrung des »Durchbruchs«, die erneut der Eigenständigkeit der Epoche ihren Stempel aufprägt, soll hier in ihren Grundzügen genauer betrachtet werden. Ähnlich dem Bericht Hans Christian Andersens über sein erstes Eisenbahn-Erlebnis vermag eine literarische Gestalt einen zugleich plastischen und authentischen Zugang zum Problem zu eröffnen.

In seinem 1864 veröffentlichten Roman *Der Hungerpastor* läßt Wilhelm Raabe seine Hauptfigur, den Kleinstädter Hans Unwirrsch, in Begleitung eines preußischen Leutnants auf dem Fußweg nach Berlin ziehen:

> Nacht war's und still, kein Zweig der kahlen Bäume zu beiden Seiten des Weges regte sich. Schwarz war der Himmel, sternenleer war er, und von der zunehmenden Mondsichel war keine Spur mehr zu erblicken. Vor dem Hügel lag die Ebene, wie sie hinter ihm sich dehnte; aber mit Staunen und Schrecken starrte Hans auf den feurigen Schein vor ihm und horchte auf das dumpfe Rollen und Summen, welches aus einer unendlichen Tiefe dicht zu seinen Füßen zu kommen schien.
>
> »Das ist die Stadt!« sagte der Leutnant Götz. »In einer halben Stunde sind wir an den Barrieren« [...]. »Das ist, wie das Meer sein muß«, sagte Hans, »und ich stehe am Rande wie ein Knabe, der das Schwimmen lernen soll. Es treibt mich mit unwiderstehlicher Gewalt hinab, und doch fürchte ich mich« [...].
>
> Abwärts trabten die beiden Wanderer, und nach fünf Minuten befanden

sie sich wieder auf ebenem Boden. Felder, Gärten und Gartenmauern zu beiden Seiten! – Sie kamen durch ein kleines Gehölz, dann in eine Wüstenei von Häusern, die man abzubrechen schien, die aber erst aufgebaut wurden. Fertige Häuser standen ungemütlich und frostig zwischen Pfahlgerüsten und unvollendeten Mauern oder auf kahlen Flecken. Selbst der Lichterschein, der aus diesen Häusern in die Nacht hinausfiel, hatte nichts von Gemütlichkeit und Behaglichkeit. Dies tolle Durcheinander mit seinem Geruch nach Kalk und frisch behauenen Balken schien kein Ende nehmen zu wollen, bis es auf einmal – so plötzlich ein Ende nahm, daß Hans Unwirrsch über den neuen Anblick abermals in die größte Verwirrung geriet. Die Menschen und die Laternen auf ihrem Wege hatten sich von Minute zu Minute vermehrt; jetzt standen die zwei Reisenden vor einem der Tore des Teiles der Stadt, der, wie der Leutnant sich ausdrückte, fertig war. Soldaten auf Wache! Laternenreihen, die ebenfalls auf Wache zu sein schienen! Menschen im Überfluß – ungeheuer viele Menschen! [...]

Hans Unwirrsch [...] stand und gaffte über den Platz, der vor ihm sich ausbreitete, er starrte auf die lichterhellten vier Straßen, die auf diesen Platz ausmündeten und deren Anfang in unendlichster Ferne zu liegen schien. Ungeheuer viele Menschen! Neustadt war doch auch ein ziemlich bevölkerter Ort, aber dies ging noch über Neustadt hinaus; das ging über alles hinaus, was der Herr von Malthus jemals geschrieben hatte.[3]

Raabe, der Dichter des literarischen Realismus, hat über mehrere Jahre das Berlin der fünfziger Jahre selbst kennengelernt. Der Eindruck, den seine literarische Gestalt wiedergibt, zeichnet die Großstadt noch nicht in zivilisationskritischer Manier als den menschenfeindlichen Moloch. Unwirrsch nahm Urbanität wahr, Menschenmassen, Betriebsamkeit, die Planmäßigkeit einer Stadtanlage mit zentralen Plätzen, die Erleuchtung durch die neuartigen Gaslaternen – in den Landgemeinden und Kleinstädten herrschte nachts Finsternis. Der Besucher registrierte aber auch die Expansionszone der Stadt, unwirtlich, scheinbar planlos-chaotisch ausufernd in die umliegende Landschaft. Von allem ging eine angsterregende Verlockung aus.

Berlin war keineswegs typisch – im Gegenteil: als zweitgrößte Metropole im Deutschen Bund nach Wien stand Berlin mit 412 000 Einwohnern um 1850 (1871: 826 000) als Ausnahme da; nur fünf weitere Großstädte mit knapp oder mehr als 100 000 Einwohnern gab es zu dieser Zeit noch in Deutschland: Hamburg (175 000 – 1871: 290 000), München (107 000 – 1871: 169 000), Dresden (97 000 – 1871: 177 000), Köln (97 000 – 1871: 129 000) und Breslau (111 000 – 1871: 208 000).[4]

Schon die gegenübergestellten Zahlen weisen auf das beachtliche Wachstum der Stadtbevölkerung hin; das Besondere für die Entwicklung nach der Jahrhundertmitte lag aber nicht lediglich in der Tatsache des Wachstums. Qualitativ neu war, daß Stadt und Land nicht mehr parallel an Bevölkerung zunahmen wie noch im Vormärz, sondern die Städte begannen schneller zu expandieren.

Allerdings muß man genauer differenzieren. Einerseits wuchsen alte, zentral gelegene Bürgerstädte, die sich öffneten und durch besondere Gegebenheiten wie Industrie und Eisenbahnbau, wachsende Verwaltung, Dienstleistungen und Handelstätigkeit neue Bewohner anzogen; diese siedelten sich entsprechend ihrem Stand in Arbeiter-, Bürger- und Villen- oder gar in Slumvierteln an. Zum Bild gehörten – wie in Berlin – die expandierenden Vororte.[5]

Bei einer anderen Form der Stadtentwicklung ging die Entscheidung eines industriellen Unternehmens für einen vorteilhaften Standort voran. Günstige Verkehrswege sowie Kohle- und Eisenvorkommen provozierten Ansiedelungen »auf der grünen Wiese«. Diese boten sich nicht selten dar als »planlose Durchmischung von Industriebetrieben, Verkehrsanlagen, Versorgungsleitungen, Abraumhalden und Wohnquartieren« (J. Reulecke). Solche Form der Verstädterung konzentrierte sich in den Ruhr- und Saarregionen, in Oberschlesien und Sachsen, wo sich mitunter an bedeutungslose Ackerbürgerstädtchen mächtig expandierende Siedlungszonen anlagerten. Bereits in den sechziger Jahren registrierten Zeitgenossen in solchen Gegenden, wie vor allem im Ruhrgebiet, bitteres Wohnungselend.

Zwischen diesen zwei Extremen der Verstädterung entwickelte sich die große Zahl der ländlichen Klein- und Mittelstädte. Teilweise verloren sie gerade die Jugend, die es in die neuen Ballungszonen zog; teilweise profitierten sie mittelbar, indem sie in den wachsenden Versorgungsradius der Ballungszentren hineingezogen wurden und diese mit landwirtschaftlichen Erzeugnissen belieferten. (Die Gemeinde Berkheim im Einzugsgebiet der Industriestadt Esslingen wurde oben im Zusammenhang mit dem sozialen Wandel im ländlichen Raum bereits näher behandelt.)

Durch die neuartige Zusammenballung vieler Menschen auf engem Raum entwickelten die Kommunen seit der Jahrhundertmitte Funktionen und Leistungen, die heute selbstverständlich mit der

Vorstellung von Kommunalpolitik verbunden werden; sie lassen sich in drei Aufgabenbereiche zusammenfassen: Stadtplanung, »Städtetechnik«, Daseinsfürsorge.

*Stadtplanung* hatte seither ihr bevorzugtes Objekt in der großzügigen Anlage der Residenzstädte gefunden, in denen repräsentative Plätze und Straßenfluchten planvoll aufeinander bezogen waren. Es gehörte zum Aufgabenkreis überkommener staatlicher Wohlfahrts-»Policey«, auf bauliche Sicherheit und Schutz gegen Feuergefahr zu achten. Die Einzelstaaten delegierten derartige Funktionen im Laufe des 19. Jahrhunderts immer mehr an die Städte, und kommunale Bebauungspläne begannen nach 1850 die Fluchtlinien von Straßen und die Gestaltung von Fassaden zunehmend festzulegen. Es häuften sich nunmehr staatliche Direktiven zur Bebauungsplanung. Einen Markstein stellte der preußische Erlaß von 1855 dar, welcher den Kommunen die Kompetenz übertrug, Baupläne aufzustellen. Seit den fünfziger Jahren regelten Baupolizeiordnungen (Berlin 1853), wie Feuergefahren und Seuchen abzuwenden seien, wie hoch Häuser errichtet werden, wieviel Stockwerke sie haben durften und wie groß die Hinterhöfe zu sein hatten. Man begann, sich um die lichte Höhe der Räume und den Mindestabstand der Gebäude zu kümmern. In Berlin, München, Hamburg und Frankfurt gingen die Grundstückseigner dazu über, die Straßenfront ihrer Neubauten möglichst schmal zu halten, weil aus deren Länge errechnet wurde, um wieviel der Bauherr sich an den Straßenbaukosten zu beteiligen hatte; das hatte zur Folge, daß mehr Baublöcke entstanden, die von der Straße aus weit in die Tiefe gingen. Angesichts der unwirtlichen Hinterhöfe und Proletarierviertel in den Ballungszonen entwickelte u. a. die Zeitschrift *Der Arbeiterfreund* im Jahre 1866 Maßstäbe für menschenwürdiges Bauen.[6]

*Städtetechnik* meint diejenigen kommunalen Dienstleistungen, die mit technischen Installationen verbunden waren: die Gas-, die Wasserversorgung, die Abwässerbeseitigung. Die öffentliche Beleuchtung, wie sie dem erwähnten Hans Unwirrsch aufgefallen war, kannten Berlin, Hannover, Dresden und Leipzig bereits seit den zwanziger Jahren. Das erforderliche Leuchtgas wurde in Gaswerken produziert, die teils in privater, teils in städtischer Hand, sich als lukrative Einnahmequellen entwickelten, weil Gas bald nicht nur der Beleuchtung, sondern auch dem Heizen und Kochen diente. Seit den fünfziger Jahren kam es bei Gaswerken zu einem ausgesprochenen Gründungsboom. Zwischen 1855 und 1860 allein schnellte die Zahl der preußischen Städte mit Gasversorgung von 13 auf 39 empor. Im Jahre 1877 gab es im Deutschen Reich bereits 481 Gaswerke.[7]

Erheblich langsamer versorgten sich die wachsenden Städte mit wirkungsvollen Abwässersystemen. Seit Beginn der fünfziger Jahre begannen die Großstädte Hamburg, Berlin, München und Frankfurt daran zu bauen. Die Erfahrungen mit Choleraepidemien riefen – zuerst in England, dann auch in Deutschland – eine Hygienebewegung hervor, die sich um die Beseitigung von Schmutzwasser zu sorgen begann. Eine Epidemie im Jahre 1853 in München bestärkte den Mediziner Max Pettenkofer in der Meinung, im verschmutzten Grundwasser den Hauptgrund für die Ausbreitung der Cholera gefunden zu haben.[8] Seine Ratschläge zur sorgsamen Beseitigung von Abwässern fanden allmählich auch in anderen Städten Deutschlands Resonanz.

Brunnen, Zisternen und natürliche Wasserläufe dienten von alters her als die Quellen des täglichen Trink-, Wasch- und Löschwassers. Die langsam heranreifenden Erkenntnisse über die verheerenden Folgen verunreinigten Wassers und der gesteigerte Bedarf an Löschwasser in den neuen Siedlungszusammenballungen weckten die Initiative privater Gewerbebetriebe und der Kommunen, städtische Wasserwerke zu bauen. Berlin (1852/53), Altona (1854) und Magdeburg (1858) machten den Anfang, und die Erkenntnis, daß mit sauberem Wasser die Typhussterblichkeit sank, lenkte die Aufmerksamkeit vieler Städte auf diesen Bereich technischer Entwicklung, zumal er wie auch Gas und Abwasserbeseitigung Gewinne für den Gemeindehaushalt versprach. Weitere neue Dienstleistungsbereiche der Kommunen zeichneten sich ab: die Anlage von Friedhöfen, die Leichenbestattung, die Einrichtung von öffentlichen Schlachthäusern mit kontrollierter Fleischbeschau.

Diese Leistungen reichten bereits in das neu entstehende Aufgabenfeld kommunaler *Daseinsfürsorge* hinein. Schon immer waren die Städte für die Armenpflege verantwortlich. Diese Pflicht ließ sie äußerst abwehrend auf den Zuzug von Fremden reagieren. Die überkommenen Formen der milden Gaben und Barmherzigkeit hielten den neuen einströmenden Zuzüglern nicht mehr stand, zumal besonders in Preußen der Staat nicht bereit war, die Freizügigkeit einzuschränken. Freizügigkeit empfahlen die Behörden als wirkungsvollstes Mittel gegen den Pauperismus.

In der Zeit bitterster Ernährungskrise in den Jahren 1852/53 riefen Elberfelder Fabrikanten ein Armenpflegesystem ins Leben, das in Deutschland beispielhaft wirkte und sich seit den sechziger Jahren immer weiter ausbreitete.[9] Kommunale Wohltätigkeit wurde nach diesem System in der Stadt zentralisiert. Die Stadt wurde in Armenpflegebezirke eingeteilt, und eine städtische »Deputation« an der Spitze wachte über die Vorsteher dieser Bezirke, die Vorsteher wiederum kontrollierten die ehrenamtlichen Armenpfleger, die sich einer begrenzten Zahl von Armenfamilien annahmen. Sie vermittelten Arbeitsplätze, prüften Lebenswandel und Kirchenbesuch und machten vom Erfolg dieser Sozialdisziplinierung abhängig, ob die Familien weiter Unterstützung bewilligt bekamen. Nicht die christlich-patriarchalische Fürsorge, nicht die soziale Kontrolle war das eigentlich Neue, sondern die rationale Planung der Armenfürsorge, die seither von einem zentralen kommunalen Amt aus verwaltet wurde und sich im Stadthaushalt berechenbar einbeziehen ließ. Daseinsfürsorge wurde Teil der städtischen Verwaltung.

Stadtplanung, Städtetechnik und Daseinsfürsorge veränderten insgesamt die Struktur der kommunalen Verwaltung. In den zwei Jahrzehnten des »Aufbruchs« begann sich ein kommunales Berufsbeamtentum zu entwickeln, das die Modernisierung im Regionalen steuerte. Erst neuerdings beachtet die Forschung[10], wie sich unmerklich und doch in fortschreitender Beschleunigung die Modernisierung auf der unteren Ebene der Kommunen Bahn brach, als die Aufmerksamkeit der politisch teilnehmenden Zeitgenossen gefangengenommen war von der »Hohen Politik«: von Reaktion, Krimkrieg, italienischer Einigung, »Neuer Ära«, preußischem Verfassungskonflikt und insgesamt von der deutschen nationalen Frage. Der Ausbau der Städte, ihr wachsendes Leistungsangebot, das entstehende städtische Beamtentum boten dem Bürgertum ein Wirkungsfeld, als es während der Reaktion riskant war, sich politisch zu deutlich auf Landes- oder nationaler Ebene zu erkennen zu geben.[11]

Gleichwohl griff die innenpolitische Reaktion bis in die Kommunen hinein, wie sich an der Revision der preußischen liberalen Gemeindeordnung von 1850 ablesen ließ. Die 1853 eingeführte neue Städteordnung, die für Westfalen erst 1856 verzögert übernommen wurde, erweiterte die staatliche Aufsicht, begrenzte die Spielräume ehrenamtlicher Selbstverwaltung und führte wie auf der Landesebene das Dreiklassenwahlrecht ein. Es ist insgesamt noch zu wenig bekannt, wie sich die Kommunalpolitik der fünfziger und sechziger Jahre in Deutschland gestaltete, welche sozialen Verschiebungen im Bürgerkreis der Stadtverordneten stattfanden, wenngleich einige Grundzüge sich abzuzeichnen beginnen. Generell wurde das vor allem vom Handwerk repräsentierte Stadtbürgertum zurückgedrängt[12], Kaufleute und Fabrikanten schoben sich in den Stadträten vor, wie es in Karlsruhe und Mannheim nachgewiesen ist. In Baden begann sich das Stadtbürgertum abzuschotten, wie aus der stagnierenden Zahl der Bürgerrechtsverleihungen abzulesen ist, und zwar im Gegensatz zum allgemeinen Bevölkerungswachstum. Die Reformpolitik der neuen liberalen Regierung in Baden erleichterte zur Sorge der Städte Niederlassungs- und Gewerberecht und minderte dadurch letztlich die Attraktivität des Bürgerrechts überhaupt. Baden befand sich wie auch die meisten übrigen deutschen Staaten im kommunalen Bereich auf dem Weg des Übergangs von der Bürgergemeinde mit Stadtrecht zur Einwohnergemeinde. Diesem allgemeinen Trend trug die Reichsstatistik seit 1871 Rechnung, indem sie den rechtlichen Stadtbegriff aufgab und den statistischen zugrundelegte, nach dem eine Ansiedlung von 2000 und mehr Einwohnern als Stadt galt.

Auch an den großen Städten der Rheinprovinz fällt auf, wie wenig das Kleinbürgertum in den kommunalen Körperschaften vertreten war. Und hier wie überall schlug der Trend durch, für die neuen kommunalen Aufgaben ausgewiesene Fachkräfte, bei den technischen Arbeiten insbesondere als Expertengruppe die Ingenieure, heranzuziehen. Bei den Bürgermeistern setzte sich zunehmend der Verwaltungsjurist durch. Wasserwerke, kommunale Arbeiten, sozialhygienische Maßnahmen, ein neues System der Arbeits- und Wohnnachweise wie in Krefeld, Gasbeleuchtung, Abwasserregulierung – alle diese neuen Dienstleistungen wandelten die Exekutive kommunaler Politik von der Honoratioren- zur Expertenverwaltung (F. Lenger). Die Städte wurden zu Vorreitern oder Experimentierfeldern des späteren Sozialstaats (J. Reulecke), und das unmerklich unter dem Dach der großen nationalen Fragen. Die für das Bürgertum sozialhistorisch tiefgreifende Konsequenz des gesamten Wandlungsprozesses in der Ära des »Take-Off« lautete: »Der Industrialisierungs- und Urbanisierungsprozeß marginalisierte das Stadtbürgertum.« (W. Hardtwig)

## 14. Parteien, Vereine, Verbände

Bereits mehrfach ist das Thema Parteibildung angeklungen: als Objekt der Reaktionspolitik, gipfelnd in dem Bundesbeschluß gegen das Vereinswesen vom 13. Juli 1854 sowie in der Repression der Polizeivereinsstaaten, dann im Zuge der innenpolitischen Auflockerung zu Beginn der »Neuen Ära«; diese bot Spielraum zur Gründung des »Deutschen Nationalvereins« im September 1859. Der »Nationalverein« wirkte als Protagonist einer ganzen Kette nachfolgender Vereinsgründungen mit politischem Charakter. Überschaut man die Epoche zwischen 1848/49 und 1871 als ganze, lassen sich vier Phasen unterscheiden:[1]

*1. Phase:* Die Revolutionszeit selbst; in ihr war die freie politische Vereinsbildung möglich. Nach dem heutigen Forschungsstand ist nicht mehr daran zu zweifeln, daß die zentralen Vereinigungen des *»Nationalen Vereins«* und des *»Zentralmärzvereins«* samt den regionalen Untergliederungen zu den Kernzellen moderner Parteien gehören. Sie erfüllten die wichtigsten parteispezifischen Kriterien: Es waren frei gebildete Organisationen; sie formten intern ihren Willen durch Abstimmungen und Mehrheitsentscheide; sie unterwarfen sich demokratischen Spielregeln; sie entwickelten eigene Statuten, fügten sich unter ein gemeinsames Parteiprogramm, und sie standen Gleichgesinnten offen. Ihr Ziel war es, den politischen Willen zu wecken, zu gliedern und zu bündeln; sie wollten Stimmen gewinnen für bevorstehende Wahlen.[2]

*2. Phase:* Die Zeit intensiver innenpolitischer Reaktion ist zu datieren von der Einigung in Olmütz im November 1850 bis zum Beginn der preußischen Regentschaft im Oktober 1858. Währenddessen lag das politische Vereinswesen danieder. In den frühen fünfziger Jahren hatten die Einzelstaaten Vereinsgesetze erlassen, welche das bisherige Parteiwesen unterdrückten. Der Bundesbeschluß von 1854 schuf dann die gemeinsame Norm, indem er die Bildung von Zweigvereinen verbot. Dieses Affiliationsverbot ging in die Landesgesetze über, sofern es nicht schon darin enthalten war. Ausdrücklich verbot der Bundesbeschluß sämtliche »etwa noch bestehenden Arbeitervereine und Verbrüderungen, welche politische, socialistische oder communistische Zwecke verfolgen«.

In der Konsequenz bedeutete diese Politik, daß dem in der Revolutionszeit entstandenen Parteiwesen der organisatorische Unterbau zielstrebig entzogen wurde. Mithin existierten zwischen 1849 und 1859 keine organisatorischen Brücken, wenn man auf das außerparlamentarische Wirkungsfeld politischer Vereine schaut.[3] Außerparlamentarisch gesehen, ist von einem Bruch in der organisatorischen Tradition auszugehen. Man war auf vormärzliche Verhältnisse zurückgeworfen worden.

Wohlgemerkt galt das nur in außerparlamentarischer Hinsicht. Eine wesentliche institutionelle Kontinuität erwuchs aus den Landtagen der Einzelstaaten. Wie vor 1848 fungierten die Landtagsfraktionen wieder als Keimzelle politischer Richtungen. Die späteren Parteien der Konservativen, Liberalen und des katholischen Zentrums knüpften an Landtagsfraktionen an.

*3. Phase:* Die Jahre der Wiederbelebung des Vereinswesens von 1859 bis 1866. Rechtlich hatte sich an der Situation der Vereine nichts geändert; faktisch war aber durch den massiven preußisch-österreichischen Dualismus und durch die innenpolitische Auflockerung ein Spielraum geschaffen. Typisch für diese Phase war das Schwanken zwischen Verein und Partei. Zum Beispiel: Der »Nationalverein« als propagandistische Sammlungsbewegung wirkte neben ausgereiften Parteigründungen wie etwa der »Deutschen Fortschrittspartei«.

*4. Phase:* Die Jahre seit Königgrätz (Juli 1866) bis zur Reichsgründung. Selbst hier dauerte das Affiliationsverbot noch in der Landesgesetzgebung fort, wenn auch das Bundesrecht mit dem Bunde selbst untergegangen war. Grundlegend neu war aber die Situation, auf der Basis des allgemeinen Wahlrechts zunächst für den Norddeutschen Bund, seit 1870/71 auch für den Deutschen Reichstag zu wählen. Die anstehenden Wahlen entwickelten stärkste Impulse für die Gründung neuer Parteien. Bis 1871 hatten alle fünf großen programmatischen Strömungen ein organisatorisches Haus gefunden: die Liberalen, Demokraten, Sozialisten, Konservativen und Katholiken.[4]

Auch rechtlich hatte sich durch das Wahlrecht des Norddeutschen Bundes etwas geändert, es wurde dann vom Reich übernommen. In der Verfassung waren die Parteien zwar nicht existent, aber das Wahlgesetz des Norddeutschen Bundes nahm doch Notiz von den Parteien, indem es das Recht fixierte, Wahlvereine zu bilden. Der wichtige Paragraph 17 des Wahlgesetzes von 1869 lautete: »Die Wahlberechtigten haben das Recht, zum Betrieb der den

Reichstag betreffenden Wahlangelegenheiten Vereine zu bilden und in geschlossenen Räumen unbewaffnet öffentliche Versammlungen zu veranstalten.«[5]

Diese Wahlvereine galten jedoch nur als augenblicksbezogene Zusammenschlüsse, solange Wahlen anstanden. Parteien als politische Vereine unterlagen weiterhin den einzelstaatlichen Bestimmungen, und da diese den Zusammenschluß erschwerten, kam es zu mancherlei Eigentümlichkeiten bei der Ausbildung der deutschen Parteienlandschaften, in der lokale Instanzen große Selbständigkeit erhielten. Auf diese organisatorischen, regionalbezogenen Einzelheiten kann hier nicht näher eingegangen werden. Der Forschung eröffnet sich da besonders im Vergleich der deutschen Einzelstaaten untereinander noch ein weites, bisher vernachlässigtes Feld, das durch sieben Fragen näher einzugrenzen ist: Welche Impulse, Ereignisse, Konflikte veranlaßten die Parteibildung? Aus welchen sozialen Schichten rekrutierte sich die Mitgliederzahl? Damit zusammenhängend: Welche vorherrschenden Interessen vertrat die Partei? Wie locker oder fest war der organisatorische Unterbau ausgebildet? Wo in Deutschland lagen Schwerpunkte der Partei? Wie lauteten die Antworten zu den zentralen Themen: Nation, Rolle des Staates, Verfassung und soziale Frage? Über welche Zeitungen und andere Werbeträger verfügte die Partei? Hier können diese Probleme nur beispielhaft an einzelnen Vereinen betrachtet werden.

Seit den vierziger Jahren hatten sich jene fünf großen programmatischen Richtungen ausgebildet, wie sie in der Revolution von 1848/49 zu organisatorischen Formen fanden. Sie helfen zur Orientierung auch bei den Parteibildungen der »Neuen Ära«. Es handelt sich dabei um idealtypische Abstraktionen, die ihren Wert allein dadurch haben, daß sie helfen, im Vergleich die individuelle Parteibildung genauer zu verorten. Denn in der Realität des Jahrzehnts nach 1860 sah das Parteileben erheblich vielschichtiger und zersplitterter aus.

Dabei ist zu unterscheiden zwischen Liberalen, Demokraten, Arbeiterparteien, katholischem Zentrum und Konservativen. Bei den Liberalen und Demokraten zeigt sich sogleich ein Grundproblem: Sie lassen sich organisatorisch zunächst gar nicht so fein säuberlich trennen.

### *a) Liberale und Demokraten*

Der italienische Einigungskrieg, die Gefahr eines französischen Vordringens an den Rhein, die nationale Erregung der öffentlichen Meinung belebten die alten 48er Forderungen nach Einheit und Freiheit. Dem folgte im September 1859 die Gründung des »*Deutschen Nationalvereins*« in Frankfurt am Main.[6] Er vereinigte noch konstitutionelle Liberale und republikorientierte Demokraten und bezeichnete sich als »nationale Partei«. Daraus kann man ablesen, wie ungenau der Begriff »Partei« noch war. Denn der »Nationalverein« hatte teil an modernen Parteistrukturen, weil er über eine feste Organisation verfügte, mit Satzung, eingeschriebenen Mitgliedern und Vorstand. Aber er verfolgte nur das Teilziel politischer Agitation; das wichtigste Ziel schloß er aus: Er beteiligte sich nicht an Wahlen. Die hohen Mitgliedsbeiträge und seine Publizistik beschränkten ihn auf die Kreise aus Bildung und Besitz. Das hinderte ihn aber altem liberalem Brauch gemäß nicht daran, sich als Interessenvertreter des ganzen Volkes zu verstehen.

Weil der Nationalverein seine Hoffnungen auf Preußen richtete, löste er eine großdeutsche Gegengründung aus, die Österreich nicht aus dem Bund herausgedrängt wissen wollte: Im Oktober 1862 wurde der »*Deutsche Reformverein*« in Frankfurt ins Leben gerufen. Seine Mitglieder kamen bevorzugt aus den deutschen Mittelstaaten; sie vertraten die wirtschaftlichen Interessen des Bürgertums, nahmen sich der katholischen Anliegen des deutschen Südens an und unterstützten die österreichische Bundesreformpolitik.[7]

Der »Reformverein« weckte gleichfalls großes Echo in der öffentlichen Meinung. Die beiden konkurrierenden Vereine trugen ihre publizistischen Wellen bis in die historische Wissenschaft hinein. Ein gelehrter Streit um die alte Rompolitik der mittelalterlichen Kaiser erschien im Lichte der Gegenwart wieder aktuell: Der Historiker Heinrich v. Sybel, rheinischer Protestant und Mitglied des Nationalvereins, veröffentlichte 1859 eine Schrift über die deutsche Kaiserzeit, in welcher er den Universalismus des alten christlich-germanischen Reichs heftig kritisierte; als Maßstab diente ihm die moderne Nationalstaatsidee. Es antwortete ihm zwei Jahre später – 1861 – der katholische Westfale Julius v. Ficker mit einer Schrift, in der er die christlich-universale Reichsidee aus ihren eigenen Voraussetzungen verständlich machen wollte. Der Verfechter eines kleindeutsch-preußischen und der Streiter für ein katholisch-großdeutsches Programm stießen aufeinander, und beide verfochten im Medium des historischen Stoffs tagespolitische Themen, welche in dem Gegenüber von »National-« und »Reformverein« ihren Ausdruck gefunden hatten. Mit der Entscheidung von 1866 zerfiel der »Reformverein.«

Der »Nationalverein« hatte eine verwickeltere Geschichte, weil aus ihm heraus die Spaltung in konstitutionelle und liberal-demokratische Bewegung erwuchs. Die Begründung der *»Deutschen Fortschrittspartei«* war ein erster Schritt. Sie hatte ihr Gründungsprogramm am 6. Juni 1861 formuliert, genau ein halbes Jahr vor den Wahlen zum preußischen Abgeordnetenhaus. Die »Fortschrittspartei« verstand sich aber keineswegs als Konkurrenzgliederung zum »Nationalverein«. Im Gegenteil: Der »Nationalverein« unterstützte sie auf örtlicher Ebene bei der Aufstellung von Kandidaten.

Der preußische Verfassungskonflikt trug die »Fortschrittspartei« in ungeahnte Höhen; die nationalen Erfolge Bismarcks führten sie nach dem Deutschen Krieg von 1866 in eine Zerreißprobe; sie zerriß in der Tat, und zwar wegen des Indemnitätsgesetzes. Die Mehrheit der Liberalen stimmte der Militärvorlage Bismarcks zu; sie sonderte sich zunächst als Fraktion ab; im Norddeutschen Reichstag von 1867 trat sie als Fraktion der *»Nationalliberalen Partei«* auf. Man darf sich aber die Auseinanderentwicklung in zwei Parteien mit eigenem organisatorischen Unterbau nicht zu abrupt vorstellen. In gleitendem Übergang spaltete der preußische Verfassungskonflikt samt seinen Resultaten die »Fortschrittspartei« in einen liberal-konstitutionellen und einen demokratischen Flügel.[8]

Diese Parteibildungen konzentrierten sich stark auf Preußen, aber von ihrem Anspruch her erstreckten sie sich auf Deutschland. Wie sah es im deutschen Süden aus, wo der »Reformverein« besonders verwurzelt war? Hier entstand im Jahre 1863 die *»Deutsche Fortschrittspartei in Bayern«*. Sie war föderalistischer eingestellt als die preußische, trat aber entschieden für die deutsche Einheit ein und umfaßte alle liberalen Richtungen.[9]

In Württemberg spaltete sich der Liberalismus früher, noch vor Königgrätz. Am Dreikönigstag 1866 gab sich eine Versammlung von Vertrauensmännern ein einheitliches Programm, das republikanisch orientiert war, ohne die Monarchie stürzen zu wollen, föderalistisch und sozialen Problemen gegenüber aufgeschlossen. Man hieß die neue Vereinigung »*Demokratische Partei*«. Zwischen 1866 und 1869 dehnte sie sich auf ganz Süddeutschland aus und nahm den Namen »*Deutsche Volkspartei*« an.[10]

In Sachsen betrieben August Bebel und Wilhelm Liebknecht die Gründung einer »*Sächsischen Volkspartei*«. Sie trat im August 1866 ins Leben. Bebel war zugleich Leiter des Leipziger Arbeiterbildungsvereins. Daran ist die noch erstrebte Allianz zwischen Liberalen und Arbeitern zu erkennen, wie es dem gesamtgesellschaftlichen Konzept des Liberalismus entsprach. Das ist näher zu erläutern.

### *b) Arbeiterparteien*

Bei den Angehörigen von »National-« oder »Reformverein«, »Fortschrittspartei«, »Deutscher Volkspartei« – kurzum: bei den organisierten Liberalen und Demokraten handelte es sich um die Elite von Bildung und Besitz. Die sozialen Unterschiede waren eher graduell. Alle gehörten dem Kreis der Honoratioren an. Die Unterschicht des Vierten Standes wurde registriert, nötigte aber nicht zu einem Umdenken, weil man ihr Vorhandensein als ein vorübergehendes Problem ansah. Die Erwartung ging dahin, den besitzlosen Handwerker zum gebildeten und besitzenden kleinen Mittelstand emporzuheben. In dieses Konzept paßte, daß städtische Liberale sich darum kümmerten, *Arbeiterbildungsvereine* zu gründen und zu fördern, um den Arbeitern mit der noch fehlenden Bildung aus ihrem Status herauszuhelfen.[11] Die Arbeitervereine waren für den »Nationalverein« Nebenorganisationen wie die Wehr- und Turnvereine.

Mit dem Auftreten Ferdinand Lassalles erhielt diese Konzeption eine prinzipielle Konkurrenz. Lassalle betrachtete die Arbeiterschaft nicht mehr als eine vorübergehende Erscheinung, die schließlich im Bürgertum aufgehoben werden würde. Im Gegenteil bezeichnete er den Vierten Stand als den letzten in der historischen Chronologie, als den Stand der Zukunft, der das eigentliche Volk verkörpere. Seine weltgeschichtliche Chronologie sah folgendermaßen aus: Das Mittelalter ordnete er den beiden ersten Ständen, Adel und Geistlichkeit, zu; die Gegenwart sei dem Dritten Stand, dem Bürgertum, verbunden. Die Zukunft, deren Morgenröte schon zu sehen sei, gehöre dem Vierten.[12]

Deutsche Arbeiter, die in den sechziger Jahren noch vorwiegend handwerklich geprägt waren[13], gerieten in den Bannkreis dieser neuen Anschauung, und das auf eine paradox anmutende Weise: Der Ausschuß des »Nationalvereins« hatte zu Lern- und Bildungszwecken eine Gruppe deutscher Arbeiter zur Weltausstellung im Frühjahr 1862 nach London geschickt. Als sie zurückkamen, wollten sie auf einem Arbeiterkongreß die Ergebnisse der Reise und Möglichkeiten einer eigenen Interessenvertretung besprechen. Die Wortführer beriefen einen solchen Kongreß nach Leipzig und luden dazu Lassalle als Redner ein. Dessen Konzept setzte sich durch: Die Anschauung von der führenden Rolle des Bürgertums wurde fallengelassen, die Herrschaft der Arbeiterklasse ins Programm genommen, und am 23. Mai 1863 gründete man einen eigenen Verein: den *»Allgemeinen Deutschen Arbeiter-Verein«* (ADAV). Von Anfang an trat er mit dem Anspruch auf, eine Arbeiterpartei sein zu wollen. Bezeichnend daran war, daß der ADAV formal in der Gründung bis in die Namensgebung hinein den »Nationalverein« nachbildete. Lassalles Absicht war die bewußte organisatorisch autonome Abgrenzung vom »Nationalverein«.

Es entstand eine Konkurrenzsituation, welcher der »Nationalverein« mit einem Gegenangriff begegnete. Er zentralisierte die bisher isolierten, unter seiner Obhut wirkenden Arbeiterbildungsvereine in einer eigenen Organisation: dem *»Vereinstag Deutscher Arbeiter-Vereine«* (VDAV). Der »Nationalverein« förderte ihn intellektuell und finanziell.

ADAV und VDAV muten wie ein Namens-Verwirrspiel an; doch der tieferliegende Graben muß deutlich bleiben. Beim ADAV handelte es sich unter der Ägide Lassalles um das bewußt vorangetriebene Projekt einer Arbeiterpartei. Beim VDAV, vom »Nationalverein« lanciert, ging es um den Zweck, die Politisierung der isolierten Arbeiterbildungsvereine zu verhindern, ihr durch eine zentral gelenkte Bildungsarbeit zuvorzukommen.[14] Es begegnet hier der in der Geschichte nicht seltene Fall, daß eine Maßnahme Folgen zeitigte, die den Erwartungen ihrer Urheber stracks zuwiderliefen. Die Zentralisierung im VDAV förderte die Politisierung. Und als seine liberalen Führer, meist Anhänger der »Volkspartei«, abgelöst wurden durch Wortführer, die in der Arbeiterschaft verankert waren, entwickelte er sich zu einer zweiten Arbeiterpartei. Die Zentrale der Arbeiterbildungsvereine verselbständigte sich von ihrer liberalen Mutterpartei: der »Volkspartei«. Dieser Prozeß wurde besonders im Jahre 1867 vorangetrieben, als der Vereinstag deutscher Arbeitervereine August Bebel zum Vorsitzenden wählte. Im Jahr darauf machte sich auch der Einfluß des bei Karl Marx geschulten Wilhelm Liebknecht bemerkbar.

Im Jahre 1869 regte eine abgespaltene Gruppe des Lassalleschen ADAV einen allgemeinen sozialdemokratischen Einigungskongreß an. Dem Aufruf folgten die abtrünnigen Lassalleaner und die Mitglieder des VDAV. Im Ergebnis hob man im Jahre 1869 auf dem Eisenacher Kongreß eine neue »*Sozialdemokratische Arbeiterpartei*« (SDAP) aus der Taufe. Sie setzte sich aus Mitgliedern der Bebelschen »Volkspartei«, des VDAV und einigen Lassalleanern zusammen. Alle diese Abgrenzungs- und Konzentrationsvorgänge waren mit intensiven programmatischen Richtungsdiskussionen verbunden; sie sind heutzutage durch Reprints der Protokolle hervorragend dokumentiert.

Im Jahre 1869, nach dem Eisenacher Kongreß, bestand gleichwohl die Spaltung in zwei Arbeiterparteien fort; der Eisenacher Kongreß hatte vor allem den Abstand zu den liberalen Parteien deutlich hergestellt. Erst 1875, auf dem Parteitag von Gotha, vereinigten sich die Arbeiterpartei Lassalles mit der »Sozialdemokratischen Arbeiterpartei« Bebels zur »*Sozialistischen Arbeiterpartei Deutschlands*«. Den Namen »*Sozialdemokratische Partei Deutschlands*« führte sie offiziell erst seit 1891. Überblickt man den Zeitraum der Epoche, war eines an der Entwicklung der Arbeiterschaft seit 1848/49 charakteristisch: Hießen ihre Organisationen in der Revolution »*Bund der Kommunisten*« und »*Arbeiterverbrüderung*«, hießen sie nach dem Bruch der Reaktionsdekade dann in den sechziger Jahren *ADAV* und *Vereinstag*: Der Weg der deutschen Arbeiterparteien war geprägt durch eine »freilich jeweils sehr unterschiedlich akzentuierte Doppelpoligkeit zwischen links und rechts, Radikalismus und Reformismus« (K. Tenfelde).[15]

Dieser gespaltene Weg zu einer selbständigen Arbeiterpartei war je in seiner Weise eine Antwort darauf, daß die Arbeiterbildungsvereine zu einer wirkungsvollen Interessenvertretung ungeeignet erschienen; er besaß jedoch noch einen weiteren Seitenpfad, der sich keineswegs, wie man früher annahm, lediglich vom Hauptweg der entstehenden Arbeiterparteien ableitete: Die frühen sechziger Jahre eröffneten in Form der gewerkschaftlichen Organisierung einer neuartigen Interessenvertretung einen Spielraum. In den Jahren von 1865 bis 1867, gipfelnd in einem »Gründungsfieber« (K. Schönhoven), bildeten sich die ersten gesamtdeutschen Berufsgewerkschaften heraus, nachdem im Revolutionsjahr 1848 die *»Allgemeine deutsche Arbeiterverbrüderung«* dergleichen bereits einmal versucht hatte. In den sechziger Jahren konkurrierten zwei Konzepte, die einander ausschlossen: ein sozialreformerisches und ein sozialrevolutionäres. Dabei entwickelten sich alle für die frühe Gewerkschaftsbewegung bereits typischen Spielarten: die Gliederung nach Berufs-, Industrie- oder Lokalgewerkschaften, je nachdem, ob die Fachorientierung oder die räumliche Zuordnung das Leitkriterium war.[16]

### *c) Der politische Katholizismus*

Der politische Katholizismus reichte als politische Strömung fast ebensoweit in den Vormärz zurück wie der Liberalismus. Der Kölner Mischehenstreit von 1837, gipfelnd in der Verhaftung des Erzbischofs, setzte ein erstes Zeichen für eine Politisierung der katholischen Bevölkerung. In der Revolution von 1848 fand der Katholizismus in den »Pius-Vereinen« zu parteiähnlichen Strukturen. Das Reaktionsjahrzehnt ließ auch dem Katholizismus als politisches Wirkungsfeld nur noch die Landtagsfraktionen, wenn auch die seit 1848 stattfindenden Katholikentage immerhin einen nationalen Sammelpunkt darstellten.[17]

Im Preußischen Abgeordnetenhaus war bereits 1852 eine katholische Fraktion entstanden. Sie reagierte erbittert auf zwei Erlasse des Kultusministers. Die Erlasse beschränkten die Volksmission der Jesuiten und das Studium preußischer Theologen am Collegium Germanicum in Rom. Erinnerungen an den Kirchenstreit von 1837 wurden wieder wach. 1859 gab sich diese Gruppe den Namen *»Fraktion des Zentrums (Katholische Fraktion)«*, was ein wichtiger Schritt auf dem Wege zur politischen Partei war. Der Name »Zentrum« meinte zugleich ein politisches Programm. Denn man war bereit, sowohl mit den Konservativen als auch mit den Liberalen zu stimmen. Zugleich waren im »Zentrum« Vertreter verschiedener sozialer Schichten: des westfälischen Adels, der rheinischen Kaufmannsschaft und der dortigen Kleinbürger. Zwischen 1867 und 1870 fehlte es im preußischen Abgeordnetenhaus und im Norddeutschen Reichstag an einer katholischen Fraktion.

Anders verhielt es sich in den süddeutschen Ländern. Hier war es namentlich in Baden bereits zu einem Kulturkampf gekommen, als im Land 1864 ein Gesetz über die staatliche Schulaufsicht heftigen kirchlichen Protest provozierte. Seit 1865 wirkte in Heidelberg und kleineren Städten die *»Katholische Volkspartei«*.[18] Ein ähnliches Gesetz rief 1869 in Bayern den gleichen Widerstand hervor, so daß sich hier die politischen Katholiken zur *»Bayerischen Patriotenpartei«* zusammenschlossen.[19] Schule und elementare Bildung waren von alters her Domäne der Kirche gewesen. Der moderne Staat dagegen zog alle Lebensbereiche in seine Kompetenz, so auch die Schulerziehung. Das war ein liberales Grundprinzip; es machte der Kirche überkommene Rechte streitig.

Um 1870 verschärften sich die konfessionellen Gegensätze allenthalben in Deutschland, nachdem Papst Pius IX. in einer Enzyklika, dem Syllabus von 1864, den Liberalismus verurteilt und 1870 die Unfehlbarkeit des päpstlichen Lehramts verkündet hatte. Im Dezember 1870 konstituierte sich in Preußen – im Abgeordnetenhaus und im Reichstag – die *Zentrumsfraktion*. Sie verfügte über keine eigene Parteiorganisation. Katholische Vereine, der Klerus und die Katholikentage besorgten in der Öffentlichkeit die Arbeit des Zentrums.

### *d) Konservative Parteien*

Die Konservativen hatten bereits im Sommer 1848 zu eigener Vereinsorganisation angesetzt. In Preußen hatten sie sich um die Berliner *Neue Preußische Zeitung*, die sog. *Kreuzzeitung*, versammelt. Im preußischen Abgeordnetenhaus sammelte sich während der Reaktionszeit um das *Preußische Wochenblatt* eine Gruppe liberal-konservativer Abgeordneter, die – und das war neu für eine Richtung konservativer Prägung – grundsätzlich für den Schutz der preußischen Verfassung eintraten. Sie protestierten öffentlich, als 1851 die alten Provinzialstände verfassungswidrig wieder in Preußen eingeführt wurden. Die Fraktion erhielt den Namen *»Wochenblatt-Partei«*. Sie wurde sogar mehrfach Opfer der Nachstellungen der politischen Polizei. Zur Zeit der »Neuen Ära« entstammten einige der neuen Minister ihren Reihen.

Die Differenzierung in altständische und liberale Konservative endete auch in einer Spaltung, vergleichbar der Trennung der Liberalen, da die Bismarcksche Verfassungskrise und nationale Einigungspolitik gleichermaßen auch für die Konservativen eine extreme Zerreißprobe bedeuteten. Der Kreis um die *Kreuzzeitung* befürwortete eine Politik gemeinsam mit Österreich. Die nationale kleindeutsche Politik galt ihm als liberal. Der Indemnitätsvorlage zuzustimmen schien seinen Anhängern ein schier unerträgliches Zugeständnis an den Verfassungsstaat, schien ihnen unvereinbar mit ihrer Anschauung vom monarchischen Prinzip. Bismarcks Annexion der Territorien in Norddeutschland nach dem Krieg von 1866 verstanden sie als offenen Rechtsbruch, begangen an legitimen Herrscherhäusern. Bismarcks Zusammenarbeit mit den Nationalliberalen bei der Gründung des Norddeutschen Bundes führte schließlich zum Bruch. Die Mehrheit der Konservativen stimmte gegen die Regierung, obwohl ihre Prinzipien eigentlich vorschrieben, dem Willen des Monarchen bedingungslos zuzustimmen. Es war »das Dilemma der Konservativen im Parteienstaat« (W. Tormin), daß sie sich seinen Regeln unterwerfen mußten, obwohl sie ihn ablehnten und beseitigen wollten.[20]

Ein Teil der Konservativen machte diesen Bruch nicht mit und unterstützte weiterhin Bismarcks Politik. Diese Abgeordneten schlossen sich im Juli 1866 zur *»Freikonservativen Partei«* zusammen. Man kann sie als Fortsetzung der *»Wochenblatt-Partei«* betrachten. Sie gewann mehr Einfluß, als ihre Zahl verhieß. Denn ihr gehörten hohe Beamte an, die zwischen Regierung und Nationalliberalen vermittelten und so oft erst die nötigen Mehrheiten zustandebrachten. Die »Freikonservative Partei« nahm im Reichstag seit 1871 den Namen *»Deutsche Reichspartei«* an.

Die sog. Altkonservativen dagegen, die gegen Bismarcks Politik weiterhin opponierten, konnten gleichermaßen nicht umhin, sich den Spielregeln des entstehenden modernen Parteienstaates zu unterwerfen: Sie begründeten nach empfindlichen Wahlniederlagen im Juli 1876 die *»Deutsch-Konservative Partei«*. Man fand sich nun mit der Reichsgründung ab, mußte aber die Klientel mit anderen Kräften teilen: In katholischen Gegenden zog das Zentrum Wähler ab, in Südwestdeutschland gar die Nationalliberale Partei. Deshalb blieb die Deutsch-Konservative Partei im wesentlichen auf das Gebiet östlich der Elbe beschränkt. Man bedurfte kaum einer eigenen Parteiorganisation, konnte man sich doch auf einige Verbände, wie z. B. die Kriegervereine, und auf die protestantische Kirche stützen. Die Partei gewann eine dominierende Stellung im Adel am Hof, in Militär und Verwaltung.

Im Rückblick auf die Jahre nach 1860 zeichnen sich einige Grundtendenzen ab: Der Liberalismus spaltete sich dauerhaft in einen konstitutionell-nationalen und einen liberal-demokratischen Flügel. Eine unabhängige politische Arbeiterbewegung hatte sich konstituiert, und hierin war Deutschland unter den europäischen Staaten führend, keineswegs eine »verspätete« Nation. Der politische Katholizismus fand zu festen organisatorischen Formen; die ökonomische Entwicklung beschleunigte die Politisierung der Bevölkerung und damit die Parteibildung; durch die Parteien wurden zunehmend die parlamentarischen und außerparlamentarischen Bereiche verklammert; durch die Polarisierungs- und Spaltungsprozesse von 1866 wurde der »Übergang von einer breiten Volkspolitik zu einer Klassenpolitik beschleunigt« (G. A. Ritter).[21] Um 1870, also noch im Vorfeld des geeinten Nationalstaats, war das Fünfparteiensystem voll ausgebildet, das die Politik des Kaiserreichs fortan bestimmte, geteilt in sozialistische Arbeiterbewegung, Linksliberale (früher Demokraten), Nationalliberale, Zentrum und Konservative (gespalten in Freikonservative und Deutschkonservative). Auch im Bereich der Parteibildung erweist sich die Epoche als die eigentliche Formationsperiode, denn vor 1848/49 existierten keine im gesellschaftlichen Leben organisatorisch verankerten Parteien, nach 1871 waren sie bereits ein fester Bestandteil des öffentlichen politischen Lebens, so verzweigt im einzelnen dann auch ihre Fortentwicklung sein mochte. Was Partei im modernen Sinne war und vermochte – das lehrt für Deutschland erstmals diese Epoche.

### *e) Vereine und Verbände*

Das 19. Jahrhundert ist als ein »vereinsseliges Säkulum« (D. Langewiesche) bezeichnet worden. Es führt dabei in die Irre, mit Verein sogleich den Prozeß politischer Parteibildung zu verbinden – im Gegenteil: diese stellte nur eine Sonderform einer allgemeinen Entwicklung dar, die fälschlich oft ausschließlich mit »dem Bürgertum« verbunden wird, die tatsächlich aber einem Bedürfnisse immer breiterer Bevölkerungskreise entsprach, in freiwilligen, durch Satzung geregelten Zweckzusammenschlüssen sich zu vereinigen. Der Prozeß ist ein Wesensmerkmal der sich auflösenden Ständeordnung; an die Stelle traditionaler Korporationen traten Vereine.[22]

Auch auf diesem Gebiet nahmen die fünziger und sechziger Jahre eine Sonderstellung ein, nachdem im Vormärz das Vereinswesen sich merklich aufzufächern begonnen und in der Revolution ungehemmt entfaltet hatte. Die Epoche war dabei ähnlich wie in der Spannung zwischen wirtschaftsliberalem Aufschwung und innenpolitischer Repression auch im Vereinswesen zwiespältig geprägt. Die einsetzende Reaktion unterdrückte zunächst nahezu sämtliche Vereinsbestrebungen, welche Tendenzen zu nationalen Dachverbänden entwickelt und sich wie Lobbies an die frei tagenden Parlamente der Revolutionszeit gerichtet hatten. 1848 begründete Interessenverbände wie der *Allgemeine deutsche Verein zum Schutze der vaterländischen Arbeit* oder sein Gegenpol, der »Verein für Handelsfreiheit«, lösten sich auf. Überhaupt hatten Interessenvereinigungen, in denen ein selbstbewußtes Bürgertum seine branchen-, standes- oder wirtschaftspolitischen Forderungen mit dem Wunsch nach einem geeinten nationalen Staat zu verbinden suchte, während der Reaktionsdekade keine Entfaltungschancen. Der repressive Druck, der auf dem politischen Vereinswesen lastete, übertrug sich kaum gebremst auch auf jenen vorpolitischen Raum.

Beispielhaft zeigte sich das an dem im September des Jahres 1858 in Gotha zusammengetretenen *»Kongreß deutscher Volkswirte«*, der eine »Mittelstellung zwischen ›promotional groups‹ und wirtschaftlichen Interessenverbänden« (H.-P. Ullmann) einnahm.[23] Der Kongreß verfocht entschieden den Freihandel und regte an, in allen größeren deutschen Städten Lokalvereine zu gründen. Die Verbindung von Freihandel und Nationalstaat machte aber diesen zentralen Kongreß in den Augen der sächsischen und hannoverschen Polizeibehörden immer noch höchst verdächtig, so daß ihn die dortigen Mitglieder des Polizeivereins intensiv überwachen und Mitgliederlisten anlegen ließen. Die politische Polizei in Dresden fertigte sogar eine synoptische Tabelle an, aus der mit einem Blick ersichtlich war, wer an einer oder mehreren Versammlungen teilgenommen hatte, nämlich in Gotha (20.–24. 9. 1858), in Frankfurt (12.–15. 9. 1859) oder in Eisenach (17. 7. und 14. 8. 1859). Man schloß auf unmittelbare Zusammenhänge zwischen der Konstituierung des »Kongresses deutscher Volkswirte« und des »Nationalvereins«. Den Kongreß in Gotha zu unterbinden, verhinderte der bewußt gewählte Tagungsort im liberalen Fürstentum Sachsen-Coburg-Gotha, das sich angesichts der anklingenden »Neuen Ära« nicht mehr der massiven Drohungen der Polizeivereinsstaaten zu erwehren hatte.[24]

Die »Neue Ära« belebte mithin nachdrücklich das sich entfaltende Vereinswesen; doch war dieses viel zu komplex, als daß man es allein in der Abhängigkeit von der politischen Konstellation sehen könnte. Die sich verdichtenden Kommunikations- und Verkehrsverhältnisse, nicht zuletzt durch Eisenbahnen, Post und aufkommende Telegraphie, der wirtschaftliche »Take-off« insgesamt schufen Voraussetzungen, welche der Epoche zwischen 1850 und 1873 die eigentliche »Entfaltung des Vereinswesens« zuschreiben lassen und es erlauben, geradezu von einer ersten »Gründungswelle« zu sprechen, wie Klaus Tenfelde mit dem Blick auf die quantitative Entwicklung im regionalen Bereich verdeutlicht hat: »Nach der Jahrhundertmitte wird die Vereins- zur Massenbewegung.«[25]

Wohin man schaut, belebte sich in der behandelten Epoche die Vereinstätigkeit so vehement, daß die quantitative Steigerung einem qualitativen Strukturwandel gleichzukommen scheint, den das Kaiserreich differenzierend verfestigt. Je stärker ökonomisch dabei die Orientierung einzelner Vereinsbildungen ausgeprägt war, desto mehr folgten sie im berufs- und gewerbenahen Feld prozyklisch, bei den Bauern- und Unternehmerverbänden teilweise auch antizyklisch den Aufschwungphasen der fünfziger und sechziger Jahre. Wo eine so direkte Koppelung nicht bestand, wirkte der Anbruch der »Neuen Ära«, manifestiert in der Lockerung des Vereinsrechts, befreiend.

In Anlehnung an Tenfelde seien ohne strenge Systematik solche Zonen der Vereinsbelebung, ja teilweise des Booms, abgesteckt.[26] Dahin gehörten Versicherungen, Aktiengesellschaften, ländliche sowie städtisch-mittelständische Kredit-, Rohstoff- und sonstige Erwerbsgenossenschaften, Konsumvereine, Fabrik-, Stadt- und Kreissparkassen, katholische Laienorganisationen (Mäßigkeits-, Vinzenz-, Bonifazius-, Kolpingsvereine, Jungfrauenbünde), evangelische Jünglingsbünde, Handwerker- und Arbeiterbildungsvereine, die sich nach 1860 sprunghaft wieder regten, teilweise verwoben mit Krieger-, Turn- und Geselligkeitsvereinen, Regional- und Branchenverbände, bäuerliche Vereine, Organisationsformen kultureller Betätigung in Bildung, Musik, Museum, Theater, Engagement im Feld der ehrenamtlichen Armen- und Sozialfürsorge wie im beschriebenen Elberfelder Modell: Der gesamte Bereich der privaten Wohltätigkeitsvereine wirkte für den Kinderschutz, für Wöchnerinnen, für Witwen und Waisen, für Stadt- und Volksmission, Kindergärten, Krankenhausträger, Strafgefangene und Wanderarbeiter. Es betätigten sich Vereine zur Stadtverschönerung, zur kommunalen Fortbildung in Lese-, Musik- und Vortragssälen, Geschichts-, Lehrer-, Gesangvereine, Karnevalsgesellschaften, nicht zuletzt auch Vereine, die *gegen* etwas gerichtet waren: gegen Verarmung, Bettelei, Kleiderluxus usw., kurzum: »Vereine also gegen dieses und für jenes – all dies blühte erst zwischen Revolution und Reichsgründung so recht auf« (Tenfelde). Diese Modernität und Vielfalt werden in der Regel erst dem Kaiserreich zugeschrieben, tatsächlich aber signalisierten sie in ihrer Gesamtheit den sozialen Wandel der »Gesellschaft im Aufbruch« und ihre neue strukturelle Differenzierung, welche an die Stelle der ständisch gegliederten Herrschaftsordnung trat. Überkommene Herrschaftsbeziehungen verlagerten sich auf Beziehungen zwischen Vereinen untereinander sowie zwischen Vereinen und Staat, wo nicht der Staat als fördernder spiritus rector beteiligt war wie im Bereich vieler landwirtschaftlicher Vereine und der öffentlich-rechtlichen Handelskammern.

Fragt man nach den Funktionen dieses vielfältigen Vereinswesens, lassen sich sechs hervorheben, die deutlich machen, worin es seinen Beitrag beim Übergang von der Agrar- zur Industriegesellschaft leistete.[27] 1. Es ersetzte als Gliederungsprinzip der staatsbürgerlichen Gesellschaft die Ordnungsfunktion von Stand, Korporation, Zunft, tendenziell schließlich auch von Nachbarschaft und Kirchengemeinde. 2. Vereinsbildung bewirkte »Fundamentalpolitisierung«, das hieß Einübung geregelter demokratischer Formen von Willensbildung, Versammlungswesen, Mehrheitsfindung, Vertretung nach außen, Selbstfinanzierung und Konfliktlösung bereits auf unterster lokaler Ebene. 3. Vereinsbildung diente im wirtschaftlichen Bereich der öffentlichen Artikulation von Interessen. 4. Sie prägte Rollenbilder und Eliten, indem sie der Professionalisierung bestimmter Berufsgruppen Vorschub leistete. 5. Sie erweiterte den Spielraum individueller Entfaltung und Gestaltung. 6. Schließlich wirkten Vereine als Instrumente sozialer Kontrolle der Vereinsmitglieder untereinander.

### *f) Frauen und Vereinsbildung*

Das skizzierte Vereinswesen wurde – was im historischen Bewußtsein noch immer nicht genügend verankert ist – ganz wesentlich von Männern dominiert. Frauen hatten zu den meisten Vereinen oder Interessenverbänden keinen Zutritt, sei es, weil sie nicht die notwendigen beruflichen Voraussetzungen erfüllten, sei es – letztlich entscheidend – weil sie Frauen waren. Das emanzipatorisch wirkende frühliberale Modell einer egalitären Gesellschaft wurde ohne schwerwiegendes Zögern auf die Gemeinschaft der »Hausväter« begrenzt. Die liberalen Vordenker empfanden die rechtliche Ungleichheit der Frau nur selten als fundamentale Inkonsequenz; wurden sie sich ausnahmsweise dessen bewußt, suchten sie argumentativ nach Auswegen, mit denen sich die gewohnte rechtliche Zweiteilung der Gesellschaft rechtfertigen und beibehalten ließ.[28]

Die Revolutionsära bedeutete im Selbstverständnis von Frauen und in den Möglichkeiten der eigenen Interessenvertretung einen Durchbruch. Die Anfänge der deutschen Frauenbewegung mit eigener Presse, Politik und selbständigen Vereinen lagen in den Jahren 1848/49. Die Organisation von Frauen wurde ein Teilaspekt des sich allgemein formierenden Vereinswesens. Das Motto der Frauenzeitschrift Louise Ottos seit dem April 1849 lautete: »Dem Reich der Freiheit werb' ich Bürgerinnen.« Die Reaktion in Sachsen setzte durch Haussuchungen, Beschlagnahmungen der Vereinskassen und Vereinsverbote dieser hier konzentrierten frühen organisierten Emanzipationsbewegung gewaltsam ein Ende. Wie vielen anderen Vereinsbestrebungen der Revolutionszeit unterstellten die Behörden ihr zugleich politische Absichten.[29]

Die nach 1848 folgende gesellschaftliche Entwicklung unter dem Druck von Industrialisierung und Verstädterung war jedoch nicht dazu angetan, im Jahrhundert der »Selbsthilfe durch Assoziation« gerade die betroffenen Frauen davon auszuschließen. Industrialisierung erweiterte die Chancen zur Frauenarbeit. Die Angehörigen der Unterschichten, die Dienstmädchen, Mägde, familiären Mithelferinnen bei der täglichen Haus- und Gartenarbeit im ländlichen Raum tauchten als weibliche Kollegen von Zigarrenarbeitern, Kattundruckern und Schneidern auf. Sie stießen auf den lang anhaltenden Widerstand männlicher Berufsvereine, die mit ihren gewerkschaftsähnlichen Organisationen aktiv die Frauenarbeit zu verhindern suchten. Der ADAV Lassalles wandte sich entschieden gegen den weiteren Ausbau industrieller Arbeitsplätze und interpretierte Frauenarbeit als industriellen Mißstand. Die in den sechziger Jahren neugegründeten Gewerkschaften der Zigarrenarbeiter und Schneider kämpften gegen Frauenarbeit »im Interesse der Moral und Sittlichkeit«.[30]

Trafen proletarische Frauen der entstehenden Arbeiterschaft in ihrer beruflichen Umgebung auf Schranken, erwuchsen diese den bürgerlichen Frauen, soweit sie nicht traditionell in der Ehe ihren Status vom Beruf des Mannes ableiteten, aus dem engen »Kreislauf« (Frevert) der Höheren Töchterschule, welche nahezu ausschließlich auf den Lehrberuf vorbereitete. Als Lehrerinnen waren sie wiederum an Mädchen- und Elementarschulen tätig. Weil ihnen das akademische Studium verwehrt war, konnten sie weder Ärztin, Pfarrerin, Juristin noch Wissenschaftlerin werden. Die wirtschaftlich selbständige Verlegerin, die von ihren Honoraren gut lebende Schriftstellerin wie Fanny Lewald bildeten die Ausnahme.[31]

Angesichts des allgemeinen »Aufbruchs« im Vereinswesen der Epoche fanden die Frauen 1865 erneut zu einer organisatorischen Plattform. In diesem Jahr konstituierte sich unter dem Vorsitz Louise Ottos in Leipzig der »*Allgemeine Deutsche Frauenverein*« (ADF). Was wie eine Fortsetzung von 1848/49 anmutete, war doch weitgehend ein Neubeginn, denn nun betonten die organisierten Frauen ihre Distanz zu politischen Parteien und Verbänden; sie knüpften aber an ihr ursprüngliches Ziel wieder an, den Frauen gleiche Bildungs- und Erwerbsberechtigung zu erstreiten. Lokalvereine übernahmen das Programm. Wo sich bürgerliche Frauen für ihre »proletarischen Schwestern« einsetzten, hatten sie gleichermaßen Fortbildung und soziale Hilfe im Blick: gewerbliche Fortbildung, Wohnheime, Unterstützungskassen für Arbeiterinnen, Kurse für Säuglingspflege, »Volksküchen« für Arbeiterfamilien, Kindergärten, Sonntagsschulen für Arbeitertöchter zur Unterrichtung im Stricken, Nähen und in Haushaltsführung – alles das zählte zum Wirkungsfeld der neubelebten Frauenbewegung. Die stark betonte soziale Fürsorge wirkte als Antwort auf die neuen Nöte der Urbanisierung, die sich in den Großstädten nicht zuletzt in einer erschreckenden Zunahme der Prostitution bekundeten. Der Anfang in Leipzig zog eine Kette weiterer Gründungen von Frauenvereinigungen nach sich. Besondere Ausstrahlung erhielt unter ihnen der 1866 in Berlin begründete *»Verein zur Förderung der Erwerbstätigkeit des weiblichen Geschlechts«*, kurz auch nach seinem Gründer und Vorsitzenden Wilhelm Adolph Lette *»Lette-Verein«* genannt. Dieser konstitutionell-liberale preußische Beamte hatte bereits 1844 mit der Begründung des *»Zentralvereins für das Wohl der arbeitenden Klassen«* im Jahre des schlesischen Weberaufstands ein Modell bürgerlicher Sozialreform ins Leben gerufen. Sein Berliner Verein zugunsten der Frauenerwerbstätigkeit stand unter dem Protektorat der preußischen Kronprinzessin; der Verein führte ein Arbeitsnachweisbüro und einen Verkaufsbasar für weibliche Handarbeiten.

Alle diese Bestrebungen vereinsmäßiger Organisation im Interesse von Frauen dienten der »bürgerlichen Verbesserung« (U. Frevert). Sie unterschieden sich grundsätzlich von Zusammenschlüssen für engere gewerkschaftliche Zwecke. Aufhebung des »polaren Modells der Geschlechtscharaktere«, Lohnkämpfe sowie überhaupt die Forderung nach dem Frauenwahlrecht gehörten deshalb noch nicht zu dem Spektrum dieser frühen Frauenbewegung. Das war der Entwicklung im Kaiserreich vorbehalten.[32]

# IV. Die Paralysierung des Deutschen Bundes und die Gründung des Nationalstaats

## 1. Der preußisch-österreichische Dualismus und das Ende des Deutschen Bundes

Die differenzierten Parteibildungsvorgänge seit dem Beginn der »Neuen Ära« in Deutschland nach dem Jahrzehnt scharfer Repression waren getragen durch eine lebhafte öffentliche Meinung, die alle großen außen- und innenpolitischen Ereignisse mit Kommentaren begleitete. Die preußische Toleranz gegenüber dem »Nationalverein« bedeutete dabei einen wesentlichen Einschnitt in der nationalen Innenpolitik seit der Revolution. Denn diese Duldung ließ die preußische Politik in regierungsamtlicher Sicht parteiisch werden, da sie Vereinsbildung erlaubte, sofern diese ihre Politik unterstützte. Das verstieß gegen das Bundesvereinsrecht. Als sich Österreich auch in diesen Prozeß öffentlicher Meinungsbildung einschaltete, entstand eine Situation der innenpolitischen Konkurrenz zwischen den beiden deutschen Großmächten. Als Vehikel, mit dem sie um »moralische Eroberungen« in Deutschland fochten, dienten fortab Pläne zur Umgestaltung des Deutschen Bundes. Gegen Ende seiner Existenz bot sich der Bund in einer Verbesserungswilligkeit dar, wie er sie in seiner langen Geschichte seit 1815 nie zu erkennen gegeben hatte. Die Großmächte Preußen und Österreich wetteiferten um seine Reform, aber eigentlich bezweckten sie damit ihre eigene Hegemonie in Deutschland.

Dieser Sachverhalt hat zu der irrigen Meinung geführt, nach der Revolution von 1848/49 sei der österreichisch-preußische Dualismus apriori beherrschend für das Verhältnis der Mächte untereinander und für den Deutschen Bund gewesen. Das sprach sich etwa in der Deutung aus: »Die deutsche Politik der fünfziger Jahre wurde von der Rivalität der beiden Großstaaten sowie von der wechselnden Haltung der Einzelstaaten bestimmt.«[1] Das ist in dieser Ausschließlichkeit falsch, wie die bisherige Darstellung gezeigt hat. Das Reaktionsjahrzehnt von Olmütz im November 1850 bis zum Beginn der Regentschaft im Oktober 1858 war bestimmt von einer gleichlaufenden, koordinierten Innenpolitik der beiden deutschen Großmächte. Als wirkungsvolles Instrument diente der jüngst erstmals auch in der Verfassungsgeschichtsschreibung rezipierte Wirkungsorganismus des ›Polizeivereins‹.[2] Man kommt nicht umhin, auch in der Frage des Dualismus zwischen Österreich und Preußen zu unterscheiden, auf welchen Sektoren er sich entfaltete.

Ein historischer Überblick soll die wachsende Entfremdung zwischen beiden Vormächten des Deutschen Bundes so weit verfolgen, bis schließlich ein föderatives Miteinander im Bund unmöglich geworden war. Partiell auf dem Feld der Wirtschafts- und Handelspolitik zeigte sich diese Rivalität ungeachtet gleichlaufender Innenpolitik bereits im Reaktionsjahrzehnt, und hier genauer schon in den Jahren zwischen 1851 und 1853. Österreich erstrebte eine großdeutsch-mitteleuropäische Zollunion. Diese drohende Aufnahme Österreichs in den Zollverein empfand man in Preußen als Aufforderung zur wirtschaftspolitischen Kapitulation. Preußen war lebhaft an mäßigen Zollsätzen interessiert; Österreich wollte dagegen ein starkes Schutzzollsystem aufrechterhalten. Dem neigten auch die süddeutschen Staaten zu. Preußen gelang es jedoch, Hannover für den Zollverein zu gewinnen. Dieser Staat hatte sich bisher in Gestalt eines eigenen Steuervereins dem Zollverband ferngehalten. Das wird gern übersehen, wenn man die Zollvereinsgeschichte von ihrem Anfang im Jahre 1834 her betrachtet. Er war bis 1851 ein Torso, dem große Teile Norddeutschlands fehlten.[3]

Die handelspolitische Rivalität zwischen den Großmächten drohte in der Tat, den Zollverein zu sprengen. Preußen wählte in dieser Situation die Flucht nach vorn und kündigte von sich aus im November 1851 den Zollvereinsvertrag. Die Zollunion hatte inzwischen jedoch soviel Anziehungskraft gewonnen, daß es schließlich zu seiner Erneuerung kam. Österreich und Preußen schlossen im Jahre 1853 einen Handelsvertrag ab. Das Handelssystem gestaltete sich nach dem Modell eines engeren Bundes – der Zollvereinsstaaten – und eines weiteren Bundes, in den Österreich eingeschlossen war. Das war ein Modell, mit dem Radowitz im politischen Bereich gescheitert war.

Die eigentliche Konfrontation zwischen Österreich und Preußen entstand aber erst mit dem Beginn der »Neuen Ära«. Die erste Gelegenheit bot der österreichisch-italienische Krieg im Frühjahr 1859. Für Österreich bedeutete die Niederlage in diesem Krieg eine schwere Einbuße an militärischer Autorität. Überdies verlor es die Lombardei, die sog. Vormauer des Reiches. Doch war das Ansehen Preußens in demjenigen Teil der publizistischen Öffentlichkeit schwer geschädigt, der lebhaft ein Eingreifen zugunsten Österreichs gefordert hatte. Da Preußen die Schwäche der Bundesverfassung erwiesen hatte, konnten sich Hoffnungen auf ihre Reform verstärkt nach Österreich richten.

Der preußisch-österreichische Dualismus gewann seither an Schärfe, da er die Habsburgermonarchie auch im Innern erfaßte und in den Augen der Öffentlichkeit attraktiver machte. Denn die Niederlage Österreichs im sardinischen Krieg ließ das neoabsolutistische bürokratische Regiment von 1850 zusammenbrechen. Kaiser Franz Joseph bildete die Regierung grundlegend um, und als ein besonderes Signal wurde es empfunden, daß er den liberalen Anton v. Schmerling Ende 1860 zum Staatsminister berief. Schmerling war 1848 zeitweilig Ministerpräsident der Reichszentralgewalt in Frankfurt gewesen. Wie in Preußen mit dem ehemaligen Märzminister und nunmehrigen Ministerpräsidenten der »Neuen Ära« v. Auerswald knüpfte man auch in Österreich vorsichtig an das Revolutionsjahr an und eröffnete dem Land den Weg zum Verfassungsstaat. Schmerling selbst gelang der große Durchbruch mit dem Februarpatent von 1861. Das Land erhielt ein Zweikammersystem, ein von den Landtagen gewähltes Haus der Abgeordneten, es ging zur Repräsentativverfassung über: »Das ›Metternichsche System‹ erlosch auch in der Habsburger Monarchie.« (E.R. Huber)[4] Es hatte durch die absolutistischen Züge seinen Urheber noch um zwei Jahre überlebt. Diese neue Innenverfassung setzte Österreich in den Stand, nun auch aktiv eine Bundesreformpolitik zu beginnen. Als Verfassungsstaat wuchs ihm in der deutschen Öffentlichkeit Autorität zu, sich der Bundesreform anzunehmen. Es folgte eine Reihe von Reformvorstößen.

Dabei dürfen die deutschen Mittelstaaten nicht vergessen werden, die sich eifrig mit eigenen Vorschlägen beteiligten. Sie stellten die Version eines dreigliedrigen Deutschlands vor, das sich aufteilen sollte in Österreich, Preußen und das »Dritte Deutschland«. Diese Idee hatten die Mittelstaaten unter Federführung des sächsischen Ministerpräsidenten v. Beust auf eigenen Konferenzen in Würzburg entwickelt (November 1859). Sie erhielt den Namen »Trias-Politik«. Sie war jedoch weder für Österreich noch für

Preußen attraktiv, da jeder Staat für sich bestrebt war, zur Hegemonialmacht zu werden.

Der Dualismus entwickelte sich teilweise in bekannten Formen. Im Dezember 1861 überraschte Preußen damit, die alte Radowitzsche Idee wieder aufzugreifen, nämlich die engere bundesstaatliche Union aller deutschen Staaten ohne Österreich; die Habsburgermonarchie sollte in einem weiteren Bund eingeschlossen werden. Für den engeren Bundesstaat war eine einheitliche militärische Organisation vorgesehen. Dieser Vorschlag bewegte sich ganz auf der Linie des »Deutschen Nationalvereins«, wenn es auch noch an einer Nationalrepräsentation fehlte. Außenminister Graf Bernstorff, selbst Angehöriger der konservativen preußischen Oberschicht, machte sich zum Anwalt des bürgerlichen Liberalismus; man sagte auch, er präsentiere sich dem wartenden »deutschen Piemontismus« als ein deutscher Cavour.[5] Die Annäherung an die nationalgesinnte öffentliche Meinung war unverkennbar – und das bereits vor der Berufung Bismarcks.

Österreich reagierte mit einem Gegenstoß, indem es sich mit den Mittelstaaten einigte. Man entsandte sog. identische Noten an Preußen: Österreich, Bayern, Württemberg, Hannover und Hessen-Darmstadt, Sachsen, Nassau und Sachsen-Meiningen schrieben Briefe mit identischem Wortlaut. Sie widersprachen darin dem Unionsvorschlag und vergaßen nicht den Hinweis, ein ähnliches Projekt habe in die Niederlage von Olmütz geführt. Das Verfahren und dieser Kommentar mußten für Preußen höchst verletzend erscheinen. In der öffentlichen Meinung regten sich erbitterte antiösterreichische Emotionen.[6]

Das war eine der vielen Stationen in der wachsenden Rivalität der beiden deutschen Großmächte. Ein Schritt zog den nächsten nach sich, und jeder nächste schuf abermals neue vollendete Tatsachen, hinter die man nicht mehr zurückkonnte. Preußen z. B. reagierte auf die brüske Abfuhr, indem es sich von Österreich abwandte. Es erkannte das Königreich Italien völkerrechtlich an (21. 7. 1862). Das wurde wiederum in Österreich als gefährlicher Affront verstanden. Zugleich schien der preußische Schritt entsprechende Einigungsbestrebungen des deutschen »Nationalvereins« zu rechtfertigen. Die Herausforderung wurde noch überboten durch den Abschluß des preußisch-französischen Handelsvertrags. Frankreich war ja der andere Bündnispartner gegen Österreich im Krieg von 1859 gewesen. Durch den Handelsvertrag vom 2. August 1862 wurde der Eintritt Österreichs in den Zollverein praktisch unmöglich. Preußen erweiterte seine Wirtschaftshegemonie. Die Gefahr einer Sprengung des Deutschen Bundes zeichnete sich ab.

So verhielt sich die Sachlage im Jahre 1862. Österreich betrieb am Bund das Projekt einer Delegiertenversammlung. Das erschien für seine Verhältnisse eigentlich unerhört, denn erstmals bot es ein Repräsentativorgan der Nation beim Bunde an, wenn dessen Mitglieder auch indirekt gewählt werden sollten. Preußen votierte dagegen. Interessant war, wie es diesem österreichischen Plan begegnete. Als es am 22. Januar 1863 zur Abstimmung im Bundestag kam, erklärte der preußische Gesandte auf Weisung Bismarcks, »nur in einer Vertretung, welche nach Maßgabe der Bevölkerung jedes Bundesstaats aus letzterer durch unmittelbare Wahl hervorgehe, könne die deutsche Nation das berechtigte Organ ihrer Einwirkung auf die gemeinsamen Angelegenheiten finden«.[7]

Solche Töne wie die Forderung nach einer direkt gewählten Nationalrepräsentation hatte man am Bundestag nur in den bewegten Märztagen des Jahres 1848 vernommen. Bismarck brachte das unitarische Nationalparlament gegen die indirekt gewählte föderative Delegiertenversammlung in die Debatte. Er erschien damit als Wortführer der liberalen und nationalen Forderungen der bürgerlichen Parteien. Er machte auf diese Weise die Substanz der Reichsverfassung von 1849, welche der »Nationalverein« zu seinem Programm erhoben hatte, zum Inhalt der deutschen Politik Preußens. Mit neun gegen sieben Stimmen lehnte der Bundestag den österreichischen Antrag ab. Bismarcks Politik hatte das erste Mal triumphiert.[8]

Diese Abstimmung vom 22. Januar 1863 bildete die »Ausgangsbasis des autoritär-liberalen Kompromisses« (E.R. Huber), auf den sich seither die Bismarcksche Reichsgründungspolitik stützte. Bismarck erschien als der »weiße Revolutionär« (H. Kissinger). Ernst Engelberg, der Bismarck-Biograph der DDR, stattete sein Buch auf dem Klappentext mit einem Zitat von Karl Marx aus, das mit dem Blick auf Bismarck und Napoleon III. diese Situation mit den Worten kommentierte: »Die Totengräber der Revolution von 1848 waren ihr Testamentvollstrecker geworden.« Es ist unverkennbar, wie stark die Hinwendung Bismarcks zu Grundforderungen der nationalen Bewegung das Bild der Zeitgenossen und der Nachwelt irritierte, beeinflußte und beeindruckte. In aller Öffentlichkeit wurde dieser nationale Kurs des neuen preußischen Ministerpräsidenten in dem eben genannten Antrag deutlich.

Österreich nahm das Projekt einer Delegiertenversammlung im Rahmen eines großen Reformplans wieder auf. Der Bund sollte eine echte Regierung als Exekutive (in Gestalt eines Fünferdirektoriums) erhalten, dazu eine Ländervertretung (den Bundesrat), eine Fürstenvertretung (die Fürstenversammlung) und ein Repräsentativorgan (die Delegiertenversammlung der Bundesabgeordneten). Dieser Plan schien sich zu einem gefährlichen Angriffsinstrument zu entwickeln, denn es zeichnete sich in ihm eine kleindeutsch-österreichische Lösung ab, also das alte Projekt eines engeren Bundes, nun aber unter Ausschluß Preußens, und eines weiteren Bundes mit dessen Einbeziehung.[9]

Das Verfahren, diesen Plan durchzusetzen, war höchst bedeutungsvoll. Es nötigte Bismarck den Kommentar ab: »Ich rase mit Ruhe«;[10] denn der Plan sollte so lange wie möglich geheim bleiben, sollte um die Ministerien der einzelnen Länder herum direkt von den Fürsten der deutschen Staaten beschlossen werden. Alles war auf Überrumpelung angelegt. Die Reformverhandlungen wurden auf die höchste Ebene eines Fürstenkongresses gehoben, der am 16. August 1863 in Frankfurt begann. Erst hier erhielten die Minister, die ihre Monarchen begleiteten, den Plan ausgehändigt. Aus den 35 angesprochenen Gliedstaaten des Deutschen Bundes waren 30 Oberhäupter erschienen. Frankfurt erlebte die glanzvollste Versammlung deutscher Souveräne seit dem Wiener Kongreß. Dergleichen sah man erst wieder zu den Jahrhundertfeierlichkeiten der Befreiungskriege im Jahre 1913. Auf dem Bundespalais wehten die schwarz-rot-goldenen Farben!

Als entscheidend mußte sich die Haltung Preußens erweisen. Auch hier verfolgte die österreichische Politik die Taktik der Überrumpelung; der Betroffene war Bismarck, denn Kaiser Franz Joseph hatte König Wilhelm zum 3. August 1863 nach Gastein geladen. Mündlich wollte er ihn insgeheim auf das Frankfurter Treffen vorbereiten. König Wilhelm machte sich eigenhändige Aufzeichnungen von dem Gespräch, und diese gaben seine Vorbehalte zu erkennen. Vor allem wünschte er eine vorgeschaltete Außenministerkonferenz, um mit Sachkunde über den Reformplan zu beraten.

Bismarck gelang es mit Einsatz aller Mittel, auch der Rücktrittsdrohung, Wilhelm davon zu überzeugen, er solle dem Fürstentag fernbleiben. Die Frage war nur, wie sich das Fernbleiben für die Öffentlichkeit plausibel begründen ließ. Wilhelm argumentierte nach dem Vorschlag Bismarcks, er könne eine Entscheidung erst treffen, wenn »durch geschäftsmäßige Behandlung von seiten meiner Räte die zu erörternden Abänderungen der Bundesverfassung in ihrem Verhältnis zu der berechtigten Machtstellung Preußens und zu den berechtigten Interessen der Nation eingehend geprüft sein werden«.[11]

Wilhelm argumentierte mit dem System der streng konstitutionellen Ministerregierung, ohne deren Votum er keine Entscheidung fällen könne. Diese Antwort vom 20. August 1863 nimmt eine Schlüsselstellung in der Geschichte des Bundes ein. Denn die Frage war, ob der Bund aus sich heraus reformfähig sein würde, ob sich der deutschen Geschichte eine Alternative auf ihrem nationalen Weg biete, mit Österreich als Bundesmitglied. Wilhelms Antwort schnitt diese Möglichkeit ab. Bei den Verhandlungen der Fürsten in Frankfurt zeigte sich überdies alsbald, wie stark das Fehlen Preußens wog. Ohne Preußen sahen sich die Mittelstaaten einer hoffnungslosen Übermacht Österreichs ausgeliefert, und das wollten sie gerade nicht. Die anfängliche einheitliche Front zerbröckelte angesichts der vielfältigen Interessengegensätze, die sich bei einer Mitwirkung Preußens vielleicht hätten überwinden lassen.

Preußen hatte durch seine Ablehnung in der Öffentlichkeit gewonnen. Bemerkenswert war dabei, wie zielsicher sich Bismarck der Presse bediente, wie er Pressepolitik betrieb. Er lancierte eine Sprachregelung, wie der Frankfurter Fürstentag in der preußischen Presse zu kommentieren sei. In einem Telegramm von Gastein aus an das Auswärtige Amt gab er die Parole aus:

> In unserer Presse muß der Fürstenkongreß nicht tragisch genommen werden, mehr als Dekoration zur Feier des Geburtstags des Kaisers; daneben als ein übereilter Versuch im Stil der identischen Noten, aber keine Bitterkeiten gegen Österreich; die vorauszusehenden Resultate mit wohlwollendem Unglauben zu besprechen.[12]

Die außerpreußischen Stimmen verstärkten diese ablehnende Tendenz: Ein in Frankfurt zusammengetretener Abgeordnetentag von 300 Abgeordneten aus deutschen Einzelstaaten bekannte sich in einer Resolution zur Frankfurter Reichsverfassung von 1849.

Der deutsche Juristentag in Mainz, der »Nationalverein« auf seiner Generalversammlung in Leipzig: sie folgten alle 1863 mit ähnlichlautenden ablehnenden Resolutionen. Nur der »Reformverein« stimmte zu.

In einer weiteren Antwortnote wiederholte die preußische Regierung überdies ihre Forderung nach einer direkt gewählten Nationalvertretung, die für den Vielvölkerstaat Österreich völlig undenkbar war. Der ganze großangelegte Reformplan Österreichs scheiterte und bewies wieder einmal, daß mit den Mitteln der Bundesreform ein machtpolitischer Kampf zwischen Österreich und Preußen ausgefochten wurde.

Die folgende Entwicklung führte in die bewaffnete Konfrontation, wenn auch auf dem Umweg über das Problem Schleswig-Holstein, jene zentrale nationale Frage, welche Deutschland und Dänemark seit einer Generation beherrschte und die nationalen Emotionen wachrief. Eine erneute Krise um Schleswig-Holstein zwang Österreich, sich von seinen Verbündeten zu lösen, die Reformakte fallenzulassen und sich wiederum auf eine Allianz mit Preußen einzulassen. Was war vorgefallen?

Das Grundproblem hieß stets: Gesamtstaatsverfassung Dänemarks, in die das Herzogtum Schleswig eingeschlossen – inkorporiert – werden sollte. Das widersprach jedoch der völkerrechtlichen Rechtslage, nach der Schleswig und Holstein in einer besonderen staatsrechtlichen Verbindung stehen sollten. Jede Trennung Schleswigs von Holstein hätte den Grundsatz des »Up ewig ungedeelt« verletzt. Die dänische Regierung, selbst unter dem Druck einer nationalen Partei im Lande stehend, versuchte wiederholt, mit einer Gesamtstaatsverfassung Schleswig einzuverleiben. Das war 1848 der Fall.[13] Der darauf folgende Krieg war im Londoner Protokoll von 1852 international beigelegt worden. In einem gesonderten Manifest hatte der dänische König Friedrich VII. im selben Jahr noch erklärt, Schleswig würde dem Königreich nicht inkorporiert. Die Gesamtstaatsverfassung von 1855 brach mit diesem Grundsatz. Der Rechtsstreit zog sich weiter hin. Im März 1863 widerrief ein Patent die Zusage von 1852, daß Schleswig nicht einverleibt werde. Da Dänemark durch seine Herrschaft über Holstein Bundesmitglied war (Holstein gehörte zum Bundesterritorium, Schleswig nicht), wurde aus der Angelegenheit ein Problem für die Bundesversammlung. Dänemark verstieß gegen das Bundesrecht. Am 13. November 1863 schuf es durch eine erneuerte, dritte Gesamtstaatsverfassung endgültige Tatsachen: Schleswig sollte annektiert werden.

Das rief den Widerstand des Bundes auf den Plan. Er reagierte mit dem ihm zu Gebote stehenden Mittel: mit einer militärischen Bundesexekution. Auf einen entsprechenden Bundesbeschluß hin marschierten Bundestruppen aus Sachsen und Hannover, gefolgt von preußischen Einheiten, in den Herzogtümern ein. Der Krieg fand seinen Abschluß im Wiener Frieden zwischen Österreich, Preußen und Dänemark im Oktober 1864. Dänemark verzichtete auf sämtliche Rechte, die es an Schleswig, Holstein und Lauenburg hatte. Es trat die Herzogtümer an Österreich und Preußen ab.

Was sollte aus den Herzogtümern werden? Man einigte sich auf ein Kondominium: Österreich und Preußen sollten gemeinsam über die Herzogtümer herrschen. Eine spezielle Vereinbarung, die Gasteiner Konvention vom 14. 8. 1865, bestimmte, daß Schleswig in preußische, Holstein in österreichische Verwaltung überging. Rechtlich hieß das: »Die Herrschaft über die Herzogtümer blieb also der Substanz nach ungeteilt, der Ausübung nach wurde sie getrennt.«[14]

Es war klar: Das bedeutete einen Schritt in Richtung auf die Annexion, nur wer würde annektieren? Und wie sah eine Alternative zur Einverleibung aus? Es gab unbestreitbar Erbansprüche des Herzogs von Augustenburg. Die Öffentlichkeit forderte die Bildung eines eigenen Staats mit gewählter Ständeversammlung und dem Herzog als regierendem Fürsten. Der »Nationalverein« proklamierte in einer Resolution (29. 10. 1865):

> Unerträglich lastet seit dem Wiener Frieden und dem Gasteiner Vertrage auf dem von dänischer Willkürherrschaft befreiten Lande die Vergewaltigung durch deutsche Bundesgenossen, welche die Herzogtümer vollkommener Rechtlosigkeit Preis gibt, ja nicht einmal vor der gänzlichen Zerreißung der alten Verbindung Schleswig-Holsteins zurückgeschreckt ist.[15]

Die geteilte Verwaltung erschien als Verrat am überkommenen Landesrecht und am politischen Selbstbestimmungsrecht der Herzogtümer. Eine national hochemotionalisierte Bewegung im Lande mobilisierte Vereine, Versammlungen und die Presse. Die Agitationen spitzten sich am 23. Januar 1866 krisenhaft zu. Auf einer Volksversammlung in Altona fanden sich 3000 Teilnehmer schleswig-holsteinischer Vereine und Liberale sowie Demokraten aus dem übrigen Deutschland ein. Sie forderten die Einberufung der Ständeversammlung und brachten ein Hoch aus auf den »rechtmäßigen geliebten Fürsten Herzog Friedrich« von Augustenburg.

Altona lag im Verwaltungsbereich Österreichs. Daß die österreichische Verwaltung diese Agitation duldete, wertete die preußische Regierung als eine unerhörte Provokation und drohte damit, die »intime Gemeinsamkeit der Gesamtpolitik beider Mächte« als beendet zu betrachten. Österreich erwiderte mit einem gewissen Recht, daß sich Preußen am Bundestag geweigert hatte, »ein Verbot solcher Versammlungen, wie sie in Altona stattgefunden, für das gesamte Bundesgebiet zu beantragen«.[16] Hier schlug die preußische Duldung der Agitation des »Nationalvereins« in einem anderen Falle auf den Urheber zurück. Das stand in einer Note vom 7. Februar 1866, welche den Graben zwischen Österreich und Preußen unüberbrückbar erscheinen ließ.

Beide Mächte bereiteten sich seit Anfang Februar 1866 darauf vor, die Enscheidung mit militärischen Mitteln zu suchen. Im Kronrat vom 28. Februar 1866 erklärte König Wilhelm den Krieg für unvermeidlich und regte diplomatische Verhandlungen mit Italien und Frankreich an. Daß Preußen bis in den April 1866 hinein die Bundesreform auf der Grundlage eines gesamtdeutschen Bundesparlaments betrieb, mußte vor diesem Hintergrund als pure Taktik erscheinen, um in der Öffentlichkeit möglichst vorteilhaft dazustehen. Das schlug aber fehl, denn die preußische Annexionsabsicht in Schleswig-Holstein wurde von einer lautstarken, entrüsteten Publizistik begleitet.

Tatsächlich schloß Preußen einen geheimen Bündnisvertrag mit Italien (31. 3. 1866), der beiderseitigen Beistand im Falle des Angriffs und der Verteidigung vorsah. Das verstieß zweifellos fundamental gegen das Bundesrecht, denn diese Offensivallianz richtete sich gegen ein Bundesmitglied. Bismarck stellte Italien den Erwerb des österreichischen Venetien in Aussicht. Die italienische Mobilmachung Ende April 1866 alarmierte die österreichische Regierung. Der preußische Einmarsch in Holstein schuf vollendete Tatsachen. Damit hatte Preußen nicht eigentlich das Territorium Österreichs angegriffen, sondern Bundesrecht verletzt, nämlich das militärische Mitbesetzungsrecht Österreichs in Holstein. Konkret handelte es sich um den Bruch des Gasteiner Vertrags, der eine getrennte Verwaltung der beiden Herzogtümer vorsah.

Folglich vollzog sich der innerdeutsche Krieg auch in den Formen des Bundesrechts. Nachdem Österreich am 8. Juni gegen Preußens Einmarsch in Holstein förmlich protestiert hatte, leitete es die Bundesexekution gegen Preußen ein. Bemerkenswert war die Reaktion Preußens. Es richtete gleichlautende Noten an 19 norddeutsche Staaten; das geschah am 16. Juni 1866. Es gelang Preußen, innerhalb weniger Tage, 17 deutsche Staaten zu einem norddeutschen Staatenblock zu vereinigen. Die Bündnisverträge mit Preußen, die Unterstellung der eigenen Truppen unter preußische Befehlsgewalt: Das verstieß elementar gegen die Bundespflichten und bedeutete die Sprengung des Deutschen Bundes. Bis Ende Juli 1866 hatten siebzehn Verbündete Preußens ihre Trennung vom Bund vollzogen. Eine einzige Schlacht, der Sieg von Königgrätz am 3. Juli 1866, hat bereits den gesamten Krieg entschieden.[17]

Damit war der Deutsche Bund am Ende. Das Problem hieß: Wie sollte der künftige Frieden aussehen? Da der Bund auf einem internationalen Kongreß im Jahre 1815 gestiftet worden war, bildete auch sein Ende ein völkerrechtliches Problem. Die Signatarmächte von damals, besonders Rußland und Frankreich, waren äußerst interessiert, bei der Neuregelung der deutschen Verhältnisse mitzusprechen.

Napoleon III. trug bereits zwei Tage nach Königgrätz Preußen seine Vermittlung für einen Waffenstillstand an; Preußen konnte diese kaum umgehen. Denn die aus dem Sieg hervorgegangene preußische Totalannexion der ehemals souveränen Bundesstaaten Hannover, Kurhessen, Nassau und Frankfurt bedeutete in der Tat einen Verstoß gegen das Völkerrecht. Napoleon III. verlangte nach einer Kompensation und zeigte sich nur bereit, diese Annexionen hinzunehmen, wenn Preußen sich mit seinen neuen Bundesreformplänen auf Deutschland nördlich der Mainlinie beschränkte.

Noch gravierender wirkte die russische Einmischung. Preußen entsandte einen Sonderbotschafter an den russischen Hof; diesem bedeutete der Zar, die beabsichtigte Entthronung ganzer Herrscherhäuser in Norddeutschland werde das monarchische Prinzip in Europa empfindlich schwächen und den revolutionären Gedanken beflügeln. Der Sonderbotschafter hatte die Instruktion Bismarcks zur Antwort parat: Wenn Rußland den norddeutschen Annexionen widerspreche, werde es Preußen zur Proklamierung der Reichsverfassung von 1849 und zu wirklich revolutionären Maßregeln zwingen. Wörtlich: »Soll Revolution sein, so wollen wir sie lieber machen als erleiden.« Bismarck drohte mit der nationaldemokratischen Revolution und der Rückkehr zur Reichsverfassung von 1849. Das ließ die russische Seite nachgeben.[18]

Die nationale Auseinandersetzung fand ihren Abschluß am 23. August 1866 mit der Unterzeichnung des Prager Friedensvertrags zwischen Preußen und Österreich. Es war ein Frieden, der den Unterlegenen schonte. Österreich blieb bis auf die Abtretung Venetiens territorial unversehrt. Österreich erkannte die Auflösung des Deutschen Bundes an, es stimmte der Neugestaltung Deutschlands unter Ausschluß der Habsburgermonarchie zu. Nun wurde Wirklichkeit, was seit der Revolution von 1848/49 unmöglich gewesen war. Die Rechte Österreichs an Schleswig und Holstein gingen an Preußen über. Preußen erhielt freie Hand für alle Gebietserwerbungen in Norddeutschland. Österreich hatte eine Kriegsentschädigung von 40 Mill. Talern an Preußen zu zahlen.

Es lag für die Zeitgenossen nahe, diese Form der Neuordnung Deutschlands als »Revolution von oben« zu bezeichnen, auch wenn sie nicht von einer revolutionären Bewegung getragen worden war wie 1848; immerhin hatte eine lebhafte nationale Publizistik, Vereins- und Versammlungstätigkeit die preußische Politik begleitet. Aber in einer Beziehung trifft die Charakterisierung als »revolutionär« von der Substanz her gleichwohl zu, hatte Bismarck doch mit der Revolution gedroht und hatte er doch in Teilen an ihren Inhalt angeknüpft. Auf die Zeitgenossen wirkte das beeindruckend, verwirrend, entmutigend, je nach ihrem politischen Standort. Wie stark sich die politischen Maßstäbe verschoben, bewies der Fortgang des preußischen Verfassungskonflikts. »Der deutsche Krieg von 1866« aber erhielt sogleich ein umfangreiches literarisches Denkmal, das Theodor Fontane unter diesem Titel in einem dicken kriegsgeschichtlichen Werk in der offiziösen Königlichen Geheimen Oberhofbuchdruckerei in Berlin erscheinen ließ – ein merkwürdiges Dokument für einen Sonderweg im deutschen literarischen Realismus unter dem Eindruck preußischer militärischer Siege.[19]

## 2. Deutschland zwischen Nord und Süd: 1866–1870

Das Ende des Deutschen Bundes warf ähnlich dem Ende des Heiligen Römischen Reiches im Jahre 1806 oder dem Ende des Rheinbundes im Jahre 1813 das Problem der Neugestaltung Deutschlands auf. Es wäre falsch, gleichsam stromlinienförmig die Reichseinigung von 1871 als zwingende Konsequenz der bis dahin von Preußen verfolgten Politik anzuvisieren. Im Gegenteil, die kritische Analyse muß die *verschiedenen* Lösungskonzeptionen beachten, die im Zusammenhang mit Deutschland im Jahre 1866 zur Disposition standen. Fünf verschiedene Organisationsmodelle gliedern die folgenden Abschnitte.

### *a) Die versuchte Bildung eines Südbundes in Deutschland*

Wer sich mit der Vorgeschichte der Reichseinigung beschäftigt, stößt unweigerlich auf das Problem, welche alternativen Konzeptionen sich gegenüber der schließlich 1871 erfolgreichen in der gegebenen historischen Situation angeboten haben. Nach dem Scheitern sämtlicher Bundesreformprojekte eröffnete eine Klausel des Prager Friedens von 1866 zwischen Preußen und Österreich ein anderes, neues Konzept. Der entscheidende Artikel 4 darin lautete:

> Seine Majestät der Kaiser von Oesterreich erkennt die Auflösung des bisherigen Deutschen Bundes an und giebt Seine Zustimmung zu einer neuen Gestaltung Deutschlands ohne Betheiligung des Oesterreichischen Kaiserstaates. Ebenso verspricht Seine Majestät, das engere Bundes-Verhältniß anzuerkennen, welches Seine Majestät der König von Preußen nördlich von der Linie des Mains begründen wird, und erklärt Sich damit einverstanden, daß die südlich von dieser Linie gelegenen Deutschen Staaten in einen Verein zusammentreten, dessen nationale Verbindung mit dem Norddeutschen Bund der nähern Verständigung zwischen beiden vorbehalten bleibt und der eine internationale unabhängige Existenz haben wird.[1]

Wenn dieser Artikel auf Dauer erfüllt worden wäre, hätte es außer einem selbständigen Österreich in Deutschland zwei deutsche Staaten, einen Norddeutschen Bund und einen Südbund, gegeben. Es lohnt, einmal genauer hinzuschauen, weshalb diese Alternative gescheitert ist.

Zunächst einmal: Dieser Artikel begrenzte Preußens Einflußsphäre auf das nördliche Deutschland. Das war Ergebnis der französischen Einmischung beim Friedensschluß von 1866. Nach dem Prager Frieden gab es zwei Interessenten, die nicht an dem Status quo im Norden gerüttelt sehen wollten: Frankreich und Österreich. Beide Mächte benutzten sogar ihren Einfluß, die süddeutschen Staaten zu einer Vereinigung in einen Südbund zu drängen. Aber die Zeiten hatten sich deutlich geändert.

Das läßt sich an Bayern zeigen. Hier hatte der langjährige Ministerpräsident v. d. Pfordten zurücktreten müssen; er war für eine enge Anlehnung an Österreich eingetreten und hatte auch das Kriegsbündnis mit Österreich in die Wege geleitet. Sein Nachfolger war Fürst Hohenlohe-Schillingsfürst, und diesem war daran gelegen, die bayerische Politik der preußischen näherzubringen und zugleich die nationale Verbindung zwischen Nord und Süd enger zu gestalten. Vor der Zweiten Bayerischen Kammer erklärte er seine Ziele:

Wir wollen nicht den Eintritt Bayerns in den Norddeutschen Bund; wir wollen kein Verfassungsbündnis der süddeutschen Staaten unter Führung Österreichs; wir wollen keinen südwestdeutschen Bundesstaat, der für sich abgeschlossen wäre oder sich gar an eine nichtdeutsche Macht anlehnte; wir wollen ebensowenig eine Großmachtpolitik und glauben nicht, daß Bayern in einer Vermittlerrolle das Endziel seiner Politik zu suchen hat.

Was wir wollen, [...] das ist die nationale Verbindung der süddeutschen Staaten mit dem Norddeutschen Bunde und damit die Einigung des zur Zeit getrennten Deutschlands in der Form eines Staatenbundes.[2]

Bayern erstrebte letztlich eine engere Verbindung zwischen den vier süddeutschen Staaten untereinander – das waren Bayern, Württemberg, Baden und Hessen-Darmstadt, jedoch nicht in völkerrechtlicher Isolierung, sondern eingebunden in ein weiteres staatsbündisches Verhältnis zum Norddeutschen Bund, in einem nationalen Rahmen.

Aber die Realität stand dagegen, nicht, weil Preußen sich gegen den Südbund starkgemacht hätte. Die vier Südstaaten selbst bereiteten sich die Probleme, die sogar die Form eines lockeren Staatenbundes unmöglich erscheinen ließ. Das zeigte sich bereits im Februar 1867 auf einer süddeutschen Staatenkonferenz in Stuttgart. Sie gedieh über eine gewisse Angleichung des Militärwesens nicht hinaus. Der bayerische Ministerpräsident Hohenlohe ließ ungeachtet dieser Schwierigkeit den Entwurf einer Verfassung der »Vereinigten süddeutschen Staaten« ausarbeiten. Baden ergriff die Rolle des Verzögerers. Es wollte sich eng an Preußen anlehnen und empfing von Bismarck den Rat, es solle den Südbundplan dilatorisch behandeln, verschleppen, so daß man das »Odium einer prinzipiellen Ablehnung« vermeiden könne. Aber Baden war nur der Vorposten für die Interessen der drei süddeutschen Länder, denen mehr daran gelegen war, sich unmittelbar mit Preußen zu verständigen, als sich in eine drohende Abhängigkeit zu Bayern zu begeben. Seit 1868 war der Südbundplan praktisch gescheitert. Preußen seinerseits hatte einen anderen Weg beschritten, die süddeutschen Staaten näher an den Norddeutschen Bund heranzuziehen.

### *b) Die Militärallianzen Preußens mit den süddeutschen Staaten*

Nach dem Krieg von 1866 beharrte Preußen darauf, mit jedem der vier süddeutschen Staaten getrennte Friedensverträge zu schließen. Auf diese Weise stand es keiner geschlossenen Front gegenüber. Als wichtigstes Ergebnis gingen die drei militärischen Bündnisverträge hervor, die zunächst geheim blieben, aber im März 1867 bekannt wurden. In diesen sog. Schutz- und Trutzbündnissen verpflichteten sich die Vertragspartner, im Kriegsfall gegenseitig ihre volle Kriegsmacht zur Verfügung zu stellen. Den Oberbefehl über ihre Truppen übertrugen sie dafür dem preußischen König. Diese Bündnisse waren unbefristet und daher unkündbar. Sie schufen »einen ewigen Militärbund mit gemeinsamem Oberbefehl« im Kriegsfall.[3] Man kann sich des Eindrucks nicht erwehren, daß Bismarcks Politik bereits einen größeren nationalen Krieg gegen Frankreich in ihre Planung einbezog und daß er dabei Stück um Stück Nord und Süd einander näherbrachte. Ein wichtiges Unterpfand auf diesem Wege lag in der besonderen Situation des Großherzogtums Hessen.

Dort herrschte eine geradezu kuriose Situation, denn die Provinz Oberhessen nördlich des Mains gehörte zum Norddeutschen Bund, was ein Ergebnis des verlorenen Krieges war. Hessen-Darmstadt hatte einen eigenen Friedensvertrag mit Preußen abzuschließen, und da die Provinz Oberhessen nördlich des Mains lag, geriet sie in Gefahr, von Preußen annektiert zu werden. Um das zu verhindern, bot das Großherzogtum die Aufnahme der Provinz in den Norddeutschen Bund an. Man kann sie als trojanisches Pferd Preußens nach Süddeutschland hinein betrachten. Denn was war die Folge? Die Provinzen südlich des Mains, Rheinhessen und Starkenburg, blieben zwar unabhängig, aber militärisch war das Land geteilt. Die oberhessischen Truppen blieben ein Kontingent des norddeutschen Bundesheeres; die südhessischen Truppen dagegen repräsentierten eine selbständige Armee – eine »staatspolitische Unmöglichkeit« (E. R. Huber). Hessen war genötigt, sich in den Militärverhältnissen Preußen anzupassen. Es kam schließlich im April 1867 zum Abschluß einer Militärkonvention; nach ihren Bestimmungen mußten sämtliche hessischen Truppen im Krieg und Frieden als geschlossene Division in den Verband der preußischen Armee eintreten. Hessen übernahm die preußische Militärgesetzgebung. Hessen-Darmstadt wurde vollständig in das preußische Wehrsystem eingefügt.

Diese Angleichung auf militärischem Gebiet ergriff gleichfalls die übrigen süddeutschen Staaten, wenn auch nicht so weitgehend wie in Hessen. Immerhin übernahm Baden das preußische Zündnadelgewehr, das Kernstück der preußischen Bewaffnung; man exerzierte nach preußischem Muster, holte preußische Ausbilder ins badische Heer. Was wie militärtechnische Details aussah, bedeutete eine enge militärische Anbindung an Preußen. Ein Jahr später (1868) folgte Württemberg in ähnlichen Dimensionen nach.

Insgesamt geriet Bayern dadurch mit seinen Südbundplänen in eine immer isoliertere Lage. Hier war an eine weitere militärische Angleichung nicht mehr zu denken, hatte doch die Bekanntgabe des Schutz- und Trutzbündnisses eine tiefe Erregung in der Öffentlichkeit und heftige antipreußische Affekte hervorgerufen, und das vor allem deshalb, weil das Bündnis vorsah, die bayerische Armee im Kriegsfall preußischem Oberbefehl zu unterstellen. Im Gegensatz zu den Liberalen bekämpfte die Patriotenpartei im Lande die erkennbaren preußischen Hegemonialbestrebungen. Ihr Wortführer, der Landtagsabgeordnete Josef Edmund Jörg, bezeichnete das Schutz- und Trutzbündnis von 1866 als »Quelle, aus welcher sich das Unheil des Militarismus über die einst so glücklichen Länder Süddeutschlands« ergieße.[4]

Beide bisher behandelten Themenkreise: Südbund und Militärangleichung, haben immer wieder die Frage nach dem weiterreichenden Kalkül Bismarcks aufgeworfen. Zunächst ist davon auszugehen: Die Südbundpläne Bayerns scheiterten nicht an Intrigen Preußens, sondern zum einen an inneren Differenzen im Süden, zum andern an gemeinsamen Zollvereinsinteressen, welche den Süden dem Norden nahebrachten; hinzu kamen die inzwischen geknüpften militärischen Verbindungen mit Preußen. Vor allem die partikularistischen Hindernisse türmten sich beachtlich auf; deshalb scheint auch die erst jüngst wieder diskutierte These zweifelhaft, es seien zwischen 1866 und 1870 kontinuierlich und evolutionär so starke institutionelle Verbindungen zwischen Nord und Süd gewachsen, daß die Reichseinigung auf friedlichem Wege nur noch eine Sache der Zeit gewesen sei. Und in diesem Sinne sei sie auch von Bismarck angestrebt worden, ohne das Kalkül eines Krieges mit Frankreich.[5]

Vor allem die von Bismarck systematisch vorangetriebene militärische Angleichung widerspricht dieser These: Der Norddeutsche Bund unter Leitung des preußischen Generalstabschefs Helmuth v. Moltke hatte sich schließlich sogar mit den süddeutschen Staaten auf einen gemeinsamen Aufmarschplan für den Kriegsfall geeinigt. Auch gemeinsame abgestimmte Mobilmachungspläne lagen vor, ein Resultat, wie es zur Zeit des Deutschen Bundes niemals erzielt worden war. Ließ nicht, muß man sich fragen, gerade diese planmäßige militärische Konzentration den nationalen Krieg für Bismarck als Teil eines machtpolitischen Kalküls tauglicher werden? Vor einem Urteil ist zu beachten, daß sich der Blick nicht lediglich auf die evolutionäre, friedlich anmutende innerdeutsche Einigungspolitik beschränken darf: Die internationalen Berechnungen und Rückwirkungen sind mitzubedenken, nahm doch der Krieg mit Frankreich von einer internationalen Krise seinen Ausgang – von der Thronkandidatur eines Hohenzollern in Spanien, wie noch gezeigt wird.

### *c) Die Konstituierung des Norddeutschen Bundes*

Bemerkenswerterweise gab es zwischen dem Deutschen Bund und dem Norddeutschen Bund keinen absoluten Kontinuitätsbruch. Es existierte eine Brücke. Wie dargelegt, waren die letzten fünf Jahre des Deutschen Bundes wie nie zuvor erfüllt mit Plänen zu seiner Reform. Diese Reformplanung reichte bis in die letzten Wochen vor Kriegsausbruch hinein. Sie gewann zwar immer mehr bloß taktischen Charakter, aber doch nicht ausschließlich. Am 10.

Juni 1866 hatte Preußen einen Bundesreformvorschlag beim Bund eingebracht, der bestimmt war, in Erwartung des Kriegs die verfassungspolitischen Kriegsziele des Landes zu umreißen. Der Plan war zugleich geeignet, die öffentliche Meinung zu gewinnen. Er beschrieb den Umfang des Bundes selbstverständlich ohne Österreich. Sensationell war der Vorschlag, ein verfassungsberatendes Parlament auf der Grundlage des Reichswahlgesetzes von 1849 zu berufen. Der Bund sollte Gesetzgebungskompetenz erhalten, ein vereinheitlichtes Kriegswesen und vor allem eine Exekutive, die der alte Deutsche Bund nicht besaß.[6]

Dieser Reformvorschlag bildete die Brücke zur Neugestaltung Norddeutschlands. Er diente als Grundlage eines Bündnisvertrages, dem sich die vom Deutschen Bund abtrünnigen 17 norddeutschen Staaten anschlossen. Preußen und diese Staaten unterzeichneten am 21. August 1866 den gemeinsamen Bündnisvertrag, der die Errichtung eines neuen Bundesstaates vorsah. Das Bundesgebiet wurde in 297 Wahlkreise eingeteilt. Davon entfielen auf Preußen allein 235, allerdings sind die bereits annektierten Territorien mitzubedenken. 23 Wahlkreise entfielen auf Sachsen, sechs auf Mecklenburg-Schwerin, je drei auf (Ober)Hessen, Oldenburg, Sachsen-Weimar, Braunschweig und Hamburg, je zwei auf Sachsen-Coburg-Gotha, Sachsen-Meiningen und Anhalt, je einer auf die restlichen zwölf Kleinstaaten. Der Norddeutsche Bund umfaßte also schließlich 23 Staaten.

Tatsächlich fanden Wahlen nach dem Gesetz von 1849 statt – am 12. Februar 1867. Bemerkenswert nahm sich das Wahlergebnis aus. Es war ein eindeutiger Sieg der rechten Mitte. Das erinnerte an die Neuformierung der Parteienlandschaft unter dem Eindruck von 1866 und der damals anstehenden Wahlen. Altliberale, Freikonservative, Nationalliberale errangen nicht viel mehr als ein halbes Jahr später gemeinsam mit einigen kleineren Gruppen ähnlicher Färbung rund 180 von den 297 Mandaten. Als Opposition traten Konservative, Katholiken, »Fortschrittspartei«, Polen, Dänen, Welfen hervor, sodann auch der erste gewählte Sozialdemokrat: August Bebel. Eklatant war die Niederlage der »Fortschrittspartei«, die lediglich 19 Mandate erlangte; die abgespaltene Bruderpartei der Nationalliberalen dagegen erzielte 80![7]

Auf welchem Wege entstand die Verfassung des Norddeutschen Bundes? Nicht so, wie die Reichsverfassung von 1849, als die Paulskirchenversammlung aus sich heraus den Neubau des Staates entwarf. Bismarck hatte eigenhändig in einer Denkschrift, den sog. Putbuser Diktaten, einen Verfassungsentwurf ausgearbeitet. Das war der *erste* Schritt. Dieser Entwurf ging nach mehreren Redigierungsvorgängen an die Bevollmächtigten der verbündeten Regierungen. Das war der *zweite* Schritt. Nach weiteren Abänderungen brachte Bismarck den Entwurf am 4. März 1867 im versammelten Reichstag ein. Hier folgten – der *dritte* Schritt – intensive Beratungen, aber in großer zeitlicher Konzentration, denn das Bündnis zwischen den norddeutschen Staaten war ein provisorisches, befristet auf ein Jahr; es reichte bis zum 18. August 1867. Bis zu diesem Zeitpunkt mußten die Verfassungsberatungen im Reichstag abgeschlossen sein. Aber bereits am 16. April, nach knapp sechs Wochen, nahm der Reichstag den umgestalteten Verfassungsentwurf mit überwältigender Mehrheit an (mit 230 gegen 53 Stimmen). In einem letzten *vierten* Schritt setzten die 23 Einzelstaaten mit 23 Publikationspatenten die Verfassung des Norddeutschen Bundes in Kraft. Offiziell seit dem 1. Juli 1867 existierte mithin rechtskräftig eine neue Organisation Norddeutschlands, ein vollausgebildeter Bundesstaat.

### *d) Die Verfassung des Norddeutschen Bundes*

Wenn hier die Grundzüge dieser Verfassung näher gekennzeichnet werden, seien besonders die Punkte hervorgehoben, die im Reichstag kritisch erörtert worden sind. Es zeigte sich erstmals, wie sehr auch Bismarck seinerseits der Unterstützung der Nationalliberalen und der liberalkonservativen Mitte bedurfte. Die Beratungen waren keineswegs eine Formsache, sondern es kam in wichtigen Fragen zu erbitterten Kampfabstimmungen, in denen mitunter eine einzige Stimme den Ausschlag gab. Aus der Verfassung des Norddeutschen Bundes ging im wesentlichen diejenige des Deutschen Reiches von 1871 hervor; bei der Reichsverfassung waren lediglich einige Modifikationen notwendig, die aus dem Beitritt der süddeutschen Staaten folgten.

Der neue Bund hatte drei Organe: den Bundesrat, das Bundespräsidium mit dem Bundeskanzler als Vorsitzendem und den Reichstag. Der *Bundesrat* war der Träger der souveränen Bundesgewalt; er folgte dem Vorbild des Frankfurter Bundestages, gewissermaßen als Gesandtenkongreß: eine Versammlung von weisungsgebundenen Vertretern der Landesregierungen. Er bildete die Länderkammer, in der Preußen das Schwergewicht, nicht aber die Mehrheit der Stimmen besaß. Der Bundesrat stand nicht gleichberechtigt neben dem Reichstag; denn, das ist wichtig, er war zuständig sowohl für die Gesetzgebung als auch für die Exekutive. Es herrschte deshalb keine echte Gewaltenteilung; das hatten die Abgeordneten in den Verfassungsberatungen heftig, aber erfolglos kritisiert. In der gesamten Konstruktion behielt der Bundesrat formal ein Übergewicht.

Die Ausübung der Exekutive lag beim *Bundespräsidium.* Es arbeitete als Geschäftsleitung des Bundesrats. Der Vorsitzende hieß Bundeskanzler. Im Gegensatz zum Deutschen Bund besaß der neue Staat eine eigene Exekutive, eine Bundeszentralgewalt. Nicht der preußische König war formell das Staatsoberhaupt, sondern es hieß lapidar: »Das Präsidium des Bundes steht der Krone Preußen zu.«

Der *Bundeskanzler* und seine Stellung standen im Brennpunkt der Verfassungsdebatte. Ursprünglich sollte er ausschließlich der Vorsitzende des Bundesrats, der Leiter seiner Geschäfte sein. Es hätte nach Bismarcks Willen keine Verbindung zum Reichstag gegeben. Dem Reichstag gelang es aber, für den Bundeskanzler das Prinzip der Ministerverantwortlichkeit durchzusetzen. Das bedeutete: Wenn der Bundeskanzler sich dem Reichstag gegenüber zu verantworten hatte, geriet er in eine selbständigere Position; er fungierte nicht mehr lediglich als Vollzugsbeamter des Bundesrats. Der Bundeskanzler wurde durch diesen Antrag zu einem selbständigen Regierungsorgan. Die Ministerverantwortlichkeit hatte aber lediglich politische, nicht juristische Qualität. Es gab kein Gesetz, das ein Anklageverfahren gegen den Bundeskanzler geregelt hätte.

Auffällig bleibt, daß die Verfassung darüber hinaus keine Ressortminister kannte. Erst die spätere Entwicklung des Reichs zeigte, daß es ohne zusätzliche zentrale Beamte, ohne Ressortminister, nicht ging. Später folgte die Ausdifferenzierung in Auswärtiges Amt, Reichsamt des Innern, Reichsämter für Marine, Post, Eisenbahn, Justiz, Finanzen, Kolonien, Ernährung, Wirtschaft und Arbeit. Im Norddeutschen Bund waren sie zunächst noch nicht vorgesehen, so daß die föderative Natur der Vereinigung sehr viel mehr zum Ausdruck kam.

Der *Reichstag* verkörperte die Volksvertretung, das Organ, zu dem der alte Deutsche Bund nicht hatte gelangen können. Bismarck blieb bei seinen bereits im Bund vertretenen Grundsätzen:

Er machte sich zum Verfechter des Wahlrechts von 1849, eines Männerwahlrechts, das allgemein, gleich und unmittelbar war. Nur die Demokraten sprachen sich offen dafür aus. Die Nationalliberalen polemisierten dagegen, das sei die »Vorstufe der demokratischen Diktatur« (H. von Sybel).[8] Der Reichstag ergänzte aber noch die Klausel von der geheimen Abstimmung. Bismarck setzte sich nicht durch mit der Absicht, Staatsamt und Mandat für unvereinbar zu erklären. Das hätte Richter, Verwaltungsbeamte und Universitätsprofessoren aus dem Parlament herausgehalten. Der Reichstag vermochte keine Diätenregelung durchzusetzen, so daß das Wahlrecht, indem die Abgeordneten ihre Unkosten selbst zu tragen hatte, doch einen verkappten Zensus erhalten hatte.

Nach der Erfahrung mit dem Verfassungskonflikt und gemessen an der fortbestehenden Parlamentarisierungstendenz des preußischen Abgeordnetenhauses erhielt der Reichstag nur eine beschränkte Machtfülle oder genauer gesagt: einen zuerst relativ eng begrenzten Wirkungskreis. Seine Gesetzgebungsgewalt war beschränkt durch das Veto des Bundesrats. Seine Budgetgewalt fand ihre Grenzen an den militärischen Bundesausgaben für Marine und Heer. Von der Regierungsbildung und von der Regierungstätigkeit war er ausgeschlossen. Ursprünglich war ihm offensichtlich die Rolle als »Hilfsgebilde, nicht als Kerngebilde der Verfassung« zugewiesen (E. Marcks). Aber diese Kräfteverteilung war nicht unverrückbar: Durch die parlamentarische Verantwortlichkeit des Bundeskanzlers verschoben sich späterhin doch die Gewichte. Sie gab dem Reichstag die Möglichkeit, bei der Etatberatung durch Interpellation den Kanzler der Kritik und Kontrolle zu unterwerfen, ihn letztlich auch mit der Macht der öffentlichen Meinung zu konfrontieren. Und zur Gesetzgebung bedurfte es, was auch nicht vergessen werden darf, der Mehrheit: Ohne den Reichstag war auf diesem Felde nichts mehr auszurichten. Insgesamt erscheint die Verfassung des Norddeutschen Bundes als ein Kompromiß sehr ungleicher Partner.[9] Zu Recht betont Klaus Erich Pollmann, daß die Tatsache eines Kompromisses angesichts der denkbar ungünstigen Ausgangslage der Liberalen für sich genommen schon bemerkenswert sei. Hervorgegangen aus einem siegreichen Krieg mit Bismarck als gefeiertem Präzeptor, vermochte sich der Konstitutierende Reichstag doch aus der möglichen Rolle eines bloßen Erfüllungsgehilfen zu lösen und zum mitentscheidenden Machtfaktor zu entwickeln.

Insgesamt trat der neugeschaffene Bund sogleich in eine lebhafte Staatstätigkeit ein, die sich in zahlreichen Gesetzen niederschlug und die Einheit des Reiches von 1871 vorzeichnete. Denn die Kompetenz des Bundes erstreckte sich auch auf jene zahlreichen Felder, wo der Deutsche Bund vorherrschend versagt hatte, auf Zoll- und Handelswesen, Eisenbahnen, Post, Telegraphie, Marine, Schiffahrt, Konsulatwesen, Kriegswesen und Finanzen, all die Bereiche, für die sich im späteren Reich die selbständigen Reichsämter etablierten. In der Regel gehört es nicht zum historischen Bewußtsein, daß hier ein Staat ins Leben getreten war, ein Staat, der in wenigen Jahren von 1867 bis 1870 eine lebhafte Gesetzgebungstätigkeit entfaltet hat. Die Gesetzesblätter und die publizierten Akten, die Reichstagsprotokolle und -drucksachen legen davon ein beredtes Zeugnis ab.

Nach seiner Verfassungskonstruktion war der vorausgegangene Deutsche Bund eher staatenbündisch organisiert. Der Norddeutsche Bund dagegen enthielt wegen der Bundeszentralgewalt und des Bundesparlaments starke bundesstaatliche Elemente. Die dominierende Stellung des Bundesrats und die Unabhängigkeit der Gliedstaaten ließen jedoch auch entschieden föderative Züge erkennen. Diese föderativen Merkmale hatten zweifellos mehr Gewicht als etwa in den Vereinigten Staaten von Nordamerika oder in der Schweizerischen Eidgenossenschaft dieser Jahre. Der föderative Charakter diente letztlich auch als Argument, um zu begründen, warum man auf eine Proklamation von Grundrechten verzichtete. Man verwies dazu auf die Verfassung der Einzelstaaten. Offensichtlich empfand die Mehrheit – anders als die Repräsentanten des politischen Katholizismus und der Arbeiterbewegung – einen bundeseinheitlichen Schutz individueller Freiheitsrechte nach dem Muster von 1848 nicht mehr als gleichermaßen dringlich.

### *e) Die Neuorganisation des Zollvereins als Präfiguration nationaler Einheit*

Die Gründung des Norddeutschen Bundes wirkte sich unmittelbar auf den Zollverein aus. Er konnte in seiner bisherigen Gestalt nicht weiterbestehen, denn der Bund verkörperte ein einheitliches Zoll- und Handelsgebiet, wobei er die ausschließliche Kompetenz über das Zollwesen hatte. Mit anderen Worten: Durch die Verfassung des Norddeutschen Bundes vom 1. Juli 1867 hörten seine Bundesstaaten auf, Einzelmitglieder des Zollvereins zu sein. Daher entstand das Problem, zwischen Norddeutschland und den vier süddeutschen Staaten ein neues zollpolitisches Band zu knüpfen.[10]

Eine Zollvereinskonferenz im Juni 1867 schuf dafür die neuen Grundlagen, die den neuen Zollvereinsvertrag (8. Juli 1867) trugen. Er trat am 1. Januar 1868 in Kraft. Was zunächst auf staatlicher Ebene noch unausgeführt geblieben war, ließ sich in Zoll- und Handelssachen verwirklichen: der geeinte nationale Bundesstaat. Denn der neue Zollverein verfügte über eigene bundesstaatliche Organe: den Zoll-Bundesrat und das Zollparlament. Ihre gemeinsam getragenen Mehrheitsbeschlüsse verpflichteten die Einzelmitglieder. Es gab kein Vetorecht mehr wie vordem. Die Exekutive lag beim Zollpräsidium. Es war dem preußischen König vorbehalten, bereitete Handelsverträge vor, überwachte die Ausführung der Zoll- und Handelsgesetze. Diese Zollvereinigung war dem Norddeutschen Bund nachgebildet. Indem sie die süddeutschen Staaten einschloß, nahm sie auf zollpolitischem Gebiet den Nationalstaat vorweg.

Das wird klarer, wenn man darauf schaut, wie seine beiden Organe, Zollbundesrat und Zollparlament, gebildet wurden. Der Zollbundesrat war nichts anderes als eine Erweiterung des norddeutschen Bundesrats um Vertreter der süddeutschen Regierungen. Mit wieviel Stimmen jeder hinzutretende süddeutsche Staat vertreten war, berechnete sich nach der Stimmenverteilung in der alten Bundesversammlung, dem Plenum.

Das Zollparlament wurde nach dem allgemeinen, gleichen und direkten Wahlrecht berufen; es war eine echte Volksvertretung. Für den Norddeutschen Bund waren im Reichstag die gewählten Abgeordneten bereits vorhanden. Das Zollparlament wurde gebildet, indem der Norddeutsche Reichstag um die Anzahl hinzuzuwählender Abgeordneter der süddeutschen Staaten ergänzt wurde. D. h. in Hessen, Baden, Württemberg und Bayern wurden eigens Wahlen zum Zollparlament anberaumt. Das Zollparlament bildete daher einen Vorgriff auf den Reichstag der Kaiserzeit.

Das Zollparlament lag zwar im Windschatten der großen Ereignisse, die zur Reichseinigung führten. Gleichwohl war es keine bloße Angelegenheit des Papiers. Es trat zu drei Sitzungsabschnitten zusammen, zwischen 1868 und 1870, und leistete grundlegende Arbeit, so daß die Reichsverfassung von 1871 auf der fundierten Wirtschaftseinheit aufbauen konnte. Drei dicke Protokollbände mit den stenographischen Aufzeichnungen unterrichten noch heute darüber. Prinzipienfragen wie Schutzzoll oder Freihandel standen ebenso auf der Tagesordnung wie verzwickte Detailfragen, aus denen der deutsche Partikularismus sprach, auf Gebieten wie der Tabak- und Zuckersteuer, dem Petroleumzoll, aber auch die große Frage eines neuen Handelsvertrages mit Österreich.[11]

## 3. Bismarcks Herrschaftstechnik in der Reichsgründungszeit

Die tieferliegenden Prinzipien der deutschen Einigungspolitik haben bereits den Zeitgenossen und nicht minder heftig den Nachgeborenen Rätsel aufgegeben und Kontroversen hervorgerufen. Das Augenmerk konzentrierte sich dabei besonders auf die Person Bismarcks und seine Herrschaftstechnik. Im Rahmen dieser Darstellung sollen zwei Aspekte herausgegriffen werden, die zugleich zentral für das Urteil über die Politik Bismarcks geworden sind: 1. die These vom »Primat der Innenpolitik«; das betrifft für die Zeitspanne bis 1871 vor allem die Frage, wie weit der innere Verfassungskonflikt in Preußen maßgeblich die Entscheidung bestimmte, ihn durch außenpolitische Konflikte und Erfolge zu kompensieren; 2. die Kennzeichnung der Bismarckschen Herrschaftstechnik als Bonapartismus oder Cäsarismus. Das zielt vor allem auf die pseudo-demokratischen, plebiszitären Elemente in der Verfassungskonstruktion des Norddeutschen Bundes. Im Zusammenhang mit dem Deutsch-Französischen Krieg wird schließlich als weiterer Aspekt der Bismarckschen Herrschaftstechnik das Problem zu erörtern sein, ob Preußen nach 1866 zielstrebig auf einen Krieg mit Frankreich hinsteuerte, um die Reichseinigung unter Einschluß des deutschen Südens zu vollenden.

### *a) Primat der Innenpolitik oder europäische Hegemonialpolitik?*

Die Frage nach den tieferen Beweggründen und Zielen Bismarcks hat zu einer vieldiskutierten Deutung geführt, die sich in der Formel vom »Primat der Innenpolitik« verdichtete. Was damit im

Zusammenhang der Reichsgründungspolitik gemeint ist, hat Wolfgang Sauer 1962 auf eine prägnante These gebracht: »Die Funktion der Risikopolitik im Bismarckschen System von 1864 bis 1871 war es gewesen, die innere Krise durch Ableitung nach außen wenn nicht zu überwinden, so doch zu neutralisieren und die Spannungen wenigstens zeitweise zu dämpfen.« Bismarck wollte nach diesem Konzept »die Mehrheit der widerstreitenden Kräfte unter einer Fahne sammeln und gegen die Minderheit führen, vorausgesetzt, daß diese stark genug ist, um als ernsthafte Gefahr für alle übrigen zu erscheinen, und doch zu schwach, um es wirklich zu sein«.[1] Außenpolitik diente demnach dem Zweck, im Innern die widerstrebende Mehrheit zu gewinnen und sie gegen die hartnäckigere Minderheit auszuspielen, was ja mit der Spaltung in Nationalliberale und Fortschrittsliberale geglückt zu sein schien. Für diese Deutung wurde auch der Begriff der »negativen Integration« geprägt.[2] Otto Pflanze hat das Problem in der Alternative zugespitzt: »Hat Bismarck den Krieg von 1866 inszeniert, um Preußen zu vergrößern und ihm den Führungsanspruch in Deutschland zuzusichern, oder, um den preußischen Verfassungskonflikt zwischen Krone und Parlament zu beenden, der mit seiner Ernennung zum Ministerpräsidenten 1862 begonnen hatte?«[3]

Pflanzes gegenläufige Argumentation weist zunächst darauf hin, Bismarck habe seine Hegemoniepolitik gegenüber Österreich und die Methode ihrer Durchführung bereits in den fünfziger Jahren konzipiert, lange vor dem Ausbruch des Verfassungskonflikts im Jahre 1862. Forscht man nach authentischen Aussagen Bismarcks, welche derartige Absichten – Krieg als abgeleitete Funktion der Innenpolitik – erkennen ließen, sind keine beizubringen, obwohl sich Bismarck mehrfach ausführlich über Prinzipien und Beweggründe seiner Herrschaftstechnik geäußert hat.

Als zentral für ein Urteil über die Kriegsmotive werden die Erörterungen in der entscheidenden Sitzung des preußischen Kronrats vom 28. Februar 1866 angesehen. Der Kronrat war die Versammlung von König, Prinzen, Generälen und Ministern. Man kann annehmen, daß die Anwesenden ihre Beweggründe zutreffend äußerten, denn der König hatte alle Teilnehmer auf strenge Geheimhaltung vereidigt. Über diese Sitzung existiert ein überliefertes Protokoll. Kernpunkt der Argumentation Bismarcks war:

Preußen sei die einzige lebensfähige politische Schöpfung, die aus den Ruinen des alten deutschen Reiches hervorgegangen sei und hierauf beruhe sein Beruf, an die Spitze von Deutschland zu treten. [...] Die ganze historische Entwicklung der deutschen Verhältnisse, die feindselige Haltung Österreichs treibe uns dem Kriege entgegen. Es würde ein Fehler sein, ihm jetzt aus dem Wege zu gehen.[4]

Das Protokoll enthielt einen einzigen Hinweis auf den offenen Verfassungskonflikt als Kriegshintergrund, indem es mitteilte: »Auf der anderen Seite wurde auf den vorteilhaften Einfluß hingewiesen, welchen ein kräftiges Auftreten nach außen und ein für die Ehre Preußens unternommener Krieg auf die Lösung des inneren Konfliktes ausüben würde.«

Hier scheint ein schlagender Beweis vorzuliegen, daß die Innenpolitik ein Motiv gewesen war. Aber das Protokoll sagte: Es »wurde hingewiesen«, jedoch von wem? Man nahm bisher an: von Bismarck. Glücklicherweise existieren noch zwei weitere Aufzeichnungen über diese denkwürdige Sitzung, von Generalstabschef v. Moltke und von Kultusminister v. Mühler. Beide teilen übereinstimmend mit, daß diese Idee von Innenminister v. Eulenburg stammte, was vom Ressort her auch plausibel klingt. Zusätzlich verraten beide Mitschriften, Bismarck habe sich einmal in der Ratssitzung zu einer Entgegnung veranlaßt gesehen, und das gerade bei dieser Bemerkung, die er beanstandete. Moltke hielt fest: »Graf Bismarck bemerkt, daß die inneren Zustände einen Krieg nach außen nicht nötig machen, wohl aber noch hinzutreten, um ihn günstig erscheinen zu lassen.« Mühlers Version klang noch entschiedener, denn es heißt dort: »Bismarck verwahrt sich dagegen, daß die inneren Fragen Motiv des Krieges sein können, ihre Lösung mag Frucht desselben sein.«[5]

Bismarck lehnte innenpolitische Faktoren in geheimer Sitzung ausdrücklich als Motiv für einen Krieg gegen Österreich ab. Das schließt eine Deutung vom »Primat der Innenpolitik« aus, jedenfalls, wenn man die mitgeteilten Intentionen Bismarcks als glaubhaft berücksichtigt. Pflanze erläutert das Widerstreben des preußischen Ministerpräsidenten mit der plausibel erscheinenden Argumentation: »Bismarck fand Eulenburgs Bemerkung frivol. Krieg war ein viel zu gefährliches Unternehmen, viel zu unkalkulierbar in seinem Verlauf und in seinen Konsequenzen, als daß man sich zur Bewältigung eines innenpolitischen Problems darauf einlassen konnte. Diese Antwort stimmt überein mit vielen anderen

Äußerungen Bismarcks über den Charakter von Kriegen und über die Notwendigkeit, die Außenpolitik von innenpolitischen Einflüssen freizuhalten.«[6]

Von »Primat der Innenpolitik« ist folglich, gemessen am Urteil Bismarcks, beim Ausbruch des Krieges von 1866 nicht zu sprechen. Ein weiteres gewichtiges Zeugnis liegt aus der Hand eines Berufenen vor, der wie kein anderer in die Pläne des Krieges von 1866 eingeweiht gewesen war. Als hätte der Chef des preußischen Generalstabs die spätere Diskussion über die Funktion der Innenpolitik gekannt, erklärte Moltke gegen Ende seines Lebens in einem Essay in eindringlicher Prägnanz:

> Der Krieg von 1866 ist nicht aus Nothwehr gegen die Bedrohung der eigenen Existenz entsprungen, auch nicht hervorgerufen durch die öffentliche Meinung und die Stimme des Volkes; es war ein im Kabinett als nothwendig erkannter, längst beabsichtigter und ruhig vorbereiteter Kampf nicht für Ländererwerb, Gebietserweiterung oder materiellen Gewinn, sondern für ein ideales Gut – für Machtstellung. Dem besiegten Österreich wurde kein Fußbreit seines Territoriums abgefordert, aber es mußte auf die Hegemonie in Deutschland verzichten.[7]

So sehr diese Erklärungen für den Primat der Außenpolitik zu sprechen scheinen: die Geschichte vollzieht sich selten in so klaren Alternativen, wie sie die Historiker nachträglich formulieren. Denn es darf nicht übersehen werden: Die beteiligten Akteure kalkulierten eine Rückwirkung des Krieges auf den Verfassungskonflikt ein, und sie bewerteten die erwarteten Resultate positiv.

### *b) Bonapartismus, Cäsarismus oder Kanzlerdiktatur?*

Bereits die Zeitgenossen münzten auf Bismarcks Regierungsweise Begriffe wie »bonapartistische Diktatur«, »plebiszitäre Diktatur« oder »Cäsarismus«. Diese Begriffe waren im 19. Jahrhundert vieldeutig und verschwommen.[8] Bismarck selbst nahm zu dem Vorwurf des »Cäsarismus« Stellung, und zwar im Zusammenhang mit der Debatte über das allgemeine Wahlrecht, die im verfassungsgebenden Norddeutschen Reichstag stattfand. Der ehemalige konterrevolutionäre Landjunker hatte sich ein revolutionäres Prinzip zu eigen gemacht und bereitete seinen konservativen und liberalen Kritikern erhebliches Kopfzerbrechen. Er erklärte, wenn er für die Wahlrechtsgleichheit eintrete, sei das »keineswegs ein tief angelegtes Komplott gegen die Freiheit der Bourgeoisie in Verbindung mit den Massen zur Errichtung eines cäsarischen Regiments«.[9] Was konnten die angesprochenen Kritiker mit diesem Etikett gemeint haben? Offensichtlich bezeichnete es – in der Sprache eines späteren Interpreten – »eine Herrschaftstechnik, die darauf abzielt, eine autoritäre politische Ordnung, die durch eine ›Revolution von oben‹ in der ›take-off‹-Phase der Industrialisierung an die Macht kam, zu legitimieren und zu stabilisieren.«[10] Das Plebiszit erschien in diesem System als ein Beschwichtigungsmittel, das der Bevölkerung gestattete, allgemeine Wünsche zu äußern, ohne sie jedoch an der politischen Macht teilhaben zu lassen. In der Diskussion der Zeitgenossen wurde dabei die Herrschaftstechnik des französischen Kaisers Napoleon III. mit derjenigen Bismarcks nicht selten auf eine Ebene gestellt.[11]

Nun ist nicht zu bezweifeln, daß es in Bismarcks Politik eine starke populistische Tendenz gab, an den gesellschaftlichen Eliten vorbei auf die angeblich gesunde Stimme des »Volkes« zu bauen. Eben so lautete sein Argument für das allgemeine Wahlrecht, daß es konservative Wahlergebnisse zu versprechen schien, weil die Masse der Bevölkerung monarchisch-konservativ denke. Bismarck leitete aus dem Verfassungskonflikt die Erfahrung ab, gerade das Dreiklassenwahlrecht habe ultramontanen Priestern, radikalen Agitatoren, Berufspolitikern und anderen Irregeführten den Eingang in das Abgeordnetenhaus verschafft.

In dem Begriff Cäsarismus schwingt mit, daß die Legitimation durch demokratische Wahlen lediglich Alibicharakter habe, daß sie nur eine Äußerlichkeit in der Verfassungskonstruktion sei. Die Sachlage war aber offensichtlich komplizierter, auch schon für die Zeitgenossen. Bismarcks Taktieren fügte sich keiner einfachen Zuordnung. Immer wieder hatten ihm Neoabsolutisten geraten, nach dem großen Erfolg von 1866 »der siegreichen Monarchie die Fesseln des Konstitutionalismus abzunehmen« (L. Gall)[12], was er verweigerte. Im Gegenteil war ihm daran gelegen, in der Verfassung des Norddeutschen Bundes ein Gleichgewicht zwischen monarchischen und gesellschaftlich-popularen Kräften institutionell zu sichern. Unter den Zeitgenossen hatte Ludwig Bamberger am zielsichersten die Intentionen dieser Herrschaftstechnik Bismarcks erkannt.

Der bereits im Zusammenhang mit dem österreichisch-italienischen Krieg erwähnte Bamberger hatte sich in der Zeit seines politischen Exils in Paris zum vorzüglichen Kenner des napoleonischen Systems entwickelt. Bismarck rief ihn deshalb 1870 während des deutsch-französischen Feldzugs als Sachverständigen in das Hauptquartier. Im Jahre 1868 veröffentlichte Bamberger in der französischen *Revue moderne* einen Aufsatz mit dem Titel *Monsieur de Bismarck.* Geschrieben hatte er den Beitrag bereits im Herbst 1867. Darin versuchte er nach eigenen Worten, »den gebildeten Franzosen eine andere als die damals unter ihnen stereotype Auffassung von dem Inhalt der letzten großen Ereignisse beizubringen. Vor allem galt es, ihnen die führende Persönlichkeit ins richtige Licht zu rücken«, daß nämlich Bismarck weder der »Prototyp eines einzig und allein auf reaktionären Absolutismus versessenen Junkers« noch ein zweiter Napoleon III. sei, wie »gerade die dem napoleonischen Regiment feindlich gesinnten liberalen Franzosen« der Zeit gemeint hätten.[13]

Bereits 1867 erkannte er, daß Bismarcks politisches System auf dem ständigen Versuch beruhe, einen Gleichgewichtszustand zwischen einander widersprechenden und sich einander bekämpfenden Tendenzen, Kräften und Interessen herzustellen, zwischen Reaktion und Fortschritt, zwischen Aristokratie und allgemeinem Wahlrecht.

Bamberger hatte gleichzeitig im August 1866 in der *Rheinischen Zeitung* einen Aufsatz zum Thema *Der Cäsarismus* veröffentlicht und dort festgestellt, der napoleonische Cäsarismus tauge, wolle man die aktuellen politischen Verhältnisse in Preußen und Deutschland verstehen, als Stichwort überhaupt nicht; das sei ein »aus fremden Lebens- und Sprachkreisen zu uns eingedrungenes Gespenst, mit welchem jetzt die Säuglinge auf der Schwäbischen Alb in Furcht und Schlaf gesungen werden«.[14]

Deshalb ist der Vergleich zum Umgang Napoleons III. mit dem Parlament und Wahlrecht unzutreffend. Sowohl das preußische Abgeordnetenhaus als auch der Norddeutsche und dann der Deutsche Reichstag waren alles andere als pseudokonstitutionelle Akklamationsmaschinen.

Dieser Gleichgewichtszustand zwischen Monarchie und Parlament, zwischen Aristokratie und Bürgertum, war aber eine Übergangserscheinung. Der ausbalancierte Kompromiß konnte wegen der beteiligten Gegner keine Lösung auf Dauer sein. Gall sieht in dieser Konstruktion des Ausgleichs die kommende Alternative zwischen parlamentarisch-demokratischem System oder plebiszitär-pseudokonstitutioneller Autokratie. Um 1866 mutete die Ausbalancierung der Interessen wie ein genialer Kompromiß an. Wie sich schon im Zusammenhang mit den Erwartungen der Nationalliberalen – ihren Hoffnungen auf politischen Einfluß – gezeigt hat, war das System von 1867 insgesamt offener als das spätere Kaiserreich nach den bedeutenden gesellschaftlichen Wandlungen und Machtverschiebungen seit der »Großen Depression« der siebziger Jahre.

Das Problem ist noch schärfer zu fassen, wenn man mit Hans-Ulrich Wehler zwischen Herrschaftssystem und Herrschaftsmethode unterscheidet. Das Herrschaftssystem des preußischen Staates von 1862 bis 1867/71 und des Kaiserreichs von 1871 bis zur Entlassung Bismarcks im Jahre 1890 besaß »nicht wenige autoritäre Züge. In seinem Gehäuse gab es jahrelang realhistorisch, wenn auch nicht im staatsrechtlichen Sinn, eine ›Kanzlerdiktatur‹ Bismarcks. Ein bonapartistisches Regime dagegen war es nicht.«[15]

Von der Herrschaftstechnik her zeigte es jedoch manche Verwandtschaft mit der Politik Napoleons III. Schlagwortartig sei die »Mischung von militanter Risiko- und Pazifizierungspolitik, von Repression und Modernität« (Wehler) genannt. An agitatorischer Geschicklichkeit, Geistesgegenwart und Kaltblütigkeit übertraf Bismarck zwar den französischen Kaiser; das bewies er beispielhaft in dem augenblicksgeborenen Kalkül, seinen Attentäter zu schonen, als er den zugreifenden Soldaten zurief: »Tut ihm nichts – wir brauchen ihn lebendig. Er nützt uns lebendig mehr als tot!«[16] Mit Napoleon III. teilte er aber andererseits wiederum die Geringschätzung der Legitimität und überhaupt eine »konservativ-revolutionäre Doppelpoligkeit«, die eindeutige Zuschreibung verbietet und permanent nötigt, die jeweils konkrete historische Handlungssituation in das Urteil einzubeziehen. Das gilt besonders auch für die Verschränkung der innen- und außenpolitischen Konstellationen, die zum Deutsch-Französischen Krieg führten.

## 4. Der Deutsch-Französische Krieg und die Reichsgründung 1870/71

Die preußischen Militärallianzen mit den süddeutschen Staaten, die wechselseitige militärische Angleichung, schließlich sogar ein gemeinsamer Aufmarsch- und Mobilmachungsplan: Alles scheint darauf hinzudeuten, Bismarck habe den kommenden Krieg mit Frankreich zielstrebig vorbereitet. Die Frage, wie planmäßig diese Politik erfolgte, ist jedoch genauer zu prüfen. So viel ist zunächst zweifelsfrei richtig: Als der Krieg im Juli 1870 ausbrach, war Preußen gerüstet und kriegsbereit. Aber hatte es diesen Krieg auch gewollt und betrieben? Die Thematik enthält zu einem guten Teil die Problematik der Kriegsschuldfrage. Mittlerweile sind nach teilweise sehr leidenschaftlichen Diskussionen der Zeitgenossen und der historischen Forschung über mehr als ein Jahrhundert hinweg sehr zuverlässige Aussagen möglich, denn die einzelnen Etappen auf dem Weg zum Krieg sind bis in die Tage und Stunden hinein durchforscht; besonders die Publikationen von Eberhard Kolb haben für Klarheit gesorgt.[1]

Für nicht unmittelbar beteiligte Zeitgenossen schien die Sachlage denkbar eindeutig, wenn man der Londoner *Times* folgen wollte, die am 16. Juli 1870 in ihrem Leitartikel schrieb:

> Das größte nationale Verbrechen, das wir seit den Tagen des ersten französischen Kaiserreichs in diesen Spalten berichten mußten, ist begangen worden. Der Krieg ist erklärt – ein ungerechter, aber vorbedachter Krieg. Dieses entsetzliche Unglück, das Europa in Schrecken hüllt, ist, das ist jetzt nur zu klar, die Tat Frankreichs, *eines* Mannes in Frankreich; es ist das schließliche Resultat des persönlichen Regimes.[2]

Der *Morning Advertiser* äußerte sich am gleichen Tag noch drastischer:

> Der Krieg ist erklärt. Frankreich ist der Angreifer. Es hat den einleitenden Schritt getan in einem Streit, dessen Folgen kein menschliches Wesen voraussagen kann. [...] Auf dem Haupte Louis Napoleons ruht und wird immer ruhen die schwere Last der Schuld an diesem Krieg. Er allein ist der Verbrecher. In diesem Punkte waren sich alle einig. Nirgends finden wir jemand, der eine andere Meinung hegt. Niemals gab es einen Angriff einer oder der anderen Macht, der ungerechtfertigter, grundloser und deshalb frevelhafter war als dieser Krieg von seiten Frankreichs gegen Preußen.[3]

Die zeitgenössische öffentliche Meinung außerhalb Frankreichs war bis weit in das Lager der Preußenfeinde einig, Frankreich habe diesen Krieg ins Werk gesetzt. Das würde in der Tat der Ansicht widersprechen, Bismarck habe planmäßig den Krieg angestrebt. Aber das Wort der Zeitgenossen ist nur so zuverlässig, wie ihnen die Ursachen und Handlungen bekannt waren. Das war zu einem guten Teil nicht der Fall. Man wird sich dem Problem von einer andern Seite nähern müssen. Die Klärung von Kriegsschuldfragen hat immer etwas Heikles an sich, so daß stets auch eine Versicherung angebracht ist, es gehe nicht darum, »alte Wunden wieder aufzureißen und die Konflikte der Vergangenheit noch einmal neu auszutragen. Heute, nach hundert Jahren, sollte es möglich sein, diese Vorgänge, die mit ihren Konsequenzen das Verhältnis zwischen Deutschland und Frankreich auf Jahrzehnte hinaus so schwer belastet haben, jenseits aller nationalen Sentiments und Ressentiments, jenseits aller nationalen Rechthaberei mit ruhiger Sachlichkeit zu erörtern.«[4]

Es ist zu unterscheiden zwischen den tieferen Gründen und der unmittelbaren Julikrise des Jahres 1870. In einem weiteren historischen Horizont lag ein bedeutender Einschnitt im Verhältnis zwischen Preußen und Frankreich im Jahre 1866, in dem erfolgreichen Sieg Preußens über Österreich und der Begründung des Norddeutschen Bundes, der sich ja bereits wegen der Vermittlerrolle Napoleons III. auf das Territorium nördlich der Mainlinie zu beschränken hatte. Das französische Bestreben wurde erkennbar, Preußen fortan machtpolitisch zu begrenzen. Umgekehrt war die Politik Bismarcks daraufhin angelegt, sich in machtpolitischer Hinsicht auf Dauer durch Frankreich keine Zügel anlegen zu lassen. Damit wird bereits ein Kennzeichen deutlich: Es handelte sich um eine machtpolitische Rivalität zwischen Staaten; nicht wirtschaftliche Motive gaben den Impuls, etwa der Kampf um Märkte, Zollgrenzen, Kolonien oder auch Territorialgewinn. Vor Ausbruch des Krieges war der Gewinn Elsaß-Lothringens kein Thema. Auch der spätere Kampf um den »Platz an der Sonne« im Zuge des europäischen kolonialen Imperialismus der Großmächte war noch nicht in Sicht.

Seit 1866 entwickelten die französische Diplomatie und Öffentlichkeit eine wachsende Empfindlichkeit gegenüber der preußischen Politik. Auf jedes für Frankreich nachteilige Ereignis wurde mit dem Verdacht einer preußischen Intrige reagiert, eines »mauvais procédé«. Man witterte Intrigen Bismarcks in der römischen Frage von 1867, im belgisch-französischen Eisenbahnkonflikt von

1869, und ein Ereignis in der Kette kleinerer internationaler Verwicklungen setzte das entscheidende Signal, von dem an die französische Politik ein offenes Zurückweichen Preußens erzwingen wollte: die Frage der sog. *Hohenzollern-Kandidatur.*[5]

1868 war die spanische Königin Isabella von ihrem Thron vertrieben worden. Die spanischen Militärs hielten als Nachfolger den Erbprinzen Leopold von Hohenzollern-Sigmaringen für geeignet und bereiteten seine Thronerhebung vor. Das geschah in geheimer Diplomatie; Bismarck unterstützte diese Pläne, aber nach außen hin war ein preußisches Handeln in der Sache nicht erkennbar. Durch Indiskretion erfuhr die französische Regierung von diesem Plan und betrachtete seine Reaktivierung als eine empfindliche Verschiebung der europäischen Mächteverhältnisse, weil dann die preußische Dynastie über Norddeutschland und Spanien zugleich zu gebieten hätte. Vergleiche mit Kaiser Karl V. wurden in die Debatte eingebracht; die bei Kolb im einzelnen dargelegten Verwicklungen sind hier nicht nachzuzeichnen.

Der eigentliche Kriegsausbruch verband sich mit dem Namen der »Julikrise«, und das Entscheidende daran scheint der Punkt der Weichenstellung, von der ab es kein Zurück mehr gab. Für den Historiker geht es dabei mitunter um Tage und Stunden. Die Nachricht von der Hohenzollernkandidatur wurde am 3. Juli in Paris bekannt. Frankreich verfügte in diesem Augenblick über Politiker, die man auf internationalem Parkett als unerfahren betrachten konnte, den im Januar 1870 ins Amt gekommenen Ministerpräsidenten Emile Ollivier und den Außenminister Duc de Gramont. Ihr weiteres Vorgehen kann man geradezu als dilettantisch ansehen, wenn man als ein Kriterium erfolgreicher Diplomatie betrachtet, sich und den Gegner nicht in solche ausweglosen Situationen zu manövrieren, daß ein Rückzug ohne Gesichtsverlust nicht mehr möglich ist.

Einen derartigen Schritt beging die französische Regierung, als sie vor der Kammer am 6. Juli 1870 eine offizielle Erklärung abgab. Von Ollivier stammte der vielbejubelte Satz: »Wir glauben nicht, daß die Achtung vor den Rechten eines Nachbarvolkes uns verpflichtet zu dulden, daß eine fremde Macht, indem sie einen ihrer Prinzen auf den Thron Karls V. setzt, das gegenwärtige Gleichgewicht der Kräfte in Europa zu unseren Ungunsten verändert.« Und Ollivier reichte bereits die verhüllte Kriegsdrohung nach: »Wenn es anders kommen sollte, werden wir, stark durch Ihre

Unterstützung, meine Herren, und die der Nation, unsere Pflicht ohne Zaudern und ohne Schwäche zu erfüllen wissen.«[6]

In dieser schroffen Form waren die Stimmungen in der Kammer und im Lande aufgeputscht. Die Regierung hatte einen Zusammenhang zwischen Preußen und der Kandidatur öffentlich hergestellt, den sie nicht beweisen konnte. Sie schuf damit Fakten, indem sie ihre weitere Politik an die öffentliche Meinung knüpfte. Hier bahnte sich mit einemmal ein »Primat der Innenpolitik« an. Gemessen an den Gepflogenheiten damaliger Diplomatie lag das Verletzende, Provozierende dieses Vorgehens vor allem in der Form, sich öffentlich an die Kammer zu wenden, statt unmittelbar mit der gemeinten Regierung zunächst einmal zu verhandeln, mehr noch: Dieses Verfahren war »ohne Beispiel in der europäischen diplomatischen Geschichte« (E. Kolb) und insofern auch von Bismarck nicht vorhersehbar.

Da Preußen diese Kandidatur nicht offen protegierte, war Frankreich gar nicht genötigt, diese Angelegenheit als eine Prestigefrage zu behandeln. Erschwert wurde die Sachlage noch dadurch, daß Gramont eine offizielle Pressekampagne gegen Preußen einleitete, ohne vorher in Verhandlungen getreten zu sein.

Die in der Kammer anwesenden Diplomaten bewerteten denn auch diese Erklärung als eine »ungeheure Sensation«. Der bayerische Gesandte in Paris urteilte unmittelbar darauf am 7. Juli: »Man kann sich des Eindrucks nicht erwehren, daß nunmehr die französische Regierung es darauf abgesehen, mit Preußen anzubinden oder zum mindesten letzteres, falls es nachgibt, eklatant zu demütigen.«[7]

Die englischen, russischen, belgischen und italienischen Diplomaten rechneten bereits jetzt damit, daß man hart am Rande des Krieges stehe; ob dieser ausbreche, sei nur noch eine Frage der preußischen Reaktion. Als Bismarck am 8. Juli von dieser Kammererklärung Kenntnis erhielt, erschien er durch das Auftauchen einer französischen Kriegsgefahr völlig überrascht. Die Erbfolgefrage rangierte für ihn nicht auf einer Ebene, die das Risiko eines Krieges gerechtfertigt hätte. Er befand sich auf seinem Landgut in Varzin, und nach seinen Worten hatte »der Chef sich Tag über in die Wälder versteckt«, d. h. der König war auf der Jagd. Das deutete nicht auf intensive Kriegsvorbereitungen hin.

Die sich zuspitzende Entwicklung bekam für Frankreich und die europäische Öffentlichkeit eine überraschende Wendung, als am 12. Juli 1870 Fürst Karl Anton von Hohenzollern-Sigmaringen den Verzicht seines Sohnes auf die Kandidatur bekanntgab. Das sah wie ein französischer Erfolg aus. Aber er war nicht vollkommen. Denn bisher war es nicht gelungen, eine Mitwirkung der preußischen Regierung an Kandidatur und Verzicht nachzuweisen. Die französische Regierung konnte also nicht behaupten, die preußischen Politiker seien zurückgewichen.

Unmittelbar darauf stellte die französische Regierung eine erneute Forderung – nach einer Garantieerklärung, daß Preußen auch künftig keine Kandidatur eines Hohenzollern in Spanien unterstützen werde. Es war vorherzusehen, daß eine solche Garantie bei Preußen nicht zu holen war, denn sie hätte ein Eingeständnis in die unmittelbare Verwicklung und in der Tat ein diplomatisches Fiasko bedeutet. Der französische Botschafter suchte den in Bad Ems weilenden König auf, um ihm eine solche Garantieerklärung abzunötigen. Dieser schickte die berühmte Emser Depesche an Bismarck, und Bismarck redigierte sie zur Veröffentlichung. Man hat in einigen verschärfenden Formulierungen den entscheidenden Impuls zur Kriegserklärung sehen wollen, tatsächlich aber enthielt die Depesche nur eine kategorische Absage, die lautete: »Seine Majestät der König hat es darauf abgelehnt, den Franz. Botschafter nochmals zu empfangen, und demselben durch den Adjutanten vom Dienst sagen lassen, daß S. Majestät dem Botschafter nichts weiter mitzuteilen habe.«[8]

Diese Depesche gab Bismarck an die Presse, und sie machte offenkundig, daß sich die französische Diplomatie mit ihrem Anspruch auf eine Verzichtserklärung nicht durchgesetzt hatte. Deshalb den Krieg zu erklären, schien den europäischen Mächten keineswegs einen Grund abzugeben, zumal ja durch die Rücknahme der Kandidatur der eigentliche Stein des Anstoßes beseitigt war. Die französische Regierung stand unter dem Druck der diplomatischen Lage und mußte damit am 15. Juli vor die Kammer treten. Die Aufstachelung der öffentlichen Meinung erwies sich als ein Bumerang, der auf die Regierung zurückfiel. Sie leitete gewissermaßen einen Automatismus ein: Beantragung und Bewilligung von Kriegskrediten durch die Kammer, Ablehnung des englischen Vermittlungsvorschlags, Übermittlung der Kriegserklärung. Charakteristisch für die Situation war der Satz, den Napoleon III. am 14. Juli an seinen Ministerpräsidenten Ollivier richtete: »Sehen Sie, in welcher Lage sich eine Regierung manchmal befinden kann: wir haben keinen richtigen Kriegsgrund, trotzdem werden wir uns für den Krieg entscheiden müssen, um dem Willen des Landes zu gehorchen.«[9]

Überblickt man die Fakten und Entscheidungsphasen, läßt sich kaum mit Fug behaupten, von preußischer Seite aus sei der Krieg planmäßig angestrebt worden. Vieles spricht dagegen, so die Überraschung, so das Nachgeben in der Thronkandidatur. Auf der französischen Seite waren viel nationale Leidenschaft, außenpolitischer Dilettantismus und schließlich auch Eigendynamik einer freigesetzten öffentlichen Meinung im Spiel, letztlich aber auch eine Entschlossenheit zum Krieg, um Preußen endlich Schranken zu setzen. Ein österreichischer Militärattaché erkannte am 13. Juli, sechs Tage vor der amtlichen Kriegserklärung, einen Tag nach dem Verzicht des Hohenzollern auf den spanischen Thron: »Seit sechs Tagen bereits hatte man sich hier nicht mehr auf das Terrain der Kandidatur des Prinzen Hohenzollern, sondern ausschließlich auf jenes der allgemeinen Notwendigkeit, den Krieg mit Preußen herbeizuführen und endlich auszutragen, gestellt.«[10]

Aus französischer Sicht ging es in der Tat um Preußen, aber durch die Militärallianzen Preußens mit den süddeutschen Staaten handelte es sich nun bereits um Deutschland, das als Gegner gegenüberstand. Denn die süddeutschen Staaten hatten sich anders, als man von französischer Seite erwartet hatte, bereitwillig und schnell in die Front eingefügt.

Der Feldzug im einzelnen sei Spezialisten unter Militärhistorikern vorbehalten. Wesentlich an ihm war in politischer Hinsicht, daß er ein überaus schnelles Ende fand, mit der Kapitulation der Armee MacMahons am 2. September 1870 bei Sedan nahe der belgisch-französischen Grenze. Hier wurde auch Kaiser Napoleon III. gefangengenommen. Bereits zwei Tage später wurde das französische Kaisertum gestürzt. Frankreich wurde zur Republik. Während die Kampfhandlungen noch fortdauerten, im Oktober und November 1870, verhandelte Bismarck bereits, besonders intensiv mit Bayern, über den Zusammenschluß der süddeutschen Staaten mit dem Norddeutschen Bund. Der letzte entscheidende Abschnitt der militärischen Konfrontation endete mit der Kapitulation von Paris am 28. Januar 1871. Sie erhielt zugleich eine symbolische Bedeutung. Bereits am 18. Januar 1871 war König Wilhelm im Spiegelsaal des Schlosses von Versailles zum Kaiser der Deutschen erklärt worden.

Eine Frage verdient jedoch unter der Perspektive des 20. Jahrhunderts noch besondere Beachtung. Kolb formulierte sie als *Der schwierige Weg zum Frieden. Das Problem der Kriegsbeendigung 1870/71.* Kolb geht dabei von der Beobachtung aus, daß es um vieles schwerer ist, aus einem Krieg wieder herauszukommen, als in ihn einzutreten, und knüpft daran die Frage nach der allgemeinen »Technik des Friedensschließens«. Amerikanische Historiker haben sich aus aktuellem Anlaß des nicht enden wollenden Vietnam-Krieges dafür zu interessieren begonnen, wie Kriege beendet werden. Kolb hat diese Frage auf 1870/71 übertragen und dabei Besonderheiten herausgefunden, die begreiflich machen, warum es in der Gegenwart die große Ausnahme bleibt, daß bewaffnete Konflikte mit einem echten Frieden schließen. Er weist auf 34 größere bewaffnete Konflikte zwischen 1945 und 1970 hin, die alle ohne Abschluß in einem förmlichen Friedensvertrag blieben.

Für die Diplomatie des 19. Jahrhunderts existierte ein Modell, wie man aus dem Krieg wieder herauskam. Die Stationen hießen: Waffenstillstand, Präliminar- oder auch Vorfrieden und Definitivfrieden. Vom 21. bis 26. Februar 1871 fanden in Versailles Vorfriedensverhandlungen statt, bei denen man sich auf die zwei wichtigsten Punkte einigte: die Territorialfrage (Abtretung Elsaß-Lothringens) und die Kriegsentschädigung. Der Definitivfrieden wurde am 10. Mai 1871 in Frankfurt unterzeichnet.

Die Verhandlungen waren unvergleichlich komplizierter als vorausgegangene, wenn man etwa auf das Ende des Krimkrieges in den fünfziger Jahren schaut, der ein europäischer Konflikt gewesen war. Drei neuartige Konstellationen erschwerten, anders als in der zurückliegenden Epoche, 1870/71 den Beteiligten die Verständigung besonders:

1. Die Waffentechnik begann sich 1870 zu verändern. Anfangs wurde der Krieg noch in den traditionellen Formen ausgetragen; die Zivilbevölkerung blieb ausgeschlossen, Kavallerie und Bajonette wurden benutzt. Dann aber zeichnete sich auch die moderne Materialschlacht mit ihren ungeheuren Verwüstungsmöglichkeiten am Horizont ab. Auch veränderte sich die Perspektive der Kriegführenden: Nicht mehr eine Armee, sondern ein Land sollte besiegt werden. Das zog die Zivilbevölkerung hinein, führte dazu, den Krieg total werden zu lassen, wie das vorher nur aus dem amerikanischen Bürgerkrieg bekannt war.

2. Während der ersten Wochen nach Kriegsbeginn fand in

Frankreich ein Systemwechsel statt; es standen zwei Regierungen, die Legitimität beanspruchten, nebeneinander: der gefangengenommene Napoleon III. samt seiner Frau Eugenie, die nach London ins Exil geflüchtet war und die Regentschaft wahrnahm, außerdem die De-facto-Regierung in Paris. Mit wem war zu verhandeln? Wer konnte verbürgen, daß die Abmachungen später eingehalten wurden? Das belastete und verunsicherte die Verhandlungen. Damit war zugleich eine Entscheidung über die künftige Staatsform in Frankreich verbunden. Sollten die republikanischen Machthaber legitimiert oder sollte das zweite Kaiserreich restauriert werden?

3. Eine zusätzlich erschwerende Situation trat am 18. März 1871 in Paris ein, als dort ein Kommune-Aufstand ausbrach. Ein besonders schwieriges Problem lag in dem territorialen Anspruch auf Elsaß-Lothringen. Diese Frage wurde vom Nationalismus emotional immer stärker aufgeladen. Wenn man sie unter dem Blickwinkel der überkommenen Kabinettspolitik betrachtet, war an einer solchen Abtretung nichts Besonderes; sie demonstrierte, wer der Sieger und wer der Besiegte war. Rußland hatte nach dem Ende des Krimkrieges 1856 territoriale Verluste hinnehmen müssen, Österreich 1859 und 1866 gleichermaßen. Es wäre unter diesem Gesichtspunkt eine einzigartige Ausnahme gewesen, wenn Gleiches für Frankreich nicht gegolten hätte.

Neuartig waren aber die beigemischten nationalen Emotionen, die aus der territorialen, staatlichen Frage eine nationale machten und der gesamten Annexion eine bis in den Ersten Weltkrieg hineinreichende Tragweite verliehen. Die Annexion Elsaß-Lothringens bildete denn auch das am meisten umstrittene Problem des Krieges von 1870/71. Die Rolle Bismarcks stand dabei besonders im Mittelpunkt. Die in den sechziger Jahren unseres Jahrhunderts zeitweilig verfochtene Ansicht besagte, Bismarck habe die Annexionsforderung aufgebracht und in einer geschickt lancierten Pressekampagne in die Öffentlichkeit gelenkt.

Tatsächlich verhielt es sich aber umgekehrt. Eine genauere Durchmusterung der deutschen Presse lehrt: Quer durch nahezu alle politischen Lager entwickelte sich mit großer Vehemenz die Forderung nach dem Wieder-Erwerb (!) des Landes als »Siegespreis«. Eine von Bismarck inszenierte Kampagne hingegen ließ sich nicht nachweisen.[11] Auf lange Sicht belastete aber gerade diese Annexion das deutsch-französische Verhältnis in der Folgezeit schwerwiegend. Das Wichtige an der gesamten Problematik, aus dem Krieg herauszukommen, lag in der intensiven Beteiligung der öffentlichen Meinung, die ein Eigengewicht erhielt und fortwährend die Handlungen der Politiker beeinflußte, wie es auch schon zu Ausbruch des Krieges der Fall gewesen war. Insgesamt hatten dieser Krieg und die Probleme mit dem Friedensschluß gelehrt, daß dieser bewaffnete Konflikt anders als die vorausgegangenen Kriege war. Krieg war kein »probates Mittel des Konfliktaustrags zwischen europäischen Großmächten« mehr, als der er bisher hatte wirken können. Denn ein einmal begonnener Nationalkrieg entwickelte eine Dynamik, welche die Möglichkeiten sprengte, ihn nach der alteuropäischen Tradition noch zum Abschluß zu bringen. Welche Gefahren verbanden sich künftig mit Nationalkriegen?

– Sie waren nicht mehr rational kalkulierbar und konnten deshalb nicht auf ein entsprechendes zuvor berechnetes Kalkül hin zu Ende gebracht werden.

– Die äußeren Bedingungen wurden komplizierter: 1870 hatte sich der Krieg noch begrenzen lassen auf die zwei beteiligten Mächte. Die eine Seite erschien in der internationalen Öffentlichkeit als eindeutiger Aggressor und fiel unter deren Verdikt. Aber schon hier, wegen der verwickelten inneren Verhältnisse Frankreichs, hatte der Friedensschluß schier unüberwindbare Hürden zu bewältigen.

Der Frankfurter Friede setzte mithin einen Markstein in der europäischen Geschichte, nicht nur, weil er die Begründung des Deutschen Reiches auf europäischer Ebene besiegelte, sondern auch, weil er den Schlußstein im System der Friedenssicherung der europäischen Staaten untereinander darstellte. Das Jahr der Reichsgründung erscheint mit gutem Grund aus inneren und äußeren Rücksichten als Epochengrenze, wenn man diese nicht zu schematisch, sondern bis zum Beginn der »Großen Depression« im Jahre 1873 faßt.

# V. Rückschau und Ausblick

## Das Zeitalter mit dem Janusgesicht

Nachmärz oder Reichsgründungszeit – so lautet bevorzugt die Charakterisierung der Epoche zwischen 1849 und 1871, obwohl mitunter die Begriffe auch anders gewählt werden mögen. Alle haben gemeinsam, jene mehr als zwei Jahrzehnte perspektivisch als »Durchzugszeit« zu würdigen, sie in erster Linie als etwas Abgeleitetes von Gewesenem oder Vorstufe von noch Kommendem zu behandeln.

Diese Darstellung nun hat versucht, mit jener traditionellen Sicht zu brechen. Freilich durfte sie sich dabei den Blick für historische Kontinuität nicht trüben lassen. Aber das Zeitalter bot genügend Merkmale, es auf seine Eigenständigkeit hin zu deuten, als Formationsperiode, die sich nicht lediglich mit Fortentwicklung, sondern mit neuen Impulsen, mit »Durchbruch« und »Aufbruch« beschreiben ließ. Dabei war nicht selten eine merkwürdige Zwiespältigkeit der Erscheinungen festzustellen.

Das zeigte sich bereits bei charakteristischen Zeiterfahrungen der Zeitgenossen. Rückzug ins Private, zu einem »zweiten Biedermeier«, ging einher mit der aufwühlenden Erfahrung der Beschleunigung aller Lebensverhältnisse, nicht zuletzt vermittelt durch die Eisenbahn. Ein neuer rationaler Zugriff auf Natur und gesellschaftliche Verhältnisse beförderte die Erwartung, durch die Verbindung von Wissenschaft, Industrie und Staat ließen sich die aktuellen Krisen der Gegenwart bewältigen. Die Macht des freigesetzten Kapitals und der industriellen Produktion schien den sich ausbreitenden Fortschrittsoptimismus zu rechtfertigen.

Die Revolution von 1848/49 bildete in vieler Hinsicht eine Basis für die kommenden Jahrzehnte. Es hatte sich in ihr eine politische Emanzipation abgezeichnet, wie sie unter der Vorherrschaft der vorrevolutionären Eliten nicht möglich gewesen war. Was die Reaktionsära unterdrückte, wurde in den sechziger Jahren wieder lebendig: eine konkurrierende öffentliche Meinung und politische Vereine, die erneut Einheit und Freiheit als ihre Losung gewählt hatten.

Aber der Übergang in die Reaktion erwies sich als unerwartet kompliziert – wegen des kleindeutschen Einigungsversuchs, der von dem preußischen Politiker v. Radowitz angeregt wurde. Trotz großen Anklangs unter den kleineren deutschen Staaten setzte sich doch das föderative Eigengewicht jener Staaten durch, denen nicht an einer engen bundesstaatlichen Einigung unter preußischer Hegemonie gelegen war: Die vier Königreiche Sachsen, Bayern, Württemberg und Hannover sowie die Großmacht Österreich verweigerten sich der Erfurter Union. Das komplexe Wechselspiel zwischen diesen drei Größen: Preußen – Österreich – »Drittes Deutschland« bestimmte mit jeweils wechselndem Eigengewicht in hohem Maße die nationale deutsche Politik, kulminierend in einer Abfolge teilweise gutgemeinter, aber letztlich erfolgloser, weil verspäteter Versuche, den Deutschen Bund als politisches Gehäuse umfassender nationaler Einheit zu reformieren. Der Beginn der sechziger Jahre war erfüllt davon, der Frankfurter Fürstentag von 1863 bot den glanzvollsten Höhepunkt. Unter wechselnden Konstellationen scheiterten die föderativen Einigungsversuche am Widerstand Preußens, Südbundpläne des Jahres 1867 aufgrund der inneren Brüchigkeit des süddeutschen Staatenverbandes. Eine leitende Frage wird auch künftig bei der Beschäftigung mit dieser Epoche bleiben, ob sich Alternativen zu der schließlich 1871 vollzogenen Einigung dargeboten haben. Die Chancen werden in der Forschungsliteratur unterschiedlich beurteilt. Österreichische Historiker neigen dazu, dem Deutschen Bund größere Entwicklungsmöglichkeiten zuzuschreiben. Das hier vorgelegte Resultat ist eher skeptisch ausgefallen.

Besondere Schatten fielen auf die Politik des Bundes im Jahrzehnt unmittelbar nach seiner Restituierung im Jahre 1850/51. Die von ihm ausgehende Reaktionspolitik zeigte ihn doch in der Hand der aristokratischen Eliten. Parallel dazu verstärkte die Aktivität des geheimen Polizeivereins die innenpolitische Repression, die sich gegen jene Tendenzen richtete, welche die Revolution zu einer politischen Emanzipationsbewegung hatten werden lassen: gegen Presse, Parteien und Parlamente. Es war wichtig, das Systematische an dieser Politik zu erkennen, daß sie nicht lediglich eine Bündelung von Einzelmaßnahmen darstellte, sondern zielstrebig und koordiniert betrieben wurde. Auch einzelne Instrumente des Polizeivereins verwiesen darauf, etwa die Wochenberichte und die gemeinsamen Polizeikonferenzen. Diese Phase lediglich unter dem Gesichtspunkt des »Übergangs« zu sehen hieße, sie zu bagatellisieren. Ihre Folgen für die politische Kultur in Deutschland, ihre Auswirkungen z.B. auf die Flucht oppositioneller Trägerschichten ins Exil, harrt noch genauerer Erforschung. Man sollte sich diese Aufgabe nicht zu leicht machen.

Dabei darf die eigentümliche Stellung der geheimen Polizeiorganisation und -tätigkeit nicht übersehen werden. Sie war eingebettet in das System des Konstitutionalismus; mit anderen Worten: Staaten mit geschriebenen Verfassungen – Österreich ausgenommen – hegten im Bereich der inneren Verwaltung einen rechtsfreien Raum, der in empfindlicher Weise Willkürmaßnahmen zuließ. Der Konstitutionalismus gewährte Rechte und vermochte sie zugleich zurückzunehmen, wenn der Monarch seine exekutive Gewalt extensiv zur Geltung brachte. Das gab dem späteren preußischen Verfassungskonflikt seine eigentliche Triebkraft. Hier versuchte das im Abgeordnetenhaus repräsentierte Bürgertum, die Exekutive stärkerer parlamentarischer Kontrolle zu unterwerfen. Es zielte auf den Bereich des Militärs und traf damit den politisch empfindlichsten Punkt dieser Verfassungsmischkonstruktion, die halb autokratische Monarchie, halb verbriefter Rechtsstaat sein wollte.

Der Verfassungskonflikt, der nicht allein Preußen beherrschte, sondern Parallelen in fast allen bedeutenderen Mittelstaaten hatte, mündete in der Hohenzollernmonarchie in einen merkwürdigen Schwebezustand, indem das Recht des Parlaments bestätigt wurde – im Idemnitätsgesetz –, indem aber zugleich das ursprüngliche Ziel, den Staat zu parlamentarisieren, scheiterte. Ebenso verhielt es sich in der Konstruktion des Norddeutschen Bundes, der ein starkes Übergewicht des Bundesrats, also der monarchischen Mitgliedsstaaten, vorsah. Das demokratische Gegengewicht des allgemeinen Wahlrechts zeigte auch hier wiederum den Versuch einer Ausbalancierung von Kräften, die eigentlich unvereinbar waren. Das macht ein Stück jenes angesprochenen Zwittercharakters dieser Epoche aus. Die folgende Ära des Kaiserreichs war erfüllt von Konflikten um diese Konstruktion. Sie erwies sich auf Dauer als unhaltbar und fand ihr Ende gleichermaßen durch eine Revolution, im Jahre 1918.

Es wurde ein Signum des 19. Jahrhunderts, daß es Konflikte um Macht und Herrschaft in der Form von Verfassungskämpfen, von Fehden um Artikel, Paragraphen, Kompetenzen austrug. Der Kampf um das richtige Verfassungssystem fiel in die Zeit außerordentlicher wirtschaftlicher Wachstumsprozesse. Diese signalisierten den weitaus komplexeren Durchbruch der Industrialisierung, für den das Bild des »Take-off« gebraucht wird.

Innovative Produktionstechniken, Nutzung neuer fossiler Energieträger, das Fabriksystem, die Zirkulation des Kapitals in einer auf Wachstum und Wettbewerb orientierten Konkurrenzwirtschaft, Lohnarbeit und Verdichtung der Kommunikation hoben sich als einzelne Merkmale ab, welche den industriellen Durchbruch analytisch greifbarer machten. Einzelne Sektoren, Verkehrswesen, Metallerzeugung, Bergbau, Maschinenbau, bewiesen ihre Leitfunktion, abgehoben von der überkommenen Landwirtschaft. Ins einzelne gehende Analysen der Wirtschaftsentwicklung – der Konjunkturzyklen zwischen 1840 und 1870 – zeigten Macht, Grenzen und Risiken jener ungestümen Wirtschaftsentwicklung, aber auch die Ungleichgewichtigkeit, wo sich Bereiche vehementen Wachstums wie im Verkehrswesen neben traditionellen Zonen der ländlich-gewerblichen Mischwirtschaft entwickelten. Die Zwiespältigkeit der Zeit erwies sich auch hier, da die Wirtschaftskrise und politische Depression der frühen fünfziger Jahre noch Hunderttausende zur Auswanderung aus Deutschland trieben, andererseits aber die neue Industrie Arbeitskräfte anzog und die Abwanderung zu dämpfen begann.

Wirtschaftlicher und gesellschaftlicher Wandel standen in einem engen Zusammenhang. Einzelne soziale Gruppen sahen sich spezifischen Konflikten der neuen Zeit ausgesetzt. Der Adel fühlte sich in seiner traditionellen Führungsrolle durch das Einfluß gewinnende Wirtschaftsbürgertum bedroht. Der geadelte Bankier, der bürgerliche Rittergutsbesitzer, der demokratische Minister gewannen für ihn den Charakter eines Schreckbildes, wogegen die Reaktionspolitik eine vorübergehende Kräftigung des Adels in politischen Führungspositionen bewirkte.

Die Epoche zeigte den großen Umbruch des Bürgertums. Das traditionelle Stadtbürgertum wurde in seiner Bedeutung zurückgedrängt. Andererseits entwickelten die Kommunen kraft Städtebau, Städtetechnik und Daseinsfürsorge einen neuen Charakter, der aus der Stadt die »City« zu machen begann, ein Wandel, der die Städte grundsätzlich von der vorrevolutionären Ära schied und heutigen Formen anglich. Sie leisteten im Lokalen, Überschaubaren ein Stück jener Arbeit, deren sich der heraufkommende Interventions- und Sozialstaat während des Kaiserreichs im großen annahm. Noch mehr als im Vormärz gewannen Amts- und Würdenträger als Diener des Staates an Bedeutung, aber als neuer Typ trat das wirtschaftende selbständige dynamische Individuum ins Blickfeld; es verdrängte den Blick für die verharrenden Kräfte, angesiedelt bei den Kleingewerbetreibenden und kleinen Handwerkern. Gleichwohl wurde gerade das Handwerk in den Sog der Industrialisierung hineingezogen und reagierte mit den jeweils branchenspezifischen Möglichkeiten. Es ging nur zum geringeren Teil unter, anders als Marx vorhergesagt hatte; es paßte sich an, durch Veränderung seiner Produktionsweise, teilweise sogar durch Expansion. Insgesamt zeigte die nachrevolutionäre Entwicklung, daß das Modell einer »klassenlosen Bürgergesellschaft« nicht mehr als eine liberale Utopie gewesen war. Das Bürgertum konnte nicht mehr für alle sprechen. Die soziale Ungleichheit nahm nicht ab, sondern zu.

Der Weg der unterbäuerlichen und unterbürgerlichen Schichten führte nicht zur später gesicherten bürgerlichen Existenz kleingewerblich Besitzender, sondern er mündete mehr oder weniger geradlinig in die Lohnarbeit und -abhängigkeit. Das hatte für die Betroffenen Vor- und Nachteile. Historische Einzelstudien verdeutlichten konkret den Wandel in der Gewerbestruktur ländlicher Gemeinden, die in das Einzugsfeld der Industrialisierung geraten waren. Die sozialen, mentalen, familiären, moralischen Wandlungen, die neuen Rollen weiblicher Arbeitnehmer wurden durch das Prisma der Alltagsgeschichte des Ortes Berkheim nahe Esslingen nachvollziehbar.

Wirtschaftliche Wachstums- und Beschleunigungsvorgänge, die gesellschaftliche Umbildung, die ungeheure Mobilisierung auf der Ebene der Vereine und Verbände entfalteten sich im föderativen Deutschland. Der Durchbruch zum Industriestaat erfolgte in einer Phase, in der Deutschland noch kein national geeinter Staat war. Deshalb ist auch allen Konstruktionen, welche die Bildung des Nationalstaats aus sozialökonomischen Zwängen quasi-gesetzlich und folgerichtig herleiten wollen, Skepsis entgegenzubringen. Das politische System scheint doch in einem sehr viel vermittelteren Verhältnis zu den wirtschaftlichen und sozialen Wandlungen zu stehen. Man kann weder sagen, daß die politische Repression der fünfziger Jahre den Wachstumsschub generell beschleunigt, ermöglicht oder gedämpft habe, wie man gleichermaßen ebensowenig zu behaupten vermag, die Phase der »Neuen Ära« und Liberalisierung habe der Mobilisierung erst ihre eigentliche Schubkraft verliehen. Der Durchbruch der Industrialisierung erfolgte übergreifend zugleich in den fünfziger *und* den sechziger Jahren. Sie gehören zusammen.

Wohl aber verlieh die wirtschaftliche Expansion dem Bürgertum neue Legitimität und Durchsetzungsbereitschaft. Das zeigte sich in der lebhaften Anteilnahme an der italienischen Einigung und an der politischen Wiederbelebung im eigenen Lande, als die alten Forderungen von 1848/49 wieder wach wurden. Die Rede vom Scheitern der Revolution verdeckt gleichermaßen, wieviel Energie die Personen und Ideen noch in den sechziger Jahren gerade ihr verdankten.

Rückbezug auf 1848 und zugleich Neubeginn unter gewandelten gesellschaftlichen und ökonomischen Bedingungen: Das war kennzeichnend für den Zwittercharakter der sechziger Jahre. Diese Eigenschaft verlieh letztlich der gesamten Epoche einen charakteristischen Spannungsbogen. Viele Entwicklungen schienen noch offen, die im nachfolgenden Jahrzehnt eindeutig verliefen. Als solche ambivalenten Erscheinungen der sechziger Jahre boten sich dar der Liberalismus zwischen Staatsbürger- und Klassenhorizont, die Neukonstituierung von Parteien, deren Bezugspunkt weiterhin 1848 blieb, deren parteipolitisches Profil sich aber ungleich schärfer ausgeprägt hatte und dem Kaiserreich näher stand als der Revolutionszeit, nicht zuletzt auch die nationale Reform, gekoppelt an Projekte des Deutschen Bundes, aber unentschieden, welcher Platz der Habsburgermonarchie mit ihrer deutschen Minderheit zukommen werde. In vielen Erscheinungen verkörperte das Zeitalter nicht den zwingenden Weg auf das mächtige geeinte nationale Reich hin, sondern »die Ambivalenz der Geschichte, die oft unlösliche Mischung moderner und traditionaler, positiver und negativer Entwicklungen wie die Offenheit der jeweiligen Situation zur Zukunft hin« (G. A. Ritter).[1]

Die Zeitgenossen nahmen anders als die nachgeborenen Historiker ihre Epoche zwischen Revolution und Nationalstaat als beispiellos, als beunruhigend, als hoffnungsheischend wahr, je nach ihrer persönlichen Lebenswelt. Dieses Zeitalter vermittelte ihnen allen eine »Gesellschaft im Aufbruch«, mochte es der Aufbruch aus Deutschland hinaus sein, mochte es der Aufbruch zu neuen Ufern im Lande sein, mochte es das Aufbrechen von Strukturen sein, die damals mancher erahnte, heute aber dem kühl betrachtenden Historiker schärfer faßbar sind. Aufbruch meint in jedem

Fall das Zurücklassen von Altem und die Hinwendung zu Neuem. Im üblichen Sinne mag das trivial anmuten. Das Ausmaß der Veränderung und der bisher nicht gekannte Grad der Beschleunigung überstiegen die hergebrachten Dimensionen historischen Wandels und verdichteten die Qualität dieses Zeitalters zu einer Formationsperiode, auf deren Grundzügen nicht nur die reichsdeutsche, sondern überhaupt die »moderne« deutsche Gesellschaft ruht.

# Verzeichnis der Tabellen

# *Anmerkungen*

## I. Einleitung

1 Vgl. Gebhardt-Handbuch der deutschen Geschichte, Hg. H. Grundmann Bd. 3, Stuttgart 1970[9] (überarb. Teilausg. als dtv-Taschenb.); T. Schieder, Vom Deutschen Bund zum Deutschen Reich, München 1975; W. Bußmann Hg., Handbuch der Europäischen Geschichte, Bd. 5, Stuttgart 1981; H. Fenske Hg., Der Weg zur Reichsgründung 1850–1870, Darmstadt 1977; H. Böhme Hg., Probleme der Reichsgründungszeit 1848–1879, Köln 1972.

2 Vgl. die Zuordnung bei T. Nipperdey, Deutsche Geschichte 1800–1866, München 1983, 674.

3 So bei H. Lutz, Zwischen Habsburg u. Preußen. Deutschland 1815–1866, Berlin 1985, 385.

4 Vgl. Ploetz. Große Weltgeschichte, Freiburg 1986[30], 752.

5 Vgl. H. Ottomeyer, Hg., Biedermeiers Glück u. Ende. Die gestörte Idylle 1815–1848, München 1987, das »Klagelied«: 278.

6 Die Herausgeber im Vorwort, ebd., 91.

7 H. Chr. Andersen, Wem das Glück lacht, zit. nach der Ausg. Tübingen 1955, 68–72.

8 J. v. Liebig, Einleitende Worte zur Feier des Allerhöchsten Geburtsfestes Sr. Majestät des Königs Maximilian II., München 1860, 4; vgl. auch R. Kreibich, Die Wissenschaftsgesellschaft. Von Galilei zur High-Tech-Revolution, Frankfurt 1986, 171.

9 Vgl. A. Hermann, Wie die Wissenschaft ihre Unschuld verlor. Macht u. Mißbrauch der Forscher, Stuttgart 1982, 71 f.; hier auch die Skizzierung des beschriebenen Grundmusters.

10 Vgl. J. Burckhardt, Über das Studium der Geschichte. Der Text der »Weltgeschichtlichen Betrachtungen«, Hg. P. Ganz, München 1982.

11 Vgl. auch H.-U. Wehler, Deutsche Gesellschaftsgeschichte, Bd. I, München 1987, 7.

12 Vgl. K. Tenfelde, Geschichte der deutschen Arbeiter u. die Arbeiterbewegung – ein Sonderweg, in: Der Aquädukt. Ein Almanach aus dem Verlag C. H. Beck im 225. Jahr seines Bestehens, München 1988, 476.

13 K. Borchardt, Wirtschaftliches Wachstum u. Wechsellagen 1800–1914, in: H. Aubin u. W. Zorn Hg., Handbuch der deutschen Wirtschafts- u. Sozialgeschichte, Bd. 2, Stuttgart 1976, 198, 253.

14 R. Rürup, Deutschland im 19. Jahrhundert, Göttingen 1984, 198 f.

# II. Das politische System der Reaktion

## *II. 1. Der Übergang zur Reaktion*

1 Wiederabgedruckt in: Düsseldorfer Monatshefte, Jg. 1/2 (1847–1849). Nd. Düsseldorf 1979, vor 425.
2 Vgl. E. R. Huber, Deutsche Verfassungsgeschichte, Bd. 2, Stuttgart 1960 Nd. 1975, 852–54.
3 Depesche des Ministerpräsidenten Graf Brandenburg 28. 5. 1849, abgedr. in: E. R. Huber Hg., Dokumente zur deutschen Verfassungsgeschichte, Bd. 1, Stuttgart 1978[3], 432–34.
4 Vgl. Huber, Verfassungsgeschichte, Bd. 2, 885–87.
5 Text der Verfassung in Huber Hg., Dokumente, Bd. 1, 551–61.
6 Genaue Auflistung bei Huber, Verfassungsgeschichte, Bd. 2, 890.
7 Vgl. H. Rumpler, Die deutsche Politik des Freiherrn v. Beust 1848–1850. Zur Problematik mittelstaatlicher Reformpolitik im Zeitalter der Paulskirche, Wien 1972; H. J. Schoeps, Von Olmütz nach Dresden 1850/51. Ein Beitrag zur Geschichte der Reformen am Deutschen Bund, Köln 1972.
8 Text des Vierkönigsbündnisses in: Huber Hg., Dokumente, Bd. 1, 568–70.

## *II. 2. ›Reaktion‹ als Begriff und Bundespolitik*

1 Vgl. F. Meinecke, Radowitz u. die deutsche Revolution, Berlin 1913; W. Möring Hg., Joseph v. Radowitz. Nachgelassene Briefe u. Aufzeichnungen 1848–1858, Stuttgart 1922 Nd. Osnabrück 1967.
2 Vgl. B. Mazohl-Wallnig, »Hochverräter« u. österreichische Regierung in Lombardo-Venetien. Das Beispiel des Mailänder Aufstandes im Jahre 1853, in: Mitteilungen des österr. Staatsarchivs 31, 1978, 220.
3 Vgl. W. Siemann, »Deutschlands Ruhe, Sicherheit u. Ordnung«. Die Anfänge der politischen Polizei 1806–1866, Tübingen 1985, 326f.
4 In: Karl Marx u. Friedrich Engels, Werke, Bd. 8, Berlin 1960, 527.
5 Vgl. Denkwürdigkeiten aus dem Leben Leopold v. Gerlachs, Bd. 1, Berlin 1891, 481.
6 Wortlaut des Vertrags in: Huber Hg., Dokumente, Bd. 1, 580–82.
7 Rede Manteuffels 8. 1. 1851, in: H. v. Poschinger Hg., Unter Friedrich Wilhelm IV., Denkwürdigkeiten des Ministers Otto Frhr. v. Manteuffel, Bd. 1, Berlin 1901, 384.
8 Rede Bismarcks vor dem preuß. Abgeordnetenhaus 3. 12. 1850, in: Fenske Hg., Reichsgründung, 63–66.

9 Vgl. allg. P. Kondylis, Reaktion, Restauration, in: O. Brunner u.a. Hg., Geschichtliche Grundbegriffe, Bd. 5, Stuttgart 1984, 179–230; D. Langewiesche, ›Fortschritt‹, ›Tradition‹ u. ›Reaktion‹ nach der Französischen Revolution bis zu den Revolutionen von 1848, in: J. Schmidt Hg., Aufklärung u. Gegenaufklärung in der europäischen Literatur, Philosophie u. Politik, Darmstadt 1989, 448–458.
10 Text in: Huber Hg., Dokumente, Bd. 1, 457f.
11 »Nachtwächterlied« in: U. Otto, Die historisch-politischen Lieder und Karikaturen des Vormärz und der Revolution von 1848/1849, Köln 1982, 416f.
12 Düsseldorfer Monatshefte, 452.
13 Poschinger Hg., Manteuffel, Bd. 2, 240; vgl. Kondylis, 221.
14 B. Becker, Die Reaktion in Deutschland gegen die Revolution von 1848, beleuchtet in sozialer, nationaler u. staatlicher Beziehung, Wien 1869.
15 Vgl. Huber, Verfassungsgeschichte, Bd. 3, Stuttgart 1970², 129–223; beiläufige Erwähnung etwa bei: Rürup, Deutschland, 210–12; L. Gall, Europa auf dem Weg in die Moderne 1850–1890, München 1984, 32; Lutz, Zwischen Habsburg u. Preußen, 317–23; mit Akzent lediglich auf der Mächtepolitik: Bußmann, Handbuch, 512–18; T. Schieder, Staatensystem als Vormacht der Welt 1848–1918, Berlin 1975 Nd. 1983, 82–86; gar nicht vorhanden in dem Überblick von H. Schulze, Der Weg zum Nationalstaat. Die deutsche Nationalbewegung vom 18. Jahrhundert bis zur Reichsgründung, München 1985; ausführlicher, aber beschränkt auf Preußen und Österreich jüngst: M. Behnen, Bürgerliche Revolution u. Reichsgründung 1848–1871, in: P. Rassow Hg., Deutsche Geschichte, Stuttgart 1987, 403–68, bes. 428–39.
16 Nipperdey, Deutsche Geschichte, 674–83.
17 Vgl. H.-H. Brandt, Der österreichische Neoabsolutismus. Staatsfinanzen u. Politik 1848–1860, 2 Bde., Göttingen 1978; A. Wandruszka u. P. Urbanitsch Hg., Die Habsburgermonarchie 1848–1918, 5 Bde. Wien 1973–87.
18 Nipperdey, Deutsche Geschichte, 677–79.
19 Huber, Verfassungsgeschichte, Bd. 3, 130.
20 Bundesbeschluß über Maßregeln zur Wahrung der öffentlichen Sicherheit und Ordnung im Deutschen Bund vom 23. 8. 1851, abgedr. bei Huber Hg., Dokumente, Bd. 2, Stuttgart 1986³, 1f.
21 Ebd., 2.
22 Vgl. zu Kurhessen die vorzügliche Edition von H. Seier Hg., Akten u. Dokumente zur kurhessischen Parlaments- u. Verfassungsgeschichte 1848–1866, Marburg 1987; Huber, Verfassungsgeschichte, Bd. 2, 933–35; zu den Eingriffen: ebd. Bd. 3, 136; W. Biebusch, Revolution u.

Staatsstreich. Verfassungskämpfe in Bremen 1848–1854, Bremen 1974[2].
23 Abdruck beider Beschlüsse bei Huber Hg., Dokumente, Bd. 2, 3–8.
24 Vgl. insgesamt: Siemann, »Deutschlands Ruhe«, 247–54.
25 Ebd., 251.
26 Antrag von der Pfordtens 30. 10. 1851, zit. ebd., 253.

## *II. 3. Der geheime »Polizeiverein« im System der Reaktion*

1 Vgl. zum Polizeiverein allg. Siemann, »Deutschlands Ruhe«, 242–304; Zit. 246.
2 Ebd., 432.
3 Übersicht der Polizeikonferenzen ebd., 257.
4 Vgl. W. Siemann Hg., Der ›Polizeiverein‹ deutscher Staaten. Eine Dokumentation zur Überwachung der Öffentlichkeit nach der Revolution von 1848/49, Tübingen 1982.
5 Beilage zum Berliner Wochenbericht vom 6. 2. 1853, in: Hauptstaatsarchiv Stuttgart, E 146, Büschel 1965 I (alt).
6 Beilage zum Berliner Wochenbericht vom 25. 12. 1852, ebd.
7 Dresdner Wochenbericht 31. 12. 1851, abgedr. bei W. Siemann, Polizei in Deutschland im 19. Jahrhundert, in: J. Schönert Hg., Literatur u. Kriminalität, Tübingen 1983, 68–95, Zit. 83.

## *II. 4. Das binnenstaatliche System der Polizeivereinsstaaten*

1 Vgl. Siemann, »Deutschlands Ruhe«, 390f.
2 Innerpreuß. Wochenbericht Frankfurt a. d. Oder, zit. ebd., 392.
3 Revisionsbericht zit. ebd., 298.
4 Ebd., 449.
5 Ebd.
6 Ebd., 436.
7 Bericht des württ. Gesandten Graf Degenfeld 31. 1. 1858, in: Hauptstaatsarchiv Stuttgart, E 146, Büschel 1967 I (alt).
8 Einladungsschreiben zur Polizeikonferenz München 20. 4. 1858, abgedr. in: Siemann Hg., Polizeiverein, 146f.
9 Alle Berichte sind abgedr. ebd., 148–225.
10 K. Biedermann, Mein Leben u. ein Stück Zeitgeschichte, Bd. 1, Breslau 1886, 344.
11 W.A. Lette, Artikel »Polizei«, in: K. v. Rotteck u. K. Welcker Hg., Das Staats-Lexikon, Bd. 11. 1864[3], 632–52, Zit. 652.

## *II. 5. Staat, Presse und Buchmarkt in den fünfziger Jahren*

1 Vgl. W. Siemann, Von der offenen zur mittelbaren Kontrolle. Der Wandel in der deutschen Preßgesetzgebung u. Zensurpraxis des 19. Jh., in: H. G. Göpfert u. E. Weyrauch Hg., »Unmoralisch an sich ... « Zensur im 18. u. 19. Jh., Wiesbaden 1988, 294; ders., Ideenschmuggel. Probleme der Meinungskontrolle u. das Los deutscher Zensoren im 19. Jahrhundert, in: Historische Zeitschrift 245, 1987, 71–106.
2 Gesetz- u. Verordnungsblatt f. d. Königreich Sachsen 1851, 68.
3 Börsenblatt f. d. Dt. Buchhandel Nr. 19 v. 5. 3. 1850, 251.
4 Ebd., Nr. 93 v. 18. 10. 1850, 1288; vgl. I. Rarisch, Industrialisierung u. Literatur. Buchproduktion, Verlagswesen u. Buchhandel in Deutschland im 19. Jahrhundert in ihrem statistischen Zusammenhang, Berlin 1976.
5 Börsenblatt f. d. Dt. Buchhandel Nr. 23 v. 19. 3. 1850, 320.
6 Abgedr. bei Huber Hg., Dokumente, Bd. 1, 522.
7 Nach Siemann, »Deutschlands Ruhe«, 348.
8 Allg. Reichs-Gesetz- u. Regierungsblatt f. d. Kaiserthum Oesterreich 1852, 604.
9 Vgl. L. Kuppelmayr, in: Spindler Hg., Handbuch der bayer. Geschichte, Bd. IV/2, München 1975, 1147; vgl. zur Repression der Presse in der bayer. Pfalz sehr differenziert: H. Ziegler, Die Jahre der Reaktion in der Pfalz 1849–1853, Speyer 1985.
10 Kuppelmayr, ebd.
11 Börsenblatt f. d. Dt. Buchhandel Nr. 28 v. 8. 4. 1851, 390.
12 Abgedr. in Siemann Hg., Polizeiverein, 207.
13 E. Naujoks, in: H.-D. Fischer Hg., Deutsche Kommunikationskontrolle des 15. bis 20. Jahrhunderts, München 1982, 118.
14 Abgedr. in Siemann Hg., Polizeiverein, 120.
15 Zit. bei Siemann, Von der offenen zur mittelbaren Kontrolle, 303.
16 Ebd.
17 Börsenblatt f. d. Dt. Buchhandel Nr. 109 v. 22. 10. 1852, 1558.
18 Gesetz-Blatt für das Königreich Bayern 1850, Nr. 11, Spalte 89.
19 Vgl. Siemann, Von der offenen zur mittelbaren Kontrolle, 304f. Zur wachsenden Bedeutung der Kolportage in dieser Epoche R. Wittmann, Buchmarkt u. Lektüre im 18. u. 19. Jahrhundert. Tübingen 1982, 138–42.
20 Zit. nach Kuppelmayr, in: Spindler Hg., Handbuch, Bd. IV, 2, 1147.

## *II. 6. Das Verfassungsleben in deutschen Einzelstaaten*

1 Vgl. G. Grünthal, Parlamentarismus in Preußen 1848/49–1857/58. Preußischer Konstitutionalismus. Parlament u. Regierung in der Reaktionsära, Düsseldorf 1982; H. Brandt, Parlamentarismus in Württemberg 1819–1870. Anatomie eines deutschen Landtags, ebd., 1987; D. Langewiesche, Liberalismus u. Demokratie in Württemberg zwischen Revolution u. Reichsgründung, ebd., 1974; H. Seier Hg., Akten.

2 Vgl. allg. H. Boldt, Die preußische Verfassung vom 31. Januar 1850. Probleme ihrer Interpretation, in: H.-J. Puhle u. H.-U. Wehler Hg., Preußen im Rückblick, Göttingen 1980, 224–46.

3 Der Wortlaut der preuß. Verfassung vom 31. 1. 1850 bei: Huber Hg., Dokumente, Bd. 1, 501–14, hier auch die folg. Zitate.

4 Vgl. Huber, Verfassungsgeschichte, Bd. 3, 13–15.

5 Ebd., Bd. 3, 296.

6 Nach Grünthal, Parlamentarismus, 340 u. 445.

7 Vgl. dens. insbes. zu den Wahlen von 1852 und 1855; merkwürdigerweise entging Grünthal das gesamte innerpreuß. geheime Polizeisystem einschließlich des Wochenberichtsverkehrs.

8 Zit. nach Siemann, »Deutschlands Ruhe«, 397.

9 Vgl. die Bewertung Hubers, Verfassungsgeschichte, Bd. 3, 189.

10 Vgl. Brandt, Parlamentarismus, 646, sowie allg. zu den im Landtag verwirklichten Reaktionsbeschlüssen.

11 Ebd., 629.

12 Ebd.

13 Vgl. zum gesamten Hergang in Kurhessen Huber, Verfassungsgeschichte, Bd. 2, 926–33; Bd. 3, 217–20.

14 Vgl. Seier Hg., Akten, 144f.

# III. Gesellschaft im Aufbruch

## *III. 1. Wachstum, Industrialisierung und »Take-off«*

1 Den Hinweis auf diesen heute vergessenen Roman verdanke ich Rürup, Deutschland, 198.

2 Zit. nach J. Scherr, Michel. Geschichte eines Deutschen unserer Zeit, Bd. 1, Leipzig [1917], 241–43.

3 Vgl. zum folgenden grundlegend K. Borchardt, Wirtsch. Wachstum, in: Aubin u. Zorn Hg., Bd. 2, Zit. 198.

4 Ebd., 253; vgl. auch oben, Einleitung.
5 Ebd., 198.
6 Vgl. zu diesen Merkmalen Borchardt, Wirtsch. Wachstum, 198, zu den zeitlich umfassenderen »sechs allgemeinen Charakteristika des Industriekapitalismus« Wehler, Gesellschaftsgeschichte, Bd. 2, 604–11.
7 Vgl. K. Borchardt, Die Industrielle Revolution in Deutschland, München 1972, 98; zur Kommunikationsexpansion und Verdichtung in der zweiten Jahrhunderthälfte auch D. S. Landes, Der entfesselte Prometheus. Technologischer Wandel und industrielle Entwicklung in Westeuropa von 1750 bis zur Gegenwart, Köln 1973, 186–219.
8 Nach W. Conze, Sozialgeschichte 1850–1918, in: Aubin u. Zorn Hg., Bd. 2, 639.
9 Vgl. Wehler, Gesellschaftsgeschichte, Bd. 2, 609 f.
10 Borchardt, Wirtsch. Wachstum, 239; vgl. auch R. Fremdling, Eisenbahnen u. deutsches Wirtschaftswachstum 1840–1879. Dortmund 1975.
11 Vgl. zur Diskussion: H. Kellenbenz Hg. u. a., Wirtschaftliches Wachstum im Spiegel der Wirtschaftsgeschichte, Darmstadt 1978, bes. die Beiträge von E. J. Hobsbawm u. W. G. Hoffmann.
12 W. Fischer, Bergbau, Industrie u. Handwerk 1850–1914, in: Aubin u. Zorn Hg., Bd. 2, 530; vgl. die noch stärkere Akzentuierung der ersten konjunkturellen Anlaufphase seit 1845 bei Wehler, Gesellschaftsgeschichte, Bd. 2, 612 f.; zu Protoindustrialisierung und frühem Handelskapitalismus ebd., 64–94.
13 Nach Borchardt, Wirtsch. Wachstum, 203.
14 Rürup, Deutschland, 166.

## *III. 2. Wirtschaftliche Regionen und Sektoren*

1 Die Gegenwart, Bd. 3, Leipzig 1849, 37; der Artikel stammt von dem preußischen Premierleutnant und Militärgeographen Emil v. Sydow; vgl. H. K. P. Krause, Die Gegenwart. Eine Untersuchung über den deutschen Liberalismus, Diss. Berlin 1936, 114.
2 K. Borchardt, in: C. M. Cipolla u. K. Borchardt Hg., Europäische Wirtschaftsgeschichte, Bd. 4, Stuttgart 1985, 184.
3 Vgl. H. Kiesewetter, Industrialisierung u. Landwirtschaft. Sachsens Stellung im regionalen Industrialisierungsprozeß Deutschlands im 19. Jahrhundert, Köln 1988, 745 f.
4 Vgl. zu Hessen W. Heinemeyer Hg., Das Werden Hessens, Marburg 1986.
5 Vgl. Borchardt, Wirtsch. Wachstum, 255 f.
6 Ebd., 258.

7 Vgl. zum folgenden W. Abel, Massenarmut u. Hungerkrisen im vorindustriellen Deutschland, Göttingen 1972.
8 Vgl. zum bes. Stellenwert der Jahre zwischen 1845 und 1852 differenziert Wehler, Gesellschaftsgeschichte, Bd. 2, 613–52.
9 W. Abel, Massenarmut u. Hungerkrisen im vorindustriellen Europa, Hamburg, Berlin 1974, 393–96.
10 Borchardt, Wirtsch. Wachstum, 260.
11 Vgl. Borchardt, in: Cipolla u. Borchardt Hg., Bd. 4, 178; K. Tenfelde, Sozialgeschichte der Bergarbeiterschaft an der Ruhr im 19. Jahrhundert, Bonn-Bad Godesberg 1977.
12 Fischer, Bergbau, S. 544.
13 Vgl. ebd., 550.
14 Vgl. Borchardt, in: Cipolla u. Borchardt Hg., Bd. 4, 182f.
15 Vgl. Rürup, Deutschland, 78.
16 Vgl. R. Tilly, Verkehrs- u. Nachrichtenwesen, Handel, Geld, Kredit, Versicherung 1850–1914, in: Aubin u. Zorn Hg., Bd. 2, 568f.
17 Ebd., 566.
18 Ebd., 567.
19 Vgl. zum folgenden insgesamt Rürup, Deutschland, 56; zur konjunkturstützenden Wirkung der Landwirtschaft während des »Take-off«: M. R. Haines, Agriculture and Development in Prussian Upper Silesia, 1846–1913, in: Journal of Economic History 42, 1982, 355–84.

## *III. 3. Wirtschaftliche Wachstumszyklen*

1 Vgl. R. Spree, Die Wachstumszyklen der deutschen Wirtschaft 1840–1880, Berlin 1977, zur Errechnung des Referenzzyklus bes. 65–94; vgl. auch R. Spree u. J. Bergmann, Die konjunkturelle Entwicklung der deutschen Wirtschaft 1840–1864, in: H.-U. Wehler Hg., Sozialgeschichte heute, Göttingen 1974, 289–325.
2 Spree, Wachstumszyklen, 331.
3 Ebd., 337.
4 Vgl. Siemann, »Deutschlands Ruhe«, 449.
5 Erlaß Lindens 5. 5. 1857, zit. ebd., 450. Vgl. zu der Verlagerung von der Politik zur Wirtschaft auch Langewiesche, Württemberg.
6 H. Rosenberg, Die Weltwirtschaftskrise 1857–1859, Göttingen $1974^2$; ders., Der weltwirtschaftliche Struktur- u. Konjunkturwandel von 1848 bis 1857, in: Böhme Hg., Reichsgründungszeit, 159–92.
7 Vgl. G. Ahrens, Krisenmanagement 1857. Im Schriftwechsel der Geschwister Jenisch u. Godeffroy widergespiegelte Weltwirtschaftskrise u. ihre Lösung in Hamburg 1857, Hamburg 1980.

8 H. Böhme, Wirtschaftskrise, Merchant Bankers und Verfassungsreform, in: Zeitschrift d. Vereins f. Hamburgische Geschichte 54, 1968, 79; vgl. auch H. Hasloop, Die Wirtschaftskrise von 1857, dargestellt am Beispiel Lübecks, in: Zeitschr. f. lübeckische Gesch. 60, 1980, 66–110, bes. 80.

9 Vgl. zum folgenden insgesamt Hasloop.

10 Vgl. W. Treue, Die Finanzierung der Kriege 1864–1871 durch die deutschen Länder, in: Vierteljahrschrift f. Sozial- u. Wirtschaftsgesch. 75, 1988, 1–14.

11 Zit. nach H.-W. Hahn, Der hessische Wirtschaftsraum im 19. Jahrhundert, 414, in: Heinemeyer Hg., Werden Hessens, 389–429.

12 Vgl. G. Schild, Fortschrittsglaube oder Zukunftsangst. Die soziale Frage in der öffentlichen Meinung des Herzogtums Braunschweig 1830–1865, in: Braunschweigisches Jahrbuch 67, 1986, 113–39.

## *III. 4. Auswanderung, Exil, Binnenwanderung*

1 W. Raabe, Chronik der Sperlingsgasse, Stuttgart 1981 (Reclam 7726), 151.

2 Ebd., 170f.

3 Ebd., 5; vgl. zu Raabe H. Denkler, Neues über W. Raabe, Tübingen 1988.

4 Raabe, Chronik, 174, 176.

5 Vgl. insgesamt P. Marschalck, Deutsche Überseewanderung im 19. Jahrhundert, Stuttgart 1973; M. Walker, Germany and the Emigration 1816–1885, Cambridge/Mass. 1964; G. Moltmann Hg., Deutsche Amerikaauswanderung im 19. Jahrhundert, Stuttgart 1976; W. Köllmann, Bevölkerungsgeschichte, in: Aubin u. Zorn Hg., Bd. 2, 27–35; F. Trommler Hg., Amerika u. die Deutschen. Bestandsaufnahme einer 300jährigen Geschichte, Opladen 1986, darin bes.: G. Moltmann, Charakteristische Züge der deutschen Amerika-Auswanderung im 19. Jahrhundert, 40–49; J. Mikoletzky, Die deutsche Amerikaauswanderung des 19. Jahrhunderts in der zeitgenössischen fiktionalen Literatur, Tübingen 1988. – Es ist berechtigt, die Auswanderung nach Nordamerika so stark hervorzuheben, weil dorthin mehr als 90% der Auswanderer zogen.

6 Zit. nach: Siemann, »Deutschlands Ruhe«, 87.

7 Vgl. F. W. Weitershaus, »Wir ziehen nach Amerika«. Ein Beitrag zur oberhessischen Auswanderung im 19. Jahrhundert, in: Mitteilungen des Oberhess. Geschichtsvereins 63, 1978, 185.

8 Übersicht der Zeitungen bei Marschalck, Überseewanderung, 19.

9 Nach B. K. Lindenthal, Aus Wetzlar in die Neue Welt. Die Auswanderung nach Amerika aus Stadt u. Kreis Wetzlar 1850–1869, in: Mitteilungen des Wetzlarer Geschichtsvereins 27, 1980, 160.

10 Alle Angaben nach E. v. Philippovich, Die staatlich unterstützte Auswanderung im Großherzogtum Baden, in: Archiv für soziale Gesetzgebung u. Statistik 5, 1892 Nd. 1971, 27–69, zur Enquete bes. 36f.

11 Zit. nach Lindenthal, Wetzlar, 176f.; vgl. auch: M. Wagner Hg., Was die Deutschen aus Amerika berichteten. 1828–1865. Stuttgart 1985; W. Helbich u. a. Hg., Briefe aus Amerika. Deutsche Auswanderer schreiben aus der Neuen Welt 1830–1930, München 1988.

12 Lindenthal, Wetzlar, 145.

13 So Rürup, Deutschland, 31.

14 Zit. nach Lindenthal, Wetzlar, 169.

15 Ebd., 167f.

16 Ebd., 173.

17 Ebd.

18 Vgl. den zeitgenöss. Überblick von W. A. Lette, Ein- u. Auswanderung, in: Staatslexikon, Bd. 5, $1858^3$, 1–19; als eine der wenigen landesbezogenen Untersuchungen: W. v. Hippel, Die Massenauswanderung aus Württemberg 1815–1879. Stuttgart 1981; ders., Auswanderung aus Südwestdeutschland, Stuttgart 1984.

19 Vgl. hierzu J. Reulecke, Geschichte der Urbanisierung in Deutschland, Frankfurt 1985, bes. 40–56, Zahlen 41f.; zur innerdeutschen Migration vgl. den Forschungsüberblick von D. Langewiesche u. F. Lenger, Internal Migration: Persistence and Mobility, in: K. J. Bade Hg., Population, Labour and Migration in 19th- and 20th-Century Germany, Leamington Spa 1987, 87–114.

## *III. 5. Der Adel*

1 Vgl. zu den allg. Unterscheidungen W. Conze, Sozialgeschichte 1850–1918, in: Aubin u. Zorn Hg., Bd. 2, 602–684, hier speziell 611f.

2 Allg. zum Adel: K.-G. Faber, Mitteleuropäischer Adel im Wandel der Neuzeit, in: Geschichte u. Gesellschaft 7, 1981, 276–96; A. v. Reden-Dohna u. R. Melville Hg., Der Adel an der Schwelle des bürgerlichen Zeitalters 1780–1860, Stuttgart 1988; Wehler, Gesellschaftsgeschichte, Bd. 2, 146–61; Ch. Dipper, La noblesse allemande à l'époque de la bourgeoisie, in: Les noblesses européennes au XIXe siècle, Rom 1988, 165–97.

3 A. v. Sternberg, Erinnerungsblätter, 1. Teil, Berlin 1855, 23f.; vgl. auch

H. Henning Hg., Quellen zur sozialgeschichtlichen Entwicklung in Deutschland von 1815 bis 1860, Paderborn 1977, 28f. Vgl. allg. H. Reif, Der Adel in der modernen Sozialgeschichte, in: W. Schieder u. V. Sellin Hg., Sozialgeschichte in Deutschland, Bd. 4, Göttingen 1987, 34–60; Faber, Mitteleuropäischer Adel.

4 C.T. Perthes Hg., Friedrich Perthes Leben, Bd. 3, Gotha 1858, 298; vgl. Henning Hg., Quellen, 44f.; zur bes. Situation des Adels anhand einer Fallstudie H. Reif, Westfälischer Adel 1770–1860. Vom Herrschaftsstand zur regionalen Elite, Göttingen 1979; M. Brunner, Die Hofgesellschaft. Die führende Gesellschaftsschicht Bayerns während der Regierungszeit König Maximilians II., München 1987.

5 Vgl. F.L. Carsten, Geschichte der preußischen Junker, Frankfurt 1988.

6 A.D. Thaer, Grundsätze der rationalen Landwirthschaft, Bd. 1, Berlin 1809, 3; vgl. auch Rürup, Deutschland, 35.

7 Perthes, Perthes Leben, 299.

8 Conze, Sozialgeschichte, 645.

9 Vgl. zur Angleichung von Großbürgertum und Aristokratie F. Zunkel, Das rheinisch-westfälische Unternehmertum 1834–1879, in: Böhme Hg., Reichsgründungszeit, 104–13; W. Mosse, Adel u. Bürgertum im Europa des 19. Jahrhunderts, in: J. Kocka Hg., Bürgertum im 19. Jahrhundert, Deutschland im europäischen Vergleich, Bd. 2, München 1988, 276–314.

10 F. Spielhagen, Finder u. Erfinder. Erinnerungen aus meinem Leben, Bd. 1, Leipzig 1890, 183; vgl. Henning Hg., Quellen, 42.

11 Vgl. Conze, Sozialgeschichte, 645f.

12 Vgl. H. Henning, Die deutsche Beamtenschaft im 19. Jahrhundert. Zwischen Stand u. Beruf, Stuttgart 1984, 42f., Conze, Sozialgeschichte, 645.

13 Vgl. M. Messerschmidt, Das preußisch-deutsche Offizierskorps 1850–1890, 28f., in: H.H. Hofmann Hg., Das deutsche Offizierskorps 1860–1960, Boppard 1980, 21–38; zu Süddeutschland H. Rumschöttel, Das bayerische Offizierskorps 1866–1918, in: ebd., 75–97; J. Fischer, Das württembergische Offizierskorps 1866–1918, in: ebd.,99–138; sowie allg. Conze, Sozialgeschichte, 647.

14 H. Gollwitzer, Die Standesherren. Die politische und gesellschaftliche Stellung der Mediatisierten (1815–1918), Göttingen 1964².

## III. 6. Das Bürgertum

1 Vgl. H.-U. Wehler, Klassenbildung u. Klassenverhältnisse. Bürger u. Arbeiter 1800–1914, in: J. Kocka Hg., Arbeiter u. Bürger im 19. Jahrhundert. Varianten ihres Verhältnisses im europäischen Vergleich, München 1986, 1–27.

2 Vgl. bes. die aus dem »Zentrum für Interdisziplinäre Forschung« der Universität Bielefeld und dem dortigen Sonderforschungsbereich hervorgegangenen Impulse: z. B. J. Kocka Hg., Bürgertum im 19. Jahrhundert; ders. Hg., Bürger u. Bürgerlichkeit im 19. Jahrhundert, Göttingen 1987; auch L. Gall, »... Ich wünschte ein Bürger zu sein.« Zum Selbstverständnis des deutschen Bürgertums im 19. Jahrhundert, in: Historische Zeitschrift 245, 1987, 601–23; M. R. Lepsius, Bürgertum als Gegenstand der Sozialgeschichte, in: Schieder u. Sellin Hg., Sozialgeschichte, Bd. 4, 60–80; vgl. als grundlegende Klärung auch über die Jahrhundertmitte hinaus Nipperdey, Deutsche Geschichte, 255–71; Wehler, Gesellschaftsgeschichte, Bd. 2, 174–241.

3 Vgl. H. Siegrist Hg., Bürgerliche Berufe. Zur Sozialgeschichte der freien u. akademischen Berufe im internationalen Vergleich, Göttingen 1988.

4 Allgemeines Landrecht für die Preußischen Staaten von 1794, II. Teil, Tit. 8, Nd. Frankfurt 1970, 452.

5 Vgl. Langewiesche, ›Fortschritt‹, 452–56 zu »traditionsfixierten Verhaltensweisen« der Gemeindebürger.

6 W. H. Riehl, Die bürgerliche Gesellschaft, hier zit. nach der 10. Aufl. Stuttgart 1907, 199f. (Nd. Hg., P. Steinbach, Berlin 1976). Vgl. Henning Hg., Quellen, 56–58.

7 Riehl, Gesellschaft, 201.

8 Ebd., 207f.

9 Ebd., 209.

10 Vgl. den neuesten Kenntnisstand, differenziert nach Regionen und Handwerkszweigen: F. Lenger, Sozialgeschichte der deutschen Handwerker seit 1800, Frankfurt 1988, bes. 89–103; ferner Conze, Sozialgeschichte, 616f.

11 A. Noll, Sozio-ökonomischer Strukturwandel des Handwerks in der zweiten Phase der Industrialisierung, Göttingen 1975; bes. Lenger, Handwerker, 95–97.

12 Vgl. W. Conze u. J. Kocka Hg., Bildungsbürgertum im 19. Jahrhundert, Stuttgart 1985.

13 Vgl. insgesamt Nipperdey, Deutsche Geschichte, 463–70, zu den Stiehlschen Regulativen: Huber, Verfassungsgeschichte, Bd. 3, 176f.;

F. Nyssen, Das Sozialisationskonzept der Stiehlschen Regulative u. sein historischer Hintergrund, in: K. Hartmann u. a. Hg., Schule und Staat im 18. u. 19. Jahrhundert, Frankfurt 1974, 292–322; zu Bayern W.K. Blessing, Staat u. Kirche in der Gesellschaft, Göttingen 1982, 118–28.

14 Vgl. zum folgenden W. Siemann, Chancen u. Schranken von Wissenschaftsfreiheit im deutschen Konstitutionalismus 1815–1918, in: Histor. Jahrbuch 107, 1987, 315–48, zur Periode nach 1848 bes. 331–40.

15 Abgedruckt bei H. Jessen Hg., Die Deutsche Revolution 1848/49 in Augenzeugenberichten, München 1973, 369–96.

16 Rechtsgutachten in W. Boehlich Hg., Der Hochverratsprozeß gegen Gervinus, Frankfurt 1967, 38.

17 Vgl. J. Rückert, A.L. Reyschers Leben u. Rechtstheorie. 1802–1880, Berlin 1974, 66.

18 Zit. nach K. Schreiner, Der Fall Büchner. Studien zur Geschichte der akademischen Lehrfreiheit an der Universität Tübingen im 19. Jh., 307, in: 500 Jahre Eberhard-Karls-Universität Tübingen. [Bd. 1], Tübingen 1977, 307–346.

19 Vgl. zu diesem Strukturwandel Nipperdey, Deutsche Geschichte, 470–84; L. Boehm, Das akademische Bildungswesen in seiner organisatorischen Entwicklung. 1800–1920, in: Spindler Hg., Handbuch, Bd. IV/2, 991–1033; C. v. Ferber, Die Entwicklung des Lehrkörpers der deutschen Universitäten u. Hochschulen 1864–1954, Göttingen 1954; H.-W. Prahl, Sozialgeschichte des Hochschulwesens, München 1978, 205–237; K.H. Jarausch, Deutsche Studenten 1800–1970, Frankfurt 1984; Ch.E. McClelland, Zur Professionalisierung der akademischen Berufe in Deutschland, in: Conze u. Kocka Hg., Bildungsbürgertum, 233–49; R. vom Bruch, Die Professionalisierung der akademisch gebildeten Volkswirte in Deutschland zu Beginn des 20. Jahrhunderts, in: K.-E. Jeismann Hg., Bildung, Staat, Gesellschaft im 19. Jh., Stuttgart 1989, 361–86.

20 Vgl. dazu exemplarisch R. vom Bruch, Wissenschaft, Politik u. öffentliche Meinung. Gelehrtenpolitik im Wilhelminischen Deutschland 1890–1914, Husum 1980; L. Buchardt, Wissenschaftspolitik im Wilhelminischen Deutschland, Göttingen 1975; F.R. Pfetsch, Zur Entwicklung der Wissenschaftspolitik in Deutschland. 1750–1914, Berlin 1974.

21 Vgl. J. Kocka, Unternehmensverwaltung u. Angestelltenschaft am Beispiel Siemens 1847–1914, Stuttgart 1969; M. König, Angestellte am Rande des Bürgertums. Kaufleute u. Techniker in Deutschland u. der Schweiz 1860–1930, in: Kocka Hg., Bürgertum im 19. Jh., Bd. 2, 220–51.

22 J. Kocka, Unternehmer in der deutschen Industrialisierung, Göttingen 1975; F. Zunkel, Der Rheinisch-Westfälische Unternehmer 1834–1879. Ein Beitrag zur Geschichte des deutschen Bürgertums im 19. Jahrhundert, Köln, Opladen 1962.
23 Zit. bei H. v. Poschinger Hg., Erinnerungen aus dem Leben von H. V. v. Unruh, Stuttgart 1895, 76; vgl. Henning Hg., Quellen, 87.
24 Nach Rürup, Deutschland, 93; vgl. zum folg. L. Gall, Bürgertum in Deutschland, Berlin 1989.
25 Vgl. Kocka, Bürger u. Bürgerlichkeit, 42–48.
26 Ders. Hg., Bürgertum im 19. Jh., Bd. 1, 49.

### *III. 7. Bauern, Unterschichten, entstehende Arbeiterschaft*

1 Vgl. für das vormärzliche Deutschland jetzt den besten regionalbezogenen Überblick bei Wehler, Gesellschaftsgeschichte, Bd. 2, 162–74.
2 Vgl. zur folgenden Unterscheidung M. Rolfes, Landwirtschaft 1850–1914, in: Aubin u. Zorn Hg., Bd. 2, 495–526, speziell 513.
3 Vgl. J. Kocka, Lohnarbeit u. Klassenbildung. Arbeiter und Arbeiterbewegung in Deutschland 1800–1875, Berlin, Bonn 1983, 81.
4 Vgl. J. Flemming, Obrigkeitsstaat, Koalitionsrecht u. Landarbeiterschaft. Zur Entwicklung des ländlichen Arbeitsrechts in Preußen zwischen Vormärz und Reichsgründung, in: Puhle u. Wehler Hg., Preußen, 247–72, bes. 249.
5 Vgl. W. K. Blessing, Umwelt u. Mentalität im ländlichen Bayern. Eine Skizze zum Alltagswandel im 19. Jh., in: Archiv für Sozialgeschichte 19, 1979, 1–42.
6 Vgl. Conze, Sozialgeschichte, 615.
7 Vgl. C. Dipper, Bauern als Gegenstand der Sozialgeschichte, in: Schieder u. Sellin Hg., Bd. 4, Göttingen 1987, 9–33.
8 F. Sander, Proletariats-Definition zit. nach: W. Häusler, Von der Massenarmut zur Arbeiterbewegung. Demokratie u. soziale Frage in der Wiener Revolution von 1848, Wien 1979, 317; vgl. auch W. Conze, Proletariat, in: Geschichtliche Grundbegriffe, Bd. 5, 27–68.
9 Vgl. F. Lenger, Zwischen Kleinbürgertum u. Proletariat. Studien zur Sozialgeschichte der Düsseldorfer Handwerker 1816–1878, Göttingen 1986.
10 Unterscheidungen insgesamt nach F.-W. Henning, Landwirtschaft u. ländliche Gesellschaft in Deutschland, Bd. 2: 1750–1976, Paderborn 1978, 69; vgl. auch W. Conze u. U. Engelhardt Hg., Arbeiterexistenz im 19. Jahrhundert. Lebensstandard u. Lebensgestaltung deutscher Arbeiter u. Handwerker, Stuttgart 1981.

11 Vgl. D. Langewiesche u. K. Schönhoven Hg., Arbeiter in Deutschland. Studien zur Lebensweise der Arbeiterschaft im Zeitalter der Industrialisierung, Paderborn 1981, bes. 11–16; H. Zwahr, Zur Konstituierung des Proletariats als Klasse. Strukturuntersuchung über das Leipziger Proletariat während der industriellen Revolution, in: ebd., 37–80.

12 Vgl. Kocka, Lohnarbeit, 145.

13 Vgl. W. v. Hippel, Industrieller Wandel im ländlichen Raum. Untersuchungen im Gebiet des mittleren Neckar 1850–1914; in: Archiv für Sozialgeschichte 19, 1979, 43–122; vgl. hierzu den bisher noch unausgeschöpften Quellenbestand für Bayern, vorgestellt bei W. Zorn, Medizinische Volkskunde als sozialgeschichtliche Quelle. Die bayerische Bezirksärzte-Landesbeschreibung von 1860/62, in: Vierteljahrschrift für Sozial- und Wirtschaftsgeschichte 69, 1982, 219–31.

14 Vergleichbare Konstellation bei P. Borscheid u. H. Schomerus, Mobilität u. soziale Lage der württembergischen Fabrikarbeiterschaft im 19. Jahrhundert, in: Langewiesche u. Schönhoven Hg., Arbeiter, 121–38; K. Fuchs, Zur Entwicklung der Sozialstruktur im Westerwald während des 19. Jahrhunderts, in: Nassauische Annalen 93, 1982, 61–74.

15 v. Hippel, Industrieller Wandel, 97.

16 Ebd., 98f.; vgl. für den größeren Kontext die ausgezeichnete Studie von H. Tiessen, Industrielle Entwicklung, gesellschaftlicher Wandel und politische Bewegung in einer württ. Fabrikstadt des 19. Jhs.: Esslingen 1848–1914. Esslingen 1982.

17 Vgl. zur arbeitsplatzbedingten Wanderung D. Langewiesche u. K. Schönhoven, Zur Lebensweise von Arbeitern in Deutschland im Zeitalter der Industrialisierung, in: dies. Hg., Arbeiter, 7–33.

18 Vgl. M. Mitterauer, Sozialgeschichte der Jugend, Frankfurt 1986, 125–42, 164–92.

19 Vgl. hierzu differenziert Nipperdey, Deutsche Geschichte, 114–130; U. Frevert, Frauen-Geschichte. Zwischen Bürgerlicher Verbesserung und Neuer Weiblichkeit. Frankfurt 1986; Münchner Stadtmuseum Hg., Vater, Mutter, Kind. Bilder u. Zeugnisse aus zwei Jahrhunderten. München 1987; R. Sieder, Sozialgeschichte der Familie, Frankfurt 1987, 148–211.

## *III. 8. Die italienische Einigung und Deutschland*

1 Vgl. R. v. Friesen, Erinnerungen aus meinem Leben, Bd. 1, Leipzig 1880, 373.

2 Vgl. R. Lill, Geschichte Italiens in der Neuzeit, Darmstadt 1988$^4$, 157.

3 Vgl. R. Grew, A Sterner Plan for Italian Unity. The Italian National Society in the Risorgimento, Princeton 1963; zum »Risorgimento Nationalismus« auch P. Alter, Nationalismus, Frankfurt 1985.
4 Brief Cavours 31. 3. 1835, im Auszug abgedr. bei G. Schönbrunn Hg., Das bürgerliche Zeitalter 1815–1914, München 1980, 278.
5 Vgl. die geradezu macchiavellistisch anmutende Suche Cavours und Napoleons III. nach einem Kriegsgrund, der Österreich als Aggressor dastehen lassen sollte, in der Unterredung beider 20. 7. 1858 in Plombières, abgedr. ebd., 279–81.
6 Vgl. W. Baumgart, Der Friede von Paris 1856. Studien zum Verhältnis von Kriegsführung, Politik u. Friedensbewahrung, München 1972; ders. Hg., Akten zur Geschichte des Krimkrieges, ebd. 1979ff.
7 Vgl. die Auszüge bei Schönbrunn, Das bürgerliche Zeitalter, 288–93, Zit. 289.
8 Vgl. zum folgenden Huber, Verfassungsgeschichte, Bd. 3, 254–56.
9 Vgl. W. Petter, Deutscher Bund u. deutsche Mittelstaaten, in: Militärgeschichtliches Forschungsamt Hg., Deutsche Militärgeschichte Bd. 2/2, Nd. München 1983, 226–358; H. Seier, Zur Frage der militärischen Exekutive in der Konzeption des Deutschen Bundes, in: J. Kunisch Hg., Staatsverfassung u. Heeresverfassung in der europäischen Geschichte der frühen Neuzeit, Berlin 1986, 397–445.
10 Wiener Schlußakte 15. 5. 1820 in: Huber Hg., Dokumente, Bd. 1, 97.
11 Vgl. Huber, Verfassungsgeschichte, Bd. 3, 264.
12 Österr. Vorlage 2. 5. 1859 in: Huber Hg., Dokumente, Bd. 2, 25.
13 Vgl. Huber, Verfassungsgeschichte, Bd. 3, 260.
14 Ebd., 261f.
15 Abgedr. bei: Fenske Hg., Reichsgründung, 148f.
16 Droysen 8. 6. 1859, in: ebd., 161.
17 Friedrich I. v. Baden 9. 5. 1859, abgedr. in: ebd., 149–52.
18 Vgl. ebd., 146f.
19 Vgl. M.-L. Weber, Ludwig Bamberger. Ideologie statt Realpolitik, Stuttgart 1987.
20 Vgl. Fenske Hg., Reichsgründung, 175–80.
21 Vgl. zur friedenssichernden Funktion des Deutschen Bundes: W. D. Gruner, Die deutsche Frage. Ein Problem der europäischen Geschichte seit 1800, München 1985, 90–108.
22 Lill, Geschichte Italiens, 167.

## III. 9. Die »Neue Ära« und die Belebung des öffentlichen Lebens

1 Vgl. Huber, Verfassungsgeschichte, Bd. 3, 269.
2 Zit. nach Siemann, »Deutschlands Ruhe«, 297.
3 Vgl. Huber, Verfassungsgeschichte, Bd. 3, 271.
4 Vgl. Fenske Hg., Reichsgründung, 133.
5 Ebd., 136.
6 Vgl. L. Haupts, Die liberale Regierung in Preußen in der Zeit der »Neuen Ära«. Zur Geschichte des preußischen Konstitutionalismus, in: Historische Zeitschrift 227, 1978, 45–85.
7 Vgl. Fenske Hg., Reichsgründung, 172 f.
8 Ebd., 153.
9 Ebd., 174.
10 Huber Hg., Dokumente, Bd. 2, 105.
11 Vgl. insgesamt: S. Na'aman, Der Deutsche Nationalverein. Die politische Konstituierung des deutschen Bürgertums 1859–1867. Düsseldorf 1987.
12 Huber Hg., Dokumente, Bd. 2, 107.
13 Vgl. zum folgenden R. Noltenius, Schiller als Führer u. Heiland. Das Schillerfest 1859 als nationaler Traum von der Geburt des zweiten deutschen Kaiserreichs, in: D. Düding u. a. Hg., Öffentliche Festkultur, Reinbek 1988, 237–58.
14 Ebd., 251; die erwähnte Karikatur: 241.
15 Ebd., 253.

## III. 10. Der preußische Verfassungskonflikt

1 Vgl. Fenske Hg., Reichsgründung, 134.
2 Vgl. zu Wilhelm I.: G. Richter, Kaiser Wilhelm I., in: W. Treue Hg., Drei deutsche Kaiser, Freiburg 1987, 14–75; K. H. Börner, Kaiser Wilhelm I., Berlin 1984 (Lizenzausg. Köln, dezidiert marxistisch-leninistisch); F. Herre, Kaiser Wilhelm I., Köln 1980 (journalistisch).
3 Wortlaut in Huber, Verfassungsgeschichte, Bd. 3, 76.
4 Vgl. dazu D. Langewiesche Hg., Revolution u. Krieg, Paderborn 1989, speziell darin: E. Fehrenbach, Die Ideologisierung des Krieges u. die Radikalisierung der Französischen Revolution, 57–66, W. Siemann, Heere, Freischaren, Barrikaden. Die bewaffnete Macht als Instrument der Innenpolitik in Europa 1815–1847, 87–102, sowie allg. V. Regling, Grundzüge der Landkriegsführung zur Zeit des Absolutismus und im 19. Jahrhundert, in: Deutsche Militärgeschichte, Bd. 6, 1983, 11–425,

bes. 84f., 180–202; M. Messerschmidt, Die politische Geschichte der preußisch-deutschen Armee, in: ebd., Bd. 2, 9–380, bes. 9–16, 59–87, 177–203.
5 Vgl. W. Siemann, Die deutsche Revolution von 1848/49, Frankfurt 1985, 212f.
6 Königl. Preuß. Kriegsministerium Hg., Militärische Schriften Kaiser Wilhelms des Großen, Bd. 1, Berlin 1897, 154.
7 Vgl. Huber, Verfassungsgeschichte, Bd. 3, 280, sowie allg. die Behandlung des Konflikts 275–369.
8 Abgedr. bei Fenske Hg., Reichsgründung, 212–14.
9 Vgl. A. Hess, Das Parlament, das Bismarck widerstrebte. Zur Politik u. sozialen Zusammensetzung des preußischen Abgeordnetenhauses in der Konfliktszeit 1862–1866, Köln 1964; zu Quellen vgl. J. Schlumbohm Hg., Der Verfassungskonflikt in Preußen 1862–1866, Göttingen 1970.
10 Abgedr. in: Huber Hg., Dokumente, Bd. 2, 41.
11 Bismarcks Bericht in: O. v. Bismarck, Erinnerung u. Gedanke (= Die Gesammelten Werke, Bd. 15), Berlin 1932, 178.
12 Ebd., 178f.
13 Abgedr. in: Huber Hg., Dokumente, Bd. 2, 57, 60.
14 Vgl. dazu die Dokumente bei: Fenske Hg., Reichsgründung.
15 Huber Hg., Dokumente, Bd. 2, 70; Fenske, Reichsgründung, 278.
16 Zum Vergleich mit Westeuropa: G. A. Ritter, Entwicklungsprobleme des deutschen Parlamentarismus, in: ders. Hg., Gesellschaft, Parlament und Regierung, Düsseldorf 1974, 11–54.
17 Vgl. die Ausführungen und Tabellen bei Hess, Parlament, 104–19.
18 Vgl. Bismarck, Gesammelte Werke, Bd. 10, 139.
19 Vgl. D. Langewiesche, »Revolution von oben«? Krieg u. Nationalstaatsgründung in Deutschland, in: ders. Hg., Revolution u. Krieg, 117–33.
20 Huber Hg., Dokumente, Bd. 2, 102.

### *III. 11. Das Epochenjahr 1866 und das Problem des »Deutschen Sonderwegs«*

1 H. A. Winkler, 1866 u. 1878. Der Machtverzicht des Bürgertums, in: C. Stern, H. A. Winkler Hg., Wendepunkte deutscher Geschichte 1848–1945, Frankfurt 1979, 37–60; vgl. hierzu auch K.-G. Faber, Realpolitik als Ideologie. Die Bedeutung des Jahres 1866 für das politische Denken in Deutschland, in: Historische Zeitschrift 203, 1966, 1–45.
2 Vgl. dazu grundlegend B. Faulenbach, Ideologie des deutschen Weges.

Die deutsche Geschichte in der Historiographie zwischen Kaiserreich u. Nationalsozialismus, München 1980.

3 Vgl. die Darlegung der kontroversen Position mit weiterführenden Literaturhinweisen bei J. Kocka, German History before Hitler: The Debate about the German ›Sonderweg‹, in: Journal of Contemporary History 23, 1988, 3–16; H. Grebing, Der »deutsche Sonderweg« in Europa 1806–1946. Eine Kritik, Stuttgart 1986, bes. 9–22, 96–103; mit knappem historiographischem Abriß: K. Tenfelde, Geschichte der deutschen Arbeiter und der Arbeiterbewegung – ein Sonderweg, in: Der Aquädukt, 469–83.

4 Süddeutsche Zeitung Nr. 6 vom 23. 10. 1945, Nd. München 1988.

5 Vgl. T. Nipperdey, 1933 und Kontinuität der deutschen Geschichte, in: Historische Zeitschrift 227, 1978, 86–111.

6 Vgl. Huber, Verfassungsgeschichte, Bd. 3, 302f.

7 Winkler, 1866 u. 1878, 41.

8 Zit. ebd.

9 Vgl. zum Erwartungshorizont der Liberalen in der Umbruchphase des Reichsgründungsjahrzehnts grundlegend: D. Langewiesche, Liberalismus in Deutschland, Frankfurt 1988, bes. 103–107.

10 Zit. aus der Nationalzeitung, 4. 12. 1866, nach Winkler, 1866 u. 1878, 44; diese zukunftssichere, durch die nachfolgende Entwicklung aber enttäuschte Perspektive der Liberalen rekonstruiert auch D. Langewiesche, Liberalismus und Bürgertum in Europa, in: Kocka Hg., Bürgertum im 19. Jahrhundert, Bd. 3, 360–94, bes. 373f.

11 Vgl. zur Deutung des Indemnitätsgesetzes K. Schwabe, Das Indemnitätsgesetz vom 3. September 1866 – eine Niederlage des deutschen Liberalismus?, in: H. Bodensieck, Preußen, Deutschland und der Westen, Göttingen 1980, 83–102; D. Schefold, Verfassung als Kompromiß? Deutung und Bedeutung des preußischen Verfassungskonflikts, in: Zeitschrift für Neuere Rechtsgeschichte 3, 1981, 137–57.

12 Vgl. Winkler, 1866 u. 1878, 45, bes. akzentuiert bei Gall, Europa, 65–73; skeptischer mit deutlicher Trennung zwischen Realgeschichte und Selbstbild der Liberalen: Langewiesche, Liberalismus, 111, 128–32, bes. 164–80.

13 Vgl. zum folgenden Winkler, 1866 u. 1878, 45–47.

14 Zit. in L. Parisius, L. v. Hoverbeck, Bd. 2/2, Berlin 1900, 53–55; vgl. Winkler, 40.

15 H. v. Treitschke, Das constitutionelle Königthum in Deutschland, in: ders., Historische u. Politische Aufsätze, Bd. 3, Leipzig $1871^4$, 558f., 568f. vgl. Winkler, 44.

16 Vgl. H. Baumgarten, Der deutsche Liberalismus. Eine Selbstkritik, Hg., A. M. Birke, Berlin 1972, 42f., 146.

17 Ebd., 46, 150.
18 Ebd., 146f.
19 Vgl. H. Lutz, Habsburg u. Preußen, 477.
20 Vgl. H. Rumpler Hg., Europäische Ordnung, deutsche Politik u. gesellschaftlicher Wandel 1815–1866. Beiträge zur Erforschung des Deutschen Bundes, Wien 1989.
21 Vgl. Grebing, Sonderweg, 102.
22 National-Zeitung 25. 7. 1866, zit. nach: Winkler, 1866 u. 1878, 43. Vgl. zum hier angesprochenen Denkmuster: W. Hardtwig, Von Preußens Aufgabe in Deutschland zu Deutschlands Aufgabe in der Welt. Liberalismus u. borussianisches Geschichtsbild zwischen Revolution u. Imperialismus, in: Historische Zeitschrift 231, 1980, 265–324.
23 Vgl. H. Kaelble, Der Mythos von der rapiden Industrialisierung in Deutschland, in: Geschichte u. Gesellschaft 9, 1983, 106–18; den Forschungsstand bilanzierend mit Betonung der Nähe der deutschen Wirtschafts- u. Sozialgeschichte zu den europäischen Nachbarn, jüngst: G.A. Ritter, Die neuere Sozialgeschichte in der Bundesrepublik Deutschland, in: J. Kocka Hg., Sozialgeschichte im internationalen Überblick, Darmstadt 1989, 19–88, bes. 56f.
24 Vgl. Winkler, 1866 u. 1878, 59; zum »Schock der ›zweiten Reichsgründung‹«, Langewiesche, Liberalismus, 164–80.

### *III. 12. Landtage deutscher Mittelstaaten seit der Neuen Ära*

1 Vgl. grundlegend zum folgenden insgesamt Seier Hg., Akten, sowie Huber, Verfassungsgeschichte, Bd. 3, 436–49.
2 Vgl. Huber Hg., Dokumente, Bd. 2, 167.
3 Kammerdebatte 18. 10. 1864, abgedr. bei: Seier Hg., Akten, 442.
4 Vgl. ebd., LXVII, sowie Dokument Nr. 159, 381–90.
5 Vgl. H. Heffter, Die deutsche Selbstverwaltung im 19. Jahrhundert, Stuttgart 1950, 415–23; L. Gall, Der Liberalismus als regierende Partei. Das Großherzogtum Baden zwischen Restauration u. Reichsgründung, Wiesbaden 1966; Langewiesche, Liberalismus, 85–88.
6 Vgl. Heffter, Selbstverwaltung, 421.
7 Vgl. grundlegend: Brandt, Parlamentarismus in Württemberg 1819–1870; Langewiesche, Liberalismus u. Demokratie in Württemberg.
8 Zit. nach Brandt, Parlamentarismus, 691.
9 Vgl. zum folgenden ebd., 755–64.
10 Vgl. ebd., 799.
11 Vgl. zum folgenden H. Rall, Die politische Entwicklung 1848–1871, in: Spindler Hg., Handbuch, Bd. IV/1, 224–82.

12 Ebd., 245.
13 Aus einer Ansprache des Regensburger Bischofs Senestrey, zit. ebd., 266; vgl. G. Kirzl, Staat u. Kirche im Bayerischen Landtag 1848–1864, München 1974; F. Hartmannsgruber, Die Bayerische Patriotenpartei. 1868–1887, ebd. 1986.
14 Rall, Entwicklung, 266; differenziert: Blessing, Staat u. Kirche.
15 Vgl. Siemann, »Deutschlands Ruhe«, 402.
16 Vgl. Heffter, Selbstverwaltung, 425 f.
17 Vgl. W.-R. Reinicke, Landstände im Verfassungsstaat. Verfassungsgeschichte u. gegenwärtige Rechtsstellung der Landschaften u. Ritterschaften in Niedersachsen, Göttingen 1975.
18 Vgl. H.-G. Aschoff, Welfische Bewegung u. politischer Katholizismus 1866–1918, Düsseldorf 1987, 24f.; H. Barmeyer, Die hannoverschen Nationalliberalen 1859–1885, in: Niedersächs. Jb. f. Landesgesch. 53, 1981, 65–85.
19 Abgeordneter Mammen in: Mittheilungen über die Verhandlungen des Landtags im Königreich Sachsen, 2. Kammer, Sitzung v. 15. 12. 1863.
20 Abgeordneter Riedel, ebd., Sitzung vom 21. 3. 1864.
21 Abgeordneter Rückert in: Verhandlungen des Gemeinsamen Landtags der Herzogtümer Coburg u. Gotha, Sitzung v. 25. 6. 1866.

### *III. 13. Kommunalpolitik und Stadtentwicklung*

1 Vgl. K. Tenfelde Hg., Probleme der Urbanisierung, in: Geschichte u. Gesellschaft, Bd. 15, 1989, 3–88, darin bes. den Forschungsbericht von H. Matzerath, Lokalgeschichte, Stadtgeschichte, Historische Urbanisierungsforschung? 62–88; L. Niethammer, Stadtgeschichte in einer urbanisierten Gesellschaft, in: Schieder u. Sellin Hg., Bd. 2, 113–36 (mit forschungskrit. Hinweisen); W. R. Krabbe, Die deutsche Stadt im 19. und 20. Jh., Göttingen 1989.
2 Vgl. Reulecke, Geschichte der Urbanisierung; für das folgende insbes. den vorzüglichen Überblick zu 1848–1873: 36–67; außerdem: H.J. Teuteberg u. C. Wischermann, Wohnalltag in Deutschland 1850–1914, Münster 1985; H.-J. Teuteberg, Stadtwachstum, Industrialisierung, Sozialer Wandel, Berlin 1986; ders. Hg., Urbanisierung im 19. u. 20. Jahrhundert, Köln 1983, darin für die Epoche bes. W. v. Hippel, W.R. Krabbe, J. v. Simson.
3 W. Raabe, Der Hungerpastor (= Sämtliche Werke, Braunschweiger Ausgabe Bd. 6), Freiburg 1953, 201–03.
4 Vgl. Tabelle 3 bei Reulecke, Urbanisierung, 203 f.

5 Vgl. zur Städteplanung und Differenzierung von Stadtteilen nach sozialen Rücksichten: J. Biecker u. W. Buschmann Hg., Arbeitersiedlungen im 19. Jahrhundert, Bochum 1985; G. Fehl u. J. Rodriguez-Lores Hg., Stadterweiterungen 1800–1875, Hamburg 1983; L. Niethammer Hg., Wohnen im Wandel, Wuppertal 1979; H. Reif, Arbeiter u. Unternehmer in Städten des westlichen Ruhrgebiets 1850–1930. Räumliche Aspekte einer Klassenbeziehung, in: Kocka Hg., Arbeiter u. Bürger, 151–81; zu Wien speziell Lutz, Habsburg, 357–70.

6 Vgl. die Zitate Reulecke, Urbanisierung, 54.

7 Vgl. ebd., 56f.

8 Vgl. die vorzügliche Studie von S. Fisch, Stadtplanung im 19. Jahrhundert. Das Beispiel München bis zur Ära T. Fischer, München 1988; ders., Administratives Fachwissen u. private Bauinteressen in der deutschen u. französischen Stadtplanung bis 1918, in: E. V. Heyen Hg., Formation u. Transformation des Verwaltungswissens in Frankreich u. Deutschland (18./19. Jh.), Baden-Baden 1989, 221–62.

9 Vgl. B. Lube, Mythos u. Wirklichkeit des Elberfelder Systems, in: K.-H. Beeck Hg., Gründerzeit. Versuch einer Grenzbestimmung im Wuppertal, Köln 1984, 158–84; allg. F. Tennstedt, Sozialgeschichte der Sozialpolitik in Deutschland, Göttingen 1981, 78–134.

10 Vgl. die von L. Gall geleitete Sektion auf dem Historikertag 1988 in Bamberg mit den Beiträgen von W. Hardtwig, Selbstverwaltung u. Bürgertum in bayerischen Städten im 19. Jahrhundert; D. Hein, Badisches Bürgertum. Soziale Struktur u. kommunalpolitische Ziele im 19. Jh.; F. Lenger, Bürgertum im Wandel. Fallstudien zu rheinischen Großstädten im 19. Jh.; J. Reulecke, Stadtbürgertum u. bürgerliche Sozialreform im 19. Jahrhundert in Preußen, im Druck, siehe demnächst Historische Zeitschrift.

11 Vgl. W. R. Krabbe, Die Gründung städtischer Arbeiterschutz-Anstalten in Deutschland. Arbeitsnachweis, Arbeitslosenfürsorge, Gewerbegericht u. Rechtsauskunftstelle, in: Conze u. Engelhardt Hg., Arbeiterexistenz, 425–45.

12 Ich folge hier den Beiträgen Heins, Lengers, Hardtwigs und Reuleckes auf dem Bamberger Historikertag.

## *III. 14. Parteien, Vereine, Verbände*

1 Vgl. allg. den vorzüglichen Überblick bei Nipperdey, Deutsche Geschichte, 715–49, sowie immer noch grundlegend mit Rückgriffen bis 1848 ders., Die Organisation der deutschen Parteien vor 1918, Düsseldorf 1961.

2 Vgl. Siemann, Revolution, 90–94.

3 Vgl. zum organisatorischen Bruch die Überwachungsberichte zum politischen Vereinswesen in: Siemann Hg., Polizeiverein, sowie aus der Perspektive der Gesellschaft: T. Offermann, Arbeiterbewegung u. liberales Bürgertum in Deutschland 1850–1863, Bonn 1979; ders., Preußischer Liberalismus zwischen Revolution u. Reichsgründung im regionalen Vergleich, in: D. Langewiesche Hg., Liberalismus im 19. Jahrhundert, Göttingen 1988, 109–35, speziell 110; H.-G. Haupt, Staatliche Bürokratie u. Arbeiterbewegung. Zum Einfluß der Polizei auf die Konstituierung von Arbeiterbewegung u. Arbeiterklasse in Deutschland und Frankreich 1848–1880, in: Kocka Hg., Arbeiter u. Bürger, 219–54; K. Schönhoven, Zwischen Revolution u. Sozialistengesetz. Die Anfänge der Würzburger Arbeiterbewegung 1848–1878, Würzburg 1976, bes. 20f.

4 Vgl. die Übersicht bei K. E. Pollmann, Parlamentarismus im Norddeutschen Bund 1867–1870, Düsseldorf 1985, 47–65.

5 Vgl. Huber Hg., Dokumente, Bd. 2, 309.

6 Vgl. S. Na'aman, Nationalverein; J. J. Sheehan, Der deutsche Liberalismus, München 1983, 145–212; zu sämtlichen Aspekten des Liberalismus in der Epoche grundlegend: Langewiesche, Liberalismus, 85–104; ders. Hg., Liberalismus im 19. Jahrhundert.

7 Vgl. W. Real, Der deutsche Reformverein. Großdeutsche Stimmen u. Kräfte zwischen Villafranca u. Königgrätz, Lübeck 1966; H. Rosenberg, Honoratiorenpolitiker u. »großdeutsche« Sammlungsbestrebungen im Reichsgründungsjahrzehnt, in: Jb. für die Geschichte Mittel- u. Ostdeutschlands 19, 1970, 155–233; ders., Die nationalpolitische Publizistik Deutschlands, 2 Bde., München 1935.

8 Vgl. H. A. Winkler, Preußischer Liberalismus u. deutscher Nationalstaat. Studien zur Geschichte der deutschen Fortschrittspartei 1861–1866, Tübingen 1964; Langewiesche, Liberalismus, 104–11.

9 Vgl. T. Schieder, Die kleindeutsche Partei in Bayern in den Kämpfen um die nationale Einheit 1863–1871, München 1936.

10 Vgl. G. Runge, Die Volkspartei in Württemberg 1864–1871. Die Erben der 48er Revolution im Kampf gegen die preußisch-kleindeutsche Lösung der nationalen Frage, Stuttgart 1970; Brandt, Parlamentarismus; Langewiesche, Württemberg.

11 Vgl. C. Eisenberg, Arbeiter, Bürger u. der »bürgerliche Verein« 1820–1870. Deutschland u. England im Vergleich, in: Kocka Hg., Bürgertum im 19. Jahrhundert, Bd. 2, 187–219; R. Vierhaus, Bürgerliche Hegemonie oder proletarische Emanzipation. Der Beitrag der Bildung, in: Kocka Hg., Arbeiter und Bürger, 53–64.

12 Vgl. Na'aman, Nationalverein, 318; ders., Die Konstituierung der

deutschen Arbeiterbewegung 1862/63, Assen 1974; allg. mit Forschungsüberblick D. Dowe, Einleitung, in: Bibliographie zur Geschichte der deutschen Arbeiterbewegung, sozialistischen u. kommunistischen Bewegungen von den Anfängen bis 1863, Bonn–Bad Godesberg 1976, 25–65; K. Tenfelde u. G. A. Ritter Hg., Einleitung, in: Bibliographie zur Geschichte der deutschen Arbeiterschaft und Arbeiterbewegung 1863–1914, Bonn 1981, 37–141; G. A. Ritter, Staat u. Arbeiterschaft in Deutschland 1848/49–1933, in: Historische Zeitschrift 231, 1980, 325–68.

13 Vgl. zum Begriff und zur Neubelebung: Schönhoven, Zwischen Revolution, 11.

14 Vgl. Na'aman, Nationalverein, 319; vgl. auch W. Conze u. D. Groh, Die Arbeiterbewegung in der nationalen Bewegung. Die deutsche Sozialdemokratie vor, während u. nach der Reichsgründung, Stuttgart 1966; zum Forschungsstand zu Partei, Lage u. Kultur der Arbeiterschaft vgl. G. A. Ritter, Neuere Sozialgeschichte, 78–81.

15 Vgl. Tenfelde, Arbeiterbewegung – ein Sonderweg, 481.

16 Vgl. U. Engelhardt, »Nur vereinigt sind wir stark«. Die Anfänge der deutschen Gewerkschaftsbewegung 1862/63–1869/70, 2 Bde., Stuttgart 1977; K. Tenfelde, Die Entstehung der deutschen Gewerkschaftsbewegung. Vom Vormärz bis zum Ende des Sozialistengesetzes, in: U. Borsdorf Hg., Geschichte der deutschen Gewerkschaften von den Anfängen bis 1945, Köln 1987, 15–165; K. Schönhoven, Die deutschen Gewerkschaften, Frankfurt 1987, 16–36; A. Herzig, Unterschichtenprotest in Deutschland 1790–1870, Göttingen 1988, bes. 108–14; D. Geary, Arbeiterprotest u. Arbeiterbewegung in Europa 1848–1939, München 1983.

17 Vgl. E. Heinen Hg., Staatliche Macht u. Katholizismus in Deutschland, 2 Bde., Paderborn 1969/79; K.-E. Lönne, Politischer Katholizismus im 19. u. 20. Jahrhundert, Frankfurt 1986, 123–50; J. Sperber, Competing Counterrevolutions. Prussian State and Catholic Church in Westphalie During the 1850s, in: Central European History 19, 1986, 45–62.

18 Vgl. J. Dorneich, Die Entstehung der badischen »Katholischen Volkspartei« 1865–1869, in: Freiburger Diözesanarchiv 84, 1964, 272–399; J. Becker, Liberaler Staat u. Kirche in der Ära von Reichsgründung u. Kulturkampf. Geschichte u. Strukturen ihres Verhältnisses in Baden 1860–1876, Mainz 1973; vgl. für die zugrundeliegende Problematik M. Heckel, Säkularisierung. Staatskirchenrechtliche Aspekte einer umstrittenen Kategorie, in: Zeitschrift der Savigny-Stiftung für Rechtsgeschichte, Kanonist. Abt. 97, 1980, 1–163.

19 Vgl. F. Hartmannsgruber, Die Bayerische Patriotenpartei 1868–1887, München 1986.

20 Vgl. W. Tormin, Geschichte der deutschen Parteien seit 1848, Stuttgart 1966, 60.

21 Vgl. G. A. Ritter, Die deutschen Parteien 1830–1914, Göttingen 1985, 15.

22 Vgl. T. Nipperdey, Verein als soziale Struktur in Deutschland im späten 18. u. frühen 19. Jahrhundert, in: ders., Gesellschaft, Kultur, Theorie, Göttingen 1976, 174–205; darauf aufbauend: W. Hardtwig, Strukturmerkmale u. Entwicklungstendenzen des Vereinswesens in Deutschland 1789–1848, in: Historische Zeitschrift, Beih. 9, 1984, 11–50.

23 Vgl. zu den Interessenverbänden allgemein H.-P. Ullmann, Interessenverbände in Deutschland, Frankfurt 1988, 13–67, Zit. 55f.; eine kommentierende Auflistung bei M. Erdmann, Die verfassungspolitische Funktion der Wirtschaftsverbände in Deutschland 1815–1871, Berlin 1968; V. Hentschel, Die deutschen Freihändler u. der Volkswirtschaftliche Kongreß 1858–1885, Stuttgart 1975.

24 Dokumentiert in dem synoptischen Verzeichnis Staatsarchiv Dresden, Ministerium des Innern Nr. 11046.

25 Vgl. grundlegend für die Epoche: K. Tenfelde, Die Entfaltung des Vereinswesens während der Industriellen Revolution in Deutschland 1850–1873, in: Historische Zeitschrift Beih. 9, 1984, 55–114, Zit. 69.

26 Die folgende Auffächerung stützt sich auf Tenfelde; dort sind auch genaue Quantifizierungen zu entnehmen.

27 Ebd., 110–14.

28 Vgl. Langewiesche, Liberalismus, 33.

29 Vgl. Siemann, Revolution, 192f.

30 Vgl. zum folgenden insgesamt U. Frevert, Frauen-Geschichte. Zwischen Bürgerlicher Verbesserung u. Neuer Weiblichkeit, Frankfurt 1986, bes. 72–103; außerdem H.-U. Bussemer, Frauenemanzipation u. Bürgertum. Sozialgeschichte der Frauenbewegung in der Reichsgründungszeit, Weinheim, Basel 1985; M. Twellmann-Schepp, Die Deutsche Frauenbewegung 1843–1889, 2 Bde., Meisenheim 1972; Forschungsüberblick bei: U. Engelhardt, Frauen in der Sozialgeschichte: eine ungeschriebene Geschichte? in: Schieder u. Sellin Hg., Bd. 4, 156–78.

31 Vgl. dazu exemplarisch: B. van Rheinberg, Fanny Lewald, Diss. Tübingen 1987.

32 Vgl. dazu mit Rückgriff auf die Reichsgründungszeit: B. Greven-Aschhoff, Die bürgerliche Frauenbewegung in Deutschland 1894–1933, Göttingen 1981.

# IV. Die Paralysierung des Deutschen Bundes und die Gründung des Nationalstaats

## *IV. 1. Der preußisch-österreichische Dualismus und das Ende des Deutschen Bundes*

1 So W. Bußmann in: Handbuch, 518; vgl. zum »conflict pattern«: P. J. Katzenstein, Disjoined Partners. Austria and Germany Since 1815, Berkeley 1976.
2 Vgl. D. Grimm, Deutsche Verfassungsgeschichte, I: 1776–1866, Frankfurt 1988, 219; bei Huber kommt der Polizeiverein nicht vor.
3 Vgl. die beste deutsche Gesamtdarstellung von H.-W. Hahn, Geschichte des Deutschen Zollvereins, Göttingen 1984, zur Krise 1849–53 ebd., 140–51; Huber, Verfassungsgeschichte, Bd. 3, 143–50; die Darstellung von W. O. Henderson, The Zollverein, London 1968[2]; außerdem für die Zeit seit 1851: A. Meyer, Der Zollverein u. die deutsche Politik Bismarcks, Frankfurt 1988; allg. orientierend: W. Zorn, Wirtschafts- u. sozialgeschichtliche Zusammenhänge der deutschen Reichsgründungszeit (1850–1879), in: Historische Zeitschrift 197, 1963, 318–42; zur Zoll- und Handelspolitik H. Böhme, Deutschlands Weg zur Großmacht. Studien zum Verhältnis von Wirtschaft und Staat 1848–1881, Köln 1974[3].
4 Vgl. Huber, Verfassungsgeschichte, Bd. 3, 381.
5 Vgl. ebd., Bd. 3, 411; der Bernstorff-Plan ist abgedr. bei Huber Hg., Dokumente, Bd. 2, 121–23.
6 Text der identischen Noten 22. 1. 1862: ebd., Bd. 2, 126f.; vgl. zur begleitenden nationalpolitischen Publizistik: Rosenberg, Nationalpolitische Publizistik.
7 Zit. nach: Huber, Verfassungsgeschichte, Bd. 2, 419.
8 Ebd.
9 Text der österr. Denkschrift in: Huber Hg., Dokumente, Bd. 2, 135–39.
10 Huber, Verfassungsgeschichte, Bd. 2, 423.
11 Ebd., Bd. 2, 424.
12 Ebd., 422f.
13 Vgl. Siemann, Revolution, 50–52, 153–57.
14 Huber, Verfassungsgeschichte, Bd. 3, 505.
15 Zit. ebd., Bd. 3, 508.
16 Österr. Depesche 7. 2. 1866, gedr. in: Huber Hg., Dokumente, Bd. 2, 219.
17 Vgl. die grundlegende Darstellung von G. A. Craig, The Battle of Königgrätz, 1964, dt. Hamburg 1966/München 1987.

18 Telegramm Bismarcks 11. 8. 1866 in: Bismarck, Ges. Werke, Bd. 6, Nr. 553, 120; vgl. Huber, Verfassungsgeschichte, Bd. 3, 575.
19 Vgl. T. Fontane, Der deutsche Krieg von 1866, 2 Bde., Frankfurt 1984.

### *IV. 2. Deutschland zwischen Nord und Süd 1866–1870*

1 Abgedr. in: Huber Hg., Dokumente, Bd. 2, 250.
2 Zit. nach Huber, Verfassungsgeschichte, Bd. 3, 683.
3 Ebd., Bd. 3, 601.
4 Zit. ebd., Bd. 3, 691.
5 Vgl. R. Wilhelm, Das Verhältnis der süddeutschen Staaten zum Norddeutschen Bund 1867–1870, Husum 1978.
6 Vgl. Huber, Verfassungsgeschichte, Bd. 3, 537f.
7 Zu den groben Stimmenanteilen der Parteien vgl. ebd., 649; zur regionalspezifischen Analyse nach Provinzen und Bezirken vgl. Pollmann, Norddeutscher Bund, 144–51.
8 Nach Huber, Verfassungsgeschichte, Bd. 3, 661.
9 Vgl. K.E. Pollmann, Vom Verfassungskonflikt zum Verfassungskompromiß. Funktion und Selbstverständnis des verfassungsberatenden Reichstags des Norddeutschen Bundes, in: Ritter Hg., Gesellschaft, Parlament u. Regierung, 189–203, bes. 200f.
10 Vgl. Huber, Verfassungsgeschichte, Bd. 3, 629–37; Hahn, Zollverein, 181–88; vgl. zum Sog des Zollvereins bei den deutschen Mittelstaaten W. Zorn, Die wirtschaftliche Integration Kleindeutschlands in den 1860er Jahren u. die Reichsgründung, in: Historische Zeitschrift 216, 1973, 304–34; H.-W. Hahn, Einzelstaatliche Souveränität u. nationale Integration. Ein Beitrag zur nassauischen Politik im Deutschen Zollverein, in: Nassauische Annalen 91, 1981, 91–123.
11 Vgl. Stenographische Berichte über die Verhandlungen des Deutschen Zoll-Parlaments, 3 Bde., Berlin 1868–70.

### *IV. 3. Bismarcks Herrschaftstechnik in der Reichsgründungszeit*

1 Vgl. W. Sauer, Das Problem des deutschen Nationalstaates, in: Böhme Hg., Reichsgründungszeit, 448–79, Zit. 468; vgl. O. Pflanze, Bismarcks Herrschaftstechnik als Problem der gegenwärtigen Historiographie, in: Historische Zeitschrift 234, 1982, 561–99; zur Kontroverse über den »Primat« bilanzierend: Ritter, Neuere Sozialgeschichte, 52f.

2 D. Groh, Negative Integration u. revolutionärer Attentismus. Die deutsche Sozialdemokratie am Vorabend des Ersten Weltkrieges, Berlin 1973. Die weitläufige, inzwischen zur Ruhe gekommene Diskussion empfing lebhafte Impulse durch H.-U. Wehler, Das deutsche Kaiserreich 1871–1918, Göttingen 1973/1988[6].
3 Die Darlegung der Gegenposition folgt Pflanze, Herrschaftstechnik, Zit. 567.
4 Protokoll gedr. in: Historische Reichskommission Hg., Die Auswärtige Politik Preußens 1850–1871, Berlin 1932–1939, Bd. 6, 611–15; vgl. Pflanze, Herrschaftstechnik, 568.
5 Zit. ebd., 568 f.
6 Ebd., 569 f.
7 H. v. Moltke, Ueber den angeblichen Kriegsrath in den Kriegen König Wilhelms I., in: ders., Gesammelte Schriften u. Denkwürdigkeiten, Bd. 3, Berlin 1891, 426; vgl. auch Craig, Königgrätz (1977), 15.
8 Vgl. D. Groh, Cäsarismus, in: Geschichtliche Grundbegriffe, Bd. 1, 1972, 726–71.
9 Stenographische Berichte über die Verhandlungen des Reichstages des Norddeutschen Bundes, Sitzung vom 28. 3. 1867, GW Bd. 10, 356, vgl. Huber, Verfassungsgeschichte, Bd. 3, 661 u. 3, 94.
10 So Pflanze, Herrschaftstechnik, 585.
11 Vgl. J. Dülffer, Vom autoritären zum liberalen Bonapartismus. Der politische Systemwechsel in Frankreich 1858/60, in: Historische Zeitschrift 230, 1980, 537–51.
12 Vgl. L. Gall, Bismarck u. der Bonapartismus, in: Historische Zeitschrift 223, 1976, 618–37, Zit. 634.
13 Zit. ebd.
14 Zit. ebd.
15 Vgl. H.-U. Wehler, Bonapartismus oder charismatische Herrschaft? Zur Herrschaftstypologie seit der Mitte des 19. Jahrhunderts, in: Der Aquädukt, 455–69, Zit. 463.
16 Zit. in: J. H. Schoeps, Bismarck u. sein Attentäter. Der Revolveranschlag Unter den Linden am 7. Mai 1866, Berlin 1984, 148.

## *IV. 4. Der Deutsch-Französische Krieg und die Reichsgründung 1870/71*

1 Vgl. E. Kolb, Der Kriegsausbruch 1870. Politische Entscheidungsprozesse u. Verantwortlichkeiten in der Julikrise 1870, Göttingen 1970, ders. Hg., Europa u. die Reichsgründung. Preußen-Deutschland in der Sicht der großen europäischen Mächte 1860–1880, München 1980;

ders., Der schwierige Weg zum Frieden. Das Problem der Kriegsbeendigung 1870/71, München 1985; ders. Hg., Europa vor dem Krieg von 1870, München 1987; T. Schieder u. E. Deuerlein Hg., Reichsgründung 1870/71, Stuttgart 1970.
2 Zit. nach Kolb, Kriegsausbruch, 9.
3 Ebd.
4 Ebd., 8.
5 Vgl. zur Rolle Bismarcks nach Lage der Quellen W. Siemann, Restauration, Liberalismus u. nationale Bewegung 1815–1870, Darmstadt 1982, 14–18, 21, 36, 117, 120, 140, 187f., 197.
6 Kolb, Kriegsausbruch, 98.
7 Ebd., 101f.
8 Vgl. E. Walder Hg., Die Emser Depesche, Bern 1972[2].
9 Kolb, Kriegsausbruch, 142f.
10 Ebd., 99.
11 Vgl. E. Kolb, Bismarck u. das Aufkommen der Annexionsforderung 1870, in: Historische Zeitschrift 209, 1969, 318–56; B. Rollka, Das Preußenbild in der »Kleinen Presse« Frankreichs 1870/71, in: Jahrbuch für die Geschichte Mittel- u. Ostdeutschlands 31, 1982, 129–54.

## V. Rückschau und Ausblick

1 Vgl. Ritter, Neuere Sozialgeschichte, 48.

# Auswahlbibliographie

Diese Bibliographie kann nur grundlegende Bücher aufführen, die in der Regel zugleich einen weiterführenden Einstieg in ein spezielleres Thema vermitteln. Eine differenzierte Literaturübersicht zum behandelten Zeitalter unter Einbeziehung von Aufsatztiteln bietet L. Gall, Europa auf dem Weg in die Moderne. 1850–1890. München 1989², 167–229 (mit Berichtsstand von 1984¹). Speziellere, auch regional bezogene Hinweise finden sich außerdem in den vorausgegangenen Anmerkungen. Quellenhinweise, die über die hier gegebenen Titel hinausgehen, bietet die kritisch kommentierende Quellenkunde: W. Siemann, Restauration, Liberalismus und nationale Bewegung (1815–1870). Akten, Urkunden und persönliche Quellen. Darmstadt 1982.

## *1. Überblicksdarstellungen, Handbücher*


Böhme, H. Hg., Probleme der Reichsgründungszeit. 1848–1879. Köln, Berlin 1972²

Bußmann, W. Hg., Europa von der Französischen Revolution zu den nationalstaatlichen Bewegungen des 19. Jahrhunderts. Stuttgart 1981 (= Handbuch der europäischen Geschichte 4)

Bury, J. P. T., The Zenith of European Power. 1830–1870. Cambridge 1960 (= The New Cambridge Modern History 10)

Engelberg, E., Deutschland von 1849 bis 1871. Berlin 1959

Gall, L., Europa auf dem Weg in die Moderne. 1850–1890. München 1989²

Lutz, H., Zwischen Habsburg und Preußen. Deutschland 1815–1866. Berlin 1985

Nipperdey, Th., Deutsche Geschichte 1800–1866. Bürgerwelt und starker Staat. München 1983

Rürup, R., Deutschland im 19. Jahrhundert. 1815–1871. Göttingen 1984

Schieder, Th., Staatensystem als Vormacht der Welt. 1848–1918. Berlin 1982² (= Propyläen Geschichte Europas 5)

Schmidt, W. Hg., Die bürgerliche Umwälzung 1789–1871. Berlin, Köln 1984 (= Deutsche Geschichte 4)

Siemann, Wolfram, Die deutsche Revolution von 1848/49. Frankfurt 1985

Wandruszka, A., Urbanitsch, P. Hg., Die Habsburgermonarchie. 1848–1918. 5 Bde., Wien 1973–87

Wehler, H.-U., Deutsche Gesellschaftsgeschichte. Bisher 2 Bde., München 1987

*Quellen:*
Fenske, H. Hg., Der Weg zur Reichsgründung. 1850–1870. Darmstadt 1977

## 2. *Wirtschaft*

Abel, W., Massenarmut und Hungerkrisen im vorindustriellen Deutschland. Göttingen 1972
Aubin, H., Zorn, W. Hg., Handbuch der deutschen Wirtschafts- und Sozialgeschichte. Bd. 2: Das 19. und 20. Jahrhundert. Stuttgart 1976
Böhme, H., Deutschlands Weg zur Großmacht. Studien zum Verhältnis von Wirtschaft und Staat während der Reichsgründungszeit 1848–1881. Köln, Berlin 1966
Brandt, H.-H., Der österreichische Neoabsolutismus. Staatsfinanzen und Politik. 2 Bde., Göttingen 1978
Cipolla, C. M., Borchardt, K. Hg., Europäische Wirtschaftsgeschichte. Bd. 3: Die Industrielle Revolution. Bd. 4: Die Entwicklung der industriellen Gesellschaften. Stuttgart, New York 1985
Fischer, W. Hg., Europäische Wirtschafts- und Sozialgeschichte von der Mitte des 19. Jahrhunderts bis zum Ersten Weltkrieg. Stuttgart 1985 (= Handbuch der europäischen Wirtschafts- und Sozialgeschichte 5)
Fremdling, R., Eisenbahnen und deutsches Wirtschaftswachstum 1840–1879. Dortmund 1975
Fremdling, R., Technologischer Wandel und internationaler Handel im 18. und 19. Jahrhundert. Die Eisenbahnindustrien in Großbritannien, Belgien, Frankreich und Deutschland. Berlin 1986
Hahn, H.-W., Geschichte des Deutschen Zollvereins. Göttingen 1984
Hamerow, Th. S., Restoration, Revolution, Reaction. Economics and Politics in Germany 1815–1871. Princeton 1958
Henning, F.-W., Landwirtschaft und ländliche Gesellschaft in Deutschland. Bd. 2: 1750 bis 1976. Paderborn 1978
Henning, F.-W., Die Industrialisierung in Deutschland. Paderborn 1978[4]
Hoffmann, W. G., Das Wachstum der deutschen Wirtschaft seit der Mitte des 19. Jahrhunderts. Berlin 1965
Kellenbenz, H. Hg., Wirtschaftliches Wachstum im Spiegel der Wirtschaftsgeschichte. Darmstadt 1978
Meyer, A., Der Zollverein und die deutsche Politik Bismarcks. Eine Studie über das Verhältnis von Wirtschaft und Politik im Zeitalter der Reichsgründung. Frankfurt 1987[2]
Mottek, H., Wirtschaftsgeschichte Deutschlands. Bd. 2: Von der Französischen Revolution bis zur Zeit der Bismarckschen Reichsgründung. Berlin 1974[2]

Schröder, W. H., Spree, R. Hg., Historische Konjunkturforschung. Stuttgart 1981
Spree, R., Die Wachstumszyklen der deutschen Wirtschaft von 1840 bis 1880. Berlin 1977

*Quellen:*
Steitz, W. Hg., Quellen zur deutschen Wirtschafts- und Sozialgeschichte im 19. Jahrhundert bis zur Reichsgründung. Darmstadt 1980
Fischer, W., Krengel, J., Wietog, J. Hg., Sozialgeschichtliches Arbeitsbuch, Bd. 1: Materialien zur Statistik des Deutschen Bundes 1815–1870. München 1982

## *3. Gesellschaft*

Bruch, R. vom, Hg., Weder Kommunismus noch Kapitalismus. Bürgerliche Sozialreform in Deutschland vom Vormärz bis zur Ära Adenauer. München 1985
Conze, W., Engelhardt, U. Hg., Arbeiter im Industrialisierungsprozeß. Herkunft, Lage und Verhalten. Stuttgart 1979
Conze, W., Engelhardt, U. Hg., Arbeiterexistenz im 19. Jahrhundert. Lebensstandard und Lebensgestaltung deutscher Arbeiter und Handwerker. Stuttgart 1981
Conze, W., Kocka, J. Hg., Bildungsbürgertum im 19. Jahrhundert. Bd. 1 Stuttgart 1985. Bd. 2 hg. v. R. Koselleck 1988
Engelhardt, U. Hg., Handwerker in der Industrialisierung. Lage, Kultur und Politik vom späten 18. bis ins frühe 20. Jahrhundert. Stuttgart 1984
Gollwitzer, H., Die Standesherren. Die politische und gesellschaftliche Stellung der Mediatisierten 1815–1918. Göttingen 1964[2]
Henning, H., Die deutsche Beamtenschaft im 19. Jahrhundert. Zwischen Stand und Beruf. Wiesbaden 1984
Kocka, J. Hg., Angestellte im europäischen Vergleich. Göttingen 1981
Kocka, J. Hg., Arbeiter und Bürger im 19. Jahrhundert. München 1986
Kocka, J. Hg., Bürger und Bürgerlichkeit im 19. Jahrhundert. Göttingen 1987
Kocka, J. Hg., Bürgertum im 19. Jahrhundert. 3 Bde. München 1988
Kocka, J. Hg., Familie und soziale Plazierung. Studien zum Verhältnis von Familie, sozialer Mobilität und Heiratsverhalten am westfälischen Beispiel im späten 18. und 19. Jahrhundert. Opladen 1980
Kocka, J., Lohnarbeit und Klassenbildung. Arbeiter und Arbeiterbewegung in Deutschland 1800–1875. Berlin 1983
Kocka, J., Unternehmensverwaltung und Angestelltenschaft am Beispiel Siemens 1847–1914. Stuttgart 1969

Langewiesche, D., Schönhoven, K. Hg., Arbeiter in Deutschland. Studien zur Lebensweise der Arbeiterschaft im Zeitalter der Industriellen Revolution. Paderborn 1981
Lees, A., Cities Perceived. Urban Society in European and American Thought. 1820–1940. Manchester 1985
Lenger, F., Sozialgeschichte der deutschen Handwerker seit 1800. Frankfurt 1988
Mommsen, H., Schulze, W. Hg., Vom Elend der Handarbeit. Probleme historischer Unterschichtenforschung. Stuttgart 1981
Mosse, W.E., Jews in the German Economy. The German-Jewish Economic Elite 1820–1935. Oxford 1987
Reif, H., Westfälischer Adel 1770–1860. Vom Herrschaftsstand zur regionalen Elite. Göttingen 1979
Sedatis, H., Liberalismus und Handwerk in Südwestdeutschland. Wirtschafts- und Gesellschaftskonzeptionen des Liberalismus und die Krise des Handwerks im 19. Jahrhundert. Stuttgart 1979
Tenfelde, K., Sozialgeschichte der Bergarbeiterschaft an der Ruhr im 19. Jahrhundert. Bonn-Bad Godesberg 1977
Tenfelde, K., Ritter, G.A., Bibliographie zur Geschichte der deutschen Arbeiterschaft und Arbeiterbewegung 1863 bis 1914. Mit einer forschungsgeschichtlichen Einleitung. Bonn-Bad Godesberg 1981
Tenfelde, K., Volkmann, H. Hg., Streik. Zur Geschichte des Arbeitskampfes in Deutschland während der Industrialisierung. München 1981
Tennstedt, F., Sozialgeschichte der Sozialpolitik in Deutschland. Vom 18. Jahrhundert bis zum Ersten Weltkrieg. Göttingen 1981
Tennstedt, F., Sachße, Chr., Geschichte der Armenfürsorge in Deutschland. Bd. 1: Vom Spätmittelalter bis zum 1. Weltkrieg. Stuttgart u.a. 1980
Toury, J., Soziale und politische Geschichte der Juden in Deutschland 1847–1871. Zwischen Revolution, Reaktion und Emanzipation. Düsseldorf 1977
Walker, M., German Home Towns. Community, State and General Estate. 1648–1871. Ithaca, London 1971
Zunkel, F., Der rheinisch-westfälische Unternehmer 1834–1879. Ein Beitrag zur Geschichte des deutschen Bürgertums im 19. Jahrhundert, Köln, Opladen 1962
Zwahr, H., Zur Konstituierung des Proletariats als Klasse. Strukturuntersuchung über das Leipziger Proletariat während der industriellen Revolution. Berlin 1978/München 1981

*Quellen:*
Henning, H. Hg., Quellen zur sozialgeschichtlichen Entwicklung in Deutschland von 1815 bis 1860. Paderborn 1977

Jantke, C., Hilger, D. Hg., Die Eigentumslosen. Der deutsche Pauperismus und die Emanzipationskrise in Darstellung und Deutungen der zeitgenössischen Literatur. München, Freiburg 1965
Kraus, A. Bearb., Quellen zur Bevölkerungsstatistik Deutschlands. 1815–1875. Boppard 1980
Pöls, W. Hg., Deutsche Sozialgeschichte. Dokumente und Skizzen. Bd. 1: 1815–1870. München 1976
Richarz, M., Hg., Jüdisches Leben in Deutschland. Bd. 1: Selbstzeugnisse zur Sozialgeschichte. Stuttgart 1976

## *4. Parteien, Verbände*

(vgl. auch 7. Nationalstaat, nationale Bewegung)

Bergsträsser, L., Geschichte der politischen Parteien in Deutschland. München, Wien 1965[11]
Conze, W., Groh, D., Die Arbeiterbewegung in der nationalen Bewegung. Die deutsche Sozialdemokratie vor, während und nach der Reichsgründung. Stuttgart 1966
Dowe, D., Aktion und Organisation. Arbeiterbewegung, sozialistische und kommunistische Bewegung in der preußischen Rheinprovinz 1820–1852. Hannover 1970
Dowe, D., Bibliographie zur Geschichte der deutschen Arbeiterbewegung ... von den Anfängen bis 1863. Bonn-Bad Godesberg 1976, 1981[3]
Engelhardt, U., »Nur vereinigt sind wir stark«. Die Anfänge der deutschen Gewerkschaftsbewegung 1862/63 bis 1869/70. 2 Bde. Stuttgart 1977
Fenske, H., Der liberale Südwesten. Freiheitliche und demokratische Traditionen in Baden und Württemberg 1790–1933. Stuttgart 1981
Fenske, H., Strukturprobleme der deutschen Parteiengeschichte. Wahlrecht und Parteiensystem vom Vormärz bis heute. Frankfurt 1974
Gall, L., Der Liberalismus als regierende Partei. Das Großherzogtum Baden zwischen Restauration und Reichsgründung. Wiesbaden 1968
Gall, L. Hg., Liberalismus. Königstein 1983[3]
Langewiesche, D. Hg., Liberalismus im 19. Jahrhundert in Deutschland im europäischen Vergleich. Göttingen 1988
Langewiesche, D., Liberalismus in Deutschland. Frankfurt 1988
Langewiesche, D., Liberalismus und Demokratie in Württemberg zwischen Revolution und Reichsgründung. Düsseldorf 1974
Lönne, K.-E., Politischer Katholizismus im 19. und 20. Jahrhundert. Frankfurt 1986
Na'aman, S., Der deutsche Nationalverein. Die politische Konstituierung des deutschen Bürgertums 1859–1867. Düsseldorf 1987

Nipperdey, Th., Die Organisation der deutschen Parteien vor 1918. Düsseldorf 1961
Offermann, T., Arbeiterbewegung und liberales Bürgertum in Deutschland. 1850–1863. Bonn 1979
Real, W., Der Deutsche Reformverein. Großdeutsche Stimmen und Kräfte zwischen Villafranca und Königgrätz. Lübeck, Hamburg 1966
Ritter, G. A., Die deutschen Parteien von 1830–1914. Parteien und Gesellschaft im konstitutionellen Regierungssystem. Göttingen 1985
Ritter, G. A. Hg., Deutsche Parteien vor 1918. Köln 1973
Schwentker, W., Konservative Vereine und Revolution in Preußen 1848/49. Die Konstituierung des Konservativismus als Partei. Düsseldorf 1988.
Schieder, Th., Die Kleindeutsche Partei in Bayern in den Kämpfen um die nationale Einheit. 1863–71. München 1936
Sheehan, J. J., Der deutsche Liberalismus. Von den Anfängen im 18. Jahrhundert bis zum 1. Weltkrieg. 1770–1914. München 1983
Ullmann, H.-P., Bibliographie zur Geschichte der deutschen Parteien und Interessenverbände. Göttingen 1978
Ullmann, H.-P., Interessenverbände in Deutschland. Frankfurt 1988
Winkler, H. A., Preußischer Liberalismus und deutscher Nationalstaat. Studien zur Geschichte der Deutschen Fortschrittspartei 1861–1866. Tübingen 1964

*Quellen:*
Dowe, D. Hg., Berichte über die Verhandlungen der Vereinstage Deutscher Arbeitervereine. 1863–1869. Ndr. Bonn 1980
Dowe, D. Hg., Protokolle und Materialien des ADAV (inkl. Splittergruppen). Ndr. Bonn 1980
Gall, L., Koch, R. Hg., Der europäische Liberalismus im 19. Jahrhundert. Texte zu seiner Entwicklung. 4 Bde. Frankfurt u. a. 1981
Heyderhoff, J., Wentzcke, P. Hg., Deutscher Liberalismus im Zeitalter Bismarcks. Bd. 1: Die Sturmjahre der preußisch-deutschen Einigung. Leipzig, Bonn 1925
Na'aman, S., Die Konstituierung der deutschen Arbeiterbewegung 1863/64. Darstellung und Dokumentation. Assen 1975.

## *5. Verfassung, Organisation staatlicher Herrschaft*

Böckenförde, E.-W. Hg., Moderne deutsche Verfassungsgeschichte. 1815–1918. Königstein 1981²
Böckenförde, E.-W. Hg., Probleme des Konstitutionalismus im 19. Jahrhundert (= Der Staat, Beih. 1. 1975)
Brandt, H., Parlamentarismus in Württemberg. 1819–1870. Düsseldorf 1987

Grünthal, G., Parlamentarismus in Preußen 1848/49–1857/58. Düsseldorf 1982
Heffter, H., Die deutsche Selbstverwaltung im 19. Jahrhundert. Stuttgart 1950
Helmert, H., Preußischdeutsche Kriege von 1864 bis 1871. Berlin 1975
Hess, A., Das Parlament, das Bismarck widerstrebte. Zur Politik und sozialen Zusammensetzung des preußischen Abgeordnetenhauses der Konfliktzeit. 1862–1866. Köln, Opladen 1964
Huber, E. R., Deutsche Verfassungsgeschichte seit 1789. Bd. 2: Der Kampf um Einheit und Freiheit. 1830 bis 1850. Bd. 3: Bismarck und das Reich. Stuttgart u. a. 1988[3]
Jeserich, K. G. A., Pohl, H., Unruh, G. Chr. v., Hg., Deutsche Verwaltungsgeschichte. Bd. 2: Vom Reichsdeputationshauptschluß bis zur Auflösung des Deutschen Bundes. Stuttgart 1983
Mann, B., Biographisches Handbuch für das preußische Abgeordnetenhaus. 1867–1918. Düsseldorf 1988
Militärgeschichtliches Forschungsamt Hg., Deutsche Militärgeschichte in sechs Bänden. 1648–1939. Bd. 2: Militärgeschichte im 19. Jahrhundert. München 1983[2]
Pollmann, K. E., Parlamentarismus im Norddeutschen Bund 1867–1870. Düsseldorf 1985
Rejewski, H.-J., Die Pflicht zur politischen Treue im preußischen Beamtenrecht 1850–1918. Berlin 1973
Ritter, G. A. Hg., Gesellschaft, Parlament und Regierung. Zur Geschichte des Parlamentarismus in Deutschland. Düsseldorf 1974
Siemann, W., »Deutschlands Ruhe, Sicherheit und Ordnung«. Die Anfänge der politischen Polizei 1806–1866. Tübingen 1985

*Quellen:*
Huber, E. R. Hg., Dokumente zur deutschen Verfassungsgeschichte. Bd. 1: 1803–1850. Bd. 2: 1851–1918. Stuttgart 1978/86[3]
Schlumbohm, J. Hg., Der Verfassungskonflikt in Preußen 1862–1866. Göttingen 1970
Seier, H. Hg., Akten und Dokumente zur kurhessischen Parlaments- und Verfassungsgeschichte 1848–1866. Marburg 1987
Siemann, W. Hg., Der ›Polizeiverein‹ deutscher Staaten. Eine Dokumentation zur Überwachung der Öffentlichkeit nach der Revolution von 1848/49. Tübingen 1983

### 6. *Internationale Beziehungen*

Baumgart, W., Der Friede von Paris 1856. Studien zum Verhältnis von Kriegsführung, Politik und Friedensbewahrung. München, Wien 1972

Baumgart, W., Vom Europäischen Konzert zum Völkerbund. Friedensschlüsse und Friedenssicherung von Wien bis Versailles. Darmstadt 1974
Bartel, H., Engelberg, E. Hg., Die großpreußisch-militaristische Reichsgründung 1871. Voraussetzungen und Folgen. Berlin 1971
Furlani, S., Wandruszka, A., Österreich und Italien. Wien 1973
Katzenstein, P. J., Disjoined Partners. Austria and Germany since 1815. Berkeley, Los Angeles, London 1976
Kolb, E. Hg., Europa und die Reichsgründung. Preußen-Deutschland in der Sicht der großen Europäischen Mächte 1860–1880. München 1980
Kolb, E. Hg., Europa vor dem Krieg von 1870. Mächtekonstellation, Konfliktfelder, Kriegsausbruch. München 1987
Kolb, E., Der Kriegsausbruch 1870. Politische Entscheidungsprozesse und Verantwortlichkeiten in der Julikrise. Göttingen 1970
Kolb, E., Der Weg aus dem Krieg. Bismarcks Politik im Krieg und die Friedensanbahnung 1870/71. München 1989
Lutz, H., Österreich-Ungarn und die Gründung des Deutschen Reiches. Europäische Entscheidungen. 1867–1871. Frankfurt 1979
Mosse, W. E., The European Powers and the German Question 1848–71. Cambridge 1958
Poidevin, R., Sieburg, H.-O. Hg., Aspects des relations franco-allemandes à l'époche du Second Empire 1851–1866. Metz 1982
Pottinger, E. A., Napoleon III and the German Crisis. 1865–1866. Cambridge, Mass. 1966
Schieder, Th., Deuerlein, E. Hg., Reichsgründung 1870/71. Tatsachen, Kontroversen, Interpretationen. Stuttgart 1970
Taylor, A. J. P., The Struggle for Mastery in Europe 1848–1918. Oxford 1954
Wilhelm, R., Das Verhältnis der süddeutschen Staaten zum Norddeutschen Bund. 1867–1870. Husum 1978

*Quellen:*

Baumgart, W. Hg., Akten zur Geschichte des Krimkrieges. Bd. 1 ff. München 1979 ff.
Historische Reichskommission Hg., Die Auswärtige Politik Preußens 1858–1871. Diplomatische Aktenstücke. 12 Bde. Oldenburg i. O. 1932–45

### *7. Nationalstaat und nationale Bewegung*

(vgl. auch 4. Parteien, Verbände)

Alter, P., Nationalismus. Frankfurt 1985

Dann, O. Hg., Nationalismus und sozialer Wandel, Hamburg 1978
Hamerow, Th. S., The Social Foundations of German Unification 1858–1871. 2 Bde. Princeton, N. J. 1969/72
Hope, N. M., The Alternative to German Unification. The Anti-Prussian Party Frankfurt, Nassau and the two Hessen. 1859–1867. Wiesbaden 1973
Rumpler, H., Die deutsche Politik des Freiherrn von Beust 1848 bis 1850. Zur Problematik mittelstaatlicher Reformpolitik im Zeitalter der Paulskirche. Wien 1972
Shreeves, W. G., Nationmaking in Nineteenth Century Europe. The National Unification of Italy and Germany 1815–1914. Walton-on-Thames Repr. 1987
Winkler, H. A. Hg., Nationalismus. Königstein 1978
Winkler, H. A., Schnabel, Th. Hg., Bibliographie zum Nationalismus. Göttingen 1979

*Quellen:*
(vgl. auch 4. Parteien, Verbände)
Rosenberg, H., Die nationalpolitische Publizistik Deutschlands. Vom Eintritt der Neuen Ära in Preußen bis zum Ausbruch des deutschen Krieges. Eine kritische Bibliographie. 2 Bde. München, Berlin 1935
Faber, K. G., Die nationalpolitische Publizistik Deutschlands von 1866 bis 1871. Eine kritische Bibliographie. 2 Bde. Düsseldorf 1963

### *8. Kirche, Religion*

Aschoff, H.-G., Das Verhältnis von Staat und Kirche im Königreich Hannover 1813–1866. Hildesheim 1976
Becker, J., Liberaler Staat und Kirche in der Ära von Reichsgründung und Kulturkampf. Mainz 1973
Blessing, W. K., Staat und Kirche in der Gesellschaft. Institutionelle Autorität und mentaler Wandel in Bayern während des 19. Jahrhunderts. Göttingen 1982
Franz, G., Kulturkampf. Staat und Kirche in Mitteleuropa von der Säkularisation bis zum Abschluß des preußischen Kulturkampfes. München 1954
Jedin, H. Hg., Handbuch der Kirchengeschichte. Bd. 6,1: Die Kirche zwischen Revolution und Restauration. Freiburg, Basel, Wien 1971
Langner, A. Hg., Säkularisation und Säkularisierung im 19. Jahrhundert. München 1978
Rauscher, A., Hg., Der soziale und politische Katholizismus. Entwicklungslinien in Deutschland 1803–1863. 2 Bde. München 1981/82

*Quellen:*
Heinen, E. Hg., Staatliche Macht und Katholizismus in Deutschland. 2 Bde. Paderborn 1969/79
Huber, E. R. u. W. Hg., Staat und Kirche im 19. und 20. Jahrhundert. Bd. 2: Staat und Kirche im Zeitalter des Hochkonstitutionalismus und des Kulturkampfs 1848–1890. Berlin 1976

## *9. Bildung, Kultur, Wissenschaft*

Bruch, R. vom, Wissenschaft, Politik und öffentliche Meinung. Gelehrtenpolitik im Wilhelminischen Deutschland. Husum 1980
Fassbender-Ilge, M. H., Liberalismus, Wissenschaft, Realpolitik. Untersuchung des »Deutschen Staats-Wörterbuchs« von Johann Caspar Bluntschli und Karl Brater als Beitrag zur Liberalismusgeschichte zwischen 48er Revolution und Reichsgründung. Frankfurt 1981
Hobsbawm, E. J., Die Blütezeit des Kapitals. Eine Kulturgeschichte der Jahre 1848–1875. München 1975
Jeismann, E., Lundgreen, P. Hg., Handbuch der deutschen Bildungsgeschichte Bd. 3: 1800–1870. München 1987
Kraul, M., Das deutsche Gymnasium. 1780–1980. Frankfurt 1984
Kraul, M., Lundgreen, P., Ditt, K., Bildungschancen und soziale Mobilität in der städtischen Gesellschaft des 19. Jahrhunderts. Göttingen 1988
Landes, D., Der entfesselte Prometheus. Technologischer Wandel in der industriellen Entwicklung in Westeuropa von 1750 bis zur Gegenwart. Köln 1973
Lees, A., Revolution und Reflection. Intellectual Change in Germany During the 1850's. The Hague 1974
Lundgreen, P., Techniker in Preußen während der frühen Industrialisierung. Ausbildung und Berufsfeld einer entstehenden sozialen Gruppe. Berlin 1975
Lundgreen, P., Sozialgeschichte der deutschen Schule im Überblick. 2 Bde. Göttingen 1980/81
McClelland, Ch. E., State, Society and University in Germany 1700–1914. Cambridge 1980
Pfetsch, F. R., Zur Entwicklung der Wissenschaftspolitik in Deutschland 1750–1914. Berlin 1974
Radkau, J., Technik in Deutschland. Vom 18. Jahrhundert bis zur Gegenwart. Frankfurt 1989
Wittmann, R., Buchmarkt und Lektüre im 18. und 19. Jahrhundert. Beiträge zum literarischen Leben 1750–1880. Tübingen 1982

## *10. Presse*

Fischer, H.-D. Hg., Deutsche Kommunikationskontrolle des 15. bis 20. Jahrhunderts. München 1982
Fischer, H.-D., Handbuch der politischen Presse in Deutschland. 1480–1980. Düsseldorf 1981
Koszyk, K., Deutsche Presse im 19. Jahrhundert. Berlin 1966
Naujoks, E., Die parlamentarische Entstehung des Reichspressegesetzes in der Bismarckzeit (1848/74). Düsseldorf 1975
Overesch, M., Presse zwischen Lenkung und Freiheit. Preußen und seine offiziöse Zeitung von der Revolution bis zur Reichsgründung. 1848–1871/72. Pullach 1974
Paupié, K., Handbuch der österreichischen Pressegeschichte. 1848–1959. 2 Bde. Stuttgart 1960/66
Toury, J., Die jüdische Presse im österreichischen Kaiserreich. Ein Beitrag zur Problematik der Akkulturation 1802–1918. Tübingen 1983

## *11. Biographische Werke*

Aldenhoff, R., Schulze-Delitzsch. Ein Beitrag zur Geschichte des Liberalismus zwischen Revolution und Reichsgründung. Baden-Baden 1984
Anderson, M. L., Windthorst. Zentrumspolitiker und Gegenspieler Bismarcks. Düsseldorf 1988
Birke, A. M., Bischhof Ketteler und der deutsche Liberalismus. Eine Untersuchung über das Verhältnis des liberalen Katholizismus zum bürgerlichen Liberalismus in der Reichsgründungszeit. Mainz 1971
Engelberg, E., Bismarck, Urpreuße und Reichsgründer. Berlin 1985
Gall, L., Bismarck, der weiße Revolutionär. Frankfurt 1980
Gall, L., Bürgertum in Deutschland. Berlin 1989 (Familienbiographie der badischen Familie Bassermann)
Herzig, A., Der Allgemeine Deutsche Arbeiter-Verein in der deutschen Sozialdemokratie, dargestellt an der Biographie des Funktionärs Carl Wilhelm Tölcke (1817–1893). Berlin 1979
Hübinger G., Georg Gottfried Gervinus. Historisches Urteil und politische Kritik. Göttingen 1984
Koch, R., Demokratie und Staat bei Julius Fröbel. 1805–1893. Liberales Denken zwischen Naturrecht und Sozialdarwinismus. Wiesbaden 1978
Meinecke, F., Radowitz und die deutsche Revolution. Berlin 1913
Morris, W. B. jr., The Road to Olmütz. The Career of Joseph Maria von Radowitz. New York 1976
Na'aman, S., Lassalle. Hannover 1971

Rosenberg, H., Rudolf Haym und die Anfänge des klassischen Liberalismus (= Historische Zeitschrift Beih. 31. 1933)
Scheeben, E., Ernst II., Herzog von Sachsen-Coburg und Gotha. Studien zu Biographie und Weltbild eines liberalen deutschen Bundesfürsten in der Reichsgründungszeit. Frankfurt 1987
Seier, H., Die Staatsidee Heinrich von Sybels in den Wandlungen der Reichsgründungszeit 1862–71. Lübeck, Hamburg 1961
Silberner, E., Johann Jacoby. Politiker und Mensch. Bonn-Bad Godesberg 1976
Stadler, P., Karl Marx. Ideologie und Politik. Göttingen 1966
Weber, M.-L., Ludwig Bamberger. Ideologie statt Realpolitik. Stuttgart 1987

*Quellen:*
Biedermann, K., Mein Leben und ein Stück Zeitgeschichte. 2 Bde. Breslau 1886
Otto Fürst von Bismarck, Die gesammelten Werke. 15 Bde. Berlin 1924–35. Ndr. Nendeln 1972
Otto von Bismarck, Werke in Auswahl. Hg. v. G. A. Rein u. a. 8 Bde. Darmstadt 1962–82
Diwald, H. Hg., Von der Revolution zum Norddeutschen Bund. Politik und Ideengut der preußischen Hochkonservativen 1848–1866. Aus dem Nachlaß von Ernst Ludwig v. Gerlach. 2 Bde. Göttingen 1970
Ebel, G. Hg., Botschafter Paul Graf von Hatzfeldt. Nachgelassene Papiere. 1838–1901. Boppard 1976
Real, W. Hg., Das Großherzogtum Baden zwischen Revolution und Restauration. 1849–1851. Die deutsche Frage und die Ereignisse in Baden im Spiegel der Briefe und Aktenstücke aus dem Nachlaß des preußischen Diplomaten Karl Friedrich v. Savigny. Stuttgart 1983
Real, W. Hg., Karl Friedrich v. Savigny. Briefe, Akten, Aufzeichnungen aus dem Nachlaß eines preußischen Diplomaten der Reichsgründungszeit. 2 Bde. Boppard 1981
Real, W. Hg., Katholizismus und Reichsgründung. Neue Quellen aus dem Nachlaß Karl Friedrich v. Savignys. Paderborn 1988
Silberner, E. Hg., Johann Jacoby. Briefwechsel. 2 Bde. Hannover 1974/78

## Neue Historische Bibliothek in der edition suhrkamp

*»Hans-Ulrich Wehlers fast aus dem Nichts entstandene ›Neue Historische Bibliothek‹ ist (...) nicht nur ein forschungsinternes, sondern auch ein kulturelles Ereignis.«* Frankfurter Allgemeine Zeitung

Abelshauser, Werner: Wirtschaftsgeschichte der Bundesrepublik Deutschland 1945-1980. NHB. es 1241

Alter, Peter: Nationalismus. NHB. es 1250

Berding, Helmut: Moderner Antisemitismus in Deutschland. NHB. es 1257

Berghahn, Volker: Unternehmer und Politik in der Bundesrepublik. NHB. es 1265

Bernecker, Walther L.: Sozialgeschichte Spaniens im 19. und 20. Jahrhundert. NHB. es 1540

Blasius, Dirk: Geschichte der politischen Kriminalität in Deutschland 1800-1980. Eine Studie zu Justiz und Staatsverbrechen. NHB. es 1242

Botzenhart, Manfred: Reform, Restauration, Krise. Deutschland 1789-1847. NHB. es 1252

Carsten, Francis L.: Geschichte der preußischen Junker. NHB. es 1273

Dippel, Horst: Die Amerikanische Revolution 1763-1787. NHB. es 1263

Frevert, Ute: Frauen-Geschichte. Zwischen bürgerlicher Verbesserung und Neuer Weiblichkeit. NHB. es 1284

Geiss, Imanuel: Geschichte des Rassismus. NHB. es 1530

Geyer, Michael: Deutsche Rüstungspolitik 1860-1980. NHB. es 1246

Grimm, Dieter: Deutsche Verfassungsgeschichte 1776-1866. NHB. es 1271

Haupt, Heinz-Gerhard: Sozialgeschichte Frankreichs seit 1789. NHB. es 1535

Hentschel, Volker: Geschichte der deutschen Sozialpolitik 1880-1980. Soziale Sicherung und kollektives Arbeitsrecht. NHB. es 1247

Kaelble, Hartmut: Europäische Sozialgeschichte 1880-1970. NHB. es 1285

Hildermeier, Manfred: Die Russische Revolution. 1905-1921. NHB. es 1534

Holl, Karl: Pazifismus in Deutschland. NHB. es 1533

Jaeger, Hans: Geschichte der Wirtschaftsordnung in Deutschland. NHB. es 1529

Jarausch, Konrad H.: Deutsche Studenten 1800-1970. NHB. es 1258

Jasper, Gotthard: Die gescheiterte Zähmung. Wege zur Machtergreifung Hitlers 1930-1934. NHB. es 1270

Kiesewetter, Hubert: Industrielle Revolution in Deutschland (1815-1914). NHB. es 1539

314/1/5.89

314/2/5.89

Neue Historische Bibliothek
in der edition suhrkamp

Wehler, Hans-Ulrich: Grundzüge der amerikanischen Außenpolitik 1750-1900. Von den englischen Küstenkolonien zur amerikanischen Weltmacht. NHB. es 1254

Wippermann, Wolfgang: Europäischer Faschismus im Vergleich 1922-1982. NHB. es 1245

Wirz, Albert: Sklaverei und kapitalistisches Weltsystem. NHB. es 1256

Wunder, Bernd: Geschichte der Bürokratie in Deutschland. NHB. es 1281

Ziebura, Gilbert: Weltwirtschaft und Weltpolitik 1922/24-1931. Zwischen Rekonstruktion und Zusammenbruch. NHB. es 1261

314/3/5.89

318/1/12.88

318/2/12.88

## edition suhrkamp
## Eine Auswahl

Brecht: Trommeln in der Nacht. es 490
– Der Tui-Roman. es 603
– Über den Beruf des Schauspielers. es 384
– Über die bildenden Künste. es 691
– Über experimentelles Theater. es 377
– Über Lyrik. es 70
– Über Politik auf dem Theater. es 465
– Über Politik und Kunst. es 442
– Über Realismus. es 485
– Das Verhör des Lukullus. es 740
Brecht-Journal. Hg. von J. Knopf. es 1191
Brecht-Journal 2. Hg. von J. Knopf. es 1396
Brunkhorst: Der Intellektuelle im Land der Mandarine. es 1403
Buch: Der Herbst des großen Kommunikators. es 1344
– Waldspaziergang. es 1412
Bürger, P.: Theorie der Avantgarde. es 727
Buro/Grobe: Vietnam! Vietnam? es 1197
Celan: Ausgewählte Gedichte. Zwei Reden. es 262
Cortázar: Letzte Runde. es 1140
– Das Observatorium. es 1527
– Reise um den Tag in 80 Welten. es 1045
Deleuze/Guattari: Kafka. es 807
Deleuze/Parnet: Dialoge. es 666
Denken, das an der Zeit ist. Hg. von F. Rötzer. es 1406
Derrida: Die Stimme und das Phänomen. es 945
Determinanten der westdeutschen Restauration 1945-1949. es 575
Ditlevsen: Gesichter. es 1165
– Sucht. Erinnerungen. es 1009
– Wilhelms Zimmer. es 1076
Doi: Amae. Freiheit in Geborgenheit. es 1128
Dorst: Toller. es 294
Dröge/Krämer-Badoni: Die Kneipe. es 1380
Dubiel: Was ist Neokonservatismus? es 1313
Duerr: Satyricon. es 1346
– Traumzeit. es 1345
Duras: Eden Cinéma. es 1443
– La Musica Zwei. es 1408
– Sommer 1980. es 1205
– Das tägliche Leben. es 1508
– Vera Baxter oder Die Atlantikstrände. es 1389
Duras/Porte: Die Orte der Marguerite Duras. es 1080
Eco: Zeichen. es 895
Eich: Botschaften des Regens. es 48
Elias: Humana conditio. es 1384
Enzensberger: Blindenschrift. es 217
– Einzelheiten I. Bewußtseins-Industrie. es 63
– Einzelheiten II. Poesie und Politik. es 87
– Die Furie des Verschwindens. Gedichte. es 1066
– Landessprache. Gedichte. es 304
– Palaver. Politische Überlegungen. es 696
– Das Verhör von Habana. es 553

318/3/12.88

edition suhrkamp
Eine Auswahl

Enzensberger: Der Weg ins Freie. Fünf Lebensläufe. es 759
Esser: Gewerkschaften in der Krise. es 1131
Faszination der Gewalt. Friedensanalysen Bd. 17. es 1141
Feminismus. Hg. von Luise F. Pusch. es 1192
Feyerabend: Erkenntnis für freie Menschen. es 1011
– Wissenschaft als Kunst. es 1231
Fortschritte der Naturzerstörung. Hg. von R. P. Sieferle. es 1489
Foucault: Psychologie und Geisteskrankheit. es 272
Frank: Gott im Exil. es 1506
– Die Grenzen der Verständigung. es 1481
– Der kommende Gott. es 1142
– Motive der Moderne. es 1456
– Die Unhintergehbarkeit von Individualität. es 1377
– Was ist Neostrukturalismus? es 1203
Frauen in der Kunst. 2 Bde. es 952
Frevert: Frauen-Geschichte. NHB. es 1284
Frisch: Biedermann und die Brandstifter. es 41
– Die Chinesische Mauer. es 65
– Don Juan oder Die Liebe zur Geometrie. es 4
– Frühe Stücke. es 154
– Graf Öderland. es 32
Gerhard: Verhältnisse und Verhinderungen. es 933
Geyer: Deutsche Rüstungspolitik 1860-1980. NHB. es 1246
Goetz: Krieg/Hirn. 2 Bde. es 1320
Goffman: Asyle. es 678
Geschlecht und Werbung. es 1085
Gorz: Der Verräter. es 988
Gstrein: Einer. es 1483
Habermas: Eine Art Schadensabwicklung. es 1453
– Legitimationsprobleme im Spätkapitalismus. es 623
– Die Neue Unübersichtlichkeit. es 1321
– Technik und Wissenschaft als Ideologie. es 287
– Theorie des kommunikativen Handelns. 2 Bde. es 1502
Hänny: Zürich, Anfang September. es 1079
Handke: Die Innenwelt der Außenwelt der Innenwelt. es 307
– Kaspar. es 322
– Phantasien der Wiederholung. es 1168
– Publikumsbeschimpfung und andere Sprechstücke. es 177
– Der Ritt über den Bodensee. es 509
– Wind und Meer. es 431
Henrich: Konzepte. es 1400
Hentschel: Geschichte der deutschen Sozialpolitik 1880-1980. NHB. es 1247
Hesse: Tractat vom Steppenwolf. es 84
Die Hexen der Neuzeit. Hg. von C. Honegger. es 743
Hilfe + Handel = Frieden? Friedensanalysen Bd. 15. es 1097
Hobsbawm: Industrie und Empire 1/2. es 315/316

318/4/12.88

edition suhrkamp
Eine Auswahl

Imperialismus und strukturelle Gewalt. Hg. von D. Senghaas. es 563
Irigaray: Speculum. es 946
Jahoda/Lazarsfeld/Zeisel: Die Arbeitslosen von Marienthal. es 769
Jakobson: Kindersprache, Aphasie und allgemeine Lautgesetze. es 330
Jasper: Die gescheiterte Zähmung. Wege zur Machtergreifung Hitlers 1930-1934. NHB. es 1270
Jauß: Literaturgeschichte als Provokation. es 418
Johnson: Begleitumstände. Frankfurter Vorlesungen. es 1019
– Der 5. Kanal. es 1336
– Jahrestage. Aus dem Leben von Gesine Cresspahl. 4 Bde. es 1500
– Karsch, und andere Prosa. es 59
– Porträts und Erinnerungen. es 1499
– Versuch einen Vater zu finden. Tonkassette mit Textheft. es 1416
Jones: Frauen, die töten. es 1350
Joyce: Werkausgabe in sechs Bänden. es 1434-1439
– Bd. 1: Dubliner. es 1434
– Bd. 2: Stephen der Held. es 1435
– Bd. 3: Ulysses. es 1100
– Bd. 4: Kleine Schriften. es 1437
– Bd. 5: Gesammelte Gedichte. es 1438
– Bd. 6: Finnegans Wake (englisch). es 1439
– Finnegans Wake. Übertragungen. es 1524
– Penelope. es 1106
Hans Wollschläger liest ›Ulysses‹. Tonbandkassette. es 1105
Kenner: Ulysses. es 1104
Kindheit in Europa. Hg. von H. Hengst. es 1209
Kipphardt: In der Sache J. Robert Oppenheimer. es 64
Kirchhoff: Body-Building. es 1005
Kluge, A.: Gelegenheitsarbeit einer Sklavin. es 733
– Lernprozesse mit tödlichem Ausgang. es 665
– Neue Geschichten. Hefte 1-18. es 819
– Schlachtbeschreibung. es 1193
Kluge, U.: Die deutsche Revolution 1918/1919. NHB. es 1262
Koeppen: Morgenrot. Anfänge eines Romans. es 1454
Kolbe: Abschiede und andere Liebesgedichte. es 1178
– Bornholm II. Gedichte. es 1402
– Hineingeboren. Gedichte 1975-1979. es 1110
Konrád: Antipolitik. es 1293
– Stimmungsbericht. es 1394
Kriegsursachen. Friedensanalysen Bd. 21. es 1238
Krippendorff: Staat und Krieg. es 1305
– »Wie die Großen mit den Menschen spielen.« es 1486
Kristeva: Liebesgeschichten. es 1482
– Die Revolution der poetischen Sprache. es 949

318/5/12.88

318/6/12.88

edition suhrkamp
Eine Auswahl

Mayröcker: Magische Blätter. es 1202
– Magische Blätter II. es 1421
McKeown: Die Bedeutung der Medizin. es 1109
Medienmacht im Nord-Süd-Konflikt. Friedensanalysen Bd. 18. es 1166
Meier, Chr.: Die Ohnmacht des allmächtigen Dictators Caesar. es 1038
Menninghaus: Paul Celan. Magie der Form. es 1026
– Schwellenkunde. Walter Benjamins Passage des Mythos. es 1349
Menzel/Senghaas: Europas Entwicklung und die Dritte Welt. es 1393
Milosz: Gedichte. es 1515
– Zeichen im Dunkel. es 995
Mitscherlich: Freiheit und Unfreiheit in der Krankheit. es 505
– Krankheit als Konflikt. es 237
– Die Unwirtlichkeit unserer Städte. es 123
– Sozialgeschichte der Jugend. NHB. es 1278
Moderne chinesische Erzählungen. 2 Bde. es 1010
Möller: Vernunft und Kritik. NHB. es 1269
Moser: Eine fast normale Familie. es 1223
– Der Psychoanalytiker als sprechende Attrappe. es 1404
– Romane als Krankengeschichten. es 1304
Muschg: Literatur als Therapie? es 1065
Die Museen des Wahnsinns und die Zukunft der Psychiatrie. es 1032
Mythos ohne Illusion. Mit Beiträgen von J.-P. Vernant u.a. es 1220
Mythos und Moderne. Hg. von K. H. Bohrer. es 1144
Nakane: Die Struktur der japanischen Gesellschaft. es 1204
Nathan: Ideologie, Sexualität und Neurose. es 975
Der Neger vom Dienst. Hg. von R. Jestel. es 1028
Die neue Friedensbewegung. Friedensanalysen Bd. 16. es 1143
Ngũgĩ wa Thiong'o: Der gekreuzigte Teufel. es 1199
– Verborgene Schicksale. es 1111
Nizon: Am Schreiben gehen. Frankfurter Vorlesungen. es 1328
Oehler, Dolf: Pariser Bilder I. es 725
– Ein Höllensturz der Alten Welt. Pariser Bilder II. es 1422
Oppenheim: Husch, husch, der schönste Vokal entleert sich. es 1232
Paetzke: Andersdenkende in Ungarn. es 1379
Paley: Ungeheure Veränderungen in letzter Minute. es 1208
Paz: Der menschenfreundliche Menschenfresser. es 1064
– Suche nach einer Mitte. es 1008
– Zwiesprache. es 1290
Peripherer Kapitalismus. Hg. von D. Senghaas. es 652

318/7/12.88

318/8/12.88

edition suhrkamp
Eine Auswahl

Sloterdijk: Kopernikanische Mobilmachung und ptolemäische Abrüstung. es 1375
– Kritik der zynischen Vernunft. 2 Bde. es 1099
– Zur Welt kommen – Zur Sprache kommen. es 1505
Söllner: Kopfland. Passagen. Gedichte. es 1504
Sport – Eros – Tod. Hg. von G. Hortleder und G. Gebauer. es 1335
Staritz: Geschichte der DDR 1949-1985. NHB. es 1260
Stichworte zur ›Geistigen Situation der Zeit‹. 2 Bde. Hg. von J. Habermas. es 1000
Struck: Kindheits Ende. es 1123
– Klassenliebe. es 629
Szondi: Theorie des modernen Dramas. es 27
Techel: Es kündigt sich an. Gedichte. es 1370
Tendrjakow: Sechzig Kerzen. es 1124
Theorie des Kinos. Hg. von K. Witte. es 557
Thiemann: Kinder in den Städten. es 1461
– Schulszenen. es 1331
Thompson: Die Entstehung der englischen Arbeiterklasse. 2 Bde. es 1170
Thränhardt: Geschichte der Bundesrepublik Deutschland. NHB. es 1267
Tiedemann: Studien zur Philosophie Walter Benjamins. es 644
Todorov: Die Eroberung Amerikas. es 1213
Treichel: Liebe Not. Gedichte. es 1373
Typologie. Hg. von V. Bohn. es 1451
Vargas: Gegen Wind und Wellen. es 1513
Vernant: Die Entstehung des griechischen Denkens. es 1150
– Mythos und Gesellschaft im alten Griechenland. es 1381
Versuchungen 1/2. Aufsätze zur Philosophie Paul Feyerabends. Hg. von H. P. Duerr. es 1044/1068
Verteidigung der Schrift. Kafkas »Prozeß«. Hg. von F. Schirrmacher. es 1386
Vom Krieg der Erwachsenen gegen die Kinder. Friedensanalysen Bd. 19. es 1190
Walser, Martin: Eiche und Angora. es 16
– Ein fliehendes Pferd. Theaterstück. Mitarbeit U. Khuon. es 1383
– Geständnis auf Raten. es 1374
– Heimatkunde. es 269
– Lügengeschichten. es 81
– Selbstbewußtsein und Ironie. Frankfurter Vorlesungen. es 1090
– Über Deutschland reden. es 1553
– Wer ist ein Schriftsteller? es 959
– Wie und wovon handelt Literatur. es 642
Weiss, P.: Abschied von den Eltern. es 85
– Die Ästhetik des Widerstands. es 1501
– Avantgarde-Film. es 1444

318/9/12.88

edition suhrkamp
Eine Auswahl

Weiss, P.: Die Besiegten. es 1324
– Fluchtpunkt. es 125
– Das Gespräch der drei Gehenden. es 7
– Der neue Prozeß. es 1215
– Notizbücher 1960-1971. 2 Bde. es 1135
– Notizbücher 1971-1980. 2 Bde. es 1067
– Rapporte. es 276
– Rapporte 2. es 444
– Der Schatten des Körpers des Kutschers. es 53
– Stücke I. es 833
– Stücke II. 2 Bde. es 910
– Die Verfolgung und Ermordung Jean Paul Marats … es 68
Sinclair (P. Weiss): Der Fremde. es 1007
Peter Weiss im Gespräch. Hg. von R. Gerlach und M. Richter. es 1303
Wellershoff: Die Auflösung des Kunstbegriffs. es 848
Die Wiederkehr des Körpers. Hg. von D. Kamper und C. Wulf. es 1132
Wippermann: Europäischer Faschismus im Vergleich 1922-1982. NHB. es 1245
Wirz: Sklaverei und kapitalistisches Weltsystem. NHB. es 1256
Wissenschaft im Dritten Reich. Hg. von P. Lundgreen. es 1306
Wittgenstein: Tractatus logico-philosophicus. es 12
Wünsche: Der Volksschullehrer Ludwig Wittgenstein. es 1299
Ziviler Ungehorsam im Rechtsstaat. Hg. von P. Glotz. es 1214

318/10/12.88